T0326634

Contemporary Crisis and Renewal of Public Action

Towards the Emergence of a New Form of Regulation?

Crise contemporaine et renouveau de l'action publique

Vers l'émergence d'un nouveau mode de régulation ?

P.I.E. Peter Lang

Bruxelles · Bern · Berlin · Frankfurt am Main · New York · Oxford · Wien

CIRIEC
Philippe Bance & Luc Bernier

Contemporary Crisis and Renewal of Public Action

Towards the Emergence of a New Form of Regulation?

Crise contemporaine et renouveau de l'action publique

Vers l'émergence d'un nouveau mode de régulation ?

Social Economy & Public Economy
Économie sociale & Économie publique
No. 3

CIRIEC activities, publications and researches are realized with the support of the Belgian Federal Government – Scientific Policy and with the support of the Government of the Belgian French Speaking Community – Scientific Research.

Les activités, publications et recherches du CIRIEC sont réalisées avec le soutien du Gouvernement fédéral belge – Politique scientifique et avec celui de la Communauté française de Belgique – Recherche scientifique.

© P.I.E. PETER LANG s.a.
Éditions scientifiques internationales
Bruxelles, 2011
1 avenue Maurice, B-1050 Bruxelles, Belgique
www.peterlang.com ; info@peterlang.com

Printed in Germany/Imprimé en Allemagne

ISSN 2030-3408
ISBN 978-90-5201-741-9
D/2011/5678/46

Library of Congress Cataloging-in-Publication Data
Crisis and renewal of public action : towards the emergence of a new form of regulation? / Crise contemporaine et renouveau de l'action publique : vers l'émergence d'un nouveau mode de régulation ? CIRIEC, Philippe Bance & Luc Bernier.   p. cm. -- (Économie sociale & économie publique ; no. 3)
Includes bibliographical references.   ISBN 978-90-5201-741-9   1. Financial crises. 2. Economic policy. 3. International economic relations. I. CIRIEC (Centre interuniversitaire de recherche, d'information et d'enseignement sur les coopératives). II. Bance, Philippe. III. Bernier, Luc, 1959-
    HB3722.C727 2011   330.9'0511--dc22   2011013822

Bibliographic information published by "Die Deutsche Bibliothek"
"Die Deutsche Bibliothek" lists this publication in the "Deutsche National-bibliografie"; detailed bibliographic data is available on the Internet at <http://dnb.ddb.de>.

Information bibliographique publiée par « Die Deutsche Bibliothek »
« Die Deutsche Bibliothek » répertorie cette publication dans la « Deutsche National-bibliografie » ; les données bibliographiques détaillées sont disponibles sur le site http://dnb.ddb.de.

Contents/Table des matières

FOURTH PART. INSTITUTIONS OR CARRIER INSTRUMENTS
OF SUSTAINABLE DEVELOPMENT

QUATRIÈME PARTIE. LES INSTITUTIONS OU LES INSTRUMENTS
PORTEURS DE DÉVELOPPEMENT DURABLE

Acknowledgements/Remerciements

This book is the outcome of activities undertaken by a working group, reporting to the International Scientific Commission "Public Services/Public Enterprises" and implemented by the International Scientific Council of CIRIEC. This group, responsible for working on the impact of the economic crisis in terms of public intervention, began operating in June 2009 and met to discuss the contributions.

We would like to thank the members of the International Scientific Council of CIRIEC, all participants of the working group and contributors for their input, the quality of their work and fruitful exchanges. The book has enjoyed the active support of the CIRIEC International team, especially Maya Abada, Carmela de Cicco, Christine Dussart, Suzy Lhonneux, Barbara Sak and Christelle Pasquier. It also benefited from the constructive feedback and evaluation of Benoît Lévesque, former president of the International Scientific Council, and Bernard Thiry, General Director of CIRIEC International.

Cet ouvrage est le produit de l'activité d'un groupe de travail, rattaché à la Commission scientifique internationale « Services publics/Entreprises publiques » et mis en place par le Conseil Scientifique International du CIRIEC. Ce groupe, chargé de travailler sur les répercussions de la crise économique en matière d'intervention publique, a débuté son activité en juin 2009 et s'est réuni pour discuter des contributions.

Nous tenons à remercier les membres du Conseil Scientifique International du CIRIEC, l'ensemble des participants du groupe de travail et des contributeurs pour leurs apports, la qualité de leur activité et la fécondité des échanges. Le livre a bénéficié du soutien actif de l'équipe du CIRIEC International, en particulier de Maya Abada, Carmela de Cicco, Christine Dussart, Suzy Lhonneux, Barbara Sak et Christelle Pasquier. Il a également bénéficié de l'évaluation et des commentaires constructifs de Benoît Lévesque, ancien président du Conseil Scientifique International, et de Bernard Thiry, Directeur Général du CIRIEC International.

Philippe Bance & Luc Bernier

Abbreviations' list/
Liste des abréviations

ACEA	Association des constructeurs européens automobiles
ACI	Alliance Coopérative Internationale
AGCS	Accord général sur le commerce des services
ALENA	Accord de libre-échange nord-américain
ATTAC	Association pour une taxation sur les transactions financières pour l'aide aux citoyens
BAD	Banque africaine de développement
BCEAO	Banque centrale des États de l'Afrique de l'Ouest
BCE	Banque centrale européenne
BEI	Banque européenne d'investissement
BIT	Bureau international du travail
CDPQ	Caisse de dépôt et placement du Québec
CDS	credit default swap
CEA	Commissariat à l'énergie atomique
CEO	chief executive officer
CNDD	Conseil national du développement durable
CNDLP	Commission nationale pour le développement et la lutte contre la pauvreté
CNUCED	Conférence des Nations unies sur le commerce et le développement
CNRS	Centre national de la recherche scientifique
COP	Conférence des Parties
CRSME	Comité de réforme des structures et missions de l'État
CSRP	crédit de soutien à la réduction de la pauvreté
DD	développement durable
DSRP	document stratégique de réduction de la pauvreté
EBRD	European Bank for Reconstruction and Development
EC	European Commission
ENA	École nationale d'administration
EU	European Union

FAO	Food and Agriculture Organization of the United Nations/ Organisation des Nations unies pour l'alimentation et l'agriculture
FMI	Fonds monétaire international
FRPC	facilité pour la réduction de la pauvreté et la croissance
FRR	Fonds de régulation des recettes
G7	Group of Seven. The G7 corresponds to the G8 without Russia.
G8	Group of Eight. The G8 includes Canada, France, Germany, Italy, Japan, Russia, the United Kingdom and the United States.
G20	Group of Twenty. The countries are: Argentina, Australia, Brazil, Canada, China, France, Germany, India, Indonesia, Italy, Japan, Mexico, Republic of Korea, Russia, Saudi Arabia, South Africa, Turkey, United Kingdom, United States of America. The European Union is the 20th member of the G20.
GATT	General Agreement on Tariffs and Trade
GDP	gross domestic product
HLM	habitation à loyer modéré
HPST	hôpital, patient, santé, territoires
IDB	Inter-American Development Bank
IDE	investissements directs étrangers
IFI	international financial institution/ institution financière internationale
ILO	International Labour Organization
IMF	International Monetary Fund
INAES	Instituto Nacional de Asociativismo y Economía Social
INE	Instituto Nacional de Estadística
ISO	International Organization for Standardization
LBO	leveraged buy-out
LFSS	Loi de financement de la sécurité sociale
LOLF	Loi organique relative à la loi des finances
MAP	Millenium Partnership for Africa Recovery Program
MENA	Middle East and North Africa
MPDEPCAG	Ministère de la Prospective du développement, de l'Évaluation des Politiques publiques et de la Coordination de l'action gouvernementale

NAE	nouveaux accords d'emprunt
NAFTA	North American Free Trade Agreement
NGOs	Non Governmental Organizations
NEPAD	Nouveau partenariat pour le développement de l'Afrique
NPM	New Public Management
OCDE	Organisation de coopération et de développement économique
OECD	Organization for Economic Co-operation and Development
OMD	Objectifs du Millénaire pour le développement
OMC	Organisation mondiale du commerce
ONG	organisation non gouvernementale
ONS	Office for National Statistics
ONU	Organisation des Nations unies
OPA	offre publique d'achat
OPEP	Organisation des pays exportateurs de pétrole
PAS	plan d'ajustement structurel
PCAA	papiers commerciaux adossés à des actifs
PDG	président-directeur général
PIB	produit intérieur brut
PME	petites et moyennes entreprises
PMI	petites et moyennes industries
PNUD	Programme des Nations unies pour le développement
PNUE	Programme des Nations unies pour l'environnement
PPPs	Public-Private Partnerships
R-D	recherche et développement
RGPP	révision générale des politiques publiques
RSE	responsabilité sociale d'entreprise
S-O-R	stimulus-organism-response
SOE	state-owned enterprise
TGV	fast speed train/train à grande vitesse
UE	Union européenne
UK	United Kingdom
UN	United Nations
UNASUR	Union des Nations sud-américaines/ Union of South American Nations

UNCTAD	United Nations Conference on Trade and Development
UNESCO	United Nations Educational, Scientific and Cultural Organization/Organisation des Nations unies pour l'éducation, la science et la culture
UNICEF	United Nations of International Children's Emergency Fund
USA	United States of America
WHO	World Health Organization

Introduction

Philippe BANCE

Membre du Laboratoire CARE – Équipe Mondialisation
et Régulations, Université de Rouen
et Délégué scientifique AERES, France

Luc BERNIER

Professeur, Co-directeur,
Centre de recherche sur la gouvernance, École nationale
d'administration publique (ÉNAP), Québec, Canada

En septembre 2008, le système capitaliste entame la plus grave crise de son histoire depuis celle de 1929. Le début de cette crise fait craindre un effondrement économique généralisé : l'insolvabilité des acteurs privés débouche sur une crise de confiance majeure des agents économiques, qui, dans un premier temps, entrave le refinancement des entreprises et risque de provoquer des faillites en chaîne. L'intervention rapide des États de nombreux pays permet alors d'éviter le pire mais au prix bien souvent d'un endettement massif qui affecte aujourd'hui la crédibilité et la capacité de l'action publique. Ces interventions n'ont par ailleurs pas empêché l'avènement d'une récession brutale en particulier dans les pays où les stabilisateurs économiques ont des effets modérés de par la moindre présence du secteur public.

Le retour à la croissance dans certaines parties du monde et les difficultés rencontrées par les États les plus endettés ne peuvent faire oublier l'essentiel : le rôle majeur des autorités publiques face à la crise. La résurgence de l'intervention publique après plusieurs décennies de profonde remise en cause est un fait majeur de la période récente. Elle pose la question de l'éventualité d'une bifurcation historique induite par cette crise.

Le CIRIEC, sous l'égide de son conseil scientifique international et de sa commission scientifique « Entreprises publiques/Services publics », a, dans ce contexte, mobilisé son réseau de chercheurs pour analyser le retour de l'intervention publique, mener la réflexion sur les modalités d'ajustement possibles de l'action des États. Le point de départ du travail consiste à s'interroger sur les scénarios de sortie de crise, sur les instruments publics mobilisables à cet effet, à dresser les perspectives d'un renouveau de l'action publique par la mise en place d'un nouveau régime de développement durable.

Quels scénarios d'action publique face à la crise ?

Le scénario de l'assainissement
par les seules forces du marché

Ce scénario repose sur le postulat selon lequel le marché peut corriger de lui-même les effets de la crise, sans intervention directe des autorités publiques. La crise est alors une période d'ajustements permettant d'assainir le marché et de revenir à la croissance. Cette optique fut celle des autorités publiques au début de la crise de 1929 et préside pour une large part aux conceptions du consensus de Washington de 1989. Comme indiqué plus haut, les autorités publiques l'ont récusée en 2008 pour conjurer la réédition des effets désastreux du laisser-faire initialement adopté lors de la crise de 1929. Le risque systémique induit par la crise financière a fait s'imposer l'idée d'une nécessaire intervention massive des États pour prévenir un effondrement généralisé du système économique. Les plans de relance adoptés ensuite dans la plupart du pays traduisent également une éviction, du moins temporaire, du modèle de l'autorégulation. Mais les difficultés financières des États survenues depuis lors, via la montée des déficits et des dettes publiques, les fragilités intrinsèques de certains pays et les attaques spéculatives ont très rapidement montré les limites intrinsèques de l'intervention publique, poussant à l'assainissement des finances. De quoi susciter la résurgence de la crise voire le retour en force de politiques de repli national ou régional.

Le scénario du repli national... ou régional

Il s'agit d'un scénario de rupture radicale avec les politiques publiques d'insertion dans la division internationale du travail menées depuis l'après-guerre, de profonde remise en cause des politiques d'ouverture des marchés au plan mondial. La probabilité de son occurrence est élevée, notamment si la récession perdurait ou en cas de rechute de l'économie mondiale. Les très graves conséquences sociales qui s'en suivraient pourraient induire, comme dans les années 1930, un retour en force de politiques protectionnistes. Ce scénario pourrait être celui d'une désagrégation plus ou moins lente de la construction économique européenne, les États membres revenant sur les engagements pris auprès de l'UE en cherchant à remédier aux déséquilibres économiques et aux tensions sociales résultant de la crise. Il pourrait également marquer le rétablissement de formes d'intermédiation régulées entre certains des États membres de l'Union. Ce scénario est cependant porteur de la résurgence d'une exacerbation des tensions entre nations voire, comme dans les années 1930, de conflagration mondiale. Mais il peut également être celui de l'instauration de nouvelles règles internationales prenant appui sur les régulations régionales et forgées par interactions entre espaces régionaux

Le scénario de l'ajustement transitoire de l'action publique

Dans cette optique, les autorités publiques interviennent temporairement, sans conduire des réformes de structure durables, pour pallier les effets de la crise financière et économique et gérer un retour à la croissance. Des modalités nouvelles d'intervention publique en constituent les instruments : politiques budgétaires et fiscales actives, nationalisations bancaires, recapitalisation, réglementation sur les stock-options et les bonus, nouvelles règles prudentielles, réglementations sur la transparence financière, etc. Une application temporaire de ces règles n'est pas source de rupture mais au contraire facteur de continuité en matière de politiques publiques. L'encadrement des pratiques pernicieuses et les garanties publiques visent à faire rétablir la confiance dans les mécanismes de marché. Même dans le cas d'un retour à la croissance, ce schéma est donc porteur de la perpétuation de cycles économiques très prononcés voire de la résurgence du risque systémique.

Le scénario de la métamorphose de la régulation publique mondiale

Ce scénario s'oppose à celui de l'ajustement transitoire puisqu'il procède d'une logique de changement structurel, de bouleversement radical du mode d'intervention publique dans l'espace mondial. Cette rupture prononcée vis-à-vis des politiques publiques des dernières décennies se démarque également foncièrement du scénario du repli national ou régional : il s'agit d'instaurer un nouvel ordre non seulement correcteur des déséquilibres économiques et sociaux actuels mais visant également le développement durable. Ce scénario est celui de la coordination étroite au plan supranational des politiques économiques pour promouvoir une croissance pérenne, une répartition plus équilibrée des richesses (nord-sud, capital-travail, etc.), de protéger les biens publics mondiaux et de garantir la fourniture des services d'intérêt général. L'occurrence de ce scénario reste pour l'heure très conditionnelle puisque sa mise en œuvre est exigeante. Elle suppose qu'une bifurcation se produise dans le processus de mondialisation et plus précisément que puissent s'imposer les stratégies publiques coopératives à l'échelle planétaire. Doter des institutions publiques supranationales de nouveaux moyens d'intervention pour mener à bien des politiques publiques mondialisées en est certainement une condition préalable.

L'analyse du déploiement actuel des politiques publiques de lutte contre la crise amène ainsi à penser aujourd'hui que l'occurrence du scénario de l'ajustement transitoire de l'intervention publique est à ce titre largement engagée. La pérennité de ce scénario reste néanmoins hypothétique : il n'est pas suffisamment robuste pour résister à un approfondissement ou à une résurgence rapide de la crise. La dégradation des comptes publics et de la capacité de régulation des États, l'altération de la confiance des agents économiques et l'accentuation des tensions sociales sont de nature à le mettre à mal.

Quel que soit le scénario d'avenir, une question se pose. Quels seront les nouveaux instruments de régulation de l'économie mondiale voire de refondation de l'action publique ?

Quels instruments d'action publique ?

Le choix réalisé dans cet ouvrage pour étudier le processus de réaménagement de l'intervention publique est de mobiliser des outils conceptuels flexibles afin de prendre en compte une grande diversité du champ des possibles en matière d'interventions publiques. Une analyse des transformations en cours des politiques publiques autour de la mise en place ou non d'un nouveau « mode de régulation » présente à cet égard la souplesse suffisante pour apporter des réponses intéressantes.

Dans cette perspective, l'étude des caractéristiques et des évolutions du mode de régulation économique se place à différents niveaux.

L'évolution du cadre structurant les politiques publiques au plan supranational

En d'autres termes, met-on ou non en place au plan supranational des réformes de structures, crée-t-on des institutions ou des instruments de régulation publics pour remédier à la crise et promouvoir le développement durable ? Cherche-t-on dans les espaces économiques intégrés comme l'Union européenne ou l'Accord de libre-échange nord-américain (ALENA) à mener des politiques constitutives (au sens de la terminologie de Theodore Lowi) ? Cherche-t-on, et si oui comment, à lever les restrictions portées aux politiques réglementaires, budgétaires et fiscales nationales ou supranationales ?

La conduite et l'articulation éventuelle des politiques réglementaires, budgétaires et fiscales nationales

Quelles actions sont mises en place par les autorités nationales pour remédier à la crise : nouvelles réglementations, nationalisations, fonds souverains, politiques fiscales, budgétaires et de répartition, extension ou restrictions aux politiques industrielles et de concurrence ? Ces interventions nationales présentent-elles une articulation suffisante pour fonder l'émergence d'un nouveau mode de régulation publique internationale ?

L'évolution du périmètre des secteurs publics

Si le secteur public a servi de point d'appui aux politiques de sortie de crise dans différents pays, peut-il être amené à connaître une nouvelle phase d'extension de son périmètre relatif dans l'économie ? Les nationalisations réalisées dans le secteur bancaire vont-elles s'étendre ? Seront-elles durables ? Ces nationalisations sont-elles le préalable d'une nouvelle phase d'extension du périmètre et du poids relatif des secteurs publics nationaux ? Y a-t-il potentiellement phénomène de contagion à d'autres secteurs d'activité et si oui lesquels ?

Quelles nouvelles légitimations seraient alors données à la propriété publique : celles du passé ou de nouvelles ? Quelles sont les variations nationales ? Les transformations en cours préparent-elles l'émergence de secteurs publics supranationaux ?

Le renouveau de la gestion publique

Faut-il aujourd'hui remettre profondément en cause le modèle de la nouvelle gestion publique pour stimuler la croissance économique ? Faut-il dans cette perspective continuer notamment à pratiquer l'externalisation de l'activité, à importer dans le secteur public les méthodes de gestion émanant du secteur privé, à évaluer par la performance ? La logique de résultats, la représentation marchande de l'intérêt général sont-elles remises en cause ? Réhabilite-t-on dans cette optique des missions d'intérêt général bien plus larges que les obligations classiques de service public ? Quelles marges de manœuvre laisse-t-on aux opérateurs publics pour internaliser les missions d'intérêt général ? Quelle place occupera l'économie sociale dans les nouvelles pratiques en émergence ?

Quelles perspectives de renouveau de l'action publique ?

L'ouvrage se décline en quatre parties qui analysent les inflexions en cours ou potentielles de l'action publique tant d'un point de vue global que dans des pays du nord (Amérique du nord, Europe) ou du sud (Afrique, Amérique du sud) de la planète. Par « coups de projecteurs » successifs sont examinés les instruments de politique publique mobilisés et mobilisables par les États à travers le monde dans le contexte de crise actuelle, partant du plus général pour aller aux dispositions relevant de champs d'intervention ou d'instruments d'action plus spécifiques.

La première partie étudie ainsi les mutations systémiques et les déterminants structurels des politiques publiques à l'échelle planétaire. Il s'agit donc d'analyser les remèdes à la crise par mutations systémiques et refondation des politiques publiques. Trois contributions participent de cette analyse. Bance étudie les mutations des représentations de l'intérêt général. Il met à cet égard en exergue à la fois les opportunités et les difficultés de dépasser en période de crise des options de politique publique trop strictement nationales ou régionales pour instaurer d'indispensables nouvelles gouvernances mondiales fondées sur des stratégies coopératives. Bauby précise les conditions de refondation d'une nouvelle légitimité de l'action publique. Il souligne la nécessité de promouvoir une régulation impliquant des arbitrages entre intérêts différents, souvent contradictoires, et le rôle essentiel dans une perspective d'efficacité de procéder à une évaluation multicritère. Boual se place dans une perspective historique pour souligner les limites du développement économique que révèle la crise contemporaine. Il préconise de repenser l'action publique autour de la promotion des biens communs et des services publics.

La seconde partie de l'ouvrage porte plus spécifiquement sur les outils d'intervention directe mobilisés en début de crise par les autorités publiques pour faire face à la crise et les perspectives d'avenir qui en ressortent, ceci dans une double perspective : celle des nationalisations d'une part, des interventions budgétaires et des finances publiques d'autre part. Bernier dresse ainsi un état des lieux des nationalisations qui se sont produites avec l'avènement de la crise, des justifications qui les ont portées et analyse les perspectives d'avenir. Il montre que par-delà le rôle temporaire de préservation de l'activité qu'ont joué les nationalisations durant la crise, une ère nouvelle succédant à plusieurs décades de privatisations pourrait s'ouvrir à condition que les États soient capables d'élaborer des stratégies qui justifient la permanence d'entreprises publiques par leur implication dans la politique économique. Hall analyse les répercussions de la crise sur les finances publiques. Il souligne la portée et les limites actuelles de l'intervention publique. L'accroissement des besoins financiers pour intervenir face à la crise est concomitant à l'élévation des dépenses de santé et de retraites ou d'investissement dans les infrastructures. Il en résulte une forte pression sur les États pour engager des politiques de rigueur qui pourraient s'avérer très préjudiciables pour la croissance à venir.

La troisième partie focalise sur les services publics dans la crise, pour préciser les répercussions qui pourraient en résulter sur leur gestion et leur gouvernance. Quatre contributions se placent dans cette optique, sous l'angle des rapports de propriété, de l'évaluation, de la régulation et de la dynamique des réformes. Theuvsen montre qu'il ressort de la littérature portant sur les États-Unis ou sur divers pays européens (Allemagne, France, Finlande) une préférence des citoyens pour la forme publique de propriété dans les services publics. Cette préférence procède de causes multifactorielles complexes (réticence des citoyens au financement, appartenances politique et sociale, facteurs externes, etc.) et peut être perçue comme une opportunité pour le développement du mode de gestion publique. Chassy analyse dans le cadre français le rôle que peut jouer l'évaluation pour remédier à la crise des services publics. Elle montre que, face à la montée en puissance d'une évaluation trop strictement économique, fondée sur une logique étroite de résultats, la crise des services publics peut être dépassée en refondant leur action autour des réseaux d'acteurs et de l'ensemble des parties prenantes, mobilisés dans le cadre de l'évaluation participative. Clifton, Díaz-Fuentes, Fernández-Gutiérrez et Revuelta pointent les limites du paradigme dominant de la régulation des services publics à l'ère de la nouvelle gestion publique. S'appuyant sur une analyse empirique des services publics britanniques et espagnols, ils préconisent l'adoption d'un nouveau paradigme européen de régulation, tenant compte des caractéristiques intrinsèquement différentes de chaque type de service et de la demande qui lui est associée. Ahmed Zaïd-Chertouk étudie le renouveau de l'action publique en Algérie vis-à-vis des politiques et des services publics. Elle montre que l'avènement de la crise économique a eu pour effet d'inciter les pouvoirs publics à la prudence dans l'adoption de réformes structurelles et à figer les mesures de privatisation et de mise en œuvre de la nouvelle gestion publique.

La quatrième partie concerne les institutions porteuses de développement durable et les instruments mobilisables pour en assurer la promotion. Elle débouche sur des résultats très contrastés à travers le monde, tant du point de vue des actions à l'œuvre que des dynamiques institutionnelles impulsées par la crise. Després place son analyse dans le cadre français pour présenter les origines et les modalités prises par la montée en puissance dans la dernière décennie de la problématique du développement durable. Il souligne cependant les remises en cause qui résultent de la crise économique et la nécessité d'une action au plan international dépassant un cadre national intrinsèquement trop limitatif. Lamari et Côté étudient quant à eux les outils publics mobilisés face à la crise dans le cadre d'une économie ouverte de petite taille, à savoir celle du Québec. Ils montrent l'ampleur et l'efficacité de l'action contra-cyclique d'inspiration keynésienne qu'ont adoptée les autorités publiques avec l'avènement de la crise mais aussi les défis et enjeux économiques et financiers qui restent posés pour l'avenir. Signé se place à l'échelle du continent africain pour y mettre en perspective historique le bilan des transformations de l'action publique. Il précise que les transformations induites par la crise actuelle se caractérisent pour l'heure par une relative continuité vis-à-vis des mesures conjoncturelles et structurelles plutôt libérales des deux dernières décennies. Enfin, le terrain d'investigation de Schaposnik et Pardo est celui de la problématique de la promotion du développement durable dans le cadre de l'espace économique intégré de l'Union des Nations sud-américaines (UNASUR), en particulier à travers l'action de sa nouvelle Banque du Sud. La banque régionale y apparaît comme un outil pertinent de promotion d'un développement favorisant l'intégration sociale et le financement des organisations sans but lucratif remplissant des missions de service public.

L'ouvrage souligne ainsi la diversité des réponses nationales ou régionales apportées, tant au nord qu'au sud, pour tenter de remédier à des crises économique, sociale et environnementale de dimension planétaire. Il montre l'impérieux besoin d'instaurer pour l'avenir de nouvelles régulations publiques globales dans une économie mondialisée rendue profondément instable après plusieurs décennies de politiques d'inspiration néolibérale. Il en appelle ainsi à une refondation des politiques d'intérêt général au plan planétaire par un changement de paradigme : de nouvelles régulations autour de politiques macro-économiques coordonnées, partagées par les différents niveaux institutionnels de prise en compte de l'intérêt général, qui appellent l'adoption de réformes institutionnelles macro-planétaires porteuses de développement durable.

FIRST PART

THE SYSTEMIC TRANSFORMATIONS
TO FACE THE CRISIS

PREMIÈRE PARTIE

LES MUTATIONS SYSTÉMIQUES FACE À LA CRISE

L'intérêt général dans la crise

Vers une « globalisation » de l'intérêt général ?

Philippe BANCE

Membre du Laboratoire CARE – Équipe Mondialisation et Régulations, Université de Rouen et Délégué scientifique AERES, France

Il est aujourd'hui patent que la crise touchant l'économie mondiale depuis le second semestre 2008 suscite de profondes interrogations sur la pertinence actuelle des politiques d'intérêt général. Cette crise est en effet la plus grave que l'économie mondiale ait connue depuis 1929. Après la faillite de Lehman Brothers à la mi-septembre 2008, l'économie mondiale a frôlé une catastrophe sans précédent, celle d'un effondrement généralisé du système économique par un assèchement du crédit et des faillites en chaîne d'entreprises. La crise boursière qui a suivi s'est traduite par une destruction de richesse considérable à l'échelle mondiale via la dépréciation des actifs financiers. La forte contraction des échanges commerciaux (OMC, 2009) et des flux d'investissements directs étrangers (CNUCED, 2009), associés à la dégradation de la confiance des agents économiques, ont fait plonger les taux de croissance des pays du monde entier. Cette crise économique planétaire s'accompagne d'une crise sociale de grande ampleur : montée du chômage, développement de la pauvreté et détérioration des conditions de vie des populations les plus fragiles, tout particulièrement des pays du sud (Nations unies, 2009 ; OCDE, 2010).

Des politiques publiques nationales très interventionnistes ont été menées dans cette conjoncture des plus difficiles pour préserver l'intérêt général. L'intervention massive des États, par des actions contracycliques d'ampleur inégalée, a permis d'éviter le pire. Les nationalisations bancaires, l'encadrement des institutions financières, l'injection massive de liquidités ont empêché l'effondrement généralisé du système financier et l'avènement d'une crise systémique sans précédent. La crise systémique écartée, des politiques publiques expansionnistes ont évité

25

que la dépression ne prenne l'ampleur de celle des années 1930 (Artus, Betbèze, de Boissieu, Capelle-Blancard, 2010). Mais les défauts de régulation publique, qui ont permis la propagation internationale de la crise, et l'insuffisante coordination des politiques publiques nationales appellent la mise en place de nouveaux dispositifs institutionnels de contrôle et de régulation à l'échelle mondiale (Aglietta, 2008).

Par-delà les crises financière, économique et sociale qui affectent la planète, un autre défi non moins crucial est à relever pour préserver l'intérêt général : remédier à la crise environnementale que nous a léguée le développement économique des dernières décennies. Un développement planétaire durable suppose de gérer efficacement les externalités environnementales massives induites par l'activité économique, de prendre des mesures qui permettent de remédier à l'épuisement des ressources naturelles, d'éviter la désertification et le bouleversement climatique.

Les crises actuelles confèrent ainsi à l'intérêt général une dimension planétaire tout à fait nouvelle. Alors que l'intérêt général procède depuis des lustres de logiques nationales, le développement durable (dans ses dimensions économiques, sociales et environnementales) appelle à présent la mise en œuvre des politiques à l'échelle planétaire : il en va de la préservation des générations futures et du bien-être de la population mondiale, en d'autres termes de l'intérêt général de l'espèce humaine toute entière.

L'objet de cette contribution est donc d'analyser les limites actuelles du mode de prise en compte de l'intérêt général. Il s'agit également de voir dans quelles conditions et sous quelles formes un renforcement de politiques d'intérêt général pourrait se produire au niveau mondial pour répondre aux défis des crises actuelles, autour d'une nouvelle architecture institutionnelle. Pour ce faire, il est cependant nécessaire de préciser les fondements de cette notion d'intérêt général afin d'en préciser la portée opératoire.

Les fondements de l'intérêt général

Le concept d'intérêt général n'est pas simple à cerner car il est polysémique et multiforme. Sa complexité tient dans l'impossibilité d'en donner une formulation stable, du fait qu'il s'agisse d'une réalité concrète à géométrie variable dans le temps et dans l'espace. Aussi est-il nécessaire de l'analyser de manière suffisamment précise pour en cerner la portée opératoire dans le contexte actuel. Cette analyse passe par un examen des interprétations philosophiques, de ce qu'en ont retenu les courants dominants de l'analyse économique et de son ancrage territorial dans les politiques concrètes.

L'espace des représentations de l'intérêt général

La diversité de ses fondements est une première explication de cet état de fait. Il n'existe pas de définition universelle de l'intérêt général. De Platon à Hegel, en passant par Aristote, Cicéron, Thomas d'Aquin, Rousseau, Smith, Hegel, etc. des représentations philosophiques d'une grande richesse mais éloignées voire opposées en ont été données (Rangeon, 1986). Quatre clivages en ressortent.

On opposera tout d'abord la conception transcendante (issue de la tradition platonicienne) et la conception immanente (issue de l'approche aristotélicienne). Pour Platon, « l'intérêt public » est celui de la Cité et de tous : il s'impose à tous les membres de la collectivité. II est supérieur aux intérêts particuliers qui ne peuvent que s'effacer devant lui. Aristote réaffirme quant à lui la légitimité des intérêts particuliers en dénonçant chez Platon un néfaste étouffement de la diversité. L'*intérêt commun* est fondé sur des échanges qui permettent de satisfaire les besoins de chacun dans une perspective de réciprocité, de *retour sur équivalence*. Cette nécessaire articulation de logiques publique et privée a suscité un autre clivage aux XVIIIe et XIXe siècles entre, d'une part, conceptions harmoniques ou consensuelles et, de l'autre, conceptions dialectiques ou conflictuelles. Dans la première catégorie, on peut citer Rousseau, Smith ou Bentham. Mais, alors que Rousseau considère que l'intérêt général se concrétise sur la base de la concorde et de l'unanimisme des membres de la collectivité, Smith y voit le produit d'une harmonie naturelle des intérêts individuels égoïstes et Bentham le résultat de l'agrégation majoritaire des positions individuelles. Hegel développe une toute autre conception, dialectique, qui fait de l'intérêt général la résultante de la confrontation d'intérêts particuliers contradictoires, qui rendent indispensables le dépassement de ces contradictions par une synthèse de l'État et par une action de rationalisation. Marx verra dans cette dialectique un cadre d'expression et de réalisation d'intérêts particuliers, notamment dans l'appareil bureaucratique. Ce type de clivage pose dans le contexte de mondialisation actuelle la question de l'articulation d'intérêts divergents, et notamment des modalités de mise en œuvre d'une action publique internationale face à l'émancipation progressive des agents économiques des régulations nationales.

Le second clivage est plus précisément celui de la structuration de l'intérêt général autour de l'intérêt matériel des acteurs. La tradition platonicienne fait de la vertu et de la morale le critère premier de réalisation de l'intérêt public.

Cette approche est fortement contestée par Aristote, Épicure, Cicéron et Thomas d'Aquin. Pour eux, les intérêts particuliers, et plus précisément le bien ou l'utilité matérielle des membres de la collectivité, doivent être pris en considération. Rousseau voit cependant dans les mobiles financiers et la propriété des entraves à la concorde des intérêts particuliers, à l'affirmation de la volonté générale. La tradition smithienne va faire de l'enrichissement matériel le critère principal pour ne pas dire exclusif de réalisation de l'intérêt général. La création de richesses la plus élevée possible et l'efficacité productive maximale permettent la réalisation de l'intérêt général. Cette conception univoque de l'intérêt général laisse libre cours aujourd'hui à des comportements dévastateurs tant dans le domaine de la finance que sur le plan de la gestion des ressources planétaires.

Un troisième clivage porte sur les modalités de réalisation de l'intérêt général sous l'angle de la répartition des richesses matérielles. Ce critère n'apparaît d'ailleurs chez Smith qu'à titre accessoire alors qu'il est essentiel dans la philosophie classique chrétienne ou dans la conception marxienne. En attribuant à la création de richesses un effet bénéfique pour tous, Smith aborde très peu la question de la répartition. Il prône cependant la meilleure répartition possible du capital et met en cause les profits excessifs qui limitent le niveau des salaires. Stuart Mill précisera l'analyse en défendant une conception de la justice sociale et de l'intérêt général reposant sur une juste répartition des richesses, fondée sur les mérites de chacun. Au XXe siècle, Rawls complète cette approche sous l'angle de la justice sociale. Dans son ouvrage de 1971, *Théorie de la justice,* il défend l'idée qu'une société juste est celle qui prend en compte l'intérêt des plus défavorisés. Avec la mondialisation, aujourd'hui se pose avec acuité cette question de la justice sociale à l'échelle planétaire. Ce n'est pas seulement une question éthique mais également un enjeu de développement équilibré au plan mondial, porteur de développement durable.

Enfin, le quatrième clivage concerne les institutions permettant de concrétiser au mieux l'intérêt général. On oppose à cet égard les traditions centralisée et marchéiste. Dans la conception centralisée, la concrétisation de l'intérêt général suppose l'intervention d'un centre de décision : l'État. C'est notamment la conception qu'en ont Rousseau et Hegel. L'État est perçu comme une institution bienveillante au service de la collectivité. Plus encore, chez Rousseau et Sièyes, les corps intermédiaires (corporations voire classes privilégiées) sont des entraves à la réalisation de l'intérêt général. La tradition marchéiste met en cause cette conception centralisée de l'intérêt général faisant du marché l'institution garante de la réalisation de l'intérêt général. La célèbre « main invisible du marché » de Smith symbolise cette optique.

Dans le contexte actuel, si les limites du laisser-faire et le besoin de régulation publique incitent à émettre de fortes réserves vis-à-vis de la conception smithienne, la nécessaire participation de la société civile aux processus de mise en œuvre et de contrôle de nouvelles politiques publiques conduit également à relativiser la portée d'une perspective centraliste.

Les économistes se sont en tout cas appuyés sur ces analyses pour bâtir leur propre interprétation. Force est de constater que, durant les dernières décennies, les évolutions opérées ont débouché sur un appauvrissement du contenu des politiques d'intérêt général par l'affirmation du marchéisme.

Les mutations des représentations économiques de l'intérêt général

L'évolution de la représentation de l'intérêt général dans l'analyse économique éclaire les mutations récentes des politiques publiques. En modifiant leurs représentations de l'intérêt général, les économistes ont tenu compte des mutations sociétales pour maintenir la portée explicative ou prescriptive de la théorie.

Des permanences propres à chaque courant de pensée sont cependant à relever. Les économistes néoclassiques ont une conception matérielle, immanente et marchande de l'intérêt général. En référence à la conception de Pareto, assurer l'intérêt général c'est atteindre un optimum social tel qu'on ne puisse améliorer la satisfaction d'un individu quelconque sans dégrader celle d'un autre. L'approche est utilitariste et fondée sur la maximisation des utilités individuelles. Le modèle de référence néoclassique est celui de la concurrence pure et parfaite, vision idéalisée du marché, dans la tradition smithienne. Le modèle walrasso-parétien établit en effet une équivalence entre bien-être social maximal et régime de concurrence pure et parfaite. Dans cette perspective harmonique, les corps intermédiaires de quelque nature qu'ils soient n'ont aucune raison d'être : leur existence ne peut qu'éloigner de l'optimum économique et social.

La concentration économique, la crise de 1929, le besoin d'intervention publique et l'affirmation de la pensée keynésienne ont cependant fait évoluer ces systèmes de représentations. Les keynésiens ont en effet retenu une conception de l'intérêt général qui s'inspire de la tradition transcendante sans pour autant en écarter l'immanence : l'État se situe au-dessus de la société, définit l'intérêt général et le met en œuvre, en reconnaissant la légitimité de l'expression des intérêts particuliers.

Ces derniers contribuent eux aussi à la réalisation de l'intérêt général mais l'État ou l'intervention publique sont seuls capables d'éviter l'altération de l'intérêt général par des comportements individuels déviants. Sans aller aussi loin les néoclassiques développent une analyse portant sur les imperfections des marchés et la situation sous-optimale qui en résulte en termes de bien-être social. L'intervention de l'État va donc s'avérer nécessaire pour se rapprocher de l'idéal décrit par le modèle de concurrence pure et parfaite. L'État est dès lors une entité désintéressée, omnisciente et agissant pour le bien-être de tous et de chacun. Il doit agir pour corriger les défaillances des marchés, les imperfections de la réalité, en réduisant notamment les externalités négatives et susciter les externalités positives, ou en prenant en charge les activités indispensables que les marchés ne peuvent assurer. On passe ainsi à des fins d'intérêt général d'un État minimal à un État très interventionniste, agissant par voie de nationalisations, de production de biens collectifs et de correction des externalités par l'impôt.

L'incapacité des thérapies keynésiennes nationales de remédier à la crise et les offensives des auteurs néolibéraux ont cependant suscité un renversement total de perspective durant les années 1980. Les courants néolibéraux sont multiples et leurs problématiques variées. Ils invitent tous à réduire le champ de l'intervention publique. Un marché libéré d'interventions publiques intempestives est censé permettre d'atteindre ou du moins d'approcher l'optimum social de la maximisation du bien-être social. La conception peut être radicale, comme dans la théorie des droits de propriété, ou ne prescrire qu'une simple contraction du champ d'action de la régulation publique, comme dans la théorie des marchés contestables voire des coûts de transaction. Il s'agit en tout cas d'instaurer plus de concurrence, de créer des marchés qui se substituent à l'intervention publique (comme le préconise l'approche coasienne de la théorie des droits à polluer) pour servir l'intérêt général. Le retour aux sources du libéralisme, aux conceptions smithienne et marchéiste de l'intérêt général n'en sont pas moins patentes.

Les changements de perspective s'expliquent également par perte de substance de l'ancrage territorial des politiques d'intérêt général.

De l'ancrage territorial des politiques d'intérêt général à l'expansion du marchéisme et du lobbyisme

L'intérêt général n'est pas seulement le produit d'un cheminement théorique. C'est aussi un construit social élaboré dans des espaces territoriaux face à des réalités sociétales diverses (Monnier, Thiry, 1997b). La diversité explique la mutabilité des politiques d'intérêt général dans le temps et dans l'espace.

Les politiques d'intérêt général ont un enracinement dans l'imaginaire collectif qui s'est forgé progressivement dans les espaces nationaux. Les conditions de mise en place de cet imaginaire collectif sont d'une importance cruciale pour comprendre le rapport du citoyen à l'État. Saint-Étienne (2009) oppose dans cette optique les pays où l'État a précédé la nation et ceux où ce fut l'inverse. Pour les premiers, telle la France, les politiques d'intérêt général se sont forgées à travers le volontarisme politique. L'autorité publique joue un rôle essentiel, en matrice de la nation, et par la mise en place d'un État de droit. Le modèle repose donc sur le libéralisme au sens politique du terme et sur l'interventionnisme, combinant à cet effet conceptions immanentes et transcendantes de l'intérêt général. Il confère à l'État une forte légitimité sociétale pour mener des politiques d'intérêt général. Ce type de représentation que l'on peut appeler euro-continentale est imprégné d'esprit de concorde, d'égalitarisme. L'État y incarne la société. Une certaine défiance y est présente vis-à-vis du marché et de l'enrichissement matériel. Le schéma de pensée n'est pas toujours aussi tranché : il peut s'avérer moins stato-centré et marquer plus de distance avec l'intervention de l'État central. C'est notamment le cas de l'Allemagne, où l'intérêt commun s'est largement forgé de manière décentralisée sous l'impulsion d'initiatives locales.

On peut opposer à cette approche la tradition anglo-saxonne de l'intérêt général qui a pris racine dans un tout autre contexte. La nation s'est construite sans État ou du moins en laissant jouer à ce dernier un rôle accessoire. C'est tout particulièrement le cas des pays neufs issus de la colonisation britannique. La représentation de l'intérêt général y est dès lors très différente : foncièrement immanente, matérialiste et marchéiste. Le marché est l'institution de référence, conformément à la conception smithienne. L'État est quant à lui jugé porteur de restrictions pour les libertés individuelles. Il doit justifier d'emblée de son action et des dépenses publiques, rendre en permanence des comptes en en montrant la pertinence. L'évaluation des actions publiques y est systématique (Perret, 2008). La jurisprudence et les instances de régulation indépendantes sont jugées mieux adaptées que l'État pour concrétiser l'intérêt général. La domination de la pensée keynésienne et de l'économie du bien-être de l'après-guerre aux années 1980 a caractérisé une phase transitoire de plus large acceptation de la régulation publique après la crise de 1929. Cependant, il ne s'agit pas d'un changement structurel. La réaffirmation du marchéisme est d'ailleurs radicale dans ces pays après les années 1970, notamment sous l'impulsion des théoriciens néolibéraux (Gréau, 2008), en particulier ceux de l'école de Chicago et des droits de propriété.

Le retour en force du marchéisme va cependant rapidement dépasser le périmètre des espaces nationaux anglo-saxons : il se mondialise à partir des années 1980. Le modèle anglo-saxon tend à supplanter le modèle euro-continental. La logique de construction des espaces régionaux, la dynamique de mondialisation des marchés et l'action des institutions publiques internationales sont les puissants facteurs contributifs de cette propagation du marchéisme.

La mise en place d'espaces régionaux a contribué à cette expansion. Ces espaces se sont en effet construits selon les principes libre-échangistes. On y a institué un marché sans construction politique préalable, sans institutions publiques fortes, c'est-à-dire sans prérogatives suffisamment étendues pour définir et appliquer des politiques d'intérêt général. En d'autres termes, on y accompagne la croissance des entreprises pour leur permettre de se déployer dans un espace économique plus vaste sur des bases politiques communes minimales. Dans cette optique, les politiques communes d'intérêt général sont reléguées au second plan et n'avancent que très difficilement. Les raisons en sont simples : face à la diversité des fondements de l'intérêt général et des politiques nationales en œuvre, une *mise à égalité* des acteurs et des firmes devant la concurrence permet de progresser dans la construction économique. Un *constructivisme de marché* permet donc de contourner les difficultés liées aux confrontations de logiques nationales d'intérêt général, hétérogènes et difficilement compatibles.

L'histoire de la construction européenne est très éclairante sur la dynamique qui a consacré la suprématie du modèle anglo-saxon sur le modèle euro-continental. Elle illustre également la rupture qui s'est produite au plan mondial durant les années 1980, sous l'impulsion conjointe du néolibéralisme et de la globalisation. Fondée dès sa naissance sur les principes libre-échangistes, la construction européenne était jusqu'alors restée ancrée sur des politiques nationales d'intérêt général. La mise en place du marché commun ne remet pas en cause dans cette première phase les politiques publiques nationales : les États conservent toutes leurs libertés pour conduire leurs politiques budgétaires, monétaires ou industrielles. Les restrictions et dérogations aux principes concurrentiels sont admises et les monopoles nationaux peuvent déroger aux règles de la concurrence du fait de missions publiques leur conférant un statut dérogatoire. L'Acte unique européen de 1986 marque la rupture. Il vise en effet à construire un marché unique dès 1993, à susciter le développement des échanges et de la concurrence pour en faire bénéficier les consommateurs. Il convient dans cette perspective d'éliminer toutes les entraves au marché, faire disparaître le cloisonnement des marchés domestiques nationaux pour créer un grand marché européen.

L'Union européenne (UE) va dès lors s'attacher à remettre en cause les entraves physiques, techniques, fiscales et contrôler les opérateurs qu'il s'agisse des entreprises ou des États. Ces derniers se trouvent alors soumis à des contrôles rigoureux pour éliminer toute entrave publique nationale à la concurrence. Ces contrôles sont d'une triple nature : sur les marchés publics, sur les aides d'État et sur les entreprises publiques. Dès lors, les marges de manœuvre des politiques publiques nationales s'en trouvent considérablement réduites, notamment pour promouvoir la cohésion sociale et territoriale ou des stratégies de développement industriel. Une politique européenne volontariste d'ouverture à la concurrence des services publics complète ce constructivisme de marché. Partout en Europe, des politiques nationales de privatisations massives s'en suivent. La Grande-Bretagne joue à cet égard au sein de l'Union un rôle essentiel d'initiateur et de catalyseur : elle rompt à la fin des années 1970 le consensus antérieur d'acceptation mutuelle des interventions publiques nationales (Bance, Monnier, 2000). Avec la libéralisation des services publics, la réglementation communautaire impose la mise en place d'instances indépendantes de régulation, inspirées du modèle américain. Comme dans la conception anglo-saxonne, cela traduit une certaine défiance vis-à-vis du rôle d'arbitre des autorités publiques.

Par-delà les espaces régionaux, la dynamique internationale impulse également la montée en puissance du marchéisme. La création en 1995 de l'Organisation mondiale du commerce (OMC) est signifiante : elle s'inscrit dans une démarche progressive d'universalisation du libre-échange et de mondialisation des marchés. Le champ de compétence de l'OMC est en effet nettement plus large que celui de son prédécesseur, le GATT, qui concernait le seul commerce des marchandises. L'OMC l'étend aux services et aux droits de propriété intellectuels qui touchent le commerce, dont on attend un essor important avec la tertiairisation des économies développées. L'Accord général sur le commerce des services (AGCS) est en effet fondateur de l'OMC. Il n'établit pas une réglementation achevée mais ouvre un forum de négociations permanentes visant, étape par étape, à ouvrir les échanges de services au commerce mondial, à éliminer les entraves aux investissements internationaux, à développer le marché mondial du travail temporaire. Bien que les accords multilatéraux n'y soient pas proscrits, l'OMC cherche à établir des règles et des dispositions universelles.

Les espaces régionaux et notamment l'Union européenne ont très activement participé à la création de l'OMC. L'UE y a immédiatement adhéré, conférant à l'institution un rôle très positif en matière de libéralisation des échanges. Elle entend dans ce cadre de négociations internationales promouvoir les intérêts commerciaux des pays membres qu'elle représente.

Elle y a ainsi défendu l'ouverture de marchés extérieurs dans le domaine des services en contrepartie de concessions, notamment dans le secteur agricole. Cela n'a pas été sans y susciter de fortes tensions internes entre intérêts nationaux divergents, par exemple autour de la préservation d'un *modèle social et rural européen*. Par-delà les tensions internes aux espaces régionaux, les négociations suscitent de fortes oppositions d'intérêts régionaux. Des groupes de pays s'y sont constitués pour défendre leurs intérêts commerciaux communs. Le groupe de

Cairns[1] s'est ainsi affiché en promoteur très actif du processus de libéralisation dans le secteur agricole, s'opposant à des intérêts américains et européens protégeant leurs producteurs régionaux. Les avancées y sont dès lors très difficiles, d'autant que la règle pour entériner les accords est celle de l'unanimité.

Le cadre actuel des négociations internationales sur l'ouverture des marchés est ainsi un espace de confrontations d'intérêts généraux. D'une part, les autorités publiques nationales voire régionales cherchent à faire prévaloir au plan international des conceptions de l'intérêt général forgées autour d'intérêts économiques propres et, le cas échéant, autour des valeurs et des solidarités qui s'expriment dans leur modèle social. La défense de l'intérêt général à périmètre national ou régional débouche fréquemment sur des comportements très individualistes, opportunistes voire prédateurs et sur l'absence de prise en compte des intérêts supérieurs de la communauté (Monnier, Thiry, 1997). D'autre part, la conception marchéiste de l'intérêt général se veut quant à elle universelle, source de dépassement au niveau mondial des confrontations d'intérêts généraux *particuliers* nationaux. Elle n'en reste pas moins étriquée car procédant d'une représentation matérielle de l'intérêt général par une mise à égalité devant le marché qui fait largement abstraction des besoins de solidarité et de cohésion sociale propres à la vie en société.

Pour une refondation des politiques d'intérêt général

Le contexte actuel de crises économique, sociale et environnementale appelle une refondation des politiques publiques dans l'espace mondial, en rupture radicale avec l'utopie de l'autorégulation marchande (Polanyi, 1983), qui s'est propagée depuis les années 1980 sous l'influence de la pensée ultralibérale. Instituer de nouvelles règles du jeu et de nouvelles régulations planétaires est en effet essentiel pour agir en faveur du bien-être de la population mondiale et préserver l'intérêt des générations futures.

Cette refondation s'avère d'autant plus indispensable que la globalisation est source de conflits d'intérêts nationaux ou régionaux et que le marchéisme conduit à de profondes mises en cause des politiques nationales d'intérêt général, patiemment bâties durant le XIXe et surtout le XXe siècles dans les espaces nationaux, autour d'objectifs partagés de cohésion et de solidarité sociales. Le scénario d'un retour en force de politiques nationales voire régionales très protectionnistes n'est pas à exclure, notamment en cas de crises économique et sociale profondes

---

[1] Le groupe de Cairns est une organisation internationale créée à Cairns (Australie) en 1986 regroupant la plupart des pays en développement agro-exportateurs.

dans un avenir immédiat ou même plus éloigné. Le risque est également celui de la désagrégation des espaces régionaux par une large défiance des populations vis-à-vis des institutions régionales en place. D'une manière générale, les transferts de compétences vers le niveau supranational sont potentiellement facteurs de tensions sociétales aux effets dévastateurs s'ils se traduisent par des remises en causes radicales des représentations de l'intérêt général légitimées dans les espaces nationaux. Mais corrélativement, le rejet de tout transfert de compétences vers le niveau supranational ou mondial, du fait d'une incapacité à dépasser des contradictions de représentations nationales divergentes, est mortifère pour les intérêts généraux nationaux ou régionaux : si ces derniers peuvent jouer un rôle d'amortisseur, ils ne peuvent atteindre leurs desseins initiaux dans un contexte de crise profonde et durable au niveau planétaire. Dès lors, la rénovation de l'action publique passe par l'instauration d'une nouvelle gouvernance mondiale qui permette de refonder les politiques de sortie de crise au niveau planétaire. Force est cependant de constater que cette gouvernance mondiale est pour l'heure largement inadaptée.

Les carences de la gouvernance mondiale

On mesure les limites de la gouvernance mondiale à travers des actions engagées au niveau international pour tenter de solutionner les crises actuelles. Les résultats obtenus ou les effets produits suite aux G20 et au sommet de Copenhague de 2009 illustrent clairement les carences.

Les sommets du G20 d'avril et de septembre 2009 ont été consacrés à la création de nouvelles règles du jeu internationales pour fonder un nouvel ordre économique mondial. Les objectifs affichés sont, notamment par des actions de régulation financière, d'éviter toute résurgence d'une crise systémique à laquelle le monde a échappé de peu en 2008. Il s'agit de rompre avec l'enchaînement des bulles spéculatives et de renouer avec une croissance mondiale durable.

Les pays du G20 affichent à cet effet leur volontarisme dans l'instauration de nouvelles régulations publiques : contrôle dans le secteur de la finance des salaires, des bonus, des agences de notation et des fonds spéculatifs, levée du secret bancaire, plan de relance de plus de 1 000 milliards de dollars d'aide aux institutions internationales. Le G20 de septembre 2009 complète le dispositif : positions sur une meilleure coordination des plans de relance, renforcement de la réglementation en matière de normes comptables et d'augmentation des fonds propres bancaires dans les activités risquées. La limitation des bonus des traders et l'instauration d'un système de bonus-malus sont également adoptées.

La représentation des pays émergents au sein du G20 est de plus renforcée pour améliorer la gouvernance mondiale.

Les sommets du G20 de 2010 ont confirmé ces orientations. À Toronto, la réduction des déficits publics et des dettes publiques, le rééquilibrage des échanges commerciaux ont fait l'objet de recommandations. Puis en novembre, à Séoul, plusieurs chantiers ont été ouverts autour de la régulation financière : la convergence des normes comptables, le contrôle des banques et des agences de notation, la surveillance des institutions financières systémiques, la régulation des marchés de gré à gré et la rémunération des opérateurs. Le rejet des politiques de dévaluation compétitives et du protectionnisme ont également fait l'objet d'accords.

Les dispositions adoptées peuvent pourtant sembler insuffisantes eu égard aux enjeux (Attali, 2009) et éloignées de ce qui avait été imaginé initialement, à savoir déboucher sur un nouveau Bretton Woods[2]. Des questions essentielles qui hypothèquent l'avenir ne sont pas réglées ou restent à traiter : les déséquilibres commerciaux et monétaires mondiaux, l'instabilité des changes, les risques de défaillances des États, les répercussions sociales et environnementales de la crise, l'aide et ses conditionnalités vis-à-vis des pays les plus pauvres. De manière générale, les déséquilibres laissent la porte ouverte aux comportements spéculatifs et à *l'économie de casino*. La régulation financière procède très largement de l'adoption de règles micro-prudentielles de protection des déposants ou des investisseurs des défaillances individuelles, plutôt que de véritables règles macro-prudentielles de stabilisation du système monétaire et financier dans sa dimension globale. On peut dès lors douter de la capacité de mise en œuvre d'une véritable régulation publique mondiale[3].

On peut également être circonspect sur l'impact des mesures prises par les G20 au plan micro-prudentiel. Le rebond des marchés financiers à peine amorcé au second semestre 2009, les opérateurs financiers renouent avec leurs pratiques antérieures, faisant fi des nouvelles règles du jeu international. Face aux contestations vis-à-vis du modèle des bonus, les banques adaptent leurs pratiques pour en conserver les fondements et échapper aux taxes. Au-delà des déclarations d'intention, les marges de manœuvre des autorités publiques restent limitées face à des

---

[2]   Jacques Attali a ainsi pu parler de G vain, jeu de mots donc ; l'excès n'en souligne pas moins justement la faible portée des mesures prises eu égard aux enjeux.

[3]   Voir à cet égard, P. Hugon, La réunion du G20 et les oubliés du G172 de la crise mondiale, http://www.affaires-strategiques.info/spip.php?article1016 (2009) et Laurence Scialom, Pour une régulation macro-prudentielle, http://www.globalix.fr/content/pour-une-regulation-macro-prudentielle (2009).

opérateurs très déterminés à préserver leurs intérêts matériels immédiats – très innovants pour cela – et du fait de la difficulté de trouver des compromis intergouvernementaux dans une économie globalisée et multipolaire. Le nouveau crédit accordé à l'intervention publique et plus encore la volonté d'instaurer une régulation publique internationale pourraient dès lors ne déboucher que sur des mesures de portée limitée. Après l'embellie sur les marchés financiers, le retour d'une croissance économique, même molle au plan mondial, est porteur de renoncement aux changements structurels.

Ramener la régulation publique à une simple politique d'accompagnement de la reprise devient dès lors probable avec un retour à la confiance dans les mécanismes de marché.

Cette perspective est hautement risquée pour l'économie mondiale. Dans le secteur de la finance, le retour de la spéculation et l'insuffisance des règles prudentielles en vigueur annoncent de nouvelles bulles. L'expérience des quinze dernières années montre que les bulles financières sont consubstantielles au fonctionnement de marchés financiers sous l'emprise d'une spéculation effrénée et d'innovations financières incontrôlées (ATTAC, 2009). Le phénomène pourrait donc se perpétuer dans l'avenir si on ne remédie pas aux incertitudes sur la gestion des fonds spéculatifs et des produits dérivés et si l'on ne résiste pas au lobbyisme et à l'avidité des acteurs de la finance par l'instauration de véritables garde-fous au plan mondial (Bourguinat, Briys, 2009). En cas contraire, la résurgence du risque systémique ne peut être écartée.

Par ailleurs, la volonté affichée de mieux coordonner les politiques publiques nationales n'apporte pas de véritable réponse à la question de l'instabilité d'une éventuelle reprise économique. Les comportements pro-cycliques des agents économiques rendent illusoire l'avènement de scénarios de croissance en U (de reprise durable de l'activité après une reprise lente faisant suite à la récession) et plus encore en V (de reprise rapide et durable). La perspective d'une croissance en W (de reprise de l'activité suivie d'une nouvelle récession) est bien plus probable, et on ne peut écarter le scénario de la croissance en L (c'est-à-dire de stagnation de longue durée après la récession) dans les espaces régionaux les moins dynamiques[4]. Les politiques publiques nationales contra-cycliques très actives menées conjointement par de nombreux pays après l'avènement de la crise financière ont permis d'éviter que la dépression ne prenne l'ampleur de celle des années 1930, sans pour autant endiguer totalement la récession. Ces politiques restent cependant mues par la recherche de l'intérêt national et il en ressort que leur manque de coordination est patent (Artus, Virard, 2008). Des interventions publiques

---

[4] Le scénario en L de dépression longue et durable est celui de la crise de 1929.

massives ont pour conséquence une très forte détérioration des comptes publics, souvent de plusieurs points de PIB. De telles politiques publiques atteignent rapidement leurs limites : l'élévation de l'endettement public alimente à terme une montée du déficit qui réduit les marges de manœuvre à venir par le remboursement des intérêts de la dette. Les limites sont atteintes pour certains pays tels le Portugal, l'Irlande, l'Italie, la Grèce et l'Espagne (surnommés PIIGS par la presse anglo-saxonne) dont la crédibilité est fortement altérée du fait d'une situation financière difficile, ce qui suscite des attaques spéculatives et menace d'éclatement la zone euro.

Les vertus conjoncturelles de l'action publique se transforment dès lors en effets pervers et en maux structurels obérant l'avenir. De quoi réduire à néant toute marge de manœuvre des États pour l'avenir en cas de dépressionetc. voire de provoquer en amont de très graves crises de confiance et de nouveaux krachs. Un contrôle plus strict des pratiques spéculatives de la finance mondiale, la régulation des marchés (qui puisse prendre la forme d'une fermeture de certains marchés tels celui du CDS[5] qui alimente la spéculation contre les États et les monnaies), une solidarité entre pays et une politique de relance mondiale mise en œuvre à l'échelle planétaire modifieraient totalement la donne en redonnant force à l'action publique.

Enfin, les limites de la gouvernance mondiale ont été clairement mises en lumière à la conférence sur le climat de décembre 2009. Ici encore, les résultats de l'accord de Copenhague sont très éloignés des ambitions initiales inspirées du point de vue très largement partagé du besoin d'action publique face aux effets dévastateurs du dérèglement climatique. Le texte adopté fixe l'objectif de limitation du réchauffement planétaire à 2°C vis-à-vis de l'ère préindustrielle, prône la coopération pour atteindre un pic d'émissions de gaz à effet de serre le plus tôt possible, instaure une aide aux pays pauvres pour lutter contre la déforestation et prévoit une communication tous les deux ans par les pays signataires des actions engagées mais sur la base du volontariat et sans vérification. L'accord qui, n'étant pas signé et n'ayant pas statut de Traité, procède bien plus du discours auprès des opinions publiques sur les coopérations à mener et la transparence à adopter, que d'une réelle prise en compte des enjeux planétaires. Aucune obligation ni mesure contraignante ne ressort en effet de la conférence. Le protocole de Kyoto

---

[5] Le Credit Default Swap est un marché de titres d'assurance sur lequel les prêteurs se prémunissent contre un risque de défaillance potentielle d'un État. Ce marché opaque et non régulé, qui ne préserve en rien contre les effets dévastateurs de la défaillance d'un État du fait de l'impact systémique d'un tel évènement, a suscité début février 2010 la panique sur les marchés boursiers et des attaques spéculatives contre l'euro.

fixait au contraire pour les pays signataires une réduction chiffrée des émissions assortie, pour faire accepter les objectifs contraignants, d'une flexibilité dans les modalités de mise en œuvre. Copenhague peut ainsi marquer un recul vis-à-vis de Kyoto : des pays signataires pourraient prendre prétexte de la Conférence pour ne pas suivre les objectifs contraignants qu'ils s'étaient assignés à Kyoto. S'illustre ici le célèbre dilemme du prisonnier de l'analyse micro-économique qui montre comment, en toute logique, des acteurs individualistes mus par la recherche rationnelle et opportuniste de leur pur intérêt desservent l'intérêt général. En effet, les principaux pays pollueurs (les États-Unis et pour l'avenir la Chine et l'Inde) n'ont pas ratifié le protocole de Kyoto et ont largement contribué à l'échec de Copenhague en s'entendant pour réduire la portée de leurs efforts.

Pourquoi dès lors les autres États poursuivraient-ils dans le volontarisme en la matière, leurs efforts étant de nature à pénaliser leurs entreprises dans la concurrence mondiale et à réduire leur croissance ?

Des États peuvent y trouver certains avantages : l'exemplarité d'un engagement pionnier, la volonté d'être en phase avec une opinion publique acquise à la cause, ou encore le développement de technologies propres porteuses d'avenir commercialetc. Il n'en reste pas moins que si l'on se place du point de vue de l'intérêt général planétaire, et donc de l'efficacité des dispositifs à mettre en œuvre, la question n'est pas de fonder les espoirs sur de bonnes volontés particulières, mais de tabler sur une nouvelle gouvernance mondiale.

Les chemins escarpés d'une nouvelle gouvernance mondiale des politiques d'intérêt général

Les carences de la gouvernance mondiale observées dans la gestion des crises contemporaines renvoient aux insuffisances de l'appareil institutionnel international. Le décalage de moyens d'actions entre institutions internationales et États-nations est considérable. C'est pourquoi le G20 a doté le Fonds monétaire international (FMI) d'importants moyens financiers supplémentaires. Il serait cependant erroné de ramener les carences de l'action des institutions internationales à une simple question des moyens. Il convient de ne pas confondre cause et conséquence. Dans le processus de mondialisation, le marché s'est construit en l'absence d'un État supranational. Cette absence d'État souverain à l'échelle planétaire a empêché de définir et plus encore de chercher à mettre en application un intérêt général planétaire. La résultante de cette situation est double.

Premièrement, il est extrêmement difficile de faire la synthèse des diverses positions souvent contradictoires des États membres de la communauté internationale. Il s'agit de puissants freins au nécessaire dépassement des divergences de vues et des conflits d'intérêts. En l'absence d'État souverain au niveau mondial, la démarche adoptée est fondée sur le consensus et la coopération. On mesure dans les difficultés présentes les limites de cette conception purement immanente de l'intérêt général et des fondements parétiens de la démarche : alors qu'il est essentiel d'innover et de fonder de nouvelles régulations, on débouche dans les faits sur l'immobilisme en attribuant un droit de veto aux membres d'une communauté internationale nombreuse et aux intérêts fortement hétérogènes. Il est dès lors nécessaire d'impulser coopération internationale et coordination des politiques publiques nationales sur d'autres bases.

Tel est le discours qui ressort des négociations internationales. L'objectif est pertinent et sa mise en œuvre théoriquement efficace, mais la concrétisation se heurte dans la pratique à la bonne volonté d'États nationaux et aux résistances privées, notamment de la finance internationale aux comportements très opportunistes.

Deuxièmement, en l'absence de définition de l'intérêt général par un État mondial, les politiques de libéralisation ont le vent en poupe : une mise à égalité des pays et de leurs entreprises devant la concurrence permet d'éviter d'avoir à définir les politiques publiques sur la base d'objectifs extra-économiques et notamment sociaux, très peu consensuels et inatteignables par unanimisme. Par-delà l'influence de la pensée néolibérale, on y trouve l'origine des politiques marchéistes menées par les institutions internationales telles l'OMC, le FMI ou la Banque mondiale. L'intérêt général est ramené, au plan international, à sa dimension purement marchande. Il se voit amputé de ses dimensions sociale et environnementale. Cela n'est pas sans conséquence sur les politiques d'intérêt général nationales ou régionales. D'une part, les normes sociales ou environnementales contraignantes peuvent être jugées insupportables en suscitant, dans le processus actuel de mondialisation, la délocalisation des entreprises voire l'expatriation des individus. D'autre part, les politiques d'ajustement structurel initiées par les institutions internationales affectent profondément, dans leur dimension sociale, les politiques d'intérêt général des pays où elles s'appliquent.

Face aux carences actuelles de la gouvernance mondiale et pour faire cesser le primat du marché sur la démocratie, une refondation au plan mondial des politiques d'intérêt général est nécessaire. Dans cette perspective, on pourrait juger pertinent qu'un État souverain mondial définisse et cherche à atteindre l'intérêt général planétaire dans ses dimensions économique, sociale, environnementale. L'exercice d'une telle souveraineté supposerait d'en fonder la légitimité autour des valeurs de l'État de droit et de pratiques démocratiques : un gouvernement, un parlement démocratiquement élu, des institutions judiciaires qui fassent respecter les droits fondamentaux des citoyens sur la base de la Déclaration des droits de l'homme et du citoyen, le droit du travail, la sécurité internationale, des institutions monétaires, des instruments de politique budgétaire, etc. (Attali, 2009)

Cependant, on peut émettre des réserves sur les caractères normatif et universaliste de telles préconisations. On peut également s'interroger sur la légitimité des décisions d'une autorité publique aussi éloignée du citoyen.

La mise en place d'institutions publiques supranationales dans les espaces régionaux suscite ainsi de nombreuses critiques sur l'éloignement du citoyen de la prise de décision politique. Se pose à cet égard « la question de l'emboîtement des intérêts généraux d'échelles spatiales différentes [: ...] *intérêts collectifs* territoriaux (communaux, départementaux, régionaux), l'intérêt général national, et l'intérêt général européen » (voir le chapitre de Bauby). La capacité de la communauté internationale de mener à bien de profondes réformes institutionnelles au niveau planétaire est également largement sujette à caution. En effet, on mesure les difficultés de la mise en place dans un proche avenir d'une nouvelle architecture mondiale des intérêts généraux qui soit à la fois cohérente et porteuse de politiques d'intérêt général remédiant aux crises actuelles. Instituer une régulation publique macro-planétaire passe par un changement partagé de paradigme, donc de système de croyance et de référentiel d'action publique. Si un processus de destruction créatrice et de bifurcation est rendu nécessaire en la matière à l'échelle planétaire, aucune institution ni autorité ne se pose aujourd'hui en leader incontesté du changement. Les puissants facteurs d'inertie et d'opposition aux changements rendent la tâche complexe de par l'ancrage marchéiste des politiques publiques et les conflits d'intérêts nationaux ou régionaux.

Les analyses précédentes ont cependant montré la mutabilité face aux crises des schémas de représentation et les possibles changements de paradigme des politiques d'intérêt général. Dans le contexte actuel de crise du paradigme du marché autorégulateur, la volonté de refonder les politiques publiques est largement partagée chez les politiques du monde entier. Il convient dans cette perspective de penser le renouveau en termes de nouvelles interactions entre acteurs publics (Hassenteufel, 2008). Il faut donc explorer, de manière prospective et pragmatique, les interactions entre autorités publiques qui rendent soutenables un nouveau paradigme de régulation macro-planétaire, et en préciser les contours. Dans le contexte du début des années 2010, deux sources de destruction créatrice des politiques d'intérêt général sont à envisager : d'une part, les dynamiques régionales, d'autre part, les refondations institutionnalisées dans l'espace mondial.

De par les dynamiques régionales, une nouvelle ère des régionalisations (Lordon, 2009 ; Pagé, 2009) pourrait résulter d'une refondation des politiques d'intérêt général : d'une part, les dynamiques internes aux espaces régionaux, d'autre part des confrontations interrégionales pourraient y contribuer.

Côté dynamiques internes, les manifestations des crises économique, financière et sociale poussent à de nouvelles interactions entre intérêts généraux nationaux. Elles pourraient avoir un caractère structurant pour l'intérêt général régional. Les risques de défaillance financière d'États membres, le creusement des déficits et des dettes publics, la spéculation sur les monnaies, l'exacerbation des tensions commerciales sont en effet porteurs de recompositions internes. Le cas européen illustre la portée de ces phénomènes. Depuis l'origine et plus encore avec les élargissements successifs de l'UE qui se sont produits depuis le début des années 1970, les solidarités nationales internes ont souvent fait défaut dans l'Union : le primat de la politique de concurrence et les très faibles avancées de politiques communes d'intérêt général ont révélé les insuffisances de l'Europe politique. Début 2010, les difficultés économiques et sociales des pays du sud, en menaçant l'Union monétaire, contraignent cependant au renforcement de solidarités internes pour défendre l'édifice commun. En effet, les attaques spéculatives contre l'État grec obligent plusieurs pays de l'Union monétaire à lui apporter leur soutien financier pour préserver la monnaie européenne, alors que le Traité de Maastricht interdit l'aide mutuelle dans une optique de responsabilisation financière des États membres. L'Allemagne, garante depuis l'origine de l'orthodoxie financière et du Traité de Maastricht, a dû elle-même faire preuve de solidarité active pour préserver la monnaie unique, malgré ses fortes réticences à aider la Grèce, jugée non vertueuse. Les attaques spéculatives, qui menacent également les autres pays du sud de l'Union monétaire, poussent en tout cas à un contrôle sur les mouvements de capitaux et à une refonte de la Banque centrale européenne. Cela pourrait être la prémisse d'une réforme du statut de la Banque centrale européenne la transformant, d'instance indépendante menant une politique par essence monétariste, en instrument d'une politique économique européenne. Cela ferait, tout comme aux États-Unis, de la banque centrale une institution au service d'une politique commune d'ensemble. Les crises peuvent également impulser une entrée en scène du politique dans l'Union européenne. Les difficultés économiques des nouveaux pays membres de l'UE les rendent plus réceptifs à la conduite de politiques publiques qui dépassent le cadre de la seule cohésion territoriale. Les politiques internes de libéralisation leur ont permis de converger avec les économies les plus avancées de l'Union, grâce notamment aux afflux de capitaux étrangers et à leurs avantages compétitifs de faiblesse des coûts salariaux. Ils ont été fortement touchés par les crises actuelles et connaissent une montée rapide du chômage, des déficits et de la dette publics et une forte dépréciation monétaire. En remettant en cause la convergence amorcée, la vulnérabilité de ces pays pourrait les amener à défendre la mise en œuvre de politiques communes de régulation.

Cette montée en puissance du politique dans l'Union européenne pourrait d'ailleurs s'exercer sous la forte pression des pays les plus puissants, forgeant en club restreint la politique de l'Union. Dans ce scénario, qui procède d'un volontarisme politique de quelques États membres de l'Union, les pays en difficulté ne pèseraient certainement que faiblement dans une opposition à la mise en place de nouvelles politiques de régulation. On déboucherait alors sur une Europe à géométrie variable, porteuse de politiques d'intérêt général nouvelles. Un contexte d'exacerbation, dans l'espace mondial, des tensions commerciales peut également impulser des politiques communes portées par les espaces régionaux et l'action de forces centripètes qui fédèrent autour de la défense des intérêts communs. On en arrive ici au rôle non moins majeur des confrontations interrégionales dans l'émergence de nouvelles régulations publiques.

Les crises sont sources d'interactions et de tensions accrues entre espaces régionaux, et donc de potentialités de dynamiques interrégionales nouvelles. Depuis 2008, des conflits commerciaux se sont ainsi développés opposant notamment, début 2010, les États-Unis à la Chine concernant les taxes américaines sur les pneumatiques chinois, sur l'acier, la volaille et les droits de douane chinois sur les matières premières. Les tensions sont également relatives aux restrictions de l'Inde sur les importations d'acier, de produits chimiques et textiles en provenance de Chine. L'Inde a également lancé des enquêtes pour recours commerciaux sur les tissus de lin, le pneu et l'acier laminé chinois. Concernant l'Union européenne, le renforcement de solidarités internes pourrait durcir son attitude dans les négociations internationales, la rapprochant du comportement des États-Unis (Richez-Baum, 2009) et susciter des confrontations. Les regains de tensions commerciales ne sont cependant pas nécessairement synonymes de montée inéluctable du protectionnisme. Elles peuvent également être à l'origine d'un processus de repositionnement progressif des intérêts généraux régionaux qui structure une nouvelle gouvernance mondiale et une régulation multipolaire des relations économiques mondiales.

Par-delà les dynamiques régionales, la seconde voie d'un changement de paradigme de politiques d'intérêt général procède d'une mise en œuvre à un niveau suprarégional de politiques de sortie de crise. En effet, leur adoption appelle une coordination au plan international des politiques publiques nationales ou régionales pour contrôler et réguler les marchés. Cette coordination à l'échelle mondiale viserait dès lors à pallier les défaillances des marchés non régulés en bénéficiant de l'efficacité d'une mise en complémentarité des politiques d'intérêt général nationales ou régionales. La conduite de politiques d'intérêt général menées cette fois au niveau planétaire permettrait de limiter les tensions interrégionales en apportant des réponses qui dépassent le niveau régional d'appréhension des problèmes.

La mise en complémentarité suppose cependant une acceptation mutuelle sur la base de valeurs partagées. Le rejet par les opinions publiques des politiques marchéistes résulte de leur profond décalage vis-à-vis des compromis sociaux élaborés dans les espaces nationaux. L'acceptation de politiques d'intérêt général à l'échelle mondiale supposerait dès lors qu'elles ne remettent pas en cause, dans leurs fondements, les politiques de niveau local, national ou régional. À moins de relever d'un assentiment très majoritaire de la communauté internationale, le contenu des politiques suprarégionales devrait dès lors s'inspirer des fondements communs des politiques d'intérêt général nationales ou régionales. En d'autres termes, dans le processus d'élaboration du contenu d'une politique mondiale de promotion de l'intérêt général, il conviendrait de s'inspirer du principe d'immanence. Et l'immanence ne procède pas seulement de la seule prise en compte du niveau régional, mais également des niveaux infrarégionaux et des expressions démocratiques de la société civile.

Au regard des expériences nationales ou régionales et des besoins de régulation actuels au plan international, on peut en tout cas considérer qu'une politique publique d'intérêt général menée à l'échelle planétaire devrait comporter une triple dimension en visant les objectifs suivants : la régulation économique, l'équité sociale et le développement durable. Le périmètre d'action de la politique pourrait bien sûr varier. Du point de vue de la régulation économique, dans une acception large, le champ de compétence pourrait porter sur la définition des règles macro-prudentielles dans le secteur de la finance, l'élimination des zones offshore, la surveillance de la transparence financière, l'adoption des sanctions vis-à-vis des contrevenants, la régulation globale des changes, des flux de capitaux et des échanges commerciaux, l'adoption de plans de relance mondiale, la coordination des politiques économiques, etc. En matière d'équité sociale, seraient concernées : la promotion de normes sociales sur le commerce, la redistribution en faveur des pays les moins avancés, la lutte contre la pauvreté, la malnutrition et les discriminations, etc. Dans le domaine du développement durable seraient en lice la lutte contre le réchauffement climatique, le développement des technologies propres, les normes environnementales sur la gestion des déchets, de l'eau, de l'énergie, la production de biens publics mondiaux (Kaul, 2006), etc.

L'ampleur de la tâche et les capacités de résistance des intérêts particuliers (privés ou d'intérêt général national) sont très fortes. Il est nécessaire dans cette perspective de doter les institutions supranationales de
moyens de les transcender en priorité sur certains périmètres d'action
jugés d'importance vitale (comme par exemple le réchauffement climatique). Dépasser les limites du multilatéralisme est à cet égard indispensable.

En effet, le multilatéralisme économique, pratiqué dans le cadre du
GATT puis de l'OMC, a entériné la domination des intérêts régionaux
(ou nationaux) les plus puissants puis suscité de fortes réactions (sous
forme de coalitions d'intérêts nationaux), sources de blocages majeurs.
Le dépassement de ces limites et contradictions suppose certainement
que soient prises des initiatives régionales fortes pour renforcer le rôle
des institutions internationales existantes et leur conférer un rôle novateur d'impulsion de politiques mondiales d'intérêt général.

Cette prise en charge de l'intérêt général à un niveau suprarégional,
donc très éloigné du citoyen du monde, ne peut cependant se justifier
que parce qu'il n'y a pas d'autre moyen d'atteindre des objectifs essentiels pour l'espèce humaine. Ces objectifs doivent être pleinement admis
comme tels d'un point de vue démocratique. Le principe de subsidiarité,
qui veut que la responsabilité de l'action publique soit allouée à la plus
petite entité capable de résoudre le problème d'elle-même, devrait en la
matière s'appliquer pleinement. L'architecture des politiques d'intérêt
général laisse dans cette perspective la place la plus étendue possible à
l'expression des intérêts généraux locaux, nationaux ou régionaux.

Conclusion

On mesure au terme de cette analyse, positive et pragmatique, que
face à la hauteur des enjeux, l'ampleur de la tâche est considérable.
Mettre en place des gouvernances régionales, interrégionales et mondiales reconfigurant de manière cohérente à l'échelle globale des politiques d'intérêt général est un processus long, difficile et source de
fortes oppositions. De puissants intérêts nationaux ou privés sont très
hostiles à des dispositions qui restreignent leurs prérogatives. L'instauration de nouvelles régulations suprarégionales reste dès lors très conditionnelle. Le dépassement des limites actuelles du marchéisme et du
multilatéralisme passe par l'adoption de politiques constitutives qui
posent des règles sur les règles, définissent un nouveau cadre général
d'action publique (Lowi, 1972), pour effectuer un changement de
paradigme des politiques d'intérêt général.

Le renforcement des espaces régionaux pourrait contribuer à cette
émergence progressive. La structuration de l'espace mondial par la
régionalisation ne garantit cependant pas contre la montée du protection-

niste, dont on a mesuré les effets dévastateurs avant la Seconde Guerre mondiale. Ces espaces disposent, comme en Europe, d'institutions solides pour mener à bien des politiques régionales d'intérêt général qui pourraient s'avérer structurantes au plan international.

Ces espaces régionaux ne peuvent cependant pas résoudre des problèmes qui par nature se situent au niveau planétaire. Le réchauffement climatique, les inégalités nord-sud appellent fondamentalement des remèdes globaux. Comme l'a montré la conférence de Copenhague, les dissensions interrégionales (ALENA, Chine, Inde, UE), les égoïsmes nationaux et régionaux sont si forts que l'émergence rapide de coopérations interrégionales efficaces pour remédier aux crises actuelles est peu probable. Les dissensions et les conflits interrégionaux peuvent cependant impulser, plutôt que du protectionnisme, des dynamiques créatrices d'institutions nouvelles, facteurs d'ordre et de meilleure structuration de la gouvernance mondiale, posant ainsi des jalons de politiques d'intérêt général global.

Bibliographie

Aglietta, M., *La crise. Pourquoi en est-on arrivé là ? Comment en sortir ?*, Paris, Michalon, 2008.

Artus, P., Virard, M.-P., *Globalisation, le pire est à venir*, Paris, La Découverte, 2008.

Artus, P., Betbèze, J.-P., de Boissieu, C., Capelle-Blancard, G., Conseil d'analyse économique, *De la crise des subprimes à la crise mondiale*, Paris, La Documentation Française, 2010.

ATTAC, *Sortir de la crise globale, vers un monde solidaire et écologique*, Paris, La Découverte, 2009.

Attali, J., *La crise et après ?*, Paris, Fayard, 2009.

Bance, P., Monnier, L., « Entreprises publiques et construction communautaire, rupture d'un mode de régulation », in Lehmann, P.-J., Monnier, L., *Politiques économiques et construction communautaire*, Paris, L'Harmattan, 2000 pp. 17-38.

Bourguinat, H., Briys, E., *L'arrogance de la finance*, Paris, La Découverte, 2009.

CNUCED, *Rapport sur l'investissement dans le monde*, New York, Genève, Nations unies, 2009.

Gréau, J.-L., *La trahison des économistes*, Paris, Gallimard, 2008.

Hassenteufel, P., *Sociologie politique : l'action publique*, Paris, Armand Colin, 2008.

Kaul, I., « Une analyse positive des biens publics », in Touffut, J.-P., *L'avancée des biens publics, Politique de l'intérêt général et mondialisation*, Paris, Albin Michel, 2006.

Lordon, F., *La crise de trop : Reconstruction d'un monde failli*, Paris, Fayard, 2009.

Lowi, T.-J., « Four Systems of Policy, Politics, and Choice », in *Public Administration Review*, 1972, vol. 32, n° 4, pp. 298-310.

Monnier, L., Thiry, B. (eds.), *Mutations structurelles et intérêt général*, Bruxelles, De Boeck, 1997.

Monnier, L., Thiry, B., « Architecture et dynamique de l'intérêt général », in *Mutations structurelles et intérêt général*, Bruxelles, De Boeck, 1997b, pp. 11-29.

Nations unies, *Rapport sur le commerce et le développement, Aperçu général*, Nations unies, New York, Genève, 2009.

OCDE, *Perspectives de l'emploi de l'OCDE*, Paris, OCDE, 2010.

OMC, *Rapport sur le commerce mondial : Les engagements en matière de politique commerciale et les mesures contingentes*, OMC, Genève, 2009.

Pagé, J.-P., *Penser l'après crise : Tout est à reconstruire !*, Paris, Autrement (Frontières), 2009.

Perret, B., *L'évaluation des politiques publiques*, Repères, Paris, La Découverte, 2008.

Polanyi, K., *La grande transformation*, Paris, Gallimard, 1983.

Rangeon, F., *L'idéologie de l'intérêt général*, Paris, Economica, 1986.

Richez-Baum, B., « La libéralisation commerciale remise en cause par la crise ? », in *Au-delà de la crise, les crises ?*, Les Cahiers de Friedland, n° 3, Paris, Chambre de commerce et de l'industrie de Paris, 2009.

Saint-Etienne, C., « L'État au cœur des deux lectures des crises », in Dockès, P., Lorenzi, J.-H. (eds.), *Fin de monde ou sortie de crise ?*, Le cercle des économistes, Paris, Perrin, 2009, pp. 239-249.

Les racines d'un nouveau mode de régulation

Pierre BAUBY[*]

Enseignant et chercheur,
Laboratoire d'économie dyonisien (LED),
Université Paris 8, France

La crise du système capitaliste et plus généralement de l'essentiel de l'économie mondiale, qui se développe depuis le milieu de 2007, est une crise majeure, comme le système en traverse périodiquement ; ces crises majeures apparaissent être le mode rémanent de résolution de ses contradictions et d'évolution-transformation d'un système qui manifeste à chaque reprise de grandes capacités et souplesses d'adaptation. Ces crises font émerger des mutations profondes des modes de régulation.

La présente contribution vise d'une part à replacer la crise actuelle dans l'histoire longue des modes d'accumulation et de régulation, d'autre part à prendre en compte ses spécificités, afin de dégager ce que peuvent être les racines du nouveau mode de régulation qui pourra émerger. Ce dernier s'appuiera sur l'exemple de la France, qui sous bien des aspects est particulièrement caricatural et révélateur, sans représenter pour autant une exception.

De la régulation concurrentielle au fordisme

La grande dépression de la fin du XIXe siècle avait débouché sur un mode de régulation concurrentielle, fondé sur un régime d'accumulation extensive, basé sur les techniques de la première révolution industrielle.

[*] Docteur en science politique, enseignant et chercheur (Université Paris 8), Conseiller du Secrétariat général du CEEP (Centre européen des entreprises à participation publique et des entreprises d'intérêt économique général) sur les Services d'intérêt général, animateur du CELSIG (Comité européen de liaison sur les Services d'intérêt général), expert auprès du CESE (Comité économique et social européen), auteur en particulier de *Reconstruire l'action publique*, Syros, 1998 ; *Le service public*, Flammarion, 1997 ; *L'État-stratège*, Éditions ouvrières, 1991.

Grâce au développement du monopolisme et du taylorisme, cela a permis la production de masse, mais, faute d'un mode de régulation adapté, pas de consommation de masse, le salaire fluctuant avec le mouvement des affaires autour d'une norme de consommation relativement stable et basse. Périodiquement, intervenaient ainsi des crises de surproduction.

Au tournant du XXe siècle, la France se caractérisait par la petitesse de ses unités de production ; par une économie théoriquement fondée sur le marché, mais où, en réalité, les pressions concurrentielles étaient anémiques ; par un État en principe non interventionniste, mais qui pratiquait un protectionnisme fondé en particulier sur le pré carré colonial ; par un Parlement attaché aux principes libéraux mais qui, en même temps, favorisait des intérêts puissants et faisait en sorte de préserver le *statu quo* ; par une administration d'État passive, fidèle aux méthodes libérales et à la neutralité en matière économique ; et par une structure d'ensemble qui correspondait à une croissance économique limitée (Kuisel, 1984).

Les économistes libéraux du début du siècle circonscrivaient l'action « légitime » de l'État comme responsable de la sécurité intérieure et extérieure, gardien des infrastructures, garant du cadre légal de l'économie de marché.

La crise de 1929 et la dépression longue des années 1930 ont manifesté les limites de ce mode d'accumulation et de régulation concurrentielle, tant aucun des acteurs économiques n'avait d'avantage à octroyer seul des augmentations de salaire à ses salariés en spéculant sur la croissance ultérieure du marché.

Un nouveau mode d'accumulation et de régulation émerge de cette « grande crise », qui connut son plein essor au lendemain de la Seconde Guerre mondiale et que l'on qualifie de « fordisme » (Boyer, 2004). Il permit cette articulation, essentiellement au sein de chaque État-nation. Fondé sur le keynésianisme, le fordisme est marqué tout à la fois par une accumulation à dominante intensive du capital, des progrès rapides de productivité, des augmentations importantes et parallèles des revenus du capital et du travail, la production de masse de biens de consommation durables, l'énergie à bon marché, l'urbanisation, le développement des échanges internationaux de marchandises et de capitaux.

C'est ainsi que se mit en place dans les pays européens et occidentaux un « cercle vertueux » combinant économique et social : la croissance de la productivité fut suffisamment forte pour, à la fois, maintenir la rentabilité du capital et permettre l'augmentation du salaire réel. Les conditions de ce qu'il est convenu d'appeler les « Trente Glorieuses » (Fourastié, 1979) ont été réunies, avec un développement à la fois économique et social sans précédent. Le fordisme apportait des réponses aux défaillances du marché, avec une intervention active de l'État – considéré comme vertueux par essence – dans la régulation économique, pour promouvoir et institutionnaliser un compromis entre patronat et syndicats portant sur le salaire direct (conventions collectives, législation) et sur le salaire indirect (l'*État-providence*).

En France, le rôle initiateur et régulateur de l'État a été particulièrement important dans la mise en place d'un rapport salarial assurant la croissance régulière du salaire réel (reconnaissance et formes d'institutionnalisation des syndicats, conventions collectives, indexation de fait des salaires sur les gains de productivité, augmentation systématique et anticipée du pouvoir d'achat, etc.). Mais aussi par la mise en œuvre de grands programmes technologiques (aéronautique, électronique, nucléaire, spatial, etc.), même s'ils furent critiquables dans certains domaines ; par l'impulsion et l'orchestration, dans les années 1960, de la concentration des entreprises pour constituer dans chaque secteur un ou deux groupes aptes à faire face à l'ouverture des marchés européens et mondiaux (les *champions nationaux*) : Usinor-Sacilor, Péchiney, Elf, Saint-Gobain, Lafarge, Alcatel-Alsthom, Thomson, Aérospatiale, Peugeot-Citroën, BSN, etc. (Bloch-Lainé, Bouvier, 1986 ; Rosanvallon, 1990).

Cherchant les clés de l'expansion spectaculaire de la France après 1945, qui contraste avec les léthargies d'avant 1939, Richard F. Kuisel dégage deux changements principaux : une transformation des mentalités, qui a conduit, dans les objectifs visés, à remplacer la stabilité par la modernité, c'est-à-dire « un capitalisme dynamique qui recherche l'expansion, la productivité, la compétitivité, l'avance technologique » ; le développement d'une économie dirigée, signifiant « direction consciente exercée d'en haut » : « dans le cas de la France, c'est l'État qui assuma la direction, et en vint à s'appuyer sur une large gamme de contrôles et de stimulants, en même temps que sur la collaboration des intérêts privés avec l'autorité publique » (Kuisel, 1984).

Le véritable tournant a lieu entre 1944 et 1949, avec la création d'institutions nouvelles comme les nationalisations et la planification, ainsi que le changement d'attitude des milieux dirigeants. Le ministère des Finances s'installa dans son statut et dans son rôle de forteresse censée piloter l'économie. La *technocratie* commence à se déployer. Les nationalisations, votées pour l'essentiel entre décembre 1945 et avril 1946, représentèrent moins une avancée vers le socialisme qu'un pas vers la direction de l'économie par l'État et vers une réorganisation de caractère technocratique. L'accord se fit en particulier sur le fait que le capital privé était incapable d'apporter le dynamisme et de financer les investissements nécessaires pour rattraper des années de développement anémique et qu'un secteur public étendu donnerait à la nation – ou, pour de Gaulle, à l'État – les moyens d'agir sur l'ensemble de l'économie. La création, le 3 janvier 1946, du Commissariat général au Plan, dirigé par Jean Monnet, marqua l'instauration, pour une période, d'une « économie dirigée », dans laquelle l'État joua un rôle de direction effective de l'économie, fixant les prix, organisant la reconstruction et la modernisation. Mais la planification visait aussi à rassembler les « éléments vitaux » du pays (hauts fonctionnaires, experts, patrons, syndicalistes) pour élaborer les conditions d'une réelle modernisation économique, basée sur la productivité et la compétitivité ; ce second aspect, qui se perpétua au-delà de la période de reconstruction, devint le symbole de l'économie « concertée » (Massé, 1965). D'autres mesures, relevant de la même volonté modernisatrice, révélèrent ultérieurement leur importance, telles la création ou la réforme de grands organismes de recherche scientifique et technique (CNRS), sur l'énergie atomique (CEA), les télécommunications, l'électronique, l'aéronautique et l'espace, ou la création de l'ENA. Des hommes nouveaux arrivèrent à la tête de l'appareil de direction économique, dont Jean Monnet au Commissariat général au Plan ou François Bloch-Lainé au Trésor, représentant l'archétype de hauts fonctionnaires modernisateurs, qui mirent en œuvre des politiques nationales expansionnistes et interventionnistes. Dès 1946, l'État était devenu le premier consommateur, producteur, employeur et chercheur du pays. Il disposait de pouvoirs de réglementation impressionnants concernant l'investissement, le crédit, les prix, les salaires ou le commerce extérieur (Kuisel, 1984).

Ainsi fut assuré, pendant une longue période, un équilibre dynamique de fonctionnement, un *cercle vertueux* entre l'économique et le social, orchestré par un État acteur, dont la crise ne s'est révélée qu'au cours des années 1970, du fait de la rupture de l'unité (relative) entre espace économique et espace politique national, engendrée par l'internationalisation des circuits productifs et des courants de circulation.

Les blocages du fordisme et le mode « néo-libéral »

On voit apparaître dès la seconde moitié des années 1960 les signes du blocage du fordisme, qui devient manifeste après le choc pétrolier de 1973. La crise qui se développe alors n'est pas seulement une crise conjoncturelle ou cyclique de surproduction ou de suraccumulation. Elle relève de l'épuisement du fordisme, tout particulièrement de la contradiction entre un mode de régulation dont la base reste nationale et l'internationalisation croissante des économies et des sociétés, en particulier avec le processus d'intégration européenne.

L'État-nation est en effet soumis à un double processus de décomposition-recomposition, avec d'un côté la reterritorialisation et le recentrage sur le microsocial, les demandes de décentralisation, le repli sur le court terme et l'individu, une explosion de la demande d'arbitrages et de respect des droits ; de l'autre la mondialisation et en particulier l'intégration européenne, qui s'est accompagnée de la mise en place d'institutions dotées d'un nombre croissant de compétences qui étaient jusque là du ressort de chaque État-nation, réduisant ainsi l'autonomie d'orientation de chacun. Nombre de décisions économiques ou sociales peuvent se heurter à ce qu'il est convenu d'appeler les « contraintes extérieures » ; le développement d'une sphère financière de plus en plus déconnectée de l'économie réelle, la valse des capitaux d'une place financière à une autre, réduisent les capacités de maîtrise et de décision de chacun des États, sans pour autant les annihiler. Plus généralement, l'internationalisation ne se limite pas à l'économique : la multiplication des contacts, le développement des communications, l'extension et l'accélération de la circulation des informations et des connaissances, amènent une connexion croissante des enjeux culturels. Les dimensions nationales et internationales sont de plus en plus imbriquées. Comme on l'entend souvent, l'État apparaît trop grand pour les petites choses et trop petit pour les grandes. Ainsi, les cadres antérieurs de référence sont déstabilisés et l'on assiste à la complexification et à l'entrechoc croissant des contradictions, qui forment d'autant plus système que les deux phénomènes s'auto-entretiennent : l'intégration européenne et la mondialisation s'accompagnent, dans le même mouvement, de la reterritorialisation.

L'incapacité des différentes politiques menées en France depuis 1974 à préserver et à promouvoir la cohésion sociale, a redonné vigueur à la vieille question de l'efficacité des interventions publiques et plus généralement de la place et du rôle de l'État, que semblait avoir résolu le fordisme.

Les défaillances de l'État et de l'action publique sont apparues au grand jour : prolifération réglementaire inefficace et paralysante, poids du court terme, pressions sur les instances publiques, faible réactivité, phénomènes de *capture*, inefficiences de l'État comme acteur industriel, etc. Autant d'éléments qui amènent à considérer l'action publique comme suspecte.

En effet, bien des dysfonctionnements se produisent dans le foisonnement des rapports entre l'État et les différentes composantes de la société : logique de reproduction de l'organisation présente dans l'appareil d'État comme dans toute organisation ; inefficacité des interventions publiques, en particulier des politiques économiques ; montée des dépenses publiques, entraînant une crise financière de l'État ; incapacité de choisir ; *effets pervers* de l'action publique. La concentration et la centralisation particulièrement accentuées de l'État en France conduisent ainsi le plus souvent à amputer la diversité des situations, aspirations et intérêts des différentes composantes du corps social et à élaborer des mesures et des politiques nationales de peu de prise sur les réalités du terrain. Fréquemment même, l'application de ces orientations globales conduit à des résultats inverses des effets recherchés par les décideurs.

En même temps, on a assisté à une réglementation proliférante, une multiplicité d'instances administratives qui s'empilent, se superposent et se cloisonnent plus qu'elles ne collaborent, un accroissement relativement régulier du nombre de fonctionnaires, une hiérarchisation quasi-militaire. À force de vouloir être tentaculaire et omnipotent, l'État risquait fort de devenir aveugle et impotent.

En Europe et dans les pays occidentaux, la fin des années 1970 et les années 1980 ont été marquées par un profond retournement idéologique, avec le retour des arguments en faveur d'un État minimal, la demande d'un retrait sensible ou total de ses interventions dans le domaine économique et social. Ces mises en question ont été renforcées par la crise profonde qui a affecté les modèles qui s'étaient posés en alternative au libéralisme, aussi bien le modèle *social-démocrate*, qui s'est révélé incapable de proposer une perspective de transformation fondamentale de la situation et s'est limité pour l'essentiel à tenter de compenser sur le plan social les dégâts du libéralisme, que le modèle *stalinien*, étatiste, bureaucratique et centralisé, qui a clairement révélé son échec et son contenu totalitaire.

La *vague libérale* n'est pas un simple effet de mode. Elle s'est appuyée sur une contestation grandissante d'un État jugé bureaucratique, envahissant et tatillon, dont le renforcement et l'excroissance nourrissent le sentiment de dépossession, individuelle et collective, de la maîtrise des choix.

Ainsi ont été mises sur le devant de la scène les *défaillances de l'État* et plus généralement de l'action publique.

Comme toute forme de pouvoir, une instance publique, quelle qu'elle soit, tend à aller jusqu'au bout de son pouvoir et à en abuser pour exercer domination et aliénation sur le groupe auquel elle correspond.

La prolifération législative et réglementaire est à la fois inefficace et paralysante ; la bureaucratie est de plus en plus fréquemment jugée envahissante et tatillonne ; son excroissance peut déresponsabiliser, brimer l'initiative individuelle et transformer les citoyens en assistés.

L'action publique n'est pas vertueuse par nature ; elle doit être relativisée par le poids du court terme, les pressions qui s'exercent sur les instances publiques à tous les niveaux, une faible réactivité par rapport aux événements imprévus, de multiples dysfonctionnements et des effets pervers ; autant d'éléments qui engendrent des phénomènes de contournement ou d'évitement, sinon de fraude ou de corruption, et qui peuvent donner l'image d'un État aveugle ou réducteur.

Le face-à-face entre hommes politiques et fonctionnaires n'est pas exempt de défauts. Les premiers sont motivés par leur réélection, ont tendance à privilégier le court terme au détriment du long terme et même à marchandiser les procédures démocratiques. Les seconds peuvent abuser de leur monopole d'expertise, se couper de la société, considérer que l'argent public n'a pas de coût et succomber aux affres de la bureaucratie ou du comportement hégémonique.

Du fait de l'asymétrie structurelle d'informations entre d'une part les dirigeants des entreprises publiques (et plus généralement de service public) et d'autre part la puissance publique chargée d'en assurer l'orientation et le contrôle, l'action économique et industrielle de l'État peut s'accompagner de tutelles tatillonnes et de confiscations, de gaspillages et de surinvestissements, d'accaparement de rentes par l'entreprise et/ou ses employés, de sureffectifs, de corporatismes et de conservatismes, le tout au détriment des usagers, des consommateurs, des citoyens et de la société.

Ces errements furent la conséquence d'une survalorisation et d'une instrumentalisation de l'État, qui ont fini par provoquer des pertes réelles d'efficacité et susciter des rejets croissants. En même temps, se manifestait une filiation par rapport à la culture politique jacobine qui avait fait de l'État la clé du changement social et de la conquête révolutionnaire de cet État la condition de toute transformation réelle. Dans la culture politique française dominante, l'étatisation était considérée comme une condition nécessaire de l'égalité ; l'État était conçu comme l'instance qui protège, qui règle tout, auquel on fait appel pour résoudre toutes les difficultés.

Le mode de régulation « néo-libéral » qui se met en place à la fin des années 1970 vise à « libérer les forces du marché ». L'action publique ne disparaît pas, loin s'en faut, mais est réinvestie en visant une restructuration profonde des sociétés fondée sur les « libertés fondamentales » d'initiative, d'entreprendre, de circulation, etc. : libéralisations et ouvertures des marchés, privatisations, réformes profondes des rapports salariaux, etc. (Lepage, 1978).

Le mode de régulation néo-libéral repose sur quatre postulats systématisés par Hayek (Hayek, 1943, 1976, 1989), qui inversent ceux qui s'étaient imposés comme soubassements du fordisme :

1. la supériorité de l'intérêt général (commun ou collectif) sur les intérêts individuels, il systématise la thèse selon laquelle la recherche égoïste par chaque individu de son propre intérêt en se contentant de respecter des règles élémentaires de Justice, débouche sur l'optimum pour la société ;

2. la supériorité de l'action publique sur l'action privée, il oppose le fait que le marché, laissé à ses mécanismes spontanés, produit un résultat meilleur que celui que peuvent produire les économies mixtes avec une politique économique active ; le marché est le régulateur non violent des libres échanges humains ;

3. la capacité de connaître et de maîtriser la réalité, il refuse au pouvoir politique toute fonction d'arbitrage, d'orientation, de fixation d'objectifs, etc., car il avance qu'il est intrinsèquement incapable de connaître d'une part la réalité, d'autre part ce qui est bon ou souhaitable pour la société ; la société se connaît mieux elle-même par le jeu du marché ;

4. la prolifération des règles, il prétend lever au maximum les contraintes qui portent sur la liberté des hommes et qui les soumettent au pouvoir d'autres hommes, pour accroître l'étendue de la sphère privée où l'homme, et lui seul, est maître de ses choix ; la seule soumission qu'il accepte est une soumission à la loi, aux règles générales qui, par définition, sont les mêmes pour tous ; il faut réduire l'État au minimum.

Ces thèses néo-libérales ont réussi à conquérir ce que Gramsci qualifiait d'« hégémonie idéologique » (Gramsci, 1959), qui a été mobilisée aussi bien par les forces économiques pour orchestrer un repartage des rentes en leur faveur, de nouveaux rapports public/privé, salaires/profits, etc., que par des appareils politiques pour renouveler leurs discours davantage que leurs pratiques : arrivés au pouvoir portés par la *vague libérale*, les gouvernements Chirac, Balladur, Juppé ou Raffarin[1] n'ont pas tant confiné l'État à ses tâches *naturelles* – souveraineté nationale et justice –, que procédé à toute une série de réorientations et de recompositions.

Depuis ce tournant néo-libéral, de profondes mutations sont à l'œuvre, fruits de cette hégémonie idéologique, sans en être la traduction mécanique : le primat de l'individu sur le collectif et l'exacerbation de l'individualisme ; le primat de l'économique sur le politique et la marchandisation généralisée ; la juridiciarisation croissante des rapports sociaux ; le maintien du rôle de l'État dans l'accumulation du capital et son déploiement dans le marché mondial, mais avec des formes transformées ; la conduite de processus de privatisations et de libéralisations ou la *déréglementation* ont consisté en un changement des règles et modes antérieurs de régulation, sans réel dessaisissement de la capacité d'orientation de l'État ; la satisfaction des besoins collectifs n'a plus été considérée comme un service rendu par l'État aux citoyens, mais

---

[1] Les gouvernements de gauche ont été profondément déstabilisés de leurs conceptions antérieures, sans parvenir à concevoir de nouvelles perspectives et orientations.

comme une marchandise pour laquelle doivent jouer l'offre et la demande ; la fonction de protection sociale doit être soumise aux normes du système capitaliste, par la privatisation et le libre jeu de la concurrence ; l'État voit exalter sa fonction sécuritaire, selon une logique qui tend à associer insécurité, chômage, immigration et terrorisme.

Les trente-cinq années survenues depuis le déclenchement de la crise des années 1970 ont été celles de la recherche et de l'émergence progressive d'un nouveau mode de mise en valeur du capital, d'un nouveau mode de développement. Se nourrissant de la révolution technologique et la stimulant, il repose sur l'accélération du mouvement d'internationalisation du capital, la délocalisation des activités industrielles et l'éclatement des grandes unités productives, la concentration du capital sur les activités les plus performantes et de haute technologie, l'accélération de l'introduction des nouvelles technologies de l'information et de la communication, la recomposition des procès de travail, les mises en cause des modes antérieurs de régulation et de réglementation. Il s'accompagne d'une transformation des rapports sociaux non seulement dans l'entreprise, mais à l'échelle de toute la société.

Prendre toute la mesure de la première crise majeure du XXIe siècle et concevoir un nouveau cercle vertueux

La crise des années 2007-20.. (?) manifeste à son tour l'exacerbation de tendances lourdes à l'œuvre depuis le milieu des années 1970, en particulier de libéralisation des marchés financiers, amenant la purge des différentes *bulles* qu'elle a engendrées (immobilière, financière, économique, etc.). L'État *revient* comme pompier pour arrêter l'implosion fiduciaire. Si les origines financières de la crise et son enchaînement économique, puis ses conséquences sociales sont clairement analysées (en particulier Attali, 2009 ; Cohen, 2009 ; Dockès, Lorrenzi, 2009 ; Pigasse, Finchelstein, 2009), son originalité reste à approfondir.

La crise qui se développe et dont on est loin d'avoir vu le fond et toutes les conséquences, a un caractère spécifique qui tient, pour la première fois à ce point, à la convergence des composantes financières, économiques et sociales, mais aussi écologiques, culturelles et politiques ; et toutes ces dimensions, au lieu de compenser l'une par l'autre leurs effets, se cumulent dans une spirale dont on ne voit ni la durée ni l'issue.

Cette convergence fait que la crise n'est pas une crise *traditionnelle* de surproduction ou de sous-consommation. Elle met en cause les fondements mêmes sur lesquels sont construites les sociétés capitalistes occidentales et qu'elles ont jusqu'ici imposés à l'ensemble de la planète : l'homme maître et dominateur de la nature ; le progrès quantitatif sans limite et les dominations de l'économique sur le social et le politique, du quantitatif sur le qualitatif ; la foi dans la supériorité des vertus de l'initiative individuelle, de l'entrepreneuriat, de la concurrence, de la recherche du profit maximal.

Ces fondements, qui forment paradigme, ont conduit tout à la fois à un réel développement économique et à la domination économique, politique et militaire de l'Occident. En même temps, se sont développées de profondes inégalités et des crises récurrentes. Ces tensions et contradictions ont amené le développement du mouvement ouvrier, de mouvements sociaux, qui ont conquis des droits économiques, sociaux, culturels, jusqu'au compromis « fordiste » des lendemains de la Seconde Guerre mondiale, dont les services publics et plus généralement l'*État-providence* ont représenté un élément clé ; le fordisme s'est inscrit dans le paradigme dominant en lui donnant un caractère *social*, ce que les Allemands appellent *économie sociale de marché*.

Déjà la crise des années 1970 et 1980 avait clairement posé la question des limites de la domination du modèle occidental et avait soulevé la question de ses fondements. Mais elle avait débouché sur un *cautère* néo-libéral qui, tout en conduisant à de nouveaux rapports sociaux, continuait à s'inscrire dans le même paradigme.

L'élément nouveau de la crise actuelle est qu'elle met en lumière les limites de ce modèle et qu'elle oblige à penser un nouveau paradigme et un nouveau mode de « développement », plus réactif, réflexif et solidaire aussi bien entre les hommes qu'entre ceux-ci et la nature (Attali, 2006).

Prendre toute la mesure de la crise amène à repenser tout à la fois les rapports de l'homme à la nature, les critères du *développement*, la place de l'économique et du marché, les relations entre société civile et *État*, le politique et la gouvernance, les rapports sociaux, la subsidiarité, les relations internationales, l'intérêt général, etc.

Cela conduit dans le même mouvement d'une part à mener une critique approfondie du système de pensée, de références et d'action que constitue le néo-libéralisme des années 1980 et 1990, d'autre part à prendre en compte les éléments de critique sur lesquels s'appuie l'argumentation de ses promoteurs.

Les racines d'un nouveau mode de régulation sont présentes dans la crise actuelle et impliquent à la fois de reconstruire les rapports de l'individu à la société ; de répondre aux défaillances du marché *et* à celles de l'action publique ; d'articuler le local, le régional, le national, l'européen *et* le mondial ; de prendre en compte le court, le moyen *et* le long terme ; de conjuguer le technique, l'économique, l'environnemental, le social *et* le culturel ; et ceci dans un système non hiérarchique d'intérêts généraux permettant un exercice de la *citoyenneté* à tous les niveaux.

L'étude des rapports dialectiques entre les collectivités publiques et la société suppose tout d'abord de prendre en compte le fait que cette dernière est tout à la fois une et diverse, qu'elle est composée d'une infinité d'individus et de groupes qui rassemblent ceux-ci selon une multitude de réseaux maillant le tissu social. Ce rapport diversités-unité-diversités, comme unité contradictoire, est décisif pour appréhender la réalité de la société. Fernand Braudel l'exprime avec force quand il écrit :

> Sans fin, cette France plurielle sous-jacente aura contredit la France une qui la domine, la contraint, essaie de gommer ses particularismes. Il n'y a pas une France une, mais des Frances (…) La France aura vécu sans fin, elle vit encore, entre le pluriel et le singulier : son pluriel, sa diversité vivace comme le chiendent ; son singulier, sa tendance à l'unité, à la fois sponta-néité et volonté réfléchie (Braudel, 1986).

Conjuguer unité et diversités amène à réexaminer de manière appro-fondie et autocritique les fondements et formes de l'intervention pu-blique, tels qu'ils se sont sédimentés dans l'histoire, car tous les pays européens ont donné à l'action publique une place essentielle dans leur mode de développement, même si la France l'a fait de manière parti-culière. Sur cette base, nous pourrons analyser comment refonder l'intérêt général et promouvoir la régulation.

Relégitimer l'action publique

La légitimité de l'intervention de toute instance publique repose sur l'essence de sa fonction dans la société, comme garant de l'intérêt commun ou général, du bien-être et de la paix civile de la collectivité humaine ainsi constituée. L'homme est à la fois, de manière indis-sociable, un individu et un être social. Tout groupe social (du micro-social au planétaire et pas seulement au niveau de la *société* ou de l'État) a un intérêt collectif de groupe, dont le fondement est d'éviter le combat permanent de chacun contre chacun et contre tous, potentiellement des-tructeur de la collectivité et donc de chacun de ceux qui la composent ; la volonté de vivre ensemble implique la pacification.

Nous devons à Thomas Hobbes (1588-1679) cette première défi-nition du lien social, l'affirmation de la vie comme bien commun et sa conservation comme intérêt de tous ; le passage de la guerre à la paix est passage de l'état de nature à la société civile ; c'est pourquoi, l'autorité publique, en particulier l'État, est reconnue comme légitime par les hommes, bien qu'étant réductrice, par nature, de la liberté individuelle (Hobbes, 2000).

Par-delà l'opposition de l'individu et du groupe, l'intérêt de chaque individu ne repose pas seulement sur son exacerbation, mais aussi sur la pacification du groupe ; en même temps, celle-ci suppose la reconnaissance à la fois de l'individu comme sujet, de la légitimité de ses intérêts particuliers, de l'égalité de ses droits et devoirs. Une réelle pacification implique, dans tous les domaines, l'existence de formes d'expression et de modes de régulation de la conflictualité présente dans tout groupe comme dans chaque individu ; la violence n'est le plus souvent que le mode antagoniste d'expression de différences, voire de contradictions, qui se sont accumulées faute de pouvoir s'exprimer.

À chaque niveau, il y a à la fois coexistence et lutte entre la diversité des intérêts particuliers (de chaque individu, de tout groupe ou collectif) et entre ceux-ci et un intérêt collectif ou général propre à la collectivité d'appartenance ou de référence, en même temps qu'il y a controverse et lutte quant au contenu de l'intérêt général. Les rapports qui s'établissent entre l'intérêt général et les intérêts particuliers ne relèvent ni de la thèse selon laquelle le premier est la somme des seconds, ni de la conception qui en fait une donnée transcendantale, s'imposant de manière descendante et/ou autoritaire, mais d'une unité contradictoire entre eux. Ainsi, on ne comprend pas les rapports sociaux dans les entreprises si l'on ne prend pas en compte l'existence à la fois d'une part d'intérêts opposés entre ouvriers-salariés et patrons-détenteurs du capital, d'autre part d'un intérêt commun de toutes les composantes de l'entreprise par rapport à son environnement. De même, si les gouvernés acceptent d'obéir aux gouvernants, ce n'est pas seulement parce que ces derniers disposent de moyens de coercition, mais aussi parce que les gouvernés ont le sentiment que les gouvernants agissent peu ou pour le bien de tous.

L'action publique s'est construite dans le but d'assurer l'équilibre et la cohésion économique, sociale et culturelle de la société, ce que le marché seul ne permettait pas. Historiquement, la construction de l'État-nation a signifié le dépassement des loyalismes particuliers et une certaine garantie de l'intérêt général, en tant qu'accès de tous aux droits fondamentaux et à certains services assurés par l'État.

L'essence de la fonction de l'instance publique est d'être le garant de l'intérêt commun ou général de la collectivité humaine ainsi constituée. Construire cet intérêt collectif de groupe (du microsocial au planétaire et pas seulement au niveau de l'État) implique de prendre en compte la diversité des intérêts et aspirations qui s'expriment, d'en organiser de manière interactive la confrontation, la concertation et la synthèse, d'en dégager des orientations, des politiques, des mesures acceptées, ou du moins acceptables, par la majorité de la population. La collectivité publique a la responsabilité d'organiser l'expression de l'ensemble des contradictions – ou plutôt des unités contradictoires – présentes dans le groupe concerné : entre individuel et socialisé, consommateur et citoyen, marchand et non marchand, économique, social et culturel, local, régional, national, européen et planétaire, etc.

Dès lors, la principale caractéristique de la logique spécifique de l'instance publique par rapport à la logique d'ensemble du système tient à sa capacité d'appréhender, de prendre en compte et d'articuler les différentes contradictions qui travaillent la société et son insertion dans l'internationalisation ; de mettre en œuvre des processus de régulation de ce réseau de contradictions, sur la base des rapports de forces qui s'expriment ; ce qui lui permet tout à la fois de résoudre ou de dépasser certaines d'entre elles, d'en intégrer la plupart, dans un projet, dans des orientations, dans une vision à moyen et/ou long terme d'organisation, de cohésion économique, sociale, territoriale et politique, de contrôle et de reproduction (élargie) de la société, ce dont me semble rendre compte le concept d'« État-stratège » (Bauby, 1991). Car le terme de « stratégie » met l'accent sur la combinaison de facteurs différents, sur des orientations générales, sur la souplesse, l'adaptabilité et la réactivité, sur les interactions, sur le long terme. Il écarte toute forme de mécanisme ou d'instrumentalisme et restitue le caractère dynamique propre à l'analyse en termes d'unité contradictoire.

L'État n'est pas un instrument placé au-dessus de la société, manipulable à satiété, mais le lieu où convergent les pressions sociales, où s'institutionnalisent et se régulent les différentes contradictions de la société. Il est en interactions étroites et multiples avec l'ensemble du corps social, produit des rapports de forces qui s'y exercent, en même temps que perméable à ceux-ci. La redéfinition de l'État et de ses rapports à la société suppose de mettre l'accent sur ses fonctions stratégiques, en concentrant et en déployant ses initiatives et interventions sur toutes les grandes questions qui conditionnent l'avenir et la cohésion, à moyen et long termes, de la société, en interface avec d'une part la société civile et d'autre part l'Europe et l'internationalisation. On peut faire référence au concept d'hégémonie tel que défini par Gramsci pour rendre compte du consentement obtenu par les classes dirigeantes, de leur direction idéologique et politique acceptée, de l'intégration sociale qu'elles réalisent, du fait que l'État fonctionne au consensus et pas seulement à la domination, de la nécessité pour l'État de tenir compte des intérêts des classes dominées, ce qui suppose l'existence de processus et d'institutions de régulation, reconnus comme légitimes, opérant à la fois par adhésion, persuasion, mais aussi par contrainte (Gramsci, 1959).

Pour autant, les crises sociales et les crises politiques montrent l'incapacité de l'État, comme de chacune des collectivités publiques à tous les niveaux, de se faire l'intégrateur-rationalisateur intégral de la société.

Aujourd'hui, si le microsocial, les individus, les groupes sociétaux sont reliés aux instances publiques de multiples façons, ils n'en disposent pas moins d'une réelle autonomie. Outre les *demandes d'État* qu'ils expriment régulièrement, tout particulièrement en France, ils manifestent, aujourd'hui sans doute différemment d'hier et même davantage, la volonté de préserver, voire d'étendre, cette autonomie. En témoignent la renaissance du local, le redéploiement du mouvement associatif, le développement des réseaux sociaux, l'expression d'une individualité sociale, ou l'écho qu'ont pu rencontrer les thèses autogestionnaires ou écologistes, mais aussi *a contrario* les facteurs de crise qui affectent les grandes organisations ou la tendance à la progression de l'abstentionnisme électoral, tant lors des consultations politiques que lors des scrutins professionnels. Les appels à la prise en compte et au respect de la diversité des aspirations, intérêts et expériences, des identités, des liens à la réalité, s'expriment avec une force qui gagne en intensité.

Refonder l'intérêt général

L'intérêt général s'est longtemps défini en France dans un cadre qui faisait l'objet d'un large consensus, même si son contenu offrait matière à de nombreux affrontements, en particulier au plan politique : par et au niveau de l'État-nation, de manière centralisée, avec une place déterminante donnée au politique ; sur la base de la rationalité technico-économique portée par les grands corps techniques et administratifs ; avec primat de l'intérêt national sur les autres niveaux (emboîtement descendant) et soumission acceptée, en dehors d'explosions, des intérêts particuliers.

Ce cadre traditionnel de définition de l'intérêt général en France apparaît aujourd'hui fortement déstabilisé du fait de la conjonction de plusieurs facteurs : l'État-nation est écartelé entre, d'un côté, la construction européenne et l'internationalisation, de l'autre, la montée du « local », la décentralisation et le recentrage sur le microsocial ; les intérêts locaux ou particuliers n'acceptent plus, sans avoir leur mot à dire, de se soumettre à un intérêt *supérieur* ; la rationalité technico-économique est contestée par l'existence d'autres critères, comme la protection de l'environnement, l'écologie, le changement climatique, la prise en compte des générations futures ; l'augmentation des niveaux d'information et de culture débouche sur des demandes de maîtrise, de participation, de démocratie, de contre-pouvoirs, de prise en compte de la société civile. Il y a panne de construction de l'intérêt général.

Relégitimer l'action publique implique de prendre en compte l'ensemble des rapports des instances publiques et de la société. Ainsi, au contraire de la plupart des analyses et théories qui posent l'État soit comme séparé, soit comme fusionné par rapport à la société, c'est en termes d'unité contradictoire que ces rapports doivent être appréhendés, en prenant en compte l'État comme élément du système, avec son autonomie comme partie d'un tout et ses relations dialectiques avec celui-ci. Par la multitude de ses rouages et institutions, politiques et administratifs, par la multiplicité de ses interventions, ponctuelles ou globales, l'État est profondément immergé dans la société ; l'un et l'autre sont étroitement imbriqués (Monnier, Thiry, 1997).

L'enjeu est aujourd'hui de concevoir un nouveau cadre accepté de définition de l'intérêt général, agrégeant, d'une part, le local, le régional, le national et l'européen ; d'autre part, le court, le moyen et le long terme ; par ailleurs, le technique, l'économique, l'environnemental, le social et le culturel.

Cette problématique pose d'abord la question de l'emboîtement des intérêts généraux d'échelles spatiales différentes. Comment trancher entre différents *intérêts collectifs* territoriaux (communaux, départementaux, régionaux), l'intérêt général national, et l'intérêt général européen, étant entendu que toutes ces échelles disposent d'institutions ayant une légitimité propre ? Pour la tradition française, il n'y avait juridiquement d'intérêt général que national, et en cas de conflit d'intérêts collectifs entre collectivités d'échelles différentes, l'intérêt de l'échelle la plus grande primait par principe sur l'intérêt collectif le plus petit. François Ascher montre ainsi que dans le domaine de l'urbanisme, le schéma directeur était autrefois conçu sous la conduite de l'État dont les priorités propres définissaient le cadre de son *élaboration conjointe* avec les communes. Ensuite, les communes élaboraient des plans qui devaient être conformes avec le schéma directeur. L'emboîtement entre les intérêts généraux était *descendant*. Les fondements de cette approche centralisée et *descendante* de l'intérêt général ont des origines anciennes en France et reposaient sur deux types d'arguments : économique – les performances du tout étant censées être supérieures à la somme des performances des parties ; politique – si on donne du pouvoir aux unités de base, elles ne prennent pas en compte les enjeux d'échelles supérieures (Ascher, 1995).

La crise actuelle montre le rôle essentiel que l'Union européenne peut et doit jouer pour assurer une maîtrise de la mondialisation économique, sociale, financière, environnementale. Mais il ne s'agit pas de rêver à un super-État européen, qui viendrait résoudre les problèmes en lieu et place des États-nations. Il faut décliner de manière créative le principe de subsidiarité, qui veut que chaque instance publique, chaque niveau d'organisation collective ait – et n'ait – comme compétences et responsabilités que celles qu'elle est plus efficace à avoir et à mener que les autres agissant séparément (Millon-Delsol, 1993). Il faut penser l'Union européenne en emboîtement avec le local, le régional et le national et comme acteur à même de jouer un rôle structurant dans la mondialisation.

La seconde question est celle de l'emboîtement des échelles temporelles. Comment concilier entre des intérêts généraux à court, moyen et à long terme ? Dans quelle mesure l'intérêt général à très long terme, celui des générations futures, peut-il primer sur l'intérêt général des générations actuelles ? François Ascher montre qu'en matière de planification urbaine la démarche étatique traditionnelle, qui allait du plus général au plus particulier, inscrivait les intérêts locaux à court terme dans le cadre fixé par les intérêts d'échelle supérieure à plus long terme. L'arbitrage se heurte désormais à des difficultés croissantes tenant aux mutations sociétales et à la crise des systèmes de références. Cette mise en cause de la définition de l'intérêt collectif mine les modalités locales de la citoyenneté et handicape la formation d'une citadinité.

Se trouve ainsi directement reposée la question du rapport entre le technique, l'économique, l'environnemental, le social et le culturel. Le contexte idéologique international néo-libéral des années 1980 a favorisé le retour d'un utilitarisme économiste, qui considère que c'est le marché qui dégage un optimum et définit pour l'essentiel l'intérêt général ; en même temps, on assiste à des mises en cause croissantes aussi bien de la dictature de l'économisme que de l'exclusivité du marché. Cette situation amène à mettre l'accent sur le processus d'élaboration de l'intérêt général.

Pour François Ascher, ce qui fait qu'un intérêt est général n'est pas qu'une rationalité unique l'ait défini comme intérêt général, mais qu'un processus ait fait qu'une collectivité d'individus ou d'institutions l'admette comme intérêt général. Cette définition plus procédurale que substantielle de l'intérêt général semble susceptible d'aider à dégager une légitimité nouvelle pour les actions publiques, à fabriquer de la *citadinité*, de la citoyenneté. Et François Ascher estime qu'il faut introduire plus de *procédural*, non seulement dans les pratiques, car il y en a déjà un peu, mais aussi dans les institutions et les règles juridiques. Il souligne la pauvreté des formules françaises d'enquête publique, la faiblesse des pratiques de conciliation, le peu d'intérêt pour les solutions de compromis et le poids écrasant des procédures majoritaires. Il s'agit d'un cercle vicieux : d'un côté, cette situation ne favorise pas une démocratie plus participative et plus consultative ; en retour, l'absence d'une mobilisation continue des habitants (en dehors des actions d'opposition, à caractère défensif) conforte une démocratie presque exclusivement représentative et « substantialiste » (Ascher, 1995).

Promouvoir la régulation

En une vingtaine d'années, le concept de *régulation* a enregistré en France un succès foudroyant en économie et en sciences sociales. Pourtant, il est pour l'essentiel étranger à notre histoire et à notre culture économique, administrative et politique. Il n'est dès lors pas inutile de commencer par définir aussi précisément que possible ce dont on parle.

Le terme de régulation est employé dans de nombreux secteurs, avec des sens assez divers. Dans les domaines techniques, et dans son sens d'origine, c'est une *action* qui astreint la *sortie* d'un système à être en rapport avec l'*entrée*. Dans le schéma de l'automatique (mathématiques et techniques des « asservissements » ou des « systèmes asservis »), la chaîne d'*action* réalise la *sortie*, une chaîne de mesure vérifie cette réalisation, la comparaison entre la réalisation et l'*entrée* sert à corriger l'*action* (cybernétique). La première généralisation est l'application aux systèmes à plusieurs « entrées », plusieurs *sorties* et plusieurs *boucles* pour permettre d'envisager théoriquement toute la complexité voulue. La seconde a consisté à considérer les systèmes vivants comme descriptibles par ce schéma et à introduire la théorie de l'information dans la chaîne de mesure. La dernière est la *systémique*, qui généralise cette analyse, moyennant toutes les complexifications désirables, aux systèmes socio-économiques.

On peut retenir comme définition de la *régulation* l'ajustement, conformément à une règle ou à une norme, d'une pluralité d'actions et de leurs effets. Elle recouvre donc la « réglementation », c'est-à-dire l'établissement des *entrées* (lois, contrats), le *contrôle*, c'est-à-dire la vérification de l'exécution des dites « entrées », ainsi que les nécessaires adaptations. S'il y a régulation, c'est parce que les règles ne peuvent tout prévoir, doivent être interprétées et sont remises en cause, en adaptation perpétuelle, en fonction des situations et des objectifs (Bauby, Coing, de Toledo, 2007).

La régulation de tout groupe social correspond aux interactions entre les intérêts particuliers de chaque composante du groupe et l'intérêt commun ou général de celui-ci. Elle permet d'éviter que la coexistence d'intérêts et d'aspirations différents et contradictoires ne se traduise par le combat permanent de chacun contre chacun et contre tous. La régulation est pour partie interne au groupe considéré (*autorégulation*), voire à l'individu (par rapport à ses pulsions), mais concerne aussi les rapports et interactions du groupe avec ce qui l'entoure.

Toute régulation implique une série d'arbitrages entre des intérêts différents, compte tenu à la fois de la diversité des acteurs, des échelles temporelles prises en compte (intérêts des générations futures), des spécificités territoriales, de l'internalisation de telle ou telle externalité, etc. Ces arbitrages mettent en jeu des intérêts et forces qui non seulement ne sont pas identiques, mais le plus souvent s'opposent. Pour qu'il y ait arbitrage efficace et accepté, il faut préalablement que toutes les propositions et issues puissent s'exprimer à égalité. Cette expression permet non d'éviter l'existence d'effets pervers inhérents à toute action sociétale, mais d'en limiter l'ampleur et d'en corriger rapidement les défauts.

La régulation implique l'expression de tous les acteurs concernés, la transparence, la délibération collective, la confrontation de la pluralité des approches et donc la démocratie (Bauby, 1998). Elle suppose de pouvoir s'appuyer sur une évaluation multicritères et la pluralité d'expertises. En matière de régulation de la société, il y a toujours supériorité du collectif sur l'individuel. Toute entrave à l'expression d'une composante du corps social est une mutilation pour l'ensemble de celui-ci. La reconnaissance de l'existence d'oppositions d'intérêts, de contradictions dans tout groupe humain est la condition même de son existence comme groupe et de la définition de son intérêt commun ou général. L'existence de contre-pouvoirs n'est donc pas, comme c'est le cas dans la culture politique française dominante, une entrave à l'exercice du pouvoir de toute institution, mais au contraire une condition essentielle de son efficacité. Fondamentalement, la légitimité de tout pouvoir repose sur l'existence de contre-pouvoirs.

La régulation de la société relève d'une combinatoire associant les mécanismes de marché et l'intervention publique. C'est dans cette articulation que s'exprime, de manière conflictuelle, l'intérêt collectif ou général du groupe ou de la société.

C'est à partir du moment où les pratiques de corruption ont été mises sur la place publique qu'elles sont devenues illégitimes. C'est lorsque le film de Nils et Bertrand Tavernier, *Au-delà du périph*, est passé à la télévision en décembre 1997, mettant sur la place publique les factures d'électricité exorbitantes payées par les locataires d'habitations à loyer modéré (HLM) de Montreuil, du fait d'un chauffage électrique conçu sans isolation suffisante, qu'EDF s'est engagée à financer les travaux d'isolation des bâtiments et de mise en place d'un système de chauffage collectif, avec forte réduction du prix du kWh pour les locataires.

Cette problématique de la régulation implique d'une part de développer une évaluation multicritères et la pluralité d'expertises, d'autre part de rompre avec les conceptions interventionniste, centralisatrice, uniformisatrice, bureaucratique et autoritaire, de l'action publique, pour mettre l'accent, en prenant en compte les différents aspects de la réalité sociale, sur la définition et la mise en œuvre des orientations à moyen et long terme de développement et de cohésion de la collectivité concernée.

La régulation de l'État relève des élections, mais aussi d'une variété de méthodes et d'institutions, du Conseil économique et social à de multiples commissions, en passant par la multiplicité des liens qu'entretiennent l'administration ou les Cabinets ministériels avec les partenaires économiques, sociaux et culturels. L'État ne se détermine plus en lui-même, mais en relation avec de multiples partenaires avec lesquels il forme un système d'autant plus complexe qu'il devient international, en particulier européen, en même temps que régional et local. Les politiques économiques ne sont plus centrées que sur le niveau national. La coordination européenne se développe dans les grands réseaux d'infrastructures (transports, communications, énergie). Les politiques de gestion et de maintenance des équipements collectifs sont en majeure partie transférés aux échelons régionaux et locaux. La politique scientifique et technologique, la politique de formation initiale et professionnelle se définissent en coopération avec le secteur privé. Se développent aussi de nombreuses « formes intermédiaires », comme l'économie sociale, coopérative, mutualiste ou associative.

Une régulation efficace implique l'existence de véritables procédures et organes d'évaluation. Jean Leca, président du Conseil scientifique de l'évaluation et Jean-Claude Thoenig, directeur de recherches au CNRS, en dégagent la logique (*Le Monde*, 9 décembre 1997). Ils soulignent que « le gouvernement démocratique est confronté à deux exigences fondamentales : celle de la responsabilité, c'est-à-dire des comptes à rendre à la société, celle de la légitimité, c'est-à-dire le crédit de confiance global que lui accorde le citoyen. Une démocratie renouvelée passe par un État qui évalue ses propres pratiques ». Alors que « l'arrogance technocratique et centralisatrice ne rend pas crédibles et légitimes ses actes, fussent-ils les plus intelligents sur le papier », alors que « le gaspillage, l'opacité et l'autoritarisme craignent l'évaluation », alors que « l'État ne s'évalue pas naturellement », les seules évaluations qu'ils connaissent étant le contrôle des procédures, la vérification de certains résultats et la mise en cause de la responsabilité politique et pénale des gouvernants, l'évaluation « plurielle, rigoureuse et transparente » fournit de l'information précise et objective sur la mise en œuvre et les effets de l'action publique, permet aux citoyens de s'impliquer dans les choix publics, incite à la discussion argumentée et à la formation des jugements. Cependant, Jean Leca constate amèrement qu'« aucune évaluation n'a donné lieu à un examen gouvernemental : ni le conseil scientifique de l'évaluation, ni son président n'ont jamais été invités à tenir une réunion de travail avec une autorité ministérielle, ni même un expert chargé du dossier » (Conseil scientifique de l'évaluation, 1996).

Ainsi donc, la profonde crise actuelle, indissociablement financière, économique, sociale, écologique, pose l'exigence tout à la fois d'une reconstruction de l'action publique, d'une redéfinition d'un système d'intérêts généraux et d'une refondation de la régulation de la société dans la perspective d'un développement réellement durable, donc sachant combiner de manière indissociable économique, social et environnemental, dans un nouveau cercle vertueux. On mesure là l'ampleur du défi lancé aux chercheurs comme de manière beaucoup plus générale à l'ensemble des acteurs. La tâche peut sembler hors de mesure. Mais les prémices de ce nouveau mode de régulation existent à l'intérieur même de la crise. C'est à les faire éclore qu'il faut aujourd'hui s'attacher.

Bibliographie

Ascher, F., *Métapolis ou l'avenir des villes*, Paris, Odile Jacob, 1995.

Attali, J., *Une brève histoire de l'avenir*, Paris, Fayard, 2006.

Attali, J., *La crise et après ?*, Paris, Fayard, 2009.

Bauby, P., *L'État-stratège*, Paris, Éditions ouvrières, 1991.

Bauby, P., *Reconstruire l'action publique*, Paris, Syros, 1998.

Bauby, P., Coing H., de Toledo A., *Les services publics en Europe, Pour une régulation démocratique*, Paris, Publisud, 2007.

Bloch-Lainé, F., Bouvier, J., *La France restaurée 1944-1954, dialogue sur les choix d'une modernisation*, Paris, Fayard, 1986.

Boyer, R., *La théorie de la régulation*, Paris, La Découverte, 2004.

Braudel, F., *L'identité de la France*, Paris, Arthaud-Flammarion, 1986.

Cohen, D., *La prospérité du vice*, Paris, Albin Michel, 2009.

Conseil scientifique de l'évaluation, *L'évaluation en développement*, Paris, Documentation française, 1996.

Dockès, P., Lorenzi, J.-H., *Sorties de crise*, Paris, Perrin, 2009.

Fourastié, J., *Les trente glorieuses ou la Révolution invisible de 1946 à 1975*, Paris, Fayard, (rééd. revue, Hachette, 1986), 1979.

Gramsci, A., *Œuvres choisies*, Paris, Éd. Sociales, 1959.

Hayek, F. von, *Loi, législation et liberté*, tome II, *Le mirage de la justice sociale*, Paris, PUF, 1989.

Hayek, F. von, *La route de la servitude*, Paris, PUF, (éd. revue 1985), 1943.

Hayek, F. von, *The Constitution of Liberty*, London and Henley, Routledge and Kegan Paul, 1976.

Hobbes, T., *Léviathan*, Paris, Gallimard, 2000.

Kuisel, R.F., *Le capitalisme et l'État en France. Modernisation et dirigisme au XXe siècle*, Paris, Gallimard, 1984.

Lepage, H., *Demain le capitalisme*, Paris, Hachette, 1978.

Massé, P., *Le plan ou l'anti-hasard*, Paris, Gallimard, 1965.

Millon-Delsol, C., *Le principe de subsidiarité*, Paris, PUF, 1993.

Monnier, L., Thiry, B. (eds.), *Mutations structurelles et intérêt général*, Bruxelles, De Boeck, 1997.

Pigasse, M., Finchelstein, G., *Le monde d'après, une crise sans précédent*, Paris, Plon, 2009.

Rosanvallon, P., *L'État en France de 1789 à nos jours*, Paris, Seuil, 1990.

Peut-on réguler le capitalisme par des politiques publiques ?

Jean-Claude BOUAL

*Comité européen de liaison sur les services d'intérêt général
(CELSIG) – Union européenne, ministère de l'Écologie
et du Développement durable, France*

Au lendemain de la faillite de la banque Lehman Brothers aux USA, les gouvernements se sont affolés. Ils ont dégagé d'énormes crédits pour *sauver le système bancaire mondial* et éviter la faillite globale de l'économie et une crise aux effets comparables à celle de 1929 et des années suivantes qui pour partie a conduit à la Seconde Guerre mondiale.

Un an après, en septembre 2009, tout semblait être rentré dans l'ordre financier antérieur. La banque Goldman Sachs aux USA annonçait qu'elle provisionnait 11,3 milliards de $ pour assurer les primes de fin d'année de ses salariés, en fait les traders. Un rapport d'analyse de la banque J.P Morgan Chase prévoyait que les huit premières banques américaines et européennes verseraient aux 141 000 employés de leurs divisions de capital investissement (ceux qui sont chargés de la spéculation), 77 milliards de $ en 2010, soit 546 000 $ par personne. Le 5 août 2009 la BNP, en France annonçait une provision d'un milliard d'euros pour verser les primes des 17 000 de ses salariés chargés des services spéculatifs, soit 59 000 € en moyenne par salarié, alors qu'elle avait reçu 5 milliards d'€ de soutien pour faire face au manque de liquidités neuf mois avant. L'argent public dégagé fin 2008 pour sauver le système bancaire a en fait servi aux banques pour reconstituer leurs fonds propres et réengager les opérations spéculatives et non pas, comme annoncé par les gouvernements, pour assurer le financement de *l'économie réelle*. Le journal *Le Monde* daté du 14 septembre 2009 titrait dans sa page Marchés : « Le retour des OPA dope les bourses, les sombres pronostics établis par les économistes il y a un an ne se sont pas vérifiés » et citait M. Franklin Pichard, directeur de Barclays Bourse : « Il y a toujours des économistes pour vous dire que l'on va repartir à la baisse, que la crise n'est pas finie, mais même si l'inquiétude est encore palpable, la dynamique est pour le moment, très positive », la journaliste précisant : « en langage boursier, une dynamique positive peut se traduire par une *poussée spéculative* ». Dans ce même numéro du journal, dans un article de la rubrique « Taux et change » intitulé « Le dollar finance la spéculation mondiale », Cécile Prudhome expliquait le principe dit du *portage* (carry trade) qui consiste à spéculer entre monnaies ayant des taux d'emprunt différents.

Les marchés boursiers en septembre 2009 avaient repris leur courbe à la hausse, ils avaient enregistré une hausse de l'ordre de 50 % aux USA et en Allemagne par rapport à leur point bas de mars 2009, de 40 % en France et au Japon, de 33 % au Royaume-Uni et en Australie.

Pourtant dans les jours et les semaines qui suivirent le krach de septembre 2008, dans leurs déclarations, les responsables politiques, les gouvernements, le chœur des économistes et même les banquiers assuraient que « plus rien ne serait comme avant, que la régulation de la finance était indispensable », « qu'il fallait moraliser le capitalisme », etc.

Les politiques publiques : l'État pompier

Les États se sont avérés dans la phase aiguë de cette crise les prêteurs de dernier ressort. Leur intervention a évité l'effondrement de tout le système financier et économique démontrant que l'État est bien plus la solution que le problème contrairement aux affirmations des *théoriciens* ultralibéraux de l'école de Chicago. En effet, c'est le refus du gouvernement des USA de venir en aide à une banque qui déclenche le processus de la crise des subprimes, comme le montre l'enchaînement des évènements.

Le 15 septembre 2008, la banque Lehman Brothers aux USA fait faillite. L'administration Bush n'intervient pas. Mais face au risque d'entraînement et de faillites en cascade, très rapidement les gouvernements volent au secours des banques privées avec de l'argent public et bâtissent des plans de soutien à l'économie afin d'amortir les effets de la crise. Le gouvernement des USA avance 85 milliards de $ pour éviter la banqueroute de l'assureur AIG et annonce le 18 septembre un plan de 700 milliards de $ pour racheter les créances toxiques des banques. Mais la crise fait tache d'huile et atteint l'Europe puis l'Asie. Les gouvernements belge, néerlandais et luxembourgeois dépensent 11,2 milliards d'€ pour renflouer le capital de la banque Fortis. Le 29 septembre, le gouvernement allemand ouvre une ligne de crédit de 35 milliards d'€ pour sauver la banque Hypo Real Estate. Les gouvernements belge et français montent en urgence un plan aboutissant à la *nationalisation* de fait de la banque franco-belge Dexia. La Banque centrale européenne (BCE) ouvre des liquidités illimitées aux banques en difficulté. Le

9 octobre, le Premier ministre britannique met sur pied un plan de soutien au système bancaire anglais qui consiste à garantir les émissions d'obligations des banques sur une durée de 3 mois à 3 ans et à recapitaliser les banques importantes.

Ce plan sera repris dans ses grandes lignes par les États européens. Au total les plans européens de soutien à l'économie atteignent 200 milliards d'€, dont 170 relevant des États et 30 du budget de l'Union européenne et de la Banque européenne d'investissement (BEI).

L'Arabie saoudite, l'Inde, la Suisse annoncent également leurs plans d'intervention. Le gouvernement chinois annonce un plan de soutien à son économie de 4 trillions de Yuans (400 milliards d'€) sur deux ans. Au total c'est plus de 2 500 milliards d'€ qui sont mis ainsi sur la table pour *sauver le système bancaire mondial*. Ces crédits représentent pour l'essentiel des promesses de prêts en cas de nécessité. L'argent public ne sera au final dépensé que si l'une ou plusieurs des banques font faillite dans les délais impartis. Dans les faits, un peu plus de 10 % de cette somme a été empruntée sur les marchés internationaux pour renforcer le capital des banques. Il reste que le rôle de pompier des États s'est avéré indispensable : intervention massive, dans l'urgence, pour éviter que le feu ne s'étende.

Le G20 de Londres, le 2 avril 2009, rappelle que 5 000 milliards de dollars ont été mis sur la table de la relance depuis six mois (même les chiffres sont difficiles à interpréter). Il décide de tripler les moyens du Fond monétaire international (FMI), soit un engagement de doter les nouveaux accords d'emprunt (NAE) de 500 milliards de dollars supplémentaires. Il propose de s'entendre sur les grandes lignes d'une régulation de la finance et l'Organisation de coopération et de développement économique (OCDE) publie une liste noire et grise de paradis fiscaux. Le G20 établit des *principes communs* sur les rémunérations et appelle à réglementer les hedge funds. Rien donc de contraignant et de très concret sur la régulation.

Il décide de se revoir dans six mois à Pittsburg aux États-Unis. Ce G20 s'est tenu le 26 septembre 2009. Les mesures de soutien à l'économie libérale décidées au précédent G20 ayant évité l'effondrement de celle-ci et les économies des États-Unis et de quelques pays de l'OCDE ayant donné quelques signes de reprise, les participants se sont félicités de leur clairvoyance et ont appelé à « éviter tout retrait prématuré des plans de relance ». Les autres mesures : augmentation « d'au moins trois pourcent » des droits de vote à la Banque mondiale attribués aux pays en voie de développement, des « pratiques de rémunérations saines », appel à conclure le cycle de Doha de l'Organisation mondiale du commerce (OMC) et mettre fin aux « prises de risques excessives, etc. », semblent bien floues et peu convaincantes.

Tout est reparti comme avant. Tout est en place pour la prochaine crise, les causes profondes n'ont pas été examinées et la fièvre est un peu retombée. Les questions décisives, liées aux causes intrinsèques (endogènes) du système, n'ont pas été évoquées.

Pourtant les effets de ce bref épisode bancaire de septembre 2008 – à peine un mois – sur la croissance et l'emploi sont désastreux. Les entreprises ne trouvent pas de crédit à court terme pour faire face à leurs échéances. Les fermetures d'entreprises se multiplient, le chômage croît dans la majorité des États ; certains États (Islande, Hongrie, Irlande, etc.) sont en faillite et ont dû faire appel massivement aux fonds du FMI. La pauvreté augmente dans les pays développés comme au niveau mondial.

La dette publique explose. Elle atteint 8,2 % du Produit intérieur brut (PIB) pour la France, soit 1 400 milliards d'euros en 2009. Selon la Commission européenne dans ses prévisions au second semestre 2009, les déficits publics devraient atteindre 5,3 % du PIB dans la zone euro pour 2009 et 6,5 % pour 2010. La dette publique qui représentait 66 % du PIB de la zone euro en 2007 (64 % en France) devrait atteindre 78 % fin 2009 (80 % en France). Au Royaume-Uni, le déficit public passerait de 11,5 % à 13,8 % du PIB en 2010 et la dette publique devrait quasiment doubler entre 2007 (44 %) et 2010 où elle passerait à 82 %. Au 26 septembre 2009, date du G20, selon le compteur mis au point par le journal *The Economist*[1], la dette publique au niveau mondial s'élevait à 36 000 milliards de dollars.

Les politiques publiques : comment agir ?

Les gouvernements agissent vite et fort avec les plans de relance fin 2008 et en nationalisant de fait des banques en quasi-faillite parmi les plus importantes : Fannie Mae, Freddie Mac et AIG en septembre 2008 aux États-Unis ; Northern Rock en février 2008, Bradford Bringley en septembre 2008 et Royal Bank of Scotland à 70 % en novembre 2008 au Royaume-Uni ; Fortis[2] en Belgique et Dexia en septembre 2008 pour le couple France-Belgique ; Anglo-Irish Bank (AIB) en janvier 2009 en

---

[1] http://buttonwood.economist.com/content/gdc.

[2] RBS, Fortis et la banque espagnole Santander s'étaient livrées à une opération de rachat par effet de levier (procédé qui permet à un opérateur de prendre des positions excédant ses capitaux propres) de la banque ABN Amro. Deux des banques, RBS et Fortis, se sont retrouvées en faillite non déclarée, ce qui a nécessité l'intervention des États pour éviter la mise en faillite et que tous les petits épargnants et/ou détenteurs de comptes courants ne perdent leurs avoirs, illustrant ainsi la théorie nouvelle *trop gros pour faire faillite* qui permet de socialiser les pertes par l'intervention des États et de l'argent public. Seule la banque Santander s'est avérée assez solide pour amortir ses pertes.

Irlande. Ces interventions ont empêché le système financier de s'effondrer, évité le pire et permis aux banques de reconstituer leurs fonds propres et ré-engranger d'immenses profits dès 2009. Elles n'ont pas empêché la fermeture d'usines, la destruction massive d'emplois et la montée du chômage[3].

Une triple *erreur* sous-tend ces interventions.

La première consiste à considérer que la crise est due à une défaillance des organismes de surveillance du marché financier : banques centrales, normes comptables, agences de notation, réglementation prudentielle insuffisante, liée à des produits nouveaux – produits dérivés, fonds spéculatifs, titrisation – et à des modes de rémunération incitateurs (poussant au crime, diraient certains) – stocks options, bonus exorbitants et sans risque, alliés à l'existence de paradis fiscaux. En somme, il suffirait de remédier à ces défauts de fonctionnement, de *moraliser le capitalisme* et tout rentrerait dans l'ordre. À l'usage, après deux G20, même cette rectification n'est plus envisagée, les lobbies bancaires ayant tout fait pour cela[4].

Selon cette analyse, la crise viendrait de l'extérieur du système et n'aurait rien d'intrinsèque. Or, un examen plus attentif, moins dogmatique, certes hétérodoxe, tend au contraire à faire remonter l'origine de la crise aux fondements même du capitalisme et à son fonctionnement interne. En effet, le ressort profond doit être cherché dans un modèle de croissance où la consommation progresse plus vite que les salaires et où les modèles sociaux des pays industrialisés sont en concurrence entre eux et globalement avec ceux des pays émergents.

Depuis 1990, les pays industrialisés s'échinent à retrouver la moitié des taux de croissance qu'ils connaissaient entre 1945 et 1975. Rien n'y fait. Il leur manque 8 à 9 % de part de salaires et de revenus de sécurité sociale dans le produit national brut pour pouvoir soutenir la consommation et donc la croissance. C'est lié à la double révolution structurelle et intellectuelle qui s'est déroulée à partir de 1975. Les fonds de pension, les fonds d'investissement et les fonds d'arbitrage (hedge funds) ont pris le pouvoir au sein des multinationales. Avec un mot d'ordre : produire toujours plus de dividendes. L'organisation du travail a changé. Les grandes entreprises ont considéré que la paie de leurs balayeurs, de leurs employés de maintenance ne devait pas être tirée vers le haut par le fait qu'ils appartiennent à des sociétés à haute qualification. Elles les ont

---

[3] Le Bureau international du travail (BIT) annonçait plusieurs millions de chômeurs supplémentaires en 2009.

[4] Dès le 13 novembre 2008, neuf banques américaines dont Goldman Sachs, J.P. Morgan, City et Bank of America ont créé un lobby doté d'énormes moyens pour cela.

sortis de la structure pour les transférer dans des petites et moyennes entreprises (PME), non filialisées, peu syndiquées et qui payent moins bien. On a vu alors apparaître une nouvelle catégorie de salariés : les précaires, qui ont fini par représenter entre 15 et 20 % de la main-d'œuvre de tous les pays développés.

Puis on a vu émerger les pauvres, c'est-à-dire des adultes valides exclus du marché du travail. Tout cela aboutit à moins de consommation et à une hantise générale de l'insécurité, qui décourage tous les comportements d'audace de la vie économique. « La crise financière n'a rien à voir avec tout cela, elle a simplement frappé des économies déjà anémiées » note Michel Rocard, ancien Premier ministre de la France dans une interview au journal *Le Monde* du 27-28 septembre 2009. Mais ces pays ne retrouveront pas la croissance des années entre 1945 et 1975, période en gros de la reconstruction, ni bien entendu la croissance à 9 % ou à deux chiffres de la Chine, pays en période de *rattrapage industriel.*

La deuxième *erreur* consiste à ne tenir compte que des intérêts des banquiers et des industriels et à ne pas prendre en compte les causes profondes de la crise, à savoir la recherche du profit à court terme et à un taux déraisonnable (les 15 % minimum) au détriment des salaires et de l'emploi et de ne pas voir la diminution de la part des salaires dans la répartition des profits. C'est refuser de considérer, pour des raisons idéologiques et des préjugés hérités d'un enseignement de l'économie dogmatique éloigné du réel[5], que la crise n'est pas une crise de l'offre (les surcapacités mondiales de production dans l'automobile par exemple le démontrent) mais une crise de la demande et de la répartition des revenus. Ainsi, aux États-Unis, le revenu moyen des ménages a bien progressé de 2,5 % par an de 2000 à 2007, mais leur revenu médian a stagné durant cette période et le pouvoir d'achat des salariés les moins qualifiés s'est effondré. C'est pour compenser à court terme cet effondrement que les *subprimes* – les crédits hypothécaires glissants – se sont développés, entraînant le surendettement et l'effondrement que l'on connaît. De 2000 à 2004, en France, le salaire moyen net annuel s'est accru de 1,4 % alors que le PIB augmentait de 8,1 %, mais on constate l'explosion de très hauts revenus[6] et le développement du travail à temps partiel, de la précarité et de l'apparition de *travailleurs pauvres.*

La troisième *erreur*, qui tient au mode de gouvernance à tous les niveaux, est le traitement séparé de la crise, qui est pourtant dit-on *globale, systémique,* en considérant qu'il s'agit de plusieurs crises : une

---

5 La politique monétaire se construit sur deux idées : la justesse des prix du marché et la lutte contre l'inflation. Les deux sont fausses. Voir Wolf, M. (2009).

6 Voir les travaux de Piketty, T. (2001) et pour le cas français, de Landais, C. (2007).

crise financière, une crise industrielle, une crise sociale, une crise alimentaire, une crise climatique, une crise écologique, etc.

La crise financière est traitée sur le court terme par les mesures de sauvetage des banques, la crise économique plus difficile est traitée aussi sur le court terme avec les plans de relance, la crise sociale est peu ou pas traitée, la crise climatique est discutée dans des enceintes spécifiques (conférences post Kyoto de Postdam en décembre 2008 et de Copenhague en décembre 2009), etc.

Cette question de gouvernance est essentielle car elle conditionne les politiques publiques possibles à mettre en œuvre.

Les politiques publiques : ne rien décider ou affronter les contradictions ?

Les économies mondiales sont de plus en plus imbriquées (Chine et USA, par exemple, sont liés par l'excédent commercial et l'achat massif de bons du Trésor américain d'un côté et l'immense déficit public de l'autre). De plus, les crises climatiques et écologiques rendent les pays de plus en plus interdépendants. La question de la *gouvernance* et donc de la démocratie se pose à tous les niveaux : local, national, régional (au sens de région mondiale) et mondial.

La crise financière et économique donne matière à des publications – ouvrages et articles – innombrables. Chaque *expert*, chaque *économiste* propose son analyse et ses solutions, même parmi les fervents du système capitaliste qu'il estime *indépassable*. Si la quasi-totalité estime que cette crise est due à une défaillance des systèmes de surveillance des *industries financières*, ils commencent à admettre du bout des lèvres que l'autorégulation des marchés ne marche pas, les plus audacieux ne proposent que quelques mesures de contrôles et souvent d'autocontrôle ; une régulation *a minima* en somme.

Enfin, quand dans son communiqué le G20 parle de *stratégie de sortie* (exit strategy), il ne s'agit pas de sortie de crise, mais en réalité de sortie des mesures exceptionnelles, en particulier des déficits budgétaires qui ont été gonflés dans des proportions considérables. Le G20 reconnaît que ces mesures exceptionnelles étaient indispensables, malgré l'aggravation de la *dette* des États mais ne peuvent disparaître d'un coup ; le rythme de leur suppression dépendra de la relance économique, de l'inflation et des taux d'intérêts notamment, facteurs qui évoluent différemment selon les pays.

En fait, le G20 de Pittsburgh en septembre 2009 n'a rien décidé d'essentiel, espérant que, la bourrasque passée, tout recommencerait presque comme avant, préparant ainsi la nouvelle crise qui risque fort d'être encore plus profonde.

Pourtant des mesures de régulation forte peuvent être mises en œuvre dans le cadre du système économique capitaliste : le contrôle réel des paradis fiscaux, ce qui rapidement les ferait disparaître ; la création d'une monnaie de réserve mondiale ; l'élimination des stocks options, la refonte du système de rémunération des *managers* qui poussent à la spéculation et à ne penser l'économie qu'en termes d'actifs boursiers et de valorisation à court terme, la limitation des rémunérations à x fois le salaire minimum, le x étant à débattre ; l'interdiction ou au moins un très strict contrôle de la titrisation, des marchés dérivés et autres fonds d'investissement tels les Leveraged buy-outs (LBO), carry trade ou toutes autres *innovations financières* par des autorités indépendantes comme cela se fait dans d'autres industries à risques (nucléaire, chimique, pharmaceutique, aéronautique, etc.). Il conviendrait de revenir à la séparation entre banques de placement et banques d'investissement. La taxation des transactions financières est également une méthode de régulation : même à taux faible elle dégagerait des recettes importantes utilisables pour financer la lutte contre la misère, les efforts de reconversion vers une économie soutenable écologiquement par exemple. De même, il est urgent de repenser de fond en comble les systèmes de retraite par capitalisation, à l'origine des fonds de pension qui poussent à la spéculation afin d'obtenir des rendements financiers impossibles à réaliser à moyen et long terme parce que déconnectés des taux de profits de *l'économie réelle*. L'objectif consisterait à promouvoir des systèmes basés sur les solidarités intergénérationnelles, comme le système par répartition, et à réduire les systèmes par capitalisation à une part très marginale de retraite complémentaire voire sur-complémentaire. Mais rien de tout cela ne semble en cours.

Il conviendrait également de dépasser ce premier stade de régulation et de promouvoir des solutions plus durables. C'est au niveau de la répartition des richesses produites qu'il faut agir. Augmenter les salaires, diminuer le temps de travail hebdomadaire contraint[7] en dégageant du temps pour des activités de sociabilité, culturelles, d'autoformation et de participation à la démocratie, redonneraient du sens au travail.

La répartition de la plus-value, qui est un mode de régulation puissant du capitalisme, a toujours été le résultat d'un rapport de force entre les forces sociales et politiques dans l'entreprise mais aussi hors de l'entreprise, dans la cité. L'intervention de la puissance publique par la réglementation et la législation est primordiale pour définir les règles du jeu.

---

[7] Voir Boual, J.-C. (1997). La problématique reste la même, les données chiffrées sont à actualiser.

L'État-providence et l'économie sociale de marché qui est un objectif et un moyen de l'Union européenne ouvrent théoriquement cette perspective d'un équilibre entre actionnaires et salariés. Même dans une économie dite de la connaissance, plus tournée vers les services, moins productiviste et prédatrice de ressources naturelles et humaines, le travail humain demeure la seule et unique source de production de richesses et doit donc être correctement rémunéré. Ce devrait être la première priorité alors qu'au contraire il sert de *variable d'ajustement* dans la concurrence mondiale de la recherche du profit maximum et immédiat. Ne faut-il pas rompre avec le dogme que le seul but de l'entreprise est le profit mais avoir une vision plus anthropologique de l'entreprise comme lieu de vie et de rapports sociaux où l'on produit des biens, des services, du savoir, du savoir-faire utiles pour nos sociétés ?

La première question qui se pose est bien celle de l'analyse des crises, du diagnostic et des débats pour le changement, car les intérêts contradictoires s'opposent légitimement.

La première tâche des politiques publiques consisterait à mettre en place à tous les niveaux pertinents des outils permettant sinon un diagnostic partagé, au moins un langage commun afin de bien cerner les accords et désaccords pour l'élaboration puis la mise en place de mesures dans l'intérêt commun, quitte à ce que, les divergences subsistant, ces mesures soient contestées. Le langage commun permet de faire des désaccords des sujets de débat qui permettent de progresser dans les politiques à conduire.

Au niveau mondial, la seule institution ayant un réel pouvoir de sanction, l'Organisation mondiale du commerce (OMC), qui prévoit une procédure pour résoudre les litiges commerciaux avec possibilité de rétorsion, est celle qui a pour but d'assurer la libéralisation du commerce. Elle est totalement indépendante de l'Organisation des Nations unies (ONU) et n'a aucune compétence dans des domaines essentiels tels l'environnement ou les questions sociales. Les institutions mondiales sectorielles au sein de l'ONU n'ont ni moyen de régler les conflits ni pouvoir de sanction et ne fonctionnent que par consentement réciproque avec signature de conventions pas toujours respectées comme le Bureau international du travail (BIT) ou l'Organisation des Nations unies pour l'alimentation et l'agriculture (FAO) par exemple.

Avancer vers une gouvernance mondiale signifie-t-il tout mettre sous la responsabilité de l'ONU, comme le demande la plupart des ONG, changer l'objet de l'OMC et lui adjoindre des compétences en matière sociale et environnementale ou créer une organisation mondiale de l'environnement, comme le propose le président actuel de la République française ? Il paraît évident que si l'on veut éviter une dispersion dans l'appréhension de la crise en examinant d'une part les problèmes financiers et économiques (G20), d'une autre les problèmes commerciaux (OMC), ailleurs les problèmes alimentaires mondiaux et de la faim (FAO) et encore ailleurs les problèmes des droits, de la paix, de la démocratie, etc. (ONU), il faut inventer une méthode de gouvernance globale et des lieux adéquats de prise de décision. C'est le premier niveau de la gouvernance mondiale.

Les autres niveaux institutionnels sont également à reconsidérer. Le niveau régional avec un rôle particulier que peut jouer l'Union européenne car elle est la région du monde la plus avancée dans ce domaine ; ensuite le niveau national et le niveau local.

Le niveau régional, parce qu'il est un niveau d'organisation intermédiaire entre les États et l'ONU et parce qu'il tend à s'organiser et à jouer un rôle de plus en plus important au niveau économique et dans les relations entre les États, peut être le niveau essentiel pour éviter la domination d'un *bloc civilisationnel* ou de pays dominants. Il a une dimension permettant les débats et des décisions plus adaptées aux réalités ; il peut mieux prendre en compte les intérêts communs de proximité entre États.

L'Union européenne a beaucoup à apporter dans ce processus pour élaborer cette gouvernance nouvelle :

1. ses textes constitutifs lui donnent comme objectif de promouvoir le bien-être de ses peuples et d'œuvrer pour un développement durable ;

2. elle a une puissance économique et commerciale (première économie du monde) qui lui permet d'agir au niveau des grands pays continents tels les États-Unis, la Chine, la Russie, l'Inde, le Brésil ;

3. elle se veut à l'avant-garde sur les questions climatiques et environnementales et, sans elle, le protocole de Kyoto n'aurait sans doute jamais été mis en œuvre, même si les politiques qu'elle met en avant ne sont pas dénuées d'ambiguïté et de contradictions ;

4. elle a une réelle tradition d'association et de dialogue entre pouvoirs publics – entreprises – syndicats – société civile, même si beaucoup de progrès sont encore possibles ; une société civile y est en construction qui réclame plus de participation ; or, c'est cette méthode de participation qu'il convient de promouvoir et développer ;

5. enfin, elle possède des institutions – certes encore imparfaites – qui lui permettent d'élaborer et de mettre en œuvre des politiques publiques, même si la volonté politique commune est encore faible pour cela.

L'Union européenne peut donc, sans attendre mais avec de la volonté politique, être un lieu de débats et d'élaboration participatifs et de réalisation de politiques publiques. Encore faut-il que celles qui existent (politique agricole commune, politique régionale, politique d'égalité homme/femme, etc.) subsistent et soient développées.

Le niveau national, parce que c'est toujours (ou encore) à ce niveau que s'organisent en priorité la démocratie (élections, État de droit, droits fondamentaux, etc.) et les solidarités (impôts, sécurité sociale, services publics nationaux, etc.), reste essentiel. Ce niveau est celui qui peut redevenir ou devenir selon les pays le niveau d'élaboration de politiques publiques avec la participation de toutes les parties prenantes, même si toutes ne partagent pas au final les dispositions prises et les contestent. Il s'agit de faire surgir les contradictions, les débattre afin de créer du *conflit fécond*.

Le niveau local est essentiel, car c'est à ce niveau que vivent (étudient, se déplacent, consomment, produisent, se rencontrent, ont une vie sociale, etc.) les populations. Sans ce niveau, tant pour la société civile que pour les institutions (les collectivités locales), rien ne pourra être réellement entrepris de concret.

On remarquera que cette nouvelle gouvernance est à l'opposé de ce qui est en train de se produire dans les faits. Le système de développement actuel est consubstantiel à l'accroissement des inégalités, à la destruction de la nature et à l'épuisement des ressources naturelles ; il entraîne également des menaces sur les sociétés humaines, leur cohésion et la démocratie. Ce système de développement est fragile et de plus en plus vulnérable : de la crise de la vache folle, aux attentats du 11 septembre 2001, à la pandémie de grippe H1N1, les exemples fourmillent. À chaque crise, le contrôle social s'amplifie, il devient une méthode de gouvernement. La sécurité sous toutes ses formes et ses fonctions (policière, alimentaire, sanitaire, routière, contre les catastrophes naturelles, etc.) devient une obsession. Mais, pour les populations, elle se traduit par un climat d'insécurité et une illusion. Ces dernières années, sous prétexte de sécurité publique et de surveillance préventive du public, les lois répressives et les mesures de contrôle se sont multipliées dans tous les pays, y compris les pays occidentaux qui se réclament de la démocratie.

S'appuyant sur une débauche de technologie – et les technologies de l'informatique et de communication moderne sont bien pratiques –, le citoyen se trouve en permanence sous l'œil de *big brother*, système de vidéosurveillance dans les lieux publics, comme dans la rue et sur les routes, passeport biométrique et bientôt bio-puces implantables, fichiers de toutes sortes incontrôlés, suivi à travers l'utilisation de cartes, internet, téléphones portables.

À cette surveillance s'ajoute un processus de prise de décision a-démocratique, de plus en plus technocratique et manipulatoire. La complexité des questions, ou plutôt leur présentation par les forces et les couches sociales au pouvoir et par une presse souvent complaisante, ignorante et parfois complice, décourage les citoyens, y compris quand des débats, le plus souvent initiés par les autorités publiques, sont organisés.

La contradiction entre d'une part les individualismes qu'alimentent les néolibéraux ou néoconservateurs et sur lesquels ils s'appuient et d'autre part, l'interdépendance effective dans laquelle se trouve l'humanité aujourd'hui et que la crise révèle plus fortement, exige des modes de gouvernement plus articulés à tous les niveaux territoriaux et institutionnels. Faute de quoi, les intérêts à court terme et la logique interne du système capitaliste maintiendront leur domination.

Si c'est le premier niveau de politique publique à mettre en œuvre, ce n'est pas le plus simple, car il repose sur des ressorts anthropologiques puissants tels que le pouvoir et la domination qui vont bien au-delà des problèmes économiques.

Les politiques publiques : biens communs, biens publics et services publics

La crise est certes celle du mode de production capitaliste et d'accumulation illimitée, elle prend une dimension neuve avec la crise du productivisme qui conduit à l'épuisement de l'écosystème auquel on appartient.

Cela conduit à une autre approche de l'utilisation des ressources naturelles. La nature rend des services immenses, gratuits, non comptabilisés, non « monétisables ». Les premiers bénéficiaires en sont les entreprises qui s'approprient le plus souvent cette nature, en exploitant les territoires ou les sous-sols terriens et maritimes, en brevetant le vivant, etc. Beaucoup de ces biens sont en fait des biens communs de l'humanité dont l'appropriation par quelques-uns pour asseoir leur puissance devient de plus en plus contestable.

De plus, cette appropriation n'a pas toujours été historiquement le cas. En outre, l'humanité, dans son histoire, a également créé des biens communs ou des biens publics indispensables à la vie en société.

Redéfinir ou définir ces biens communs à l'échelle mondiale, européenne ou locale devient aujourd'hui indispensable pour la puissance publique et relève donc des politiques publiques.

Ces biens communs (ou biens publics) sont définis dans la théorie néoclassique comme des biens dont toute la population peut bénéficier de façon égale sans que l'utilisation par l'un affecte l'utilisation par l'autre, mis à la disposition de tous sans que personne ne puisse en être privé. Certains relèvent de la nature (eau, air, etc.), d'autres de l'activité humaine (démocratie, monnaie, etc.).

Ils peuvent être classés en trois catégories :

1. les biens communs naturels tels le climat, la biodiversité (faune et flore terrestres et maritimes), la forêt, l'eau comme ressource, la mer, les sols, les ressources du sous-sol, l'espace ;
2. les biens communs ou publics matériels comme l'eau, l'air, l'énergie, la télévision, les transports publics, les routes, la poste, la santé publique, la lutte contre les pandémies, l'accès aux services bancaires, la monnaie et la stabilité monétaire, l'éducation, etc. ;
3. les biens communs ou publics immatériels tels que la paix, la liberté, la démocratie politique et sociale, les institutions publiques, la diversité culturelle (cf. la Charte de l'UNESCO sur ce sujet), le multilinguisme, la justice, la sécurité, la justice sociale, les droits de l'homme, l'État de droit, l'information, le savoir, la connaissance, etc.

Si l'on considère les sols, les ressources des sous-sols, la forêt, l'eau comme des biens communs, il convient d'en revoir le principe d'appropriation. Peut-on encore accepter sans contrôle et limitations que des ressources rares et épuisables, telles le pétrole, certains minéraux, le charbon, etc. qui sont des ressources limitées, puissent appartenir en propre à des compagnies privées qui ne les exploitent qu'à des fins de profits immédiats afin de satisfaire l'avidité d'actionnaires spéculateurs ? Les politiques publiques devraient traiter ces questions par des législations et des réglementations limitant le droit d'appropriation illimité de ces biens.

Cette problématique est vielle comme le système capitaliste. Spinoza déjà dans son *Traité de l'autorité politique* notait :

> Les champs, la totalité du sol et, si possible, les maisons devront faire partie de l'ensemble de la propriété publique, c'est-à-dire appartenir au dépositaire du droit de l'État entier. Les citoyens, citadins comme paysans, les loueront contre rétribution annuelle ; après quoi, ce loyer payé, la population sera libérée ou exempte de toute redevance, aussi longtemps que durera la paix. Une partie de la somme ainsi recueillie sera affectée aux fortifications nationales, une autre aux dépenses personnelles du roi.

Aux Pays-Bas, pays de Spinoza, et dans les pays scandinaves, les terrains construits ou constructibles sont systématiquement préemptés par les municipalités. En Bolivie, la Constitution vient de limiter la surface de terre agricole qu'il est possible de posséder en propre. Les entreprises de l'économie sociale (mutuelles, coopératives, associations, etc.)

mettent en œuvre des formes de propriété différentiées et limitées. Il n'y a pas qu'une forme possible de propriété. L'État peut partout limiter la propriété quand l'utilité publique ou l'intérêt général le justifie. Il n'y a pas, ni du point de vue économique, social, éthique ou anthropologique, de fatalité à la forme capitaliste de la propriété et à la chrématistique. Il n'y en a pas non plus du point de vue de la théorie économique. La *Tragedy of the Commons*[8] a été écrite en 1968 en plein triomphe idéologique de l'école de Chicago ; elle est aujourd'hui contestée par les travaux d'Elinor Ostrom, Prix Nobel d'économie 2009.

Pour changer l'approche anthropologique de la propriété, il convient également de changer les instruments de mesure de la richesse. La *dictature du produit intérieur brut* ne repose que sur la mesure quantitative et additionne aussi bien les richesses créées par le travail que les destructions de richesses (qu'elles soient dues à l'activité humaine ou aux catastrophes naturelles car elles génèrent de l'activité économique exprimée en monnaie). Cette mesure de la richesse via le PIB seul est de plus en plus contestée. A contrario, les richesses créées par l'activité ménagère, l'économie du don ou l'activité bénévole ne sont pas comptabilisées. Le PIB ne donne pas non plus d'information ni sur la rareté potentielle des ressources naturelles, ni sur la dégradation de la qualité de l'environnement ; au contraire il a tendance à les comptabiliser positivement[9].

Si ces biens communs sont réellement considérés comme tels, ils doivent faire l'objet d'une gestion appropriée pour raison d'intérêt général. C'est l'objet des services publics ou services d'intérêt général selon la terminologie de l'Union européenne. Ces services publics ont été laborieusement créés pour permettre à tous l'accès aux services essentiels (eau, transports publics, électricité, poste soins de santé, etc.). Ils permettent aux populations considérées d'exercer leurs droits fondamentaux. Ils reposent sur deux types de solidarités : une solidarité territoriale plus ou moins étendue selon le service, locale pour l'eau par exemple, nationale pour la poste ou les soins de santé, et une solidarité intergénérationnelle. Les infrastructures construites par une génération serviront aux générations suivantes, l'éducation est financée par les générations actives au bénéfice des générations montantes, les générations actives financent les retraites des générations précédentes par exemple. Les services publics sont en outre caractérisés par une intervention de la puissance publique du niveau considéré dans leur définition et leur gestion. Celle-ci en garde la maîtrise, dans tous les cas y

---

[8]   Hardin, G. (1968), « The Tragedy of the Commons » et Ostrom, E. (1990), « Governing the Commons ».

[9]   Voir les travaux de la commission Stiglitz-Sen-Fitoussi (2009) et Viveret, P. (2002).

compris quand les services sont fournis par des entreprises privées sous forme de gestion déléguée, en fixant les obligations ou les missions de service public et en finançant la totalité ou une partie sur fonds publics. Certes, la définition et la gestion de ces services ne vont pas sans difficultés et parfois abus, mais la problématique et la théorie en sont connues.

Si la crise est bien systémique – financière, économique, sociale, écologique, morale et de la démocratie – c'est non seulement toute la gouvernance du système qui est à repenser, mais aussi bon nombre de nos représentations, notamment inspirées de l'économie orthodoxe, et de nos méthodes d'évaluation du *progrès* ou de prévision. Les méthodes d'évaluation par la croissance du PIB sont inadaptées aux objectifs recherchés, comme l'a très bien montré le rapport Stiglitz-Sen-Fitoussi. Les méthodes de prévisions sont tout aussi inadaptées car les hypothèses se sont souvent révélées fausses : au moment où elles devaient se réaliser, les sociétés n'appréciaient plus les valeurs de la même façon, ou les méthodes prévisionnelles ne tenaient pas compte de deux tendances du hasard que sont le hasard lent et le hasard chaotique[10].

Les services publics sont une des clefs du nouveau contrat sociétal à construire, à deux conditions : (i) leur démocratisation tant dans leurs définitions, leurs modes de financement, le choix du type de gestion que de leur fonctionnement, avec la participation de toutes les parties prenantes (entreprise fournissant le service, autorité publique responsable, salariés de l'entreprise et organisations syndicales, utilisateurs et leurs organisations) sur la base d'une évaluation contradictoire, publique et faisant l'objet de débats[11] ; (ii) leur développement à des champs nouveaux ainsi qu'un élargissement de ceux existants.

Parmi les domaines nouveaux à explorer, on citera la biodiversité et la gestion du patrimoine environnemental, la forêt, les sols, l'eau, la faune et la flore, les ressources halieutiques, l'air et le climat. La nature *rend des services* à l'humanité qui ne sont jamais comptabilisés. Les externalités environnementales sont comprises comme *allant de soi*, ne demandant aucun financement et réparation notamment dans les processus de fabrication, de consommation et de gaspillage. Un début de débat s'engage sur le coût de la nature, mais la course aux brevets du vivant et à la *découverte* de nouvelles molécules issues de la biodiversité contredit ce début de réflexion scientifique[12]. La gestion des brevets, avec des

---

[10] Voir à ce sujet Mandebrot, B. (1997).

[11] Voir Boual et Brachet, L'Harmattan (2004).

[12] Il y aurait lieu d'effectuer une distinction claire entre ce qui est naturel (présent dans la nature), ce qui est artificiel (qui est produit de l'habilité humaine et non celui de la

obligations de service public, romprait avec l'appropriation de ces molécules par les groupes multinationaux pharmaceutiques. Un nouveau droit de la propriété intellectuelle pourrait ainsi être bâti.

De même, la gestion de la monnaie comme bien commun demande une rupture radicale avec les conceptions dominantes. Peut-on continuer à laisser la quasi-totalité de la création de monnaie (et des produits financiers équivalents) à des banques privées à travers le crédit sans leur imposer des obligations de service public avec un contrôle strict de ces obligations ? Ces obligations de service public applicables à tout le secteur bancaire – quel que soit le statut de la banque – devraient porter sur une large gamme de services aux citoyens et usagers et de l'économie dite aujourd'hui réelle, tels l'accès à des services bancaires de base pour tout résident, le financement des PME et petites et moyennes industries (PMI), de l'économie sociale, du micro-crédit à l'innovation – en priorité dans le développement durable –, de l'accès au logement. Bien entendu, chacune de ces obligations doit faire l'objet d'une définition précise et spécifique. Imposées à toutes les banques sur le territoire de l'Union européenne, ces obligations de service public créeraient des nouvelles dynamiques de développement sans créer de distorsion de concurrence.

Ne faut-il pas recréer un lien entre certaines formes de la monnaie et la valeur d'usage des biens et services, en particulier en ce qui concerne les biens communs ? L'encouragement par les autorités publiques à la création de monnaies locales, en complément des monnaies nationales et de l'euro (pour ce qui est de l'Union européenne) ouvrirait de nouveaux champs de développement. Ces monnaies convertibles en monnaies nationales jouent un rôle contra-cyclique en cas de crise, permettent de conserver la richesse créée sur les territoires, favorisent la circulation locale de l'argent et le développement endogène et recréent du lien social. L'économie sociale n'aurait-elle pas ainsi un outil de développement adapté à ses valeurs et à ses meilleures pratiques ?

Parmi les services publics traditionnels tels les transports, la poste ou l'électricité, il s'agit de rompre avec *le tout libéral* et leur mise en concurrence systématique, d'élargir leur périmètre de solidarité notamment territorial et, pour ce qui concerne l'Europe, d'envisager des services publics européens. C'est urgent, c'est en cours, mais trop lent, car les freins parmi les États membres comme dans les instances européennes sont nombreux. Pourtant la réglementation européenne ouvre des perspectives. L'article 36 de la Charte des Droits fondamentaux annexée au Traité de Lisbonne aujourd'hui en vigueur reconnaît le droit

---

nature) et synthétique (qui est produit par un procédé de synthèse conçu par l'homme et non présent par la nature).

à l'accès aux services d'intérêt économique général. L'article 14 du Traité demande une législation positive, transversale sur ces mêmes services, et le Protocole sur les services d'intérêt général joint au traité et ayant même valeur juridique en définit les grands principes.

Conclusion

La régulation du système capitalisme est une tâche de Sisyphe. Comme le montre l'expérience, une décision peut en défaire une autre en matière de politique publique et réglementaire. La crise financière et économique qu'on connaît aujourd'hui n'est pas une crise classique, car non seulement elle se combine avec une crise sociale, une crise morale et de la démocratie, mais pour la première fois, dans cette dimension avec une crise de renouvellement voire d'épuisement des ressources naturelles. La course à la croissance ne peut donc résoudre les problèmes qui sont posés aux sociétés actuelles et ne peut qu'accentuer l'entropie du système. La connaissance intime des forces primordiales est toujours d'actualité et le restera. Les limites de résilience de l'écosystème dont l'humanité est partie prenante sont certainement en passe d'être atteintes, si elles ne le sont pas déjà. Les politiques publiques doivent donc viser à répondre à ces nouveaux défis. C'est pourquoi elles ne peuvent se résumer à une hypothétique régulation de la finance. C'est un nouveau contrat de société au plan mondial qu'il faut inventer et commencer à mettre en œuvre. Les politiques publiques doivent donc engager cette transition. L'Union européenne a, de par son système social original et l'éthique de la réconciliation qu'elle développe depuis sa création, un rôle tout à fait spécifique à jouer dans cette recherche. La justice sociale par la redistribution, des services publics rénovés et élargis, une gestion adaptée des biens communs, une culture de paix sont en effet essentiels pour engager cette transition.

Retrouver la notion de limite, en priorité dans l'appropriation des biens et connaissances par une minorité, est sans doute une des premières dispositions à adopter en matière de politiques publiques. *Business as usual* ne peut plus être l'alfa et l'oméga de l'activité humaine.

Bibliographie

Aktouf, O., *La stratégie de l'autruche*, Montréal, Québec, Écosociété, 2002.

Aristote, *Les économiques et Éthique à Nicomaque*, Paris, Le Livre de poche, 1992.

Boual, J.-C., 1997, « Augmenter les salaires et diminuer le temps de travail », in *Politique-La Revue*, n° 3, 1997.

Boual, J.-C., Brachet, P., *Évaluation et démocratie participative*, Paris, L'Harmattan, 2004.

Hardin, G., « The Tragedy of the Commons », in *Science*, vol. 162, n° 3859, December, 1968.

Jaurès, J., *L'armée nouvelle*, Paris, Éditions sociales, 1977.

Labica, G., *Dictionnaire critique du marxisme*, Paris, PUF, 1982.

Landais, C., *Hauts revenus en France et en Europe, une explosion des inégalités*, Paris, Conseil d'Analyse Stratégique, 29 octobre, 2007.

Mandebrot, B., *Fractales, hasard et finance*, Paris, Flammarion, 1997.

Marx, K., *Le capital*, livre troisième, Paris, Éditions Sociales, 1969.

Marx, K., *Travail salarié et capital*, Paris, Éditions Sociales, 1972.

Marx, K., *Salaire prix et profit*, Paris, Éditions Sociales, 1964.

Maurice, J., « Regards sur la crise », in *Les cahiers Lasaire*, n° 37, Paris, 2009.

Ostrom, E., *Governing the Commons : the evolution of institutions for collective Action*, Cambridge University Press, 1990.

Peyrelevade, J., *Le capitalisme total*, Paris, Seuil, 2006.

Piketty, T., *Les hauts revenus en France au XXe siècle*, Paris, Grasset, 2001.

Polanyi, K., *La grande transformation*, Paris, Gallimard, 1983.

Prigogine, I., *La fin des certitudes*, Paris, Odile Jacob, 1996.

Sen, A., *La démocratie des autres – Pourquoi la liberté n'est pas une invention de l'Occident ?*, Paris, Manuel Payot, 2005.

Stiglitz, J.E., Sen, A., Fitoussi, J.-P., *Rapport de la Commission sur la mesure des performances économiques et du progrès social*, Paris, 2009.

Viveret, P., *Reconsidérer la richesse*, Rapport à la demande de G. Hascoët, Secrétaire d'État à l'économie solidaire, janvier, Paris, 2002.

Wolf, M., « De l'inefficacité des marchés », in *Supplément économique, Le Monde*, 3 novembre 2009.

SECOND PART

NATIONALIZATIONS IN PHASE OF CRISIS

DEUXIÈME PARTIE

LES NATIONALISATIONS EN PHASE DE CRISE

The 2008 Economic Crisis
and the Rebirth of Public Enterprises

Luc BERNIER

Professor, Co-Director,
Centre de recherche sur la gouvernance, École nationale
d'administration publique (ÉNAP), Quebec, Canada

Introduction

Economic policy is not what it used to be. Countries that appeared until 2008 to have solved their past economic misfortunes are now seeking new solutions to move out of the economic crisis. Ireland celebrated as the Celtic Tiger is no longer given as an example of what to do. Spain, where half of the new jobs of the Euro zone were created in 2006 has lost 1.3 million jobs over the last year and has an unemployment rate of 18%.[1] Iceland faced bankruptcy. What had appeared to work for the last decades does not anymore. Deregulation, privatization and other policy instruments inherited of almost thirty years of neo-liberalism have come to an end. Keynesianism is making a comeback. Could lessons from a further past be useful for the future?

Following the election of Margaret Thatcher in 1979, privatization has been more popular than nationalization. Governments around the world sold their public enterprises.[2] Entire economic sectors such as telecommunications were transferred to the private sector. Until September 2001, privatized airline companies, British Airways as the primary example, were seen as proofs that the private sector is better than the public to manage large enterprises. The "Washington consensus" was that bureaucrats should not be in business. The World Bank published books, articles and working papers celebrating the virtues of

---

[1] From Turenne, Martine, "La fiesta est bel et bien finie en Espagne", *Les Affaires*, 4 juillet 2009. p. 14.

[2] In this paper, public enterprises, state-owned enterprises or Crowns as they are known in Canada are used as synonyms.

privatization. A vast body of literature has concluded that privatization was a good idea (Meggison, Netter, 2001).

And then in 2009, after years of poor management, General Motor (GM) became, at least temporarily, a state-owned enterprise (SOE). And in order to change the organization from the top, the president of the United States asked the president of the enterprise to resign and got the resignation. Once owned by the state, GM even made profits! With some of the most respected banks, the symbol of American and global capitalism was suddenly publicly owned. Who has not heard "What is good for GM is good for America"? If it was true and if it is still true, then a brave new world is ahead of us if even the United States nationalize. Stanton (2009) suggests that Fannie Mae and Freddie Mac should become state-owned instead of government-sponsored enterprises.[3] Public enterprises are again policy instruments used to face the economic crisis, create jobs and fix the problems of private companies. There are the recent nationalizations but there are also the emerging sovereign wealth funds that are becoming increasingly an important phenomenon.

As it has been the case in Europe from the end of the XIXth century until 1980, governments around the world do not currently inherit profitable enterprises. As it has been the case with previous waves of nationalizations, it could be said that governments in developed countries are rather saving capitalism than socializing their economies despite the rhetoric heard in some media. In the current economic crisis, governments were pushed to act quickly before the collapse of the financial system. Banks and insurance companies have been bought once on the verge of bankruptcy. Governments were trying to avoid the economic meltdown of the Great Depression. After years of deregulation, more safeguards seem necessary and stricter regulations are contemplated and even implemented. Nationalizations are not the only solution used.

For recent nationalizations, the Swedish management of the bank system has been given as an example (Went, 2009). The Swedish government in the 1990s, facing the collapse of private banks, decided to nationalize them. A decade later, it has been able to sell them back to the private sector. The lesson would be that nationalizations should be temporary measures. And indeed, no one expects the American government to be the principal stockholder of GM or Chrysler for a long period. Some banks have already reimbursed the state hoping to avoid

---

[3] Devine suggests almost the same thing for banks and Cohen proposes that the United States should follow the French example of nationalizations. See Cohen, P. (2010), "Lessons from the Nationalization Nation", Dissent, Winter, p. 15-20 and Devine, R.P. (2010), "Multi State Public Controlled Banking: quasi-governmental corporations", Midwest Political Science Annual Meeting, Chicago, April 23.

some controls. The idea of temporary public ownership has been used to make nationalization more palatable. Time will tell how long temporary means.

This chapter wants to suggest three things about the wave of nationalizations to face the economic crisis. First, what have we learned with the nationalizations in Western Europe and the use of state-owned enterprises over the XXth century and from, second, the wave of privatizations of the 1980s until basically last year? Could it teach us the possibilities and limits of the current government involvement in the economy? From these contradictory movements that have been well studied, some sort of thesis and antithesis, can we find third a synthesis of the use of state-owned enterprises (SOEs) as policy instruments? Is our science of the use of public enterprises sophisticated enough so that governments could know when to buy and when to sell their assets? What are the things we think we know that could be helpful for managing economic policies over the coming years, to move beyond the current crisis?

What Is Currently Happening?

As illustrated by the table at the end of this chapter, the United States, Canada, the United Kingdom, France, Germany, Belgium, the Netherlands, Austria, Ireland, Iceland and Portugal have all nationalized banks in part or entirely since the beginning of the crisis. Insurance companies, mortgage companies and, as already mentioned, carmakers have been taken over by governments or subsidized. But also, newspapers have been subsidized in the Netherlands to hire new journalists. In Bolivia, the electricity companies have been nationalized from foreign companies. In Venezuela, in addition to the nationalization of the Banco de Venezuela, of a steel mill and a mining enterprise, the food group Monaca, a subsidiary of a Mexican company has been also nationalized to better answer the needs of the population according to government documents. In short, the state replaces the private sector in many industries. The formulas used by states vary. The capital invested in six French banks does not lead to ownership as it has been the case in Belgium for Dexia.

This is not the first time it happens. The French government nationalized railways before 1939, and later several enterprises after the end of the Second World War (Andrieu, Prost, 1987). In the United Kingdom, several nationalizations had occurred between 1919 and 1939 (Middleton, 1997, p. 342). Following the British model, the Canadian federal government but also the provinces have based their economic development policy on public enterprises (Roberts, 2002). Airlines, railways, telecommunications were domains where states were involved in several countries in addition to postal services or energy. In the United States, where state ownership has been less frequent, the Tennessee Valley Authority was presented by F. D. Roosevelt as "a corporation clothed with the power of government, but possessed of the initiative and flexibility of a private enterprise" (Walsh, 1978, p. 27). In Latin America, in Europe, in Africa, the state had become an entrepreneur.

Most of the recent nationalizations have occurred in the financial world. This will accelerate the changing nature of public enterprises over the last decades as Lévesque (2003) suggested. Over the years, SOEs that were made in natural resources such as mining or car-making, airlines, etc. have increasingly been replaced by financial instruments. States have become less involved directly but participate to projects in partnership with the private sector. It is true in Quebec (Bernier, Simard, 2007) and also at the federal level in Canada. In most developed countries, manufacturing is not what it used to be and government intervention over the last year is in the financial sector.

Katzenstein (1978) has explained how the availability of different instruments leads countries to different answers to the same problems posed by the world economy. It is interesting to note that under the same crisis, this time, responses have been rather similar. Globalization has increased and integrated more closely the national economies. The European Union makes it far more difficult for national governments to work alone. Ireland, as France, has been criticized because of its protectionist measures for banks and the car industry. Globalization might indeed increase the problem for some of the financial institutions in trouble. For example the Belgian bank KBC is in difficulty because of its investments in Ireland and in Eastern Europe.

And now, as already mentioned, there is also General Motors. For 77 years, GM was the largest car maker in the world. It is now out of the Dow Jones index after being for a long time a blue chip. There is certainly an over capacity in the industry and particular problems for the American car industry in decline for decades. A solution could have been to let them go bankrupt. Governments were nervous about the effect that could have had. But still, who would have imagined even a year before that GM and Chrysler would be publicly owned and that workers would also own a part of them? Will the government be able to sell them if they don't become profitable again? It will be difficult for the governments to close them down after owning them (Aharoni, 1986). Was it such a good idea to get in the business? As for the Americans, the answer of the French government was yes. French car makers also received 7.8 billion euros and the companies accepting the money cannot delocalize their production.[4] Lamont (1979) complained that foreign public enterprises were a threat to the American free enterprise. Now, the largest of them is also a public enterprise. This is also an interesting turn of event. The initial American response was to inject vast sums of money into the private sector. With time passing by, as in Europe, the government has taken control of the firms. And the Canadian government (and the province of Ontario) has had to follow Washington's lead to make sure that the remaining manufacturing capacity in Ontario would continue to exist. The German government also invested money to save Opel. GM is supposed to launch new hybrid models in an effort encouraged by the US government to be more environmentally oriented. The concern for environmental issues discussed in other chapters of the book is taken into account in this case.

The US government has decided to maintain GM alive to avoid more turbulence but has also said that they would not manage GM.[5] Investment in some cases is also very limited. For example, in Chrysler, the US government only has 12% of the shares. Four of the nine members of the new Chrysler board will be from the US government.[6] The new relation with Fiat will make possible to re-center the product line on smaller cars. As for GM, will it be enough to lure consumers? The car sector is an interesting example. The production overcapacity might explain why the Swedish government is not interested in investing in SAAB and even the Japanese companies have had problems. Nevertheless, as the story of Ford illustrates, under the same conditions, it is possible to remain in business. What governments in North America are buying are companies that went wrong.

Today, public enterprises live in a very different world than what existed after 1945. World trade has become more important: European Union rules and NAFTA[7] in North America. The current economic crisis might also last longer than expected. Governments saw an improvement early in 2010 but some trends are not clear. Some countries might go back into another episode of recession. Greece, Spain, Portugal, Hungary, Finland, Ireland have indicated that they are back in a recession in 2010 or not out of the 2008-2009 one. Stock markets have

---

[4] Le Forestier, Yacine, "Protectionnisme: l'Europe critique la France", *Le Devoir*, Montréal, 11 février 2009, p. B-3 and Rioux, Christian, "La mondialisation en panne", *Le Devoir*, Montréal, 28 mai 2009, p. 1.

[5] Bergeron, Maxime, "Nouveau départ", *La Presse*, Montréal, p. A-1, 2 juin 2009.

[6] Bergeron, Maxime, "L'accord entre Fiat et Chrysler est conclu", *La Presse*, pages A2 et 3, 11 juin 2009.

[7] North American Free Trade Agreeement.

rebounded but unemployment continues to rise. Getting out of it might take time and economic growth could be slow.[8]

What Can We Learn From Previous Nationalizations?

In practice, government control, public enterprises managers, strategic behavior and goal concentration have historically been weakly correlated (Zif, 1983). The strategic role of public enterprises in the economy could change importantly. In France, although explanations differ, the need to offer a service to the population justified initially the involvement of the state in railways. Secondary lines were built and subsidized although they could not be profitable. Later, military reasons explained part of the development toward the borders. Under the Front Populaire, political reasons explained nationalizations. The involvement of the state in Air France followed a related path. In the Compagnie Générale Transatlantique, loans were transformed into shares. Later, banks were nationalized as well as Gaz de France. In some cases such as electricity, nationalization avoided a private monopoly when private enterprises were bought or merged by the dominant company.

Some of these nationalized companies were profitable but not always. Often, the State bought private companies that were at the end of their profitability cycle (Anastassopoulos, 1980). Some of these enterprises, in coal for example, were in ageing industries that had to be restructured more efficiently (Delion, Durupty, 1982). Later, these public enterprises were important for the competitiveness of the French economy (Delion, Durupty, 1982). In France, various formulas were used to create boards that would be in part made of users, employees and the State (Delion, Durupty, 1982, pp. 165-166) and the banks, once nationalized, continued to behave as private banks (Anastassopoulos, 1980). Political ideologies certainly played a role in France but one can argue that there were pragmatic reasons to nationalize enterprises.

The same about declining enterprises could be said in Quebec for Hydro-Québec. When the nationalization took place in the 1960s, the need to rationalize the sector was important and the private companies had not invested for years. Political reasons existed, the nationalist rhetoric of the time illustrates this, but at the same time, the nationalization was necessary to modernize electricity production, transport and distribution. In the neighboring province of Ontario, the similar process of creating Ontario Hydro had been completed in 1907 and had been important for economic development.

---

[8] See Dupuis, François, "La reprise véritable tardera", *Les Affaires*, Montréal, 27 juin 2009, p. 14.

The same could be said for asbestos mining. At the time of national-ization, the product was loosing popularity for health reasons. Again, the same was true for SIDBEC, the public enterprise in the steel industry. An obsolete company, the Dominion Steel was bought and would re-main unprofitable for years. The Société Générale de Financement also initially constituted its conglomerate by the acquisitions of declining businesses and would take years to reinvent itself. Only Hydro-Québec would be able to transform the ageing 12 private enterprises nationalized and quickly become a modern giant. Two explanations can be given. One generally forgotten is that a partial nationalization took place in 1944 and there was a small basis for the development in the 1960s. The second explanation could be that the 12 companies nationalized were very small compared to the new projects that would redefine Hydro-Québec, so that they were rapidly irrelevant.

In the United Kingdom, Millward (2005) offers a similar explan-ation. In his book that continues his previous work on the political economy of nationalization, he explains that the ideological factor has been generally exaggerated in Great-Britain and that often more effi-ciency was gained through nationalization. The British State also bought enterprises in poor shape or in declining industries. Until 1980, the State became involved in several rescue acts for manufacturing firms and the nationalization of coal, steel, airlines and the network utilities. In Italy also, the origins of public enterprise could be found in problems of finance and entrepreneurship which emerged in the 1930s (Millward, 2010, pp. 2-3).

One important lesson could be drawn from these examples. A pro-blem with nationalization that does not exist with the creation of new public enterprises is the necessary transformation of enterprises in difficulty. A lot has been written about the lack of efficiency of the public sector over the last three decades but it should also be taken into account that the State has often relieved the private sector of its declin-ing enterprises. It should also be remembered that if the private enter-prises currently saved by the State had been more efficient, many of them would not have had to be rescued. In nationalized enterprises, the know-how already exists but the organizational culture might be prob-lematic. It would be interesting to differentiate in studies that compare the efficiency of public and private enterprises between the new public enterprises and the nationalizations. And the overall economic perfor-mance of SOEs has not been bad compared to American private compa-nies (Millward, 2010, p. 16; Bernier, Hafsi, 2005).

State-owned enterprises follow a cycle in their relation with the state. Thus, they are economic policy instruments only for parts of the cycle. Hafsi and Koenig (1989) have explained that the relation between the state and the SOE follows a pattern. Initially, there is cooperation. The objectives are shared by the managers and the people in the public sector who worked together to create the new organization. Then, a more conflicting relation develops. People in government still want the SOE to be a policy instrument but increasingly the managers of the SOE are concerned by the technological core of the organization. An airline company whether public or private has to operate according to the particularities of its sector. If the technology is complex enough or if the SOE does not need the financial support of the government, it is possible that it will become more autonomous. Although it is possible to reaffirm the control of government, the difficulties of control have convinced many scholars that the solution was privatization as debated in the next section. At the same time, it is possible that creating and maintaining the SOE is the objective. Having the territory well covered by a railway system was the objective of the French government. Later have come other possibilities of fostering, among other things, the development of the TGV (fast speed train).

Public enterprises travel along the life cycle at a speed that is directly related to the power of the firm and inversely related to the characteristics of the institutional setting. The phase of adversarial relations between the state and the public enterprise develops when the latter tries to protect its technical core from outside interference (Thompson, 1967). The cycle studied by Hafsi has to be integrated in a longer time frame that includes the initial crisis where public enterprises are initiated and ends with the second crisis which recreates some liability of newness. Privatization of other public enterprises creates such conditions and push managers to cooperate with the State (Bernier, 1989). In this model, the cycle is not deterministic: the stability of the cycle varies with the nature and state of the outside coalition and the degree of resource dependence of the public enterprise. An element to consider is the entrepreneurship of the managers of these organizations (Lewis, 1980). Autonomy without capacity and entrepreneurship is useless. With the assurance that internal administrative tasks are reliably performed, public entrepreneurs can comfortably negotiate with the environment (Marmor, Fellman, 1986, p. 240).

So, in this way of looking at governance, we have to study the interactions between a public enterprise and its institutional environment. Special position and isolation in some particular apparatus of the state allow some state officials more autonomy than others. Public enterprises could be such organizations. Even in weak states, there are islands of autonomy (Krasner, 1978; Skocpol, Finegold, 1982). Another issue is capacity. Ikenberry (1988) suggests that flexibility, the ability to redeploy resources, is a crucial attribute of state capacity. Creating public enterprises makes possible within the state apparatus to manage without as much pressure from politics as in departments headed by ministers.

When these public enterprises are in competition with the private sector, they perform reasonably well (Aharoni, 1986). They have to receive clear signals about what is expected from them. Nonetheless, there have been cases where huge amounts of money have been lost. It has been in the past more difficult for governments to close money-loosing public enterprises than for private companies. Also, the political pressure to maintain jobs in the country owning the firm is more important on public enterprises. Public enterprises are used concurrently with other means: instruments are not substituted for each other, but rather public ownership is more frequently added to an array of existing instruments that have been tried and found wanting (Laux, Molot, 1988). So, in summary, public enterprises are not always the expected policy instruments. Such assessments have lead governments to consider that they could be privatized.

Nevertheless, public enterprises have been used for various purposes: regional development, military infrastructures and equipment, to foster research and development, to reconstruct after the Second World War. In France, for example, it is interesting to see that much has been accomplished by public enterprises (Anastassopoulos, 1980).

What Can We Learn From Privatizations?

Privatization in the United Kingdom, it is said, has made possible for the government to collect tax revenues from privatized enterprises instead of spending the same amount to subsidize public enterprises. When Margaret Thatcher took power, the British economy was in a desperate shape that has been improved vastly over the 1980s. Moreover, for years in the United Kingdom, privatization allowed the Thatcher government to receive between 5 and 10 billion pounds of revenues every year. The British example has been celebrated around the world by the advocates of privatization.

As Meggison and Netter (2001) have summarized, the literature usually concludes that privatization of public enterprises has lead to gains of productivity, efficiency, profitability, etc. A minority of scholars have nevertheless argued that privatization studies, if considered as quasi-experiments, were too often constructed in ways that should be debated. When there is an improvement in performance, the cause is not necessarily the change of ownership. Competition rather than ownership might explain the gain. Moreover, reforming public enterprises is an efficient method to improve their performance (Bernier and Hafsi, 2005 based on Cook and Campbell, 1979). Is it possible to reform public enterprises when privatization does not lie ahead? In the United Kingdom, reform usually preceded sale. Meggison and Netter (1994) consider that privatization leads to more profits while Martin and Parker (1995) conclude to the contrary. Bhattacharyya *et al.* (1994) argue that public water utilities are more efficient than private ones. Prizzia (2001) considers that the social benefits of privatization are often mixed and uneven. For Bishop and Kay (1988), growth and profitability lead to privatization and not privatization causing them. Yarrow (1989) identifies only three success stories out of seven enterprises he studied. Hartley *et al.* (1991) did not find that privatization guarantee an improved performance. Haskel and Szymanski (1993) studied 12 public enterprises over a 16 years period and found that competition is more important than ownership and that privatization does not raise productivity. The precise impact of privatization is drowned in an ocean of potential intervening variables.

Privatization theory has been based on studies that tend to promote the idea that public enterprises are more efficient than the public sector. It could be argued that the state of the research on the topic does not allow concluding so affirmatively that privatization has a positive impact (Bernier, Hafsi, 2005).

It could nevertheless also be said that if no policy objective is pursued, there is no point for a government to maintain a public enterprise. Managing modern states is complex enough without large portfolios of enterprises in sectors where there is no strategic issue for the State (Molz, Hafsi, 1997). Privatizations are a way to correct the involvement of the State in economic sectors where it should not have gone or where it should not be anymore. Several investments by the State have been done in decaying industries. GM might be today what the coal industry or steel were in the United Kingdom or asbestos was in Canada.

We know also that SOEs do not have to be privatized. They can be reformed as Bernier and Simard (2007) have suggested using three examples from the Canadian province of Quebec. Transformations in the institutional environment have forced public enterprises to change. One important change in the governance of Hydro-Québec has been the creation in 1997 of an autonomous regulatory body, the Régie de l'Énergie, that authorizes the strategic planning of Hydro-Québec and the rates it can charge to its various customers, encourages citizens' participation in debates and builds a counter-expertise. In 2000, the mission of the Régie was modified. Production of electricity was deregulated, only transportation and distribution remain regulated in order to adapt to the deregulation of electricity in North America that allows for competition. The new rules of the game imply for Hydro-Québec a restructuring of its activities in three semi-independent entities. At the same time, Hydro-Québec has been able to reach an agreement with the aboriginal tribes that live in Northern Quebec where the future projects will be built. The changes in the governance of Hydro-Québec have been sufficient, so that there is no public support for the privatization of the public enterprise although elsewhere in North America and in particular in other Canadian provinces such as neighboring Ontario, privatizations have occurred. So, Quebec has maintained a public ownership over a strategic resource, but the governance of this public enterprise has been changed drastically.

The Caisse de Dépôt et Placement was also a huge success for many years. At its peak in 2008 before it lost 40 billion, the Caisse de Dépôt et Placement managed 250 billion Canadian dollars. This public enterprise manages the pension money for all Quebecers and various pension plans for public employees. It always had a dual mandate of managing the assets and of economic development (McRoberts, 1993, p. 135). It has had over the years an excellent record on returns on investment on the assets it managed. This, until the technology bubble ended and September 11, 2001 created turmoil on the market. It undertook then a review of its governance, seriously considering changing the length of the mandate of its CEO and who is nominated to its board. Its law has been changed to reform its governance and its board responsibility but the turmoil is not over yet. It has returned to profitability. In the third case, a new strategic plan has been developed at the Société Générale de Financement. These are three dimensions of governance that can be reformed or adapted.

A Brave New World

Although issues could and have been raised about the advantages of privatization, it has been the dominant trend. Ownership is only one part of a more complex explanation of performance. Another way of looking at the same issue or a part of a larger explanation is to study the governance of these complex organizations. The implementation of policy objectives poses a dilemma: the policy-maker either relinquishes control over the direction of policy to other groups involved in the process, or courts a breakdown in the process if the original initiative must remain intact (Linder, Peters, 1987, p. 469). Implementation entails the choice and deployment of policy instruments. Policy choices are made considering the instruments available for implementation. Governments could be prevented from adopting a policy by the absence of any means to implement that policy (Hall, 1986, p. 232). The choice of an instrument to implement a policy cannot be seen as a mere *technical* question. The adoption of a program by a legislature becomes endowed with separate meaning and force when an agency is established to deal with it. But an agency has a life of its own that can limitedly implement the planned policy. Can the public enterprises remaining play a useful role and prove that they should not be privatized? They remain policy instruments that could be useful, if they can improve their legitimacy in their environment by integrating in their governance mechanisms to be permeated by various influences as discussed in other chapters. The new public enterprises are not yet policy instruments, they are accidents after the deregulated world economy went wrong.

What we can presume is that the governance of the newly nationalized companies is not going to be easy. Transforming the organizational culture of companies such as General Motors can take years, if possible. Among difficulties already known in changing the culture of the nationalized firms is the system of bonuses that has existed for decades. What is the normal salary when taxpayers are the owners? The culture of car making is not the culture of the public sector. But as a car maker, such an enterprise has to transform itself drastically. Consequently, the best solution might perhaps be to keep it only temporary. It is also possible that GM will not regain enough market share to survive. How long will tax payers agree to subsidize it? As long as British tax payers did historically with their national car industry?

As Meggison and Netter (2001) suggest in their literature review on privatization, it is likely that reforms of public enterprises are more effective when coupled with privatization. We have not interviewed managers of public enterprises who considered that being privatized was a good idea. The possibility of privatization generates a willingness to cooperate with the State. Also as Meggison and Netter noted, new entrepreneurial management makes a difference. Privatization alone does not generate an improvement in performance but competition and reform also do.

It is likely that the governments that have nationalized banks and other companies will sell them rather quickly for another reason. They face huge deficits and will need money to diminish them. Selling enterprises could generate revenues. Some of the privatizations in the UK were done below the market price. Will it be the same this time? Only in GM, the American government invested or spent 30.1 billion US $ and the Canadian and Ontario an additional 9.5 billion US $.[9] Hundreds of billions have been put in the financial industry. Consequently, at some point, governments will need money to hope to balance their budgets. As it was the case in the United Kingdom, privatizing what could be sold will be tempting.

---

[9]   Bergeron, Maxime, "La chute d'un géant", *La Presse*, Montréal, 1er juin 2009, p. A-8.

What has not been learned either from nationalization nor privatization is to develop an economic policy. Governments in the current economic crisis were reacting. The development of states is not a story of steady expansion. It is punctuated by crisis and experimentation. In the USA, the New Deal was such a time. In Canada, the two World Wars forced to create a modern state apparatus (Roberts, 2002). Nationalizations in the past or the creation from scratch have also been reactions rather than careful planning (Andrieu and Prost, 1987, pp. 250-266; Parenteau, 1980). But once the world economy will have recovered, what is the strategic plan to maintain or sell these enterprises?

For ideological reasons, some governments might consider that business is not the business of the State. In other cases, the criterion should be in terms of economic policy. When a public enterprise does not have a policy purpose, there is no reason to keep it in public hands. Once the crisis over, strategic planning can surface. But SOEs are islands of autonomy that could have the capacity to pursue goals of general interest. Once the need to react to the crisis is passed, perhaps some of these nationalizations should be maintained. For example, if the private banks are unable to auto-regulate themselves or are unwilling to invest in some ventures, publicly-owned banks could have another point of view. The Italian involvement in the 1930s was to partially compensate the lack of private entrepreneurship (Millward, 2010). Similarly, the network of financial institutions of the government of Quebec compensate for the conservatism of the Canadian banks. The crisis could be an opportunity to rethink economic policy and consequently the use of public enterprises.

Conclusion

As in the past, SOEs are not instruments used alone. Regulation of financial markets has to be improved. Various measures have already been adopted by governments. Budgetary deficits will also have an impact in the near future. The crisis has been expensive for the States in the Western world. With the decline of the stock of many companies, pension funds and citizens individually as well have been affected. It is possible that retirement will come later than sooner for many. Protectionism is on the rise. In many countries, Spain for example, on the long run, the solution might be better training of the workforce. The use of multiple policy instruments makes difficult to know what will have been the impact of government ownership. It would be interesting to have access for instance to the minutes of the board meeting of Chrysler to see whether the board members nominated by the government behave differently from the ones stemming from the private sector. Who is defending the general interest on the boards of the recently nationalized enterprises? An entrepreneurial culture, as discussed earlier, has also to be developed.

At the height of the crisis in the 1990s, the Swedish government owned 22% of the assets of the banking system. Two banks were nationalized in 1992, and by 1996 the government support was ended (Went, 2009). It would be a mistake to keep the newly SOEs in the public sector for a long time. It is unlikely that they will develop a culture of public interest or public value.

Some banks such as Goldman Sachs and Morgan Stanley have asked to reimburse quickly in order to escape part of the regulations imposed on them when the state rescued them. It is possible that their behavior after the crisis will be similar to the one before, and that bonuses and other habits will be back.

It might be the beginning of a new era where the United States will have a lesser role in the world economy (Jacobs, King, 2009). China, where public enterprises remain important, might emerge from the crisis on a stronger foot. Also, the current crisis has temporarily maintained energy costs low but the energy crisis is only starting with important choices to be made about nuclear energy and climate change. And with the return of more interventionist states, temporary public enterprises might be the formula of the future. But new public enterprises also emerge about which we know very little: the sovereign wealth funds with hundreds of billions of dollars to invest. These financial organizations might be more the future of public enterprises than the unregulated financial companies of the developed world that had to be saved from their excesses by state governments. But as discussed in this chapter, governments have to have a vision of the purpose of maintaining networks of public enterprises, an economic policy to implement. If not, privatization might be indeed a good idea.

For now three decades, arguments have been made about the problems associated with public enterprises. However, as Thiemeyer already argued at the 12th CIRIEC congress in 1978, public enterprises can be many things. They are highly adaptable organizations. The economic crisis might have pushed to reconsider them differently. Instead of privatizing them, it is possible to reorganize and rejuvenate the governance of public enterprises. Means have also to be found to transform the management and operations of the nationalized businesses. States around the world have nationalized companies in difficulty. They might not be the future of public enterprise. May be the future is more in the creation of new public enterprises that are not crippled at birth with the defects and obsolescence of the private companies in trouble. As it happened early in the XXth century, public enterprises could be used for general interest purposes that are not the responsibility of private owners. The interest of the Obama government for greener cars could be seen as one of the positive impact of the financial crisis. And as in the past, the strategic objectives of these public enterprises have to be crafted after nationalizations in many cases.

Bibliography

Aharoni, Y., *The Evolution and Management of State-Owned Enterprises*, Cambridge, Mass, Ballinger, 1986.

Anastassopoulos, J.-P., *La stratégie des entreprises publiques*, Paris, Dalloz, 1980.

Andrieu, C., Prost, A., *Les nationalisations de la libération: de l'utopie au compromis*, Paris, Presses de la Fondation nationale des sciences politiques, 1987.

Bernier, L., "La dynamique institutionnelle des entreprises publiques au Québec de 1960 à aujourd'hui", in *Politiques et management public*, 1989, 7, pp. 95-111.

Bernier, L., Hafsi, T., "De l'usage fait des données sur les privatisations: entre les statistiques et l'idéologie", in Lacasse, F., Verrier, P.-É., (dir.) *Trente ans de réforme de l'État: expériences françaises et étrangères: stratégies et bilans*, Paris, Dunod, 2005, pp. 41-54.

Bernier, L., Simard, L., "The Governance of Public Enterprises: the Quebec Experience", in *Annals of Public and Cooperative Economics*, 2007, Vol. 78, pp. 455-474.

Bhattacharyya, A., Parker, E., Raffiee, K., "An Examination of the Effect of Ownership on the Relative Efficiency of Public and Private Water Utilities", in *Land Economics*, 1994, Vol. 70, No. 2, pp. 197-209.

Bishop, M., Kay, J., *Does Privatization Works?*, London, London Business School, 1988.

Cook, T., Campbell, D., *Quasi-Experimentation*, Boston, Houghton, Mifflin, 1979.

Delion, A.G., Durupty, M., *Les nationalisations 1982*, Paris, Economica, 1982.

Hafsi, T., Koenig, G. in T. Hafsi (ed.), *Strategic Issues in State-Controlled Enterprises*, Greenwich, JAI Press, 1989.

Hall, P., *Governing the Economy*, Oxford, Oxford University Press, 1986.

Hartley, K., Parker, D., Martin, S., "Organizational Status, Ownership and Productivity", in *Fiscal Studies*, 1991, 12, pp. 46-60.

Haskel, J., Szymanski, S., "Privatization, Liberalization, Wages and Employment: Theory and Evidence for the U.K.", in *Economica*, 1993, 60, pp. 161-182.

Ikenberry, G.J., *Reasons of State: Oil Politics and the Capacities of American Government*, Ithaca, Cornell University Press, 1988.

Jacobs, L., King, D., "America's political Crisis: the unsustainable state in a time of unraveling", in *P.S.: Political Science & Politics*, 2009, Vol. 42, No. 2, pp. 277-285.

Katzenstein, P.J. (ed.), *Between Power and Plenty: Foreign Economic Policies of Advanced Industrial States*, Madison, The University of Wisconsin Press, 1978.

Krasner, S.D., *Defending the National Interest*, Princeton: Princeton University Press, 1978.

Lamont, D.F., *Foreign State Enterprises*, New York, Free Press, 1979.

Laux, J.K., Molot M.A., *State Capitalism: Public Enterprise in Canada*, Ithaca, Cornell University Press, 1988.

Lévesque, B., "Fonction de base et nouveau rôle des pouvoirs publics: vers un nouveau paradigme de l'État", in *Annals of Public and Cooperative Economics*, 2003, 74, pp. 489-513.

Lewis, E., *Public Entrepreneurship*, Bloomington: Indiana University Press, 1980.

Linder, S.H., Peters, B.G., "A design perspective on policy implementation", in *Policy Studies Review*, 1987, 6, pp. 459-475.

Marmor, T.R, Fellman, P., "Policy Entrepreneurship in Government: An American Study", in *Journal of Public Policy*, 1986, 6, pp. 225-253.

Martin, S., Parker, D., "Privatization and Economic Performance throughout the UK Business Cycle", in *Managerial and Decision Economics*, 1995, 16, pp. 225-237.

Meggison, W.L., Netter, J.M., "From State to Market: A survey of empirical studies on privatization", in *Journal of Economic Literature*, 2001, 39, pp. 321-389.

Middleton, R., *Government versus the Market*, Cheltenham, Edward Elgar, 1997.

Millward, R., *Private and Public Enterprise in Europe*, Cambridge, Cambridge University Press, 2005.

Millward, R., *Public enterprise in the modern western world: an historical analysis*, Milan European Workshop, June, mimeo, 2010.

Molz, R., Hafsi, T., "Evaluation and Assessment of Privatization Outcomes: a conceptuel model and empirical evidence", in *Environment and Planning C: Government and Policy*, 1997, 15, pp. 481-495.

Parenteau, R. (ed.), *Les sociétés d'État: autonomie ou intégration*, Montréal, École des HEC, 1980.

Pelletier, M.-L., *L'entreprise publique de service public: déclin et mutation*, Paris, L'Harmattan, 2009.

Prizzia, R., "Privatization and Social Responsibility", in *International Journal of Public Sector Management*, 2001, 14, pp. 450-464.

Roberts, A., "A Fragile State: Federal Public Administration in the Twentieth Century", in Dunn, Christopher, *The Handbook of Canadian Public Administration*, Don Mill, Oxford University Press, 2002, pp. 18-36.

Skocpol, T., Finegold, K., "State Capacity and Economic Intervention in the Early New Deal", in *Political Science Quarterly*, 1982, 97, pp. 255-278.

Stanton, T.H., "Government-Sponsored Enterprises: Reality Catches Up to Public Administration Theory", in *Public Administration Review*, 2009, Vol. 69, pp. 632-639.

Thatcher, M., *The Downing Street Years*, New York, Harper, Collins, 1993.

Thiemeyer, T., "Intervention du Professeur Theo Thiemeyer", in *Annales de l'Économie publique, sociale et coopérative*, 1978, Vol. 66, No. 3-4, Compte-rendu du XIIe Congrès international de l'économie collective: Athènes, 17-19 avril 1978, pp. 304-307.

Thompson, J.D., *Organizations in Action*, New York, McGraw-Hill, 1967.

Walsh, A.H., *The Public's Business*, Cambridge, The MIT Press, 1978.

Went, P., *Lessons from the Swedish Bank Crisis*, Garp Research Center, Working Paper, 2009.

Yarrow, G., "Privatization in the UK", in *Carnegie-Rochester Conference Series on Public Policy*, 1989, 31, pp. 303-344.

Zif, J., "Explanatory Concepts of Managerial Strategic Behavior in State-Owned Enterprises", in *Journal of International Business Studies*, 1983, 14, pp. 35-46.

Table of Businesses Nationalized 2008-2010

Countries	Banks and enterprises	Date	Type of nationalization
Austria	Kommunalkredit Austria (KA)	October 27, 2008	Nationalization
Austria	Hypo Groupe Alpe Adria (HGAA)	December 14, 2009	Nationalization
Belgium	KBC	May 2008	Partial nationalization
Belgium Luxembourg Netherlands	Fortis	September 28, 2008	Partial nationalization
Belgium France Luxembourg	Dexia	September 29, 2008	Nationalization
Bolivia	Corani	May 1, 2010	Nationalization
Bolivia	Guaracachi	May 1, 2010	Nationalization
Bolivia	Valle Hermoso	May 1, 2010	Nationalization
France	BNP Paribas	October 20, 2008	Partial nationalization
France	Caisse d'Épargne	October 20, 2008	Partial nationalization
France	La Banque Populaire	October 20, 2008	Partial nationalization
France	La Société Générale	October 20, 2008	Partial nationalization
France	Le Crédit Agricole	October 20, 2008	Partial nationalization
France	Le Crédit Mutuel	October 20, 2008	Partial nationalization
France	Renault et PSA Peugeot Citroën	February 9, 2009	Partial nationalization
France	Caisse d'Épargne et Banque Populaire	February 2009	Partial nationalization
Germany	KB Deutsche Industrie-bank	February 13, 2008	Partial nationalization

Countries	Banks and enterprises	Date	Type of nationalization
Germany	Commerzbank	January 8, 2009	Partial nationalization
Germany	Hypo Real Estate (HRE)	October 5, 2009	Nationalization
Iceland	Glitnir	October 9, 2008	Nationalization
Iceland	Kaupthing	October 9, 2008	Nationalization
Iceland	Landsbanki	October 9, 2008	Nationalization
Ireland	Anglo Irish Bank	January 2009	Nationalization
Ireland	Allied Irish Bank	March 2010	Nationalization
Ireland	Bank of Ireland	March 2010	Partial nationalization
Portugal	Banco Portugues de Negocios	November 2008	Nationalization
Spain	Caja Castilla la Mancha	March 2009	Partial nationalization
Spain	Cajasur	May 2010	Partial nationalization
Switzerland	Le Crédit Suisse	October 16, 2008	Partial nationalization
Switzerland	UBS	October 16, 2008	Partial nationalization
United Kingdom	Northern Rock	February 17, 2008	Nationalization
United Kingdom	Bradford & Bingley	September 29, 2008	Nationalization
United Kingdom	Abbeys, Barclays, HBOS, HSBC, Nationwide Building Society, RBS, Standard Chartered	October 8, 2008	Partial nationalization
United Kingdom	Royal Bank of Scotland (RBS)	February 2009	Partial nationalization
United Kingdom	Lloyds	March 7, 2009	Partial nationalization
United States	Indymac	July 2008	Partial nationalization
United States	Fannie Mae	September 7, 2008	Nationalization
United States	Freddie Mac	September 7, 2008	Nationalization
United States	AIG	September 16, 2008	Partial nationalization
United States	Bank of America[10]	October 28, 2008	Partial nationalization
United States	Goldman Sachs Group[11]	October 28, 2008	Partial nationalization
United States	JP Morgan Chase[12]	October 28, 2008	Partial nationalization
United States	Well Fargo[13]	October 28, 2008	Partial nationalization

---

[10] Bank of America returned the government's funds in November 2009.
[11] Goldman Sachs Group returned the government's funds in June 2009.
[12] JP Morgan Chase returned the government's funds in June 2009.
[13] Well Fargo returned the government's funds in December 2009.

Countries	Banks and enterprises	Date	Type of nationalization
United States	Citigroup[14]	February 2009	Partial nationalization
United States	General Motors	May-June 2009	Partial nationalization
Venezuela	Cemex (Mexico)	August 19, 2008	Nationalization
Venezuela	Holcim (Switzerland)	August 19, 2008	Nationalization
Venezuela	Lafarge (France)	August 19, 2008	Nationalization
Venezuela	Banco de Venezuela	July 19, 2009	Nationalization
Venezuela	Banco Universal	July 2009	Nationalization
Venezuela	Fama de América	November 2009	Nationalization
Venezuela	Conservas Alimenticias La Gaviota	December 2009	Nationalization
Venezuela	Monaca	May 14, 2010	Partial nationalization
Venezuela	NorPro	May 16, 2010	Nationalization

The list was collected using the internet newspapers data banks available at ÉNAP: Eureka.cc, Repère, Canadian Newsstand. The key words used in French were nationalization, bank, enterprise and government in the first wave. In the second wave, we used the specific name of the companies or banks. We also used the web sites of *Le Monde* and *Courrier international.* Research on Google completed the search. The research was done by Geneviève Blouin, research assistant at ÉNAP, Patrick Gauthier and Mathieu Faucher.

---

[14] Citigroup partially returned the government's funds in November 2009.

Contesting the Future of Public Finance?[1]

David HALL

*Director, Public Services International Research Unit (PSIRU),
Business School, University of Greenwich, United Kingdom*

1. Introduction

The responses to the economic crisis have led to contradictory pressures on public finance. Government deficits have risen, both through automatic stabilisers and through stimulus packages. Public money has been used to nationalise and recapitalise banks and other companies, on a scale which has reversed the global privatisation revenues of the last 20 years. This is at odds with the policy constraints on public deficits, debt, and spending applied over the last 20 years both by national governments and international bodies, notably the convergence rules of the European Union (EU) and the various fiscal conditions of the International Monetary Fund (IMF). These conflicts are most obvious in individual cases such as Latvia and Greece, but are also apparent in the concerns expressed both by many national politicians and by the international bodies for "exit routes" which would restore government spending to pre-crisis levels.

One area in which these contradictions are most apparent is in relation to infrastructure investment. One element in many stimulus packages has been the use of government deficits to finance increased investment in infrastructure. This runs counter to attempts over the last 30 years to substitute private for public finance through various forms of privatisation and liberalisation, in both north and south, in parallel with restrictions on public finance. These attempts have however encountered problems: in the south, through a reluctance of private capital to invest

---

[1] An earlier version of this paper was presented at the NEWPEN conference, June 2010, organised by DEAS dell'Università di Milano.

in infrastructure, especially in water and electricity, and in the north, through underinvestment in key policy areas such as renewable energy and the extension of fibre-optic telecoms networks. These problems in turn are reinforcing a return to the use of public finance in infrastructure, for example in the south through public investment programmes by countries such as China and Brazil, and in the north, through an opening of debate on the compatibility of liberalised energy markets with the need for investment in renewables.

Governments and international institutions have attempted to use public-private partnerships (PPPs) as an "approved" way of maintaining infrastructure investment within fiscal rules. Of itself, this implies that the desired level of expenditure is higher than would otherwise be permitted by these rules: the rules are adjusted to permit investment through PPPs as additional to that allowed under fiscal limits (and indeed further adjusted to legitimise some of the financial rescue mechanisms as permitted "additional" spending). This process has however encountered further problems. One effect of the crisis has been to make it extremely difficult to raise private finance for PPPs at affordable rates of interest. The maintenance of PPPs themselves thus comes to depend on mechanisms for using public finance to support special funds to be drawn on by PPPs, in a way which can still be construed as private investment.

The fiscal rules of the EU are now embracing an increased number of "creative" arrangements, leading the European Commission to issue a new paper in April 2010 advising member states on a wide range of "innovative financing mechanisms" that they can use to raise finance without being deemed in breach of the rules. Without such accommodations, the maintenance of policies, including fiscal rules, aimed at limiting or reducing the role of the State, implies increasing political conflicts. This is most obvious in individual countries such as Latvia and Greece, where cuts in public spending, demanded in return for financial support, meet strong political resistance. It is also apparent in efforts by international institutions and governments to reduce public commitments on health and social care and pensions for the elderly, partly by substituting private provision, in order to avoid increased public spending driven by demographics. These policies also run counter to political demands, visible for example in the USA, China, and a number of central European countries, for an enhanced role for the state in healthcare, and for growing demands in developing countries for stronger social security systems.

Depending on the outcome of these political contests, the observed long-term growth in public spending as a proportion of Gross domestic product (GDP), which apparently weakened in the north in the last two decades, may resume and continue in both south and north. The factors behind this growth include both economic and political factors, including the need for higher levels of infrastructure investment, the social and economic developmental needs of countries in the south.

2. Issues

The long-run growth in public spending as a percentage of GDP is well-established for northern countries, and summarised as "Wagner's Law". The growth has slowed down in OECD countries over the last 25 years, with some concluding that: "the relative weight of government in the set of OECD economies is close to a steady state value" (Lamartina, Zaghini, 2008). The pattern is less clear for developing and transition countries: over the last 25 years there have been big swings upwards and downwards in Ghana, China, and in transition countries. Nevertheless, most recent studies confirm a positive relationship of some kind, but differ on the relative role of current and capital spending, education and healthcare spending. Ghana, Malaysia, Latin America (Nketiah-Amponsah, 2009; Furuoka, 2008; Clements *et al.*, 2007; Gregoriou, Ghosh, 2009; Popov, 2009; Bose *et al.*, 2007).

Analyses of the historic correlation and the recent slowdown centre on the result of a trade-off between the growth-enhancing effect of higher public spending and the distortions created by higher taxation: at higher levels of GDP the distortion effect becomes dominant, and thus explains the more recent levelling. Other analyses point to the role of public spending as an efficient collective long-term investment and insurance mechanism, the redistributive impact of public spending, and its productive role in infrastructure investment, healthcare and education, and an institutional analysis of high levels of public spending as a guarantor of stable and peaceful relations between capital and labour. These focus on the function of the spending itself, and permit analysis of the relative efficacy of higher public (as opposed to private) spending on these matters. They begin to reflect the fact that the level of public spending has been amongst the most acute and contested political issues in the last 40 years, reflected in a gradual reshaping of the trend in the north, but, in transition and developing countries, more violent disruption of historical trends and large swings in both directions (Florio, Colautti, 2005; Bucci *et al.*, 2009; Gintis, Bowles, 1982; Beraldo *et al.*, 2009; Offer, 2001; Popov, 2009).

This paper looks at the prospects for public spending in the wake of the crisis, by examining three major factors affecting the role of public spending in the short and medium term. These are: the impact of the economic crisis and policy responses to it; the need for public expenditure on healthcare and pensions; and the scale and relative role of public and private investment in specific infrastructure. All these three are the subject of highly contested political processes.

3. Crisis, Policy Response, IMF and EU

The economic crisis and the policy responses have had a large effect on the role of public spending, especially in OECD countries. Public spending in high income countries has risen sharply since 2007 to unprecedented levels (see table 2, and annexe). The average level across all 27 EU countries in 2009 was over 50%, for the first time, and in the USA and Japan has risen above 40%, also for the first time.

Table 1. General government total expenditure
as % of GDP, EU and other countries

	CZ	DE	FR	IT	DK	UK	EU-27	USA	Japan
1970	n/a	38.5	n/a	n/a	42.2*	42	n/a	32.5	n/a
1980	n/a	46.9	45.7	40.8	52.7	47.6	n/a	34.2	n/a
1990	n/a	43.6	49.5	52.9	55.4	41.1	n/a	37.2	n/a
1995	54.5	48.3	54.4	52.5	59.3	43.9	n/a	37.1	n/a
1998	43.2	48.0	52.7	49.0	56.3	39.5	47.3	34.6	42.5
1999	42.3	48.1	52.6	48.1	55.4	38.9	46.8	34.2	38.6
2000	41.8	45.1	51.6	46.2	53.6	36.8	44.8	33.9	39.0
2001	44.4	47.6	51.6	48.0	54.1	40.2	46.2	35.0	38.6
2002	46.3	48.1	52.6	47.2	54.4	41.1	46.6	35.9	38.8
2003	47.3	48.5	53.3	48.3	54.9	42.1	47.2	36.3	38.4
2004	45.2	47.1	53.2	47.7	54.3	42.9	46.8	36.0	37.0
2005	45.0	46.8	53.3	48.1	52.6	44.1	46.8	36.3	38.4
2006	43.8	45.3	52.7	48.7	51.5	44.0	46.3	36.0	36.2
2007	42.5	43.7	52.3	47.9	50.9	44.2	45.7	36.7	36.0
2008	42.9	43.7	52.8	48.9	51.9	47.4	46.9	38.8	37.3
2009	46.2	47.6	55.6	51.9	58.5	51.7	50.7	41.8	40.4

* 1971

Source: European Commission: Statistical Annex of European Economy Spring 2010. http://ec.europa.eu/economy_finance/publications/european_economy/2010/pdf/statistica l_annex_spring2010_en.pdf.

The biggest boost to economies has not come from special additional government spending, but from the normal operation of taxation and public spending systems as "automatic stabilisers". Government deficits automatically increase in recessions, because taxes fall and spending on benefits and other services increases, as a result of reduced income and spending and higher unemployment. This deficit partially protects people from the fall in their incomes, and acts as an economic stimulus which partly offsets the effects of recession.

The IMF and others assume that unemployment benefits are the key part of government spending which increase automatically in a recession. But new research has found that other public spending, especially on healthcare and the elderly, also rises in response to recession, and so "automatic stabilization through all elements of social expenditure is about 3.5 times larger than the part coming from unemployment compensation alone".[2] Social spending as a whole absorbs about 16% of an economic shock, on average, and the protection is strongest where social spending is highest: in Sweden, about 43% of a shock is absorbed by social spending.[3]

Table 2. Economic stimulus as % of GDP

	2009		
	Automatic stabilisers in 2009	Discretionary policies	Total stimulus
All G-20 countries	1.9	2.0	3.9
Of which:			
Advanced countries	2.4	1.9	4.3
Emerging market countries	1.1	2.2	3.3

Source: IMF 2009B.[45]

This has two important implications. Firstly, the current attempts to cut public spending on the elderly risk undermining an important element in economic stability. Secondly, governments (and the EU and the IMF), which only take account of unemployment benefit, are not taking proper account of the automatic effect of recessions on this spending, and so the limits on government deficits are being applied too strictly.

---

[2] Darby, J., Melitz, J. (2008).

[3] Furceri, D. (2009).

[4] IMF 2009B, The State of Public Finances: a Cross-country Fiscal Monitor SPN/09/21, July 30, 2009, Tables 1, 2, http://www.imf.org/external/pubs/ft/spn/2009/spn0921.pdf.

[5] IMF Fiscal Implications of the Global Economic and Financial Crisis, June 9, 2009 SPN/09/13, Tables 3.1, 3.4, http://www.imf.org/external/pubs/ft/spn/2009/spn0913.pdf.

European Commission reports: "[...] downplay the automatic forces influencing the budget [...], the neglect of the cyclical implications of pensions, health expenditure and disability pay, especially in evaluating alternative reform packages, could be storing up problems for the control of budgets in the future".[6]

Stimulus packages contained a mixture of tax cuts and spending increases, mainly reflecting political preferences. Data from the USA demonstrates that tax cuts are a relatively poor way of stimulating demand in a recession – because people save a large proportion of them, instead of spending it. At an early stage in the economic crisis, in May 2008, the Bush government in the USA tried to create an economic stimulus by tax rebates (which were even officially described as "economic stimulus payments"). But the table 3 shows that only about 30% of the money was actually spent by recipients: across all households, two-thirds or more of the money was saved or used to repay debts.

Table 3: Percentage distribution of use of 2008 Economic Stimulus Payments (tax rebates), by composition of consumer unit, June 2008-March 2009

Rebate was used mostly for	Consumer unit					
	All consumer units	Husband and wife, at least one qualifying child	Single parent, at least one qualifying child	Husband and wife only	Single person, 18 years or older	All other consumer units
Spending	30.2	28.7	26.9	31.9	31.9	29.0
Saving	17.6	15.0	6.1	23.3	21.4	13.0
Paying off debt	49.1	53.8	65.2	41.7	43.6	54.4
No information reported	3.0	2.5	1.8	3.1	3.2	3.6

Source: USA Bureau of Labour Statistics. October 2009 pay off debt, spend, or save? The 2008 Economic Stimulus Payments.[7]

One effect of the crisis and the Keynesian responses is the rediscovery of public ownership, public subsidy and government deficits as instruments of economic policy, and an implicit acknowledgement that previous policies may have erred. This is a change to the ideological climate compared with the preceding 25 years, which has led to some widening of the policy debates. For example, the chief economist of the African Development Bank could argue, in a major public speech in

---

[6]   Darby, J., Melitz, J. (2008).

[7]   http://www.bls.gov/opub/ted/2009/ted_20091023.htm.

2009, that the crisis had shown the limitations of the market economy and that:

> I believe that the sort of high profile public policy interventions once championed by East Asian governments can still be sustainable in developing regions such as sub-Saharan Africa as long as they are accompanied by a commitment to a "national development project" by both the political leadership as well as by powerful elite groups and society at large. This is particularly the case given an international environment in which, even as despite the current global crisis, the neoclassical ideas are still highly influential; an environment in which direct state involvement in the economy is generally discouraged; and an environment in which private sector agencies have increasingly assumed responsibility for creating the rules and regulations that govern critical areas of the international economy.[8]

The crisis and responses had at least made it easier for him to argue such a position publicly than it would have been two years previously.

Table 4. Effects of crisis on primary public spending (IMF estimates)

	Primary public expenditure as % of GDP, 2007	Annual real growth 2008-2010: Primary public expenditure	Annual real growth 2008-2010: GDP	Average adjustment called for by 2030 by IMF
High-income countries	35.8	4.30%	-0.20%	-8.70%
Developing countries	24.5	9.30%	5.10%	-2.75%

Source: IMF 2010.[9]

In the other direction, two international institutions – the IMF and the EU – have been arguing strongly for "exit strategies" to unwind the stimulus packages. These strategies have been powerfully focussed not so much on the desirability of reducing public deficits as on the need to avoid increases in public spending. This reflects the policy concern of both institutions, which pre-dates the crisis, that public spending was already rising too fast, and most of all that demographic changes were going to increase public spending throughout northern countries. The IMF says of the rescue and stimulus packages that "These increases

---

[8] Kasekende, L. (2009).

[9] International Monetary Fund (2010), From Stimulus to Consolidation: Revenue and Expenditure Policies in Advanced and Emerging Economies April 30, 2010, www.imf.org/external/np/pp/eng/2010/043010a.pdf.

have come on top of an already rising spending trend, in real per capita terms and also relative to GDP, during this decade". It estimates that, coupled with the fall in tax revenues, this has increased deficits in high income countries by on average 7.5% of GDP. The demographic changes are expected to lead to increases of a further 4-5% of GDP in high income countries. When the EU council of ministers issued an economic policy statement in May 2009, it focused almost entirely on the demographic impact on public spending, but barely mentioned the economic crisis.

The IMF proposes policy measures which are based overwhelmingly on spending cuts. In healthcare, it is concerned only with reductions in public spending (despite the clear evidence that public healthcare is both more efficient, and more effective, and more economically beneficial, than private spending – see below). This is because it is concerned with public spending or public deficit, not with overall economic welfare. The IMF also notes that the reforms it says are necessary to reduce healthcare spending have not been implemented. It says:

> [...] bold reforms are needed to offset the projected rise in age-related outlays, particularly health care. In pensions, a further increase in statutory retirement ages of two years could offset the projected rise of spending of 1 percentage point of GDP over the next 20 years in advanced economies. In health, the challenge is greater, and has so far been underestimated, particularly in Europe. New staff projections show that health spending could rise by 3½ percentage points of GDP over the next 20 years in advanced countries. Reforms are needed to address supply-side incentives, limit public benefits, or reduce the demand for public health services. But while many countries have managed to reform significantly their pension systems, the difficulty of health reform is underscored by the dearth of prominent reforms in advanced countries aimed primarily at reducing spending.

In all other public spending, the IMF calls for, as a target, a reversal of the growth in public spending as a proportion of GDP, through a 10 year freeze, and specifically encourages a freeze on the wages bill:

> In other spending areas, in addition to allowing stimulus spending increases to expire, a possible policy goal could be to freeze spending in real per capita terms for 10 years. This would save 3-3½ percentage points of GDP. It would require deep spending reforms. Containing the wage bill has in the past proved to be key to successful fiscal consolidation.

The outcome of these policy choices in all countries will make a very large difference to the outcomes in terms of the future path of public spending as a % of GDP. If the IMF policies are implemented, the path in the north may remain flat; if not, it seems likely to increase steadily. But these policies clearly imply major conflict, not only with political pressures for higher spending, but also with the socially and economically most efficient options.

4. Healthcare

As with public spending in general, the spending per capita on healthcare rises faster than GDP per capita, so a higher proportion is spent on healthcare. This is a very strong relationship, as shown in the chart. The data includes both public and private spending. Public spending represents the great majority in all OECD countries, except Mexico and the USA. An examination of comparative data on the USA and other OECD countries strongly suggests that a healthcare system based on private spending is less efficient and less effective than systems based on public finance. A recent analysis found that public spending on healthcare has a positive effect on economic growth whereas private spending on healthcare does not (Beraldo *et al.*, 2009).[10]

Chart A. Health expenditure *per capita* and GDP *per capita*, OECD countries, 2007

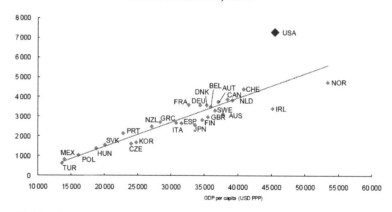

Source: OECD Health Data 2009

The USA healthcare system, based on private insurance and private provision, supplemented by a range of government subsidies, stands out for its abnormally high total expenditure. In 2007 the USA spent 16% of GDP on healthcare, far ahead of any other OECD country and nearly twice the OECD average of 8.9%. This is not due to greater needs: for example, only 12.5% of the population is over 65, compared with 16.7%

---

[10] OECD Health data 2009, http://www.oecd.org/document/30/0,3343,en2649
34631_12968734_1_1_1_1,00.html.

in Europe and 21.5% in Japan; and people are no more likely to be sick than in other OECD countries. The excess expenditure is a result of much higher prices charged for branded drugs and hospital procedures; much greater use of diagnostic tests such as scans and some surgical operations; and higher spending on administration. This higher spending does not produce better results: there is no evidence of any medical gains from the additional operations and tests, USA pharmaceutical companies are less innovative than European companies, and there is much lower use of computer technology such as electronic patient records. The system is less effective: in 2006 the overall life expectancy in the USA was 78.1 years, lower than all OECD countries of similar wealth, and below some developing countries including Cuba and Costa Rica; the USA infant mortality rate was 6.7, higher than all other OECD countries except Mexico and Turkey, and more than double the rate in the Czech Republic, Finland, Iceland, Japan, Norway, Portugal and Sweden. Of all OECD countries, only the USA, Mexico and Turkey have not achieved universal coverage.

Table 5. Infant mortality, Deaths per 1,000 live births, 2006, OECD

Australia	4.7	Korea	4.1
Austria	3.6	Luxembourg	2.5
Belgium	4.0	Mexico	16.2
Canada	5.0	Netherlands	4.4
Czech Republic	3.3	New Zealand	5.2
Denmark	3.8	Norway	3.2
Finland	2.8	Poland	6.0
France	3.8	Portugal	3.3
Germany	3.8	Slovak Republic	6.6
Greece	3.7	Spain	3.8
Hungary	5.7	Sweden	2.8
Iceland	1.4	Switzerland	4.4
Ireland	3.7	Turkey	22.3
Italy	3.7	United Kingdom	5.0
Japan	2.6	United States	6.7

Source: OECD Health Data 2009.

In the absence of a publicly financed health service, collective financing for healthcare may fall on employers either through legislation or through collective action by workers. In the USA, healthcare benefits are important elements in collective bargaining, and a key benefit of union organisation, as unions negotiate employer-funded schemes to provide security against ill-health. The cost of this insurance then appears as a higher level of indirect labour costs, on average 12% of total wages. This is a similar effect to employer contributions to social insurance schemes, except that it is not uniform across employers and not compulsory. Companies providing benefits thus carry higher costs than companies in other countries where healthcare is publicly financed (they also carry higher costs than those which do not provide healthcare benefits). General Motors says that its healthcare costs are equivalent to between 1,500 US $ and 2,000 US $ of the price of every car sold.

The strength of these positive relationships between publicly financed healthcare and economic growth and health outcomes is clear. But the actual path of public spending and the role of the State and market in healthcare are subject to intense institutional and political processes and lobbying. Three recent examples of this are the intensive corporate lobbying against attempts to introduce healthcare reform in the USA; the mass political mobilisations against proposals in central European countries for greater elements of private insurance and private provision; and the influence of the pharmaceutical companies on WHO and national government policies on the swine flu.

The attempt by the Obama government to introduce healthcare reform in the USA to extend coverage and increase the role of public finance was bitterly contested by private healthcare companies. The conflict was much greater than over the rescue packages for the financial sector or the stimulus package. The version of healthcare reform that was finally adopted remains based on employers' healthcare plans, a marginal role for the State, and relatively little new taxation. The new law obliges all employers with more than 60 employees to provide healthcare insurance, or else pay a levy to subsidise individual purchase of insurance. It is expected to increase the proportion of the working population covered by some form of health insurance to over 95%. These subsidies will increase annual public spending by 216 billion US $ by 2019, and taxes by 41 billion US $, but projected savings in costs means that the budget deficit is forecast to be reduced.[11]

In the last few years, since about 2006, there have been successful campaigns against commercialisation of public health services in the

---

[11] Congress of The United States Congressional Budget Office December 2008 BUDGET OPTIONS, VOLUME 1: Health Care, http://www.cbo.gov/ftpdocs/99xx/doc9925/12-18-HealthOptions.pdf; Johnson, T., Healthcare Costs and U.S. Competitiveness Council on Foreign Relations, March 23, 2010, http://www.cfr.org/publication/13325/; CONGRESSIONAL BUDGET OFFICE 18 March 2010 Letter to Speaker U.S. House of Representatives, http://www.cbo.gov/ftpdocs/113xx/doc11355/hr4872.pdf; Pearson, M., Head, Health Division, OECD 30th September 2009 Written Statement to Senate Special Committee on Aging: Disparities in health expenditure across OECD countries: Why does the United States spend so much more than other countries? http://www.oecdwash.org/PDFILES/PearsonTestimony 30Sept2009.pdf; OECD Health data 2009, http://www.oecd.org/document/30/0,3343,en_2649_34631_12968734_1_1_1_1,00.html.

four central European countries – Czech Republic, Hungary, Poland and Slovakia. In each country there were proposals to introduce some combination of patient fees, commercialisation or privatisation of hospitals and clinics, and a switch from state insurance to private insurance funds. In each country there has been vigorous public resistance which has succeeded in halting or reversing these proposals.

Slovakia was the first country to introduce the reforms, but has now abandoned them. In 2003, user fees were introduced; two years later, health insurance funds and hospitals were converted into commercial entities, helped by the State paying off their debts of 1.1 billion euros.[12] But following widespread public opposition, a new government was elected in 2006, which abolished user fees. Since then, Slovak health policy has continued to move against the neo-liberal style of reforms, by insisting that health insurers must be non-profit and by explicitly rejecting any privatisation.[13]

The Czech health-care system is "remarkably efficient". Only 6.8% of the country's total gross domestic product was spent on health care in 2006, one of the lowest levels for OECD countries. The health of the population has improved rapidly in the past 20 years: life expectancies increased by 5.4 years for men and 4.6 years for women, compared with average increases of 4.4 and 3.2 years, respectively, in richer countries. The infant mortality rate is 3.14 deaths per 1000 livebirths – well below the EU average and among the lowest in the world.[14] Despite this, the then government introduced patient fees in January 2008, and proposed policies which would privatise the health insurance system, and convert teaching hospitals into commercial companies. There was strong public opposition, led by a civil society movement, the Coalition for Health, which included a general strike in June 2008 involving nearly 1 million workers, and demands from patients' associations and others for abolition of fees and renationalisation of insurance into a single state fund. A court case trying to get the fees ruled unconstitutional failed, but the government lost all the regional elections in October 2008, with a record turnout of 40% of voters. The new regional governments then decided not to charge fees to patients in regional healthcare facilities and pharmacies; the government sought a court ruling that this was unconstitutional. Inconclusive elections in May 2010 resulted in a continued centre-right coalition.

In 2006 the Hungarian government proposed health service reforms which included hospital closures, the introduction of fees, and the

---

[12] Pažitný, P. (2009).
[13] Think-Tank, INEKO (2008).
[14] Antonova, P. *et al.* (2010).

privatisation of health finance by the creation of regional, part private, insurance funds. The parliament passed a first law to introduce for patient fees, and fees for other public services, including university education. Campaigns gained enough signatures to force two referenda in 2008. The first resulted in a large majority against the fees; the government abandoned the plans for private insurance companies without waiting for a certain referendum defeat. In 2009, Hospinvest, a private company in which the European Bank for Reconstruction and Development (EBRD) took an equity stake of 30%, had already got contracts to run nine state hospitals and clinics, filed for bankruptcy. Hospinvest was set up in 2007 to take advantage of the expected privatisation, which it sold to private Hungarian investors before the bankruptcy.[15]

In Poland, proposals to commercialise and privatise hospitals were introduced by the government at the start of 2008. The plans also included a list of medical procedures that the State will pay for, and those which patients would have to pay for. They met with strong resistance from the public, with doctors, unions and others combining to reject the plans as tantamount to privatisation. The president of Poland also objected to the proposals, and at the end of 2008 he vetoed the legislation and called for a referendum, saying that he "would not allow for the privatization of the health care system [...] Human health and life is not a commodity."[16] [...] The private healthcare sector in Poland is seen as an oligopoly with a bad reputation: "clients of private health centres or hospital complain more and more often about the quality of services".

These policy changes in response to public pressure are themselves being resisted by private health companies. Investment treaties, and possibly the EU Treaty itself, are being used by multinational companies Penta and Eureko to try and force the Slovak government to pay compensation for reversing health privatisation and liberalisation policies. Similar action has been used against the Polish government by Eureko to win compensation worth nearly 2 billion euros and a policy commitment to further privatisation.

The same processes and conflicts are visible at international level. The WHO is subjected to constant attention from pharmaceutical and healthcare companies whose business is affected by international policies and advice. In the case of the swine flu scare in 2009, this lobbying had the effect of persuading the WHO, through a committee whose

---

[15] MTI Econews April 6, 2009, Private hospital operator Hospinvest files for bankruptcy protection.

[16] President vetoes three key health bills PAP News Wire, November 26, 2008; Presidential Veto To Healthcare Reform A Blow To Government's Image; Terrified PSL Polish News Bulletin, December 4, 2008.

members and proceedings are secret, to declare a global "pandemic" – in the process, WHO was persuaded to change its definition of a pandemic so that it no longer required "enormous numbers of deaths and illness". The WHO declaration in turn influenced many governments to buy massive stockpiles of the drug Tamiflu, which was claimed to be the only effective treatment available. As a result, the drug companies got profits of 7 billion US $ to 10 billion US $, according to investment bank JP Morgan. An investigation by the British Medical Journal (BMJ) found that "WHO's guidance on the use of antivirals in a pandemic was authored by an influenza expert who at the same time was receiving payments from Roche, the manufacturer of Oseltamivir (Tamiflu), for consultancy work and lecturing."[17] The BMJ commented on "the scale of public cost and private profit", and noted that: "countries like France and the United Kingdom who have stockpiled drugs and vaccines are now busy unpicking vaccine contracts, selling unused vaccine to other countries, and sitting on huge piles of unused Oseltamivir (Tamiflu)."[18]

5. Infrastructure Spending

The principal mechanism for financing infrastructure development, worldwide, is still through government and public sector: "A country, e.g. the United States, may feel the need for railways in connection with production; nevertheless the direct advantage arising from them for production may be too small for the investment to appear as anything but *sunk* capital. Then capital shifts the burden on to the shoulders of the state".[19] According to a global survey by Siemens in 2007, PPPs only account for about 4% of all public sector investment: and "public sector loan financing is widely expected to remain the key financing instrument across Europe."[20] Even in the USA, where the role of the state is relatively small, the great majority of investments in transport, education, and environment are public – and even 35% of utility investment is public sector, reflecting the dominant municipal role in the sector despite the high levels of private operation in electricity and gas; only in healthcare is the public proportion low.

---

[17] Cohen, D., Carter, P. (2010).

[18] Godlee, F. (2010).

[19] Marx, K., 1857 Grundrisse Part 10 Circulation costs, http://www.marxists.org/archive/marx/works/1857/grundrisse/ch10.htm.

[20] Siemens, Public infrastructures and private funding, 2007, http://www.siemens.de/finance.

Chart B. Capital spending on USA infrastructure 2007

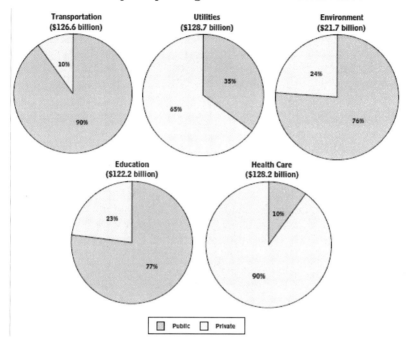

Source: CBO 2009 Subsidizing Infrastructure Investment with Tax-Preferred Bonds
http://www.cbo.gov/ftpdocs/106xx/doc10667/10-26-TaxPreferredBonds.pdf.

There are various estimates of how much of the stimulus is represented by infrastructure investment. The largest guesstimate was offered by a World Bank official in March 2009, claiming that "So far, announced infrastructure spending for 2009 represents on average 64% of the total stimulus in emerging market economies and 22% of the total stimulus in high income economies".[21] A different assessment of the proportions in EU countries is attached at Annexe 1.

The response to climate change requires investment in renewable energy sources to shift the balance of primary fuels away from hydrocarbons such as coal and gas; investment in energy efficiency and building insulation; and investment in public transport to reduce emissions of private car travel. This entails a large new area of investment, and much of it will take the form of increased public spending. In a number of countries, for example the USA and France, some of this "green" investment has been brought forward or increased as part of the stimulus

---

[21] Jamal Saghir March 2009 presentation to World Water Forum Istanbul.

packages. Developing countries require investment of 100 billion US $ per year by 2020, according to the Copenhagen summit. The IMF estimates that 60% of this must be provided from public finance, through a combination of (a) governments giving public finance as "initial capital" for a green fund (b) increased borrowing by issuing new government bonds (c) public finance to subsidise grants and cheap loans (d) new tax revenues e.g. through carbon taxes.[22]

The commitment to climate change policies potentially conflict with liberalised markets. In October 2009 the UK government's official climate change committee advised that developing renewable energy resources requires a move away from liberalised markets. The committee pointed out that countries with a high proportion of non-carbon generation have built their capacity through large-scale government investment, not through markets, and concludes that: "we should not accept the significant risks and costs associated with the current market arrangements [...] changes to the current arrangements are both required and inevitable."[23] Chile has also found that its liberalised market cannot deliver investment in renewable energy, and has to recreate a stronger role for the state.[24] Governments in Europe are also finding themselves obliged to inject public finance into investment in fibre-optic cables for faster internet access, as it is not worthwhile for private network operators to do so.

6. Conclusions

Three principle conclusions emerge from this review in relation to the questions on the future of public spending and the explanations offered for observed patterns of public spending in relation to GDP after the economic crisis.

The first is that there are specific upward economic pressures on public spending, from the stimulus, healthcare, and infrastructure investment. Even if the stimulus packages can be unwound with no lasting increase in spending, the effect of the other two will be significant. Healthcare will be especially relevant in the north, but the south has major infrastructure needs in addition to climate change policies, for roads, electricity, water, the overwhelming majority of which will be done via public finance.

---

[22] IMF Financing the Response to Climate Change SPN 10/06 March 25, 2010, http://www.imf.org/external/pubs/ft/spn/2010/spn1006.pdf.

[23] Committee on Climate Change (2009).

[24] Tokman, M. (2009).

The second is that policies in relation to all of these areas are the subject of intense conflicts (with the possible exception, so far, of climate change policies). This is especially true in the field of health-care, where we have noted conflicts between popular movements and governments, business interests and government, and, at least potentially, governments and international institutions such as the IMF. It shows the importance of recognising conflicts of major economic groupings as central to the dynamic on public spending, and the degree to which these interests are pursued regardless of evidence on the best option for healthcare or even economic efficiency. This includes the international institutions: the IMF (and the EU, and the OECD) is quite clear that it wants a fiscal result through major cuts in public spending, despite evidence that this is the worst choice for health and efficiency.

The third is that, whether in forecasting future trends or explaining past trends, the patterns are outcomes of multiple and multi-level conflicts whose results are not simply predictable.

Bibliography

Antonova, P., *et al.*, "Czech health two decades on from the Velvet Revolution", in *The Lancet*, 16 January 2010, Vol. 375, No. 9710, pp. 179-181.

Beraldo, S., Montolio, D., Turati, G., "Healthy, educated and wealthy: A primer on the impact of public and private welfare expenditures on economic growth", in *The Journal of Socio-Economics*, 2009, Vol. 38, pp. 946-956.

Bose, N., Haque, M.E., Osborn, D.R., "Public expenditure and economic growth: a disaggregated analysis for developing countries", in *The Manchester School*, 2007, Vol. 75, No. 5, pp. 533-556, http://personalpages.manchester.ac.uk/staff/emranul.haque/manc_1028.pdf.

Bucci, A., Florio, M., La Torre, D., *Transitional Dynamics in a Growth Model with Government Spending, Technological Progress and Population Change*, 2009, http://www.york.ac.uk/depts/econ/documents/seminarpapers/latorre_paper.pdf

Clements, B., Faircloth, C., Verhoeven, M., *Public Expenditure in Latin America: Trends and Key Policy Issues*, IMF Working Paper WP/07/21 February 2007.

Cohen, D., Carter, P., "Conflicts of Interest: WHO and the pandemic flu "conspiracies"", in *BMJ*, 2010, Vol. 340, c2912, 3 June 2010, http://doi:10.1136/bmj.c2912.

Committee on Climate Change, *Meeting Carbon Budgets – the need for a step change*, Progress report to Parliament, 2009, http://www.theccc.org.uk/reports/progress-reports (Accessed November 14, 2009).

Darby, J., Melitz, J., *Social Spending and Automatic Stabilisers in the OECD*, CPPR Discussion Paper No. 18, May 2008, http://www.gla.ac.uk/media/media_78199_en.pdf.

Florio, M., Colautti, S., "A logistic growth theory of public expenditures: A study of five countries over 100 years", in *Public Choice*, 2005, Vol. 122, pp. 355-393, http://www.springerlink.com/content/lg476mx41h21021n/ fulltext.pdf.

Furceri, D., *Stabilization Effects of Social Spending: Empirical Evidence from a Panel of OECD Countries*, OECD Economics Department, Working Paper No. 675, 2009, http://www.olis.oecd.org/olis/2009doc.nsf/ENGDIRCORP LOOK/NT00000CF2/$FILE/JT03260211.PDF.

Furuoka, F., "Wagner's Law in Malaysia: A New Empirical Evidence", in *The IUP Journal of Applied Economics*, IUP Publications, 2008, Vol. 0, No. 4, July, pp. 33-43.

Gintis, H., Bowles, S., "The Welfare State and long-term economic growth: Marxian, neoclassical, and Keynesian approaches", in *American Economic Review*, Papers and Proceedings, 1982, Vol. 72, No. 2, pp. 341-345.

Godlee, F., "Conflicts of interest and pandemic flu", in *BMJ*, 2010, Vol. 340, c2947, 12 June 2010, http://doi:10.1136/bmj.c2947.

Gregoriou, A., Ghosh, S., "The impact of government expenditure on growth: empirical evidence from a heterogeneous panel", in *Bulletin of Economic Research*, 2009, Vol. 61, No. 1, pp. 95-102.

Kasekende, L., *Public Policy and Economic Development in Africa*, 65th Congress of the International Institute of Public Finance August 13, 2009 Cape Town, South Africa, http://www.iipf.org/speeches/Kasekende_2009.pdf.

Lamartina S., Zaghini, A., *Increasing Public Expenditures: Wagner's Law in OECD Countries*, Center for Financial Studies No. 2008/13, 2008, https://www.ifk-cfs.de/fileadmin/downloads/publications/wp/08_13.pdf.

Nketiah-Amponsah, E., "Public spending and economic growth: evidence from Ghana (1970-2004)", in *Development Southern Africa*, 2009, Vol. 26, No. 3, September 2009, pp. 477-497.

Offer, A., *Why has the public sector grown so large in market societies?*, Inaugural Lecture delivered before the University of Oxford, Oxford, Oxford University Press, 2001, http://www.nuff.ox.ac.uk/Economics/History/Paper 44/oup44.pdf.

Pažitný, P., "Slovak health reform sets V4 rolling", in *Gesundheit! The Stockholm Network's Newsletter on Health and Welfare*, 2009, Vol. 1, No. 4, January 2009.

Popov, V., *Lessons from the Transition Economies: Putting the Success Stories of the Postcommunist World into a Broader Perspective*, UNU Research Paper No. 2009/15, March 2009.

Think-Tank, INEKO, "Criticises Slovakian Healthcare Progress", in *Global Insight*, 2008, July 23, 2008.

Tokman, M., *The Energy Crisis and its Lessons (Chile)*, 2009, http://siteresources.worldbank.org/INTENERGY/Resources/335544-12325 67547944/5755469-1239633250635/Marcelo_Tokman.pdf (Accessed November 12, 2009).

D. Hall

Annex: Trends in Public Spending in EU

Table 5. General government *Total expenditure* (% of GDP at market prices) EU and other countries

	BE	DE	IE	EL	ES	FR	IT	CY	LU	MT	NL	AT	PT	SI	SK	FI	EA-16	EA-12
1970	40.2	38.5									43.2							
1971	41.8	39.9									44.6							
1972	43.3	41.0									44.9							
1973	43.5	41.6									44.6							
1974	43.5	44.8									46.4							
1975	48.8	48.8									50.8					38.5		
1976	49.3	48.3									50.8	47.9				39.7		
1977	51.2	47.9									50.6	47.6	29.6			41.6		
1978	52.8	47.0				44.4					52.3	50.8	32.7			41.3		
1979	54.9	46.5				44.6					53.7	49.8	31.8			40.3		
1980	55.0	46.9				45.7	40.8				55.2	50.0	33.3			40.2		
1981	61.6	47.5				48.4	44.6				56.8	51.5	36.4			41.2		
1982	59.7	47.5				49.8	46.7				59.1	52.0	36.8			42.8		
1983	62.3	46.5				50.3	48.9				59.1	52.4	35.8			44.6		
1984	59.2	45.8				51.2	49.1				58.1	52.6	35.6			44.6		
1985	58.5	45.2	53.2			51.8	49.8				57.3	53.5	38.6			46.5		
1986	57.7	44.5	52.9			51.1	50.5				57.0	54.3	40.1			47.2		
1987	55.8	45.0	51.4			50.3	49.8				58.5	54.5	38.6			48.0		
1988	53.9	44.6	48.2	39.2		49.8	50.4				56.4	53.1	37.3			46.6		
1989	52.3	43.1	42.5	40.5		48.7	51.6				54.5	51.6	37.4			44.7		
1990	52.3	43.6	42.8	44.8		49.5	52.9		37.7		54.9	51.5	39.7			48.2		
1991	45.7																	
1991	53.5	46.3	44.4	41.7		50.6	54.0		38.4		54.9	52.6	42.6			57.1		
1992	53.8	47.2	44.8	44.1		51.9	55.3		40.0		55.7	53.4	43.8			62.4		
1993	54.9	48.2	44.6	46.4		54.9	56.3		39.8		55.7	56.4	45.5		78.1	64.7		
1994	52.6	47.9	43.9	44.6		54.2	53.5		38.9		53.5	56.1	43.8		57.3	63.5		
1995	52.2	48.3	41.1	45.7	44.4	54.4	52.5	33.1	39.7	39.7	51.6	56.2	43.4	52.6	48.6	61.4	50.6	50.6
1996	52.5	49.3	39.1	44.1	43.2	54.5	52.5	35.1	41.1	42.6	49.4	55.8	44.1	44.5	53.7	60.0	50.6	50.7
1997	51.2	48.4	37.0	44.9	41.6	54.1	50.3	36.1	40.7	42.9	47.5	53.5	43.2	44.8	49.0	56.5	49.4	49.4
1998	50.4	48.0	34.4	44.3	41.1	52.7	49.0	36.7	41.1	43.0	46.7	53.8	42.8	45.7	45.8	52.9	48.5	48.5
1999	50.2	48.1	34.0	44.4	39.9	52.6	48.1	36.8	39.2	43.0	46.0	53.5	43.2	46.5	48.1	51.7	48.1	48.1
2000	49.1	45.1	31.4	46.6	39.1	51.6	46.2	37.0	37.6	41.0	44.2	52.0	43.1	46.7	52.2	48.3	46.3	46.2
2001	49.1	47.6	33.3	45.3	38.6	51.6	48.0	38.2	38.1	43.1	45.3	51.5	44.4	47.6	44.5	47.8	47.3	47.3
2002	49.8	48.1	33.5	45.0	38.9	52.6	47.2	40.2	41.5	43.2	46.2	50.8	44.2	46.3	45.1	48.9	47.6	47.6
2003	51.0	48.5	33.2	44.7	38.4	53.3	48.3	45.0	41.8	47.8	47.1	51.4	45.4	46.4	40.2	50.0	48.0	48.1
2004	49.3	47.1	33.5	45.5	38.9	53.2	47.7	42.8	42.6	45.5	46.1	53.9	46.5	45.8	37.7	49.8	47.5	47.6
2005	52.1	46.8	34.0	43.7	38.4	53.3	48.1	43.6	41.5	44.8	44.8	50.1	47.7	45.2	38.0	50.0	47.3	47.4
2006	48.5	45.3	34.4	42.9	38.4	52.7	48.7	43.4	38.3	43.7	45.5	49.4	44.5	44.5	36.9	48.9	46.6	46.7
2007	48.4	43.7	36.6	44.7	39.2	52.3	47.9	42.2	36.2	42.4	45.5	48.5	45.7	42.4	34.4	47.3	46.0	46.1
2008	50.0	43.7	42.0	46.8	41.1	52.8	48.9	42.6	37.2	44.8	45.9	48.9	46.1	44.3	34.8	49.4	46.8	46.9
2009	54.2	47.6	48.4	50.5	45.9	55.6	51.9	46.4	42.4	44.3	51.6	51.8	51.0	49.9	40.8	55.3	50.7	50.8
2010	53.7	48.0	47.1	48.4	45.7	56.1	51.3	48.3	43.2	46.0	52.3	52.5	51.0	50.7	40.3	55.9	50.8	50.9
2011	53.9	47.2	46.0	48.4	44.7	55.9	50.5	49.0	42.9	45.5	51.7	52.2	50.9	49.9	39.3	55.3	50.2	50.3

European Commission: Statistical Annex of European Economy SPRING 2010

http://ec.europa.eu/economy_finance/publications/european_economy/2010/pdf/statistica l_annex_spring2010_en.pdf

127

	BG	CZ	DK	EE	LV	LT	HU	PL	RO	SE	UK	EU-27	EU-15	HR	MK	TR	US
1970											42.0						32.5
1971			42.2								41.2						32.7
1972			42.1								42.3						32.4
1973			39.5								43.5						31.4
1974			43.6								47.8						32.8
1975			45.3								49.1						35.2
1976			45.0								49.2						34.0
1977			45.6								46.8						33.2
1978			47.2								46.2						32.2
1979			49.6								45.1						32.2
1980			52.7								47.6						34.2
1981			56.3								51.2						34.5
1982			57.7								50.7						36.9
1983			57.9								50.4						37.1
1984			56.6								50.3						36.1
1985			55.5								48.7						36.8
1986			52.3								44.6						37.3
1987			54.0								42.7						37.1
1988			56.1								40.3						36.2
1989			56.2								39.7						36.2
1990			55.4	31.6							41.1						37.2
1991			56.1								42.7						38.7
1992			57.2	24.4							45.0						38.6
1993			60.3	35.9	34.7					71.7	45.0						38.1
1994			60.2	41.7	37.9					69.6	44.4						37.2
1995		54.5	59.3	41.3	38.6	34.4	56.2	47.7	35.9	65.2	43.9		50.3				37.1
1996		42.6	58.9	39.5	36.9	36.4	51.5	51.0	34.7	62.9	42.3		50.1				36.6
1997		43.2	56.7	37.4	36.3	49.6	50.5	46.4	34.9	60.8	40.5		48.5				35.5
1998	39.3	43.2	56.3	39.2	40.2	40.1	52.0	44.3	35.2	59.0	39.5	47.3	47.5				34.6
1999	41.8	42.3	55.4	40.1	41.8	39.9	49.1	42.7	39.2	58.4	38.9	46.8	47.0				34.2
2000	42.6	41.8	53.6	36.1	37.3	39.1	46.8	41.1	38.5	55.6	36.8	44.8	44.9				33.9
2001	40.3	44.4	54.1	34.8	34.6	36.8	47.2	43.8	36.0	55.6	40.2	46.2	46.4				35.0
2002	40.3	46.3	54.4	35.8	35.6	34.7	51.2	44.3	35.0	56.5	41.1	46.6	46.8				35.9
2003	40.3	47.3	54.9	34.8	34.8	33.2	49.4	44.7	33.5	56.7	42.1	47.2	47.4	34.3			36.3
2004	39.7	45.2	54.3	34.0	35.8	33.3	48.7	42.6	33.5	55.3	42.9	46.8	47.1	33.1			36.0
2005	39.3	45.0	52.6	33.6	35.5	33.3	50.1	43.4	33.5	55.0	44.1	46.8	47.1	35.0			36.3
2006	36.5	43.8	51.5	34.0	38.1	33.6	51.9	43.9	35.3	54.0	44.0	46.3	46.5	34.0			36.0
2007	41.5	42.5	50.9	34.8	35.7	34.8	49.8	42.2	36.0	52.5	44.2	45.7	46.0	42.8	33.2	20.6	36.7
2008	37.3	42.9	51.9	39.9	38.6	37.4	49.2	43.3	37.6	53.1	47.4	46.9	47.3	40.8	35.2	23.9	38.8
2009	40.7	46.2	58.5	45.4	43.0	43.0	49.8	44.5	40.4	56.3	51.7	50.7	51.2	42.9	34.3	28.0	41.8
2010	39.7	47.0	59.2	45.8	44.8	42.5	48.8	46.0	39.9	55.9	52.6	51.0	51.5	42.1	36.5	25.7	41.2
2011	39.1	47.4	58.1	44.1	44.4	41.7	48.1	46.2	38.8	54.8	51.3	50.3	50.8	41.7	36.6	23.7	42.0

http://epp.eurostat.ec.europa.eu/portal/page/portal/government_finance_statistics/excessi
ve_deficit/supplementary_tables_financial_turmoil

THIRD PART

PUBLIC SERVICES IN THE CRISIS

TROISIÈME PARTIE

LES SERVICES PUBLICS DANS LA CRISE

Citizen Preferences for Public Services
Empirical Results and Managerial Implications

Ludwig THEUVSEN

*Professor, Department of Agricultural Economics and Rural
Development, Georg-August University of Göttingen, Germany*

Introduction

Lively discussion surrounds the question of which tasks should be
considered public tasks and, therefore, fulfilled, administered or at least
regulated by various State actors (parliaments, competent authorities,
public enterprises, etc.) at federal, regional or municipal levels. From an
empirical point of view, public tasks are often identified as those for
which public resources (budgets, staff, facilities, etc.) have been employed in a fiscal year (Frentz, 1990) or public authorities are responsible regardless of whether the tasks are performed by public or by private
actors (Schuppert, 1981). From a more analytical point of view, one
might point to tasks that necessarily have to be performed centrally and
are, therefore, in most cases, public tasks. "Minimalists" (Gretschmann,
1991, p. 49) consider only interior and exterior safety and a limited
number of activities that are necessary for enabling economic activities
and preventing social and economic conflicts as public tasks. In a less
restrictive sense, taxation (or subsidization) of activities with negative
(or positive) external effects, natural monopolies and the redistribution
of income are also classified as public tasks (Gretschmann, 1991).
Finally, normative approaches determine public tasks by referring to
regulatory political concepts that are strongly influenced by liberal and
left-wing positions (for instance, Candeias, Rilling, Weise, 2008).

Regardless of how public tasks are determined, their actual extent
and composition always depend on societal preferences as well as the
distribution of political power. Therefore, what is considered a public
task varies greatly over time as well as across cultures and cannot be
precisely defined. As a consequence, the distinction between public and
private tasks is always highly debated and hard-fought. In the end,

whether public responsibility will be assumed for a given task or not is a political decision (Oettle, 1999). The ongoing nationalizations of financial institutions and other companies after the outbreak of the current world financial and economic crisis highlight the strong situational conditionality of the determination of public tasks.

By and large, in a democracy political decisions have to reflect its citizens' preferences. Therefore, the future of the public sector and service provisions through public administrations and enterprises is strongly dependent on what citizens think about public services and whether they prefer public or private service providers. Against this background, it is the aim of this study to summarize what we know so far about citizens' preferences with regard to the delivery of services by public – federal, regional or municipal – service providers. This includes the following research questions:

- What do empirical studies say about citizen preferences with regard to public and private task performance and what are the reasons for the preferences stated in surveys (section 2)?

- How important are the preferences citizens reveal to their actual behavior, for instance their choices of services providers (section 3)?

- What managerial implications and future research needs can be derived from existing empirical data on citizens' preferences with regard to public (or private) services and their behavior with regard to provider choice (section 4)?

It has been argued that citizen preferences for (or against) the public provision of services reflect collectively shared cultural patterns (Schulz-Nieswandt, 2010). Nonetheless, it can also be hypothesized that the ongoing financial and economic crisis influences citizens' attitudes in the sense that the disadvantages of a widely unregulated private economy have become much more apparent so that people may now tend to prefer the reliable provision of services through public enterprises that behave in the public interest and do not maximize profits. Although the existing empirical studies were conducted before the outbreak of the current crisis, the potential impact of that crisis on citizens' preferences emphasizes the high relevance of the research questions outlined above.

Citizen Preferences for Public Services: Some Empirical Results

Over time several empirical studies have been published that shed some light on whether citizens from various countries prefer public service providers or not and what their attitudes are towards the public economy as well as privatization.

When outlining some of the empirical results, we do not take into account empirical analyses that focus on the restructuring of the Central and Eastern European economies and the extensive privatization processes in former central planning economies after the fall of the Iron Curtain (for instance, Hudeckova, Lostak, 1992) since these developments represent historically unique events that cannot be compared with developments in well-established Western market economies.

One of the more recent studies was conducted by Thompson and Elling (2000), who analyzed the preferences of 1,507 inhabitants of the US State of Michigan. The authors investigated the respondents' preferences for the provision of tasks through public, private nonprofit and private for-profit service providers. Their results are based on empirical data collected during the 1996 Public Policy Survey in Michigan. Citizens were asked which providers they prefer with regard to 14 services. These services included operation of maximum security prisons, enforcement of building safety regulations, delivery of police protection, building and maintenance of highways, operation of minimum security prisons, delivery of fire protection, provision of services to the mentally ill, operation of elementary/secondary schools, operation of airports, street cleaning and snow removal, delivery of clerical services in government buildings, delivery of emergency medical services, delivery of janitorial services in government buildings, and garbage collection/disposal. Table 1 shows to what extent respondents prefer public, private nonprofit or private for-profit service providers. In general, quite strong preferences for public service provision can be observed. But a closer look also reveals that there are remarkable differences depending on the type of service. All in all, respondents exhibited the strongest preferences for public service provision in the fields of sovereignty administration (such as police services and operation of prisons), provision of infrastructures (such as highways) and trust goods (for instance, education). Private nonprofit organizations only play a remarkable role in their traditional fields of expertise: health care, nursing and education. For-profit providers are preferred by the majority in the fields of garbage collection/disposal and janitorial services in government buildings. They are accepted as service providers by at least 40% of Michigan's citizens for street cleaning and snow removal and the delivery of clerical services in government buildings.

In another question it became obvious that, while 15.6% of the respondents want to see any of the services mentioned above privatized, only 0.4% always prefer private service providers. More than three quarters of the respondents prefer only five or fewer of the services in question to be privatized.

Those who were clearly in favour of privatization and want six or more services to be privatized represent the remaining quarter of the respondents (Thompson, Elling, 2000).

Table 1. Preferences for public and private service provision in Michigan (Thompson, Elling, 2000, p. 341)

	Percentage of respondents who agree that the following services should be provided by…		
	public service providers (%)	private firms (%)	private nonprofit organizations (%)
Operation of maximum security prisons	84.7	10.2	5.1
Enforcement of building safety regulations	83.0	8.2	8.8
Delivery of police protection	80.5	8.9	10.6
Building and maintenance of highways	77.3	18.3	4.4
Operation of minimum security prisons	76.8	15.3	7.9
Delivery of fire protection	68.7	12.6	18.7
Provision of services to the mentally Ill	63.8	14.1	22.1
Operation of elementary/ secondary schools	63.5	18.3	18.2
Operation of airports	58.6	35.0	6.4
Street cleaning and snow removal	49.4	42.1	8.5
Delivery of clerical services in government buildings	47.0	45.3	7.7
Delivery of emergency medical services	45.0	34.5	20.5
Delivery of janitorial services in government buildings	33.9	56.7	9.5
Garbage collection/disposal	30.2	61.1	8.7

Thompson and Elling's results (2000) confirm earlier studies in the United States, which also revealed a surprisingly strong preference for public service provision. For instance, a survey by the Pew Research Center for the People and the Press (1998) showed that US citizens attribute the main responsibility for conserving the country's natural resources, ensuring access to health care, providing a decent standard of living for the elderly, ensuring that food and medicines are safe, reducing poverty and managing the economy to the State, whereas private companies were not given a leading role in any of these areas.

When analyzing the motives underlying the strong preferences for public services in Michigan, Thompson and Elling (2000) showed that people expect improved service quality, more customer orientation and lower costs from outsourcing or privatizing service provision to private for-profit firms. But at the same time, they also perceive negative outcomes from privatization, such as a reduction in employment, the weakening of labour unions and higher susceptibility to corruption. So, although many respondents have had positive experiences with privatized services, this does not influence the preferences regarding privatization they stated in the survey. Additional analyses have shown that – in descending order of relevance – the following factors significantly influence citizens' attitudes towards how many services they would like to see privatized: party (Republican or Democrat) identification, income and race. For example, white Republicans with a high income are more likely to prefer privatization than other demographic groups.

There have been similar empirical results in Germany. In January 2008, a survey of 1,005 household customers sponsored by the German Association of Municipal Enterprises (*Verband kommunaler Unternehmen*, VKU) revealed that a majority of the respondents associate electric power supply (85%) and gas supply (60%) with municipal enterprises. Similarly, 73% agree that basic services such as water supply should be guaranteed by municipal enterprises, whereas only 11% prefer private firms. One reason for the strong preference for public service provision may be that 83% of the customers are satisfied or even very satisfied with their municipal service providers; moreover, 62% perceive municipal suppliers as attractive regional employers. More than two-thirds of the respondents perceive their municipal enterprises as an important regional economic factor, responsive to citizens and customers, and economically successful. Furthermore, 82% consider public enterprises important correctives with regard to market competition (Dimap/VKU, 2008). In September 2008, a follow-up study with regard to the so-called "renaissance of municipal enterprises" that can be currently observed in Germany widely confirmed the earlier empirical results. Again, 59% of the respondents believe that energy, water, garbage collection and disposal, and local public transport should be supplied by public enterprises, whereas only 20% of the respondents prefer private firms (Müller, 2008).

By and large, these empirical findings are in line with results from two representative surveys on citizens' attitudes and preferences in Germany in 2007 and 2008 (Forsa/dbb, 2007, 2008).

In the former 2,008 citizens (1,045 of whom were employees of public administrations and enterprises) and in the latter 3,112 citizens (1,031 of whom were employed by the State) were interviewed by telephone. It turned out that 70% (2007: 66%) of the respondents agree with the statement that a globalized society needs a strong State that protects citizens. This statement received even stronger agreement from public service employees, in Eastern Germany and from supporters of conservative (*CDU/CSU*) and left-wing (*SPD; Die Linke*) parties. Although about two-thirds of the respondents complained that there is too much public bureaucracy, extensive privatization had only few supporters. Similar to the results from Michigan (Thompson, Elling, 2000), there was a strong preference for public service provision with regard to sovereignty administration (such as police services) and trust goods (like education). A more mixed picture emerges with regard to garbage collection and disposal, employment services, energy supply, local public transport, theatres and museums (see Table 2).

Table 2: Preferences for public and private service provision in Germany (Forsa/dbb, 2008, S. 43)

	The following services ...					
	... should be provided publicly in any case.		... could also be provided by private firms.		... should* be privatized in any case.	
	2007 %	2008 %	2007 %	2008 %	2007 %	2008 %
Police	97	96	2	3	0	0
Justice	96	95	2	3	0	1
Prisons	92	91	6	6	1	1
Tax authority	85	84	11	12	2	3
Fire department	83	83	14	14	2	2
Schools	76	78	20	17	3	4
Pension insurance	70	71	19	18	10	9
Universities	66	69	27	24	5	4
Hospitals	61	63	31	29	7	6
Garbage collection and disposal	41	46	44	40	14	13
Job centers	40	46	41	37	16	15
Energy supply	40	47	41	35	18	16
Local public transport	39	46	44	40	16	12
Theaters, museums	33	33	51	50	14	15

* Differences to 100%: "don't know"

One reason for the skeptical attitudes towards (more) privatization could be that the clear majority of respondents perceive cost advantages from privatization only in the telecommunications sector and quality advantages only in the telecommunications and parcel service sectors. Furthermore, more than 80% of the respondents think that private firms are only interested in high profits and do not take into account people's interests or secure supply. Therefore, half of the respondents are against future privatization; a quarter (2007: 19%) even advocates renationalization of services that have already been privatized (Forsa/dbb, 2007, 2008). These findings parallel earlier studies in the United States, which showed that many US citizens attribute higher quality to public service providers compared to private firms (Poister, Henry, 1994). But it is not only when services are provided publicly that citizens perceive higher quality; they often also expect a higher quality of services from public administrations and firms. This was shown in a British study about public service broadcasting, i.e. broadcasting and TV programmes that are made in the public interest (for instance, news, documentaries and educational broadcasts) (Human Capital, 2008). In the British study 4,577 people were interviewed between January and May 2008; quantitative results were complemented by qualitative data generated in workshops with 126 participants. Although all broadcasting and TV companies are, to a certain degree, bound to public service broadcasting, respondents expected a higher quality level from programmes produced by the BBC. One reason for differing quality expectations between public and private service providers is that people consider higher quality broadcasts a service in return for the broadcasting fees they have to pay (Human Capital, 2008).

The results of the Forsa/dbb (2007, 2008) surveys indicate that German citizens desire a strong State that protects them against the hazards of a globalized world. Furthermore, the State is perceived as a guarantor of social justice and stability. Therefore, the privatization of the national German railway company (*Deutsche Bahn AG*) then being debated (until 2008) is strongly opposed by both conservative (*CDU/CSU, 71%*) and left-wing (*SPD, 72%; Die Linke, 76%*) voters; these groups are even in favour of renationalizing telecommunication services (Emnid/ZEIT, 2007).

Not surprisingly, citizen preferences are reflected in the attitudes of politicians – mainly at the local level – who attribute advantages to municipal enterprises with regard to acting in the public interest and in line with the needs of the citizenship, contributing to the assets of a municipality, and firm control through democratically legitimized (local) bodies. As a consequence, the number of municipal enterprises increased by 11% from 11,204 in 2001 to 12,432 in 2005.

Mainly in garbage collection and disposal and in the energy sector, there is a strong tendency in municipalities towards renationalizing formerly privatized services that has resulted in growing market shares for public enterprises (Schäfer, 2008). Last year, a group of municipal enterprises acquired a large group of formerly privatized municipal energy suppliers. This turned out to be one of the largest deals in the German M&A market in 2009.

With regard to the reasons for citizens' preferences for public service provision, Durant and Legge (2002) conducted in-depth statistical analyses. Their study is based on empirical data from 4,078 French citizens who were registered to vote in 1995. Their data reveal strong differences between adult French citizens with regard to their attitudes towards the privatization of public enterprises. Through a regression analysis, the authors were able to identify five factors that significantly influence attitudes towards privatization (in descending order of relevance): ideology (left-right self-placement in the political spectrum), value orientation (towards markets and profits), leadership (support for Balladur, i.e., a politician in favor of privatization that respects the French political cultural tradition), emulation (attitude towards the United States in either economic or political terms) and utilitarianism (higher education resulting in higher income will affect attitudes towards privatization). It turned out that voters have more positive attitudes towards privatization if they do not prefer extremely right- or left-wing political positions, perceive markets and profits as something positive, assess politicians who are against privatization skeptically, have positive attitudes towards the United States and other successful market economies, such as Germany, and are well educated and employed in the private sector (Durant, Legge, 2002).

The strong influence of political preferences on citizens' attitudes towards privatization and public or private service provision that appears in Durant's and Legge's (2002) as well as Thompson's and Elling's (2000) studies has also been found in Germany. Whereas the majority of voters of conservative (*CDU*) and left-wing (*SPD, Die Linke*) parties have strong preferences for publicly operated services (for instance, railway systems and telecommunications), voters of liberal (*FDP*) and "green" parties (*Bündnis 90/Die Grünen*) are split into two groups of nearly the same size, one in favour of and one against privatization (see Table 3). Similar results were obtained in the Forsa/dbb surveys (2007, 2008). Asked whether the market can regulate everything or whether a strong State that protects its citizens against unacceptable circumstances and events is needed, respondents greatly preferred a strong State regardless of their political preferences; but again, voters from liberal and "green" parties showed somewhat less enthusiasm for a strong State (Forsa/dbb, 2008).

Table 3: Political preferences and attitudes towards privatization among German voters (Emnid/ZEIT, 2007)

	Do you prefer public or private ownership of railway, telecommunication and energy supply companies?	
	Private ownership (%)	Public ownership (%)
All respondents	27	67
SPD	25	72
CDU/CSU	26	71
Bündnis 90 / Die Grünen	48	46
FDP	43	57
Die Linke	20	76

The important role of utilitarian motives for citizens' attitudes towards public and private service provision was also clearly demonstrated in a Finnish study that asked 2,799 citizens who they considered to bear the main responsibility for health care; 53% of those working in the public sector and 52% of those working in private nonprofit organizations said they believe the State is mainly responsible. Employees of private for-profit organizations answered differently; 60% said they consider public and private organizations responsible in equal measure (Vuori, 2006). Again, similar results were found in Germany where publicly employed people demonstrated the weakest agreement with the statement that markets can regulate everything and the strongest preferences for a strong State that is able to protect citizens (Forsa/dbb, 2008).

The limited but, nonetheless, instructive empirical data currently available indicate that there is a comparatively strong preference for public service provision that can be observed over time and over various cultural contexts, such as the highly individualistic societies in North America and the moderately individualistic societies in continental Europe (Hofstede, 2001). The underlying reasons for the stated preferences, such as political preferences, education, income and utilitarian motives, also seem to be quite similar, even in different countries.

Preferences for Public Service Provision and Behavior

Attitudes represent individuals' degree of like or dislike for an item; they are positive or negative views of attitude objects, such as persons, firms or events, that influence behavior (Fazio, 1986; Triandis, 1971).

In the theory of reasoned action and the theory of planned behavior, for instance, attitudes are considered central determinants of intentions, which determine behavior. Both theories assume that people act in line with their attitudes, which means that an individual's behavior can be better predicted if his or her attitudes are known (Ajzen, Fishbein, 1980;

Ajzen, 1991). For public service providers, the extent to which attitudes or preferences influence the actual behavior of citizens – for instance, choice of service provider or willingness to pay for publicly provided services – is highly relevant.

Nonetheless, neither in the theory of reasoned action nor in the theory of planned behavior are attitudes the only determinant of behavior. The theory of reasoned action also takes into account the subjective norm, i.e., a person's perception of social pressures to perform or not to perform a specific behavior (Ajzen, 1989). The theory of planned behavior introduces perceived behavioral control as another determinant of behavior. Behavioral control refers to the non-motivational factors that determine the ability to perform a behavior, such as requisite opportunities and resources (time, money, cooperation of others, skills and so on; Ajzen, 1991). As a consequence, behavior is not only the result of the intentions (and attitudes) of individuals but is also determined by other internal and external factors (Jonas, Doll, 1996). The assumption that attitudes are an important but not the only determinant of behavior can also be found in marketing literature. The stimulus-organism-response (S-O-R) model, for example, assumes that, in addition to attitudes, various other constructs, including emotions, risk orientation, knowledge, involvement and satisfaction, determine buying behaviour (Houston, Rothschild, 1978).

From this theoretical background, it can be deduced that the positive attitudes of citizens towards public service provision do not necessarily mean that households contract with public instead of private providers. Satisfaction with a private service provider, budget constraints, a lack of involvement or a lack of knowledge about the ownership structure of providers can result in a situation in which citizens contract private firms although they actually prefer public service provision. Therefore, positive attitudes offer an opportunity for public service providers but do not guarantee market success. Furthermore, we know from marketing research that citizen preferences are not always reflected in consumers' actual buying decisions. This is most likely to happen if people are not convinced that their individual buying behavior will really make a difference, for instance with regard to the future of public enterprises (Korthals, 2001).

Besides provider choice, citizens' willingness to pay is relevant for public service providers as well as for governments. Is there, for instance, a positive willingness to pay for public service provision so that parliaments can refrain from privatizing or outsourcing services to more cost efficient (private) providers? So far, there is hardly any information on citizens' willingness to pay for public instead of private service provision. One of the rare exceptions to this rule is a study by Vuori,

Kingsley and Savolainen (2007), who analyzed Finnish citizens' willingness to pay for private and public medical services. From a public sector perspective, the results are rather disillusioning. Although many respondents have a strong preference for publicly provided medical services, more than 60% of the citizens interviewed were not willing to pay more than 20 € for public health provision (see Table 4).

**Table 4. Willingness to pay for public
and private provision of medical services in Finland
(based on data from Vuori, Kingsley and Savolainen, 2007)**

Citizens' willingness to pay for public and private health services (in €)							
	0	>20	>60	>100	>140	>180	Total
Public physician	200	1,448	774	199	26	53	2,701
Private physician	80 3%	589 22.1%	1,197 44.8%	127 4.8%	122 4.6%	80 3%	2,669

* Differences to 100%: "don't know"

Findings and Main Issues

Despite the existence of a number of large-scale empirical studies and, at least at first sight, comprehensive and consistent findings, existing knowledge about citizens' preferences for public service provision is still rather limited (Durant, Legge, 2002). It is, for instance, widely unknown what the deeper influences on attitudes towards public service provision or privatization actually are (Vuori, Kingsley, Savolainen, 2007) and how citizen preferences actually influence provider choice and willingness to pay. Durant and Legge (2002), for instance, identified five factors determining preferences. Nonetheless, these factors explain only 24% of the variance observed; accordingly, the explanatory power of each individual factor for explaining differences between citizens' preferences is very low.

The situation is even worse in Thompson's and Elling's (2000) study; the authors are not able to identify a dominant determinant of differences in citizens' attitudes. With regard to the number of privatized services that respondents prefer, the corrected R2 of the regression function is only 0.06. Even in the social sciences, where an R2 as low as 0.2 is often considered satisfactory, 0.06 is a very disappointing result. The unsatisfactory quality criteria indicate that there are (presumably numerous) other explaining variables that so far have not been taken into account. One reason might be that the existing studies often refer to independent variables, like political preferences, that are themselves subject to various influencing factors. Furthermore, independent variables such as education, income and political preferences are often not independent of each other, so that the explanatory power of each additional variable is very low.

Another problem of the existing, in most cases exploratory studies are unclear causalities: do political preferences influence attitudes towards privatization, or is it the other way round? Are citizens influenced by certain political leaders when shaping their own preferences (as suggested by Durant and Legge, 2002), or does having a certain attitude towards privatization mean that an individual listens only to the statements of those politicians that share this attitude? The theory of cognitive dissonance suggests that the latter might be true since people try to avoid cognitive dissonances and, therefore, increasingly look for information that is consistent with their own beliefs (Festinger, 1957). In this case, preferences for or against privatization would not be the dependent but the independent variable since they influence the attention that people give to a politician's statements.

The above-mentioned problems reflect the theoretical and methodological shortcomings of existing research. A closer look at the research on attitudes might be a way to solve these problems. For analytical reasons, Triandis (1971) introduced the distinction between the cognitive, affective and conative components of attitudes. The cognitive component encompasses the (subjective) knowledge, beliefs, information and arguments about an object, in this case public and private service providers. The affective component refers to the emotional side of attitudes. The conative component becomes relevant when individuals form an intention to do something based on cognitive and affective aspects, for instance plan to change their service providers; that is, it pertains to motivation.

Existing empirical studies frequently refer to the various components of citizens' attitudes towards public and private service provision. The cognitive component appears when citizens assess public and private service providers with regard to costs, quality, reliability, citizen and customer orientation and environmental awareness (Poister, Henry, 1994; Dimap/VKU, 2008; Forsa/dbb, 2007, 2008). The affective component comes into play when organizations are evaluated with regard to categories such as justice, the protection they provide against the hazards of globalization (Forsa/dbb, 2008), (un-)equal treatment or profit orientation versus behavior in the public interest (Schäfer, 2008).

Prospects and Future Lines of Research

More in-depth research into the various components of citizens' attitudes would provide additional insights into why people have certain attitudes. These analyses could include studies on the structure, intensity and persistence of attitudes, the emergence of attitudes and the relationship between attitudes and behavior (Pinder, 1998). Furthermore, reference to research on attitudes would also allow the use of the broader spectrum of methodologies that have been developed in psychology. The dominant surveys that have been carried out so far provide an interesting starting point for understanding citizen preferences but lack the capacity to support more in-depth research into citizens' psychology.

More in-depth knowledge of the factors underlying citizen preferences would also allow a better understanding of how the current economic crisis may influence attitudes towards public and private service provision. Anecdotal evidence suggests that in Germany the crisis has resulted in even stronger preferences among the population for service provision by public enterprises. Major privatizations, such as that of the national railway company (Deutsche Bahn AG) or the municipal enterprises of the city of Leipzig, were recently cancelled due to strong opposition from citizens and subsequent decreasing political support for selling public enterprises to private investors. Furthermore, many German municipalities are now considering whether it might be better to buy back formerly privatized municipal enterprises. Survey results indicate that citizens prefer a strong State that protects them against the hazards of globalization and guarantees social justice and stability (Forsa/dbb, 2007, 2008). Since the economic crisis is widely perceived as an outcome of speculative behavior on unregulated global financial markets, it is highly probable that the current crisis has an impact on citizens' attitudes in the sense that private service provision is being even more strongly rejected. Nonetheless, so far there is a lack of empirical data to support that hypothesis.

Current empirical knowledge about citizen preferences has interesting managerial implications for public service providers. The consequences for the marketing of public service providers are most obvious. Since citizens attribute lower prices, higher quality, a positive impact on the regional economy, more equal treatment etc. to public providers, public administrations and enterprises should address these issues in their public relations activities. Those advantages of public service providers that are highly relevant for citizens should be documented and published regularly. In this context it may be necessary to improve accounting systems; various suggestions have been made as to how to design a social accounting system that could support the public relations activities of public service providers (Gambling, 1974; Gray, Owen, Adams, 1996).

Empirical studies also highlight the relevance of the affective component of attitudes towards public service providers. In other words, what people feel with regard to public service providers is not only due to information (cognitive component) but also emotions and feelings. This offers significant opportunities for municipal service providers that are tied to the local community and act in the public interest. On the other hand, privatization of public enterprises often fuels citizens' fears with regard to globalization and big international companies. Against this background, the management of citizens' emotions can become a success factor for public service providers. This requires an understanding of citizens' needs, fears, anxieties, wishes etc. and the development of instruments and measures that address these emotions, for instance, imparting a feeling of security and shelter to potential and current customers. Since the outbreak of the worldwide financial crisis, for instance, state-owned banks in Germany have been increasingly perceived as safe havens that provide stability and reliability (Schubert, 2009).

Furthermore, it is important that those characteristics of public service providers that influence citizens' emotions become visible. Continuous sponsoring of local initiatives and clubs, open days and open communication can be ways to make public service providers more visible to members of the local community and to positively influence the cognitive component of citizens' attitudes.

Existing research also indicates that positive attitudes necessarily result neither in competitive advantages for public service providers over private ones due to tighter customer relationships nor in a positive willingness to pay for public service provision on the part of citizens. Instead we have to assume that attitudes are only one determinant of behaviour – and not always the most important one.

Therefore, citizens' positive attitudes are an opportunity to be taken advantage of by public service providers through attractive offerings for citizens and professional and customer-oriented firm management.

From the perspective of public service providers, it can be very useful to support the transformation of citizen preferences into political decisions. Political economists often conceptualize representative democracies as multi-level principal-agent relationships. In this context, elections are opportunities for citizens to choose between alternative agents and the political programmes they represent. On the next level, political decision-making bodies delegate tasks to public administrations and enterprises (Theuvsen, 2001). Besides divergent goals, information asymmetries are a typical characteristic of principal-agent relationships (Eisenhardt, 1989). Therefore, it cannot be taken for granted that politicians are always well informed about the true preferences of their principals, i.e., the citizens, with regard to public service provision and privatization. Therefore, it can be useful for public service providers to improve the information exchange between citizens and politicians. This is less relevant for large privatization projects that are intensively debated in the media, which serve as an information platform that links citizens and politicians (Gamson, 1992) but can be very helpful for the multitude of small privatization and outsourcing projects.

Last but not least, it can be useful for public service providers to actively participate in public discourses about privatizations and types of service provision that are often conducted in the mass media and other public forums. In public discourses, perceptions and constructions of reality and problems are exchanged and interactively negotiated. Public discourses influence societal decision-making since they represent meanings that have become objective (Berger, Luckmann, 1967). A public discourse influences the beliefs and views of those participating in the discourse since it allows the sharing of information, beliefs, wishes and criticism. Active participation in a public discourse offers citizens the opportunity to influence the attitudes and meanings of relevant decision-makers. This is most important when public service providers face an economic or other crisis that offers the opportunity to reshape discourses, for instance, with regard to the privatization of public enterprises (Habermas, 1981).

The earlier discussion of existing research has already revealed major shortcomings with regard to the empirical data available and the research methodologies applied. This provides ample opportunities for future research, such as the use of a much broader spectrum of research methods as provided by psychology and other fields.

This would enable deeper insights into what actually influences citizens' preferences and how attitudes influence decisions. Advanced market research methods, such as conjoint or discrete choice analyses, would provide better understanding of citizens' willingness to pay for public service provision. Last but not least, discourse analyses may also provide insights into how perceptions of and attitudes towards public service provision are shaped. Discourse analyses can also include analyses of frames used for framing arguments, actors participating in the discourse and the standing (centre versus periphery) these actors have (Gerhards, Neidhardt, Rucht, 1998).

In summary, the analysis of citizen preference with regard to public and private service provision is a multifaceted research question that has only rarely been tackled so far. Therefore, there is a considerable lack of information, which requires extensive future research activities. "Bringing the State Back In" was the title of a well-known book published as early as 1985, which argued that the State should be taken seriously again (Evans, Rueschemeyer, Skocpol, 1985; Skocpol, 1985). More recently "renaissance of the public sector" has become a buzzword that can often be heard in discussions about the increasingly important role of public enterprises. Future developments will show whether this is only a flash in the pan or the start of a longer-term trend towards the renewal of public service provision.

Bibliography

Ajzen, I., "Attitude Structure and Behavior: Attitude Structure and Function", in Pratkanis, A.R., Breckler, S.J., Greenwald, A.G. (eds.), *Attitude structure and function*, Hillsdale, NJ, Psychology Press, 1989, pp. 241-274.

Ajzen, I., "The Theory of Planned Behavior", in *Organizational Behavior and Human Decision Processes*, 1991, Vol. 90, pp. 179-211.

Ajzen, I., Fishbein, M., *Understanding Attitudes and Predicting Social Behavior*, Englewood Cliffs, NJ, Prentice Hall, 1980.

Berger, P.L., Luckmann, T., *The Social Construction of Reality: A Treatise in the Sociology of Knowledge*, Garden City, NY, Anchor, 1967.

Candeias, M., Rilling, R., Weise, K., *Crisis of Privatisation: Return of the Public Sphere*, Policy Paper 1/2008, Berlin, Rosa-Luxemburg-Foundation, 2008.

Dimap/VKU, VKU-Haushaltskundenbefragung 2008. January 2008.

Durant, R.F., Legge, J.S., "Politics, Public Opinion, and Privatization in France: Assessing the Calculus of Consent for Market Reforms", in *Public Administration Review*, 2002, Vol. 62, pp. 307-323.

Eisenhardt, K.M., "Agency Theory: An Assessment and Review", in *Academy of Management Review*, 1989, Vol. 14, pp. 57-74.

Emnid/ZEIT, Jeder dritte Deutsche fühlt "links", 2007 www.zeit.de/online/2007/32/links-umfrage.

Evans, P., Rueschemeyer, D., Skocpol, T. (eds.), *Bringing the State Back In*, Cambridge, Cambridge University Press, 1985.

Fazio, R.H., "How Do Attitudes Guide Behavior?", in Sorrentino, R.M., Higgins, E.T. (eds.) *The Handbook of Motivation and Cognition: Foundations of Social Behavior*, New York, The Guilford Press, 1986, pp. 204-243.

Festinger, L., *A Theory of Cognitive Dissonance*, Stanford, CA, Stanford University Press 1957.

Forsa/dbb, Bürgerbefragung öffentlicher Dienst 2007: Einschätzungen, Erfahrungen und Erwartungen. Berlin, 2007.

Forsa/dbb, Bürgerbefragung öffentlicher Dienst 2008: Einschätzungen, Erfahrungen und Erwartungen. Berlin, 2008.

Frentz, M., *Effiziente Erfüllung öffentlicher Aufgaben: Ein Beitrag zur Verwaltungsrationalisierung aus organisationstheoretischer Sicht am Beispiel der Ausgliederungsfrage*. Frankfurt a. Main, P. Lang, 1990.

Gambling, T., *Social Accounting*, London, 1974.

Gamson, W.A., *Talking Politics*, New York, Cambridge University Press, 1992.

Gerhards, J., Neidhardt, F., Rucht, D., *Zwischen Palaver und Diskurs: Strukturen öffentlicher Meinungsbildung am Beispiel der deutschen Diskussion zur Abtreibung*. Opladen, Westdeutscher Verlag, 1998.

Gray R.H., Owen, D.L., Adams, C., *Accounting and Accountability: Changes and Challenges in Corporate Social and Environmental Reporting*, London, Financial Times/Prentice Hall, 1996.

Gretschmann, K., "Analyzing the Public Sector: The Received View in Economics and its Shortcomings", in Kaufmann, F.-X. (ed.) *The Public Sector: Challenge for Coordination and Learning*, Berlin, New York, Walter de Gruyter Inc, 1991, pp. 47-67.

Habermas, J., *The Theory of Communicative Action*, London, 1981.

Hofstede, G., *Culture's Consequences: Comparing Values, Behaviors, Institutions, and Organizations across Nations*, Thousand Oaks, CA, Sage Publications, 2001.

Houston, M.J., Rothschild, M.L., "Conceptual and Methodological Perspectives on Involvement", in Jain, S.C. (ed.), *Research Frontiers in Marketing: Dialogues and Directions*, Chicago, American Marketing Association, 1978, pp. 184-187.

Hudeckova, H., Lostak, M., "Attitudes to Privatization in Czechoslovak Agriculture", in *Sociologia Ruralis*, 1992, Vol. 32, pp. 287-304.

Human Capital, *Public Service Broadcasting Now and in the Future: Audience Attitudes. A Report*, June 2008.

Jonas, K., Doll, J., "Eine kritische Bewertung der Theorie des überlegten Handelns und der Theorie geplanten Verhaltens", in *Zeitschrift für Sozialpsychologie*, 1996, Vol. 27, pp. 18-31.

Korthals, M., "Taking Consumers Seriously: Two Concepts of Consumer Sovereignty", in *Journal of Agricultural and Environmental Ethics*, 2001, Vol. 14, pp. 201-215.

Müller, H., *Survey Results Presented at Symposium "Renaissance der Kommunalwirtschaft?"*, November 6-7, 2008, Berlin, 2008.

Oettle, K., "Elemente der Ökonomisierung des Verwaltungshandelns", in *Die Verwaltung*, 1999, Vol. 32, pp. 291-312.

Pew Research Center for the People and the Press, *Deconstructing Distrust: How Americans View Government*, Washington, DC, Pew Research Center, 1998.

Pinder, C.C., *Work Motivation in Organizational Behavior*, Upper Saddle River, N.J, Psychology Press, 1998.

Poister, T.H., Henry, G.H., "Citizen Ratings of Public and Private Service Quality: A Comparative Perspective", in *Public Administration Review*, 1994, Vol. 54, pp. 155-160.

Schäfer, R., *Kommunale Selbstverwaltung braucht kommunale Unternehmen*, Paper presented at INFRAFUTUR Conference, May 27, 2008, Heidelberg, 2008.

Schubert, W., *Paper presented at 7 Handelsblatt Conference "Zukunftsstrategien für Sparkassen und Landesbanken"*, February 11-12, 2009, Berlin, 2009.

Schulz-Nieswandt, F., "Institutionelle Präferenzen der Bürger hinsichtlich der Erstellung kommunaler Daseinsvorsorgegüter: Eine tiefenpsychologische Re-Interpretation quantitativer Befragungsstudien", in Schaefer, C., Theuvsen, L. (eds.), *Renaissance des öffentlichen Wirtschaftens?*, Baden-Baden, Nomos, 2010.

Schuppert, G.F., *Die Erfüllung staatlicher Aufgaben durch verselbständigte Verwaltungseinheiten: Eine verwaltungswissenschaftliche Untersuchung.* Göttingen, 1981.

Skocpol, T., "Bringing the State Back In: Strategies of Analysis in Current Research", in Evans, P., Rueschemeyer, D., Skocpol, T. (eds.), *Bringing the State Back in*, Cambridge, Cambridge University Press, 1985, pp. 3-37.

Theuvsen, L., *Ergebnis- und Marktsteuerung öffentlicher Unternehmen: Eine Analyse aus organisationstheoretischer Sicht*, Stuttgart, Schäffer-Poeschel, 2001.

Thompson, L., Elling, R.C., "Mapping Patterns of Support for Privatization in the Mass Public: The Case of Michigan", in *Public Administration Review*, 2000, Vol. 60, pp. 338-348.

Triandis, H.C., *Attitude and Attitude Change*, New York, John Wiley & Sons, 1971.

Vuori, J., *Public Interest Embedded in Private Interest: Exploring Public in Private and Private in Public*, Paper presented at 6th EGPA Annual Meeting, September 9, 2006, Milano, 2006.

Vuori, J., Kingsley, G., Savolainen, T., *Public and Private Manager: Does the Difference Really Matter?* Paper presented at 3rd Transatlantic Dialogue, University of Delaware, May 31 to June 2, 2007.

L'évaluation par l'approche participative

Un remède à la crise des services publics ?

Angélique CHASSY*

Doctorante, Laboratoire CARE – Équipe Mondialisation et Régulations, Université de Rouen, France

La crise économique interpelle aujourd'hui sur la mise en place de nouvelles méthodes de gestion et d'évaluation des services publics. Faut-il, pour faire face à la crise, continuer à importer dans le service public les méthodes de gestion émanant du privé pour évaluer la performance ? L'externalisation d'activités doit-elle se poursuivre en privilégiant l'évaluation de la rentabilité des services publics, et ceci en l'absence de tout débat démocratique ? L'objet de cette contribution est de montrer, en s'appuyant tout particulièrement sur le cas français, que le renouveau de l'action publique appelle la mise en œuvre d'une évaluation participative fondatrice d'une nouvelle légitimité et d'une plus grande efficacité des services publics.

Partout dans le monde, le service public est composé de services marchands et non marchands. Les premiers sont financés par les prix et sont écartelés entre la recherche du profit et les missions d'intérêt général. Les seconds sont financés par l'impôt mais de plus en plus imprégnés par la logique de performance. Comme le précise Bauby (2007), il y a service public reconnu par une autorité publique si les critères suivants sont atteints : garantie d'accès pour chaque habitant, mise en place de rapports de solidarité et de cohésion, et/ou mise en œuvre de remèdes à des défaillances du marché (dans le domaine économique, social, environnemental ou territorial). À cet égard, il est fait référence au modèle social qui a pour but de favoriser la qualité des services publics et d'assurer la protection sociale et la réglementation sur le marché. La mutabilité des services publics porte dès lors sur leur gouvernance dans le but de pallier les défaillances du marché.

---

* Doctorante aux laboratoires du CARE et du GRIS, Université de Rouen (France).

En France, depuis les années 1990, une culture de résultat et d'évaluation s'est imposée, impulsée par le législateur, notamment, via la Loi organique relative à la Loi des Finances (LOLF). Des réformes axées sur la performance comme la révision générale des politiques publiques participent également à cette tendance. Les raisons évoquées pour justifier cette approche par la performance sont principalement la crise économique et la dette publique. La maîtrise des dépenses publiques est devenue un leitmotiv, tout particulièrement depuis la crise de 2008. L'équité et une meilleure coordination territoriale sont essentielles. Le gouvernement cherche à faire des économies et l'influence des pays anglo-saxons ainsi que l'Union européenne l'amènent à prendre des mesures correctives au sein des services publics pour réduire leur poids financier.

La France connaît actuellement, à travers cette nouvelle approche qui touche progressivement l'ensemble des politiques publiques, une période de changement historique : l'État-providence est mis en doute au nom de l'efficacité et de l'efficience. Les décisions publiques participatives sont prises de manière minimaliste. Ce déficit de participation se traduit entre autres par l'émergence d'une crise sociale au sein des services publics. Quelle en est la nature ? Celle-ci s'observe du point de vue des rapports sociaux internes et externes aux services publics. Tant du côté des agents que des usagers, la crise est perçue comme étant une attaque, un danger, une incertitude, un manque et une pénurie, etc. La suppression de postes de fonctionnaires, les inégalités de traitement chez les usagers suscitent de profondes inquiétudes. Le citoyen n'en est pas moins un acteur constructif et collaboratif, porteur de changements et d'innovations. Il faut donc aujourd'hui réinventer un autre débat économique et social dans les services publics en s'appuyant sur l'apprentissage collectif qui, au sein d'une organisation et grâce à la constitution d'un réseau d'acteurs variés, donne de l'efficacité à l'action collective. Il apparaît dès lors nécessaire de repenser différemment la création de richesse autour de la notion de valeur ajoutée, à l'appui des critères fondamentaux du service public : égalité, continuité et adaptabilité.

Pour renouveler les méthodes de l'approche évaluative, une réflexion doit être menée qui est l'objet de cette contribution. On étudiera dans un premier temps, la montée en puissance de l'évaluation économique au sein des services publics pour en faire apparaître les forces et les faiblesses. Dans un second temps, l'évaluation des services publics sera réalisée autour du concept de valeur et non uniquement autour de celui de coût. Enfin, les processus d'apprentissage collectif conçus comme pivot de l'évaluation pourront apparaître comme un remède à la crise sociale.

1. La montée en puissance de l'évaluation économique

1.1. La nouvelle gestion publique

Depuis trente ans, l'arbitrage en matière de dépenses publiques est devenu en France une question majeure. La crise économique contraint l'État à réformer son administration. L'évaluation des politiques publiques devient dans cette perspective une priorité. Un rapport du Sénat affirme que « l'évaluation des politiques publiques prend une place institutionnelle de plus en plus importante [...et que], l'utilité de l'évaluation des politiques publiques doit être considérée comme une condition même de son existence » (Bourdin, André, Plancade, 2004).

Mais qu'entend-on par utilité ? La notion renvoie à celle de valeur. On peut à cet égard dissocier les notions de valeur économique qui représente la valeur d'un bien public basée sur des critères chiffrés et celle de la valeur sociale qui décrit les croyances, les convictions d'un individu et d'une société. Il existe donc deux approches pour évaluer, centrées sur l'une ou l'autre des deux notions. Or, depuis quelques années, les difficultés économiques se traduisent par un accroissement de la dette publique. La France se voit ainsi dans l'obligation de revoir son fonctionnement administratif et doit se référer respectueusement aux normes communautaires. L'Europe agit sur les États membres en leur insufflant une logique de gestion libérale.

La nouvelle façon de mener les politiques publiques est centrée sur le couple efficacité-efficience. Cette approche de l'action publique s'inspire des expériences du New Public Management menées dans les pays anglo-saxons. L'influence de ces pays et de l'Union européenne incite la France à adopter une démarche de performance.

Au cours de ces dernières années dans le cadre de la politique communautaire européenne, les services publics doivent être soumis à la concurrence tout en assurant leurs missions d'intérêt général. L'équilibre financier est devenu un objectif majeur.

Le service public est un moyen pour atteindre les objectifs des politiques publiques, qui sont de plus en plus mesurés à partir d'indicateurs de performance. Son organisation doit non seulement optimiser en termes de coûts mais il doit également devenir rentable : c'est le moyen de réduire un déficit public fortement croissant. Il s'agit dès lors de faire des économies voire du profit. Cette nouvelle donne libérale s'accompagne d'une remise en cause des monopoles publics au profit des marchés concurrentiels ou oligopolistiques privés. Les logiques de concurrence et de rentabilité tendent aussi à accélérer la privatisation des services publics marchands.

L'action économique se doit d'accorder une importance au marché et de discuter de prix, de produit, d'offre et de demande. Le développement des partenariats publics-privés dans le cadre du New Public Management converge dans la même direction. À cet égard, la délégation de services publics marchands a pris un réel essor dans les secteurs des transports, de l'eau et de l'électricité, etc. Trois avantages de la gestion déléguée sont avancés « elle permet, dans des situations budgétaires difficiles, de recourir à l'investissement privé [...] ; elle permet de substituer une logique d'entreprise aux contraintes de la gestion administrative et de gagner en efficacité » (Bauby, 2007). Dans le secteur privé, la valeur ajoutée d'une production sera recherchée à partir de critères monétaires en tenant compte du type d'organisation du travail. C'est ce modèle de mesure de la valeur qui tend à s'imposer dans le secteur public.

Pour les services non marchands, la recherche d'une efficacité accrue suscite l'émergence de nouveaux outils de gestion. Depuis la LOLF, la recherche de la performance est devenue première en matière d'aide à la décision concernant le maintien ou pas des services publics qui relèvent des secteurs de la justice, de la police, de l'enseignement, de la santé et de l'emploi. La Révision générale des politiques publiques (RGPP), adoptée en 2007, dont l'objectif est de moderniser les services publics, relève pleinement de la mise en œuvre de ces nouvelles formes de gouvernances. Elle détermine *in fine* les contours et les modalités des politiques.

Cette procédure tend à installer des nouveaux processus de prise de décision dans les choix d'intervention. Pour exemple, la Loi de financement de la Sécurité sociale (LFSS) développe des programmes de qualité (normes ISO) et d'efficience ainsi que des conventions d'objectifs et de gestion.

Le citoyen tend aussi à n'être qu'un usager/client du service public :

Les différents courants théoriques de l'économie libérale tentent d'objectiver toute action individuelle, en réduisant le comportement rationnel de l'agent à sa plus simple expression de mesure avantage-coût. La modélisation du comportement rationnel écarte toute déviance observée dans le monde réel qui ne relèverait pas des mécanismes microéconomiques. Cette démarche permet d'éliminer l'acteur, de neutraliser l'action et de nier l'activité (Gianfaldoni, 2004).

Cette mesure avantage-coût résulte de la mise en place d'une autre forme de régulation concurrentielle dans les services publics.

Ces services liés à l'État-providence sont mis à mal par des discussions économiques sur l'interventionnisme de l'État. Pourtant, ces critiques sont contraintes de faire référence à la protection sociale, à la justice sociale et aux systèmes de redistribution des richesses, soit l'économie contrainte s'opposant à l'économie libérale. À travers elles, en effet, on parvient à éviter les explosions sociales et l'absence de liens sociaux. Se posent alors dans cette logique de performance, les questions suivantes : quelle est la place de l'individu, de la responsabilité sociale et des droits humains ? Quelle est la place du travail en partenariat, des bonnes pratiques d'interventions sociales et d'un meilleur accès aux services publics ?

Dans ce cadre là, le concept de la performance peut prendre une autre définition « la performance dépend de l'organisation, c'est-à-dire de la combinaison des ressources humaines financières et autres qui produit un résultat collectif » (Schick, 2003).

Le service public vit une révolution culturelle. Les finalités et les objectifs sont marqués par des changements importants de système de pensée, d'opposition entre le social et l'économique. L'État social régresse en laissant la place au secteur privé qui ne répond pas aux attentes du service public.

En effet, un certain nombre de dérives sont pointées :
- La recherche du profit tend à escamoter les besoins fondamentaux des citoyens ;
- L'équité du service public est mise à mal ;
- La qualité des services publics et plus généralement le rôle de l'État-providence se trouvent mis en cause ;
- Le comportement d'optimisation financière demandé aux agents remet en cause toute démarche altruiste.

1.2. La transformation des services publics

Les services publics sont traditionnellement des amortisseurs de crise sociale. Payet (2010) explique qu'ils sont reliés à une chaîne causale traditionnelle qui, à partir des besoins des usagers accélère les actions de l'institution pour engendrer des effets sur les usagers. En effet, les demandes sociales font référence à l'État-providence. Rosanvallon[1] (1981) en définit quatre volets : le social redistributif, le social capacitation, le social régulateur et le social protecteur. Ces quatre approches permettent

---

[1]   P. Rosanvallon définit 4 volets de la politique sociale :
- le social redistributif autour de l'État-providence qui a pour mission d'assurer la solidarité entre les citoyens,
- le social capacitation qui renvoie aux outils par lesquels les personnes ont les moyens de gérer leur chance (égalité des chances, santé, éducation),
- le social régulateur qui concerne la réglementation comme le droit du travail,
- le social protecteur qui vise à préserver la dignité humaine. Ce sont par exemple les droits fondamentaux.

de qualifier l'ensemble des services publics d'amortisseurs de crise sociale et d'instruments d'efficacité sociale.

Les services publics ont pour effet de corriger les déficiences du marché. Ils sont gérés par les agents pour proposer des services aux usagers. De plus, ils jouent un rôle essentiel en matière de création d'emplois. La France compte un peu plus 5,2 millions de fonctionnaires (dernier chiffre connu en 2007) soit 1 actif sur 5 sur l'ensemble des trois fonctions publiques réunies[2].

Les services publics permettent de créer des emplois et d'aider les usagers à en trouver, renforçant ainsi le pouvoir d'achat et la croissance économique. Ils protègent les citoyens en leur assurant un accompagnement dans leur vie quotidienne. Ils encouragent les personnes à saisir des opportunités pour s'épanouir et trouver une place dans la société ou encore assurent des missions de solidarité auprès des citoyens. Ils agissent alors en véritables amortisseurs sociaux et constituent des leviers de la cohésion sociale.

La RGPP réinterroge la qualité des services fournis par l'État sans pour autant remettre en cause leurs missions d'intérêt général. Elle suscite cependant beaucoup d'inquiétudes sur l'avenir des services publics. La suppression d'un fonctionnaire sur deux lors des départs à la retraite, les nouveaux schémas territoriaux dans l'accès aux services interpellent les agents et les usagers : « Pour leur part, les usagers-consommateurs-citoyens, dont la satisfaction est la finalité du service public et le fondement de sa légitimité, ont été cantonnés dans un rôle passif, sans réels droits d'expression ni pouvoir de peser sur la définition des missions, leur mise en œuvre et leur évaluation » (Bauby, 2007). La recherche d'une diminution de la dette publique par la réforme est nécessaire mais l'absence de concertation par l'approche gestionnaire a rendu le processus douloureux. La nécessité de réformer n'est pas refusée par les agents et les usagers, mais le mode de la gouvernance est contesté de par la verticalité du pouvoir politique et la démarche comptable. Ce système très linéaire, par des indicateurs de rendement, ne laisse pas la place à l'inconnu et au collectif. Chaque plan d'action est calibré selon des objectifs prédéfinis et chaque service public marchand et non marchand est tenu de les mettre en œuvre. Dans ce contexte, il apparaît en fait qu'une évaluation axée principalement sur l'optimisation économique se révèle incapable de proposer des solutions réellement innovantes et apparaît même excessivement normative.

---

[2] Les trois fonctions publiques sont la fonction publique d'État, la fonction publique Territoriale, la fonction publique Hospitalière.

1.3. Deux exemples en France

Le cas de la Poste en France est un exemple archétypal de ces mutations. L'activité est régie par l'intérêt général et de ce fait encadrée par l'État. Bance (2007) précise que ce service a longtemps été en France emblématique du *service public à la française*, de par son rôle-clef dans l'aménagement du territoire, le développement économique et la cohésion sociale.

Mais le secteur a connu de profondes mutations depuis les années 1990 sous l'effet des politiques européennes de libéralisation des services publics. La poste française doit aussi devenir compétitive et réduire fortement son endettement qui s'élève à hauteur de 6 milliards d'euros. Elle connaît de plus une baisse des flux postaux due pour une grande part au développement d'internet. Les envois de correspondance représentent cependant 8,4 milliards d'euros en 2008, soit plus de la moitié de l'ensemble des revenus. Mais les revenus et les volumes de ces envois diminuent sensiblement en 2008 (respectivement -2,3 % et -2,8 %)[3]. La Poste doit dès lors se moderniser pour faire face aux évolutions économiques et technologiques. Malgré la promesse de l'État de maintenir à 100 % sa présence dans le capital de la Poste, l'évolution de son statut préoccupe les salariés, la recherche de profits étant devenue la priorité. Les inquiétudes portent sur les droits des agents et sur le service rendu aux usagers. Malgré de nombreuses concertations, les préoccupations persistent. En effet, pour de nombreux salariés et usagers, ce processus remet en cause les valeurs du service public. On s'accroche ainsi désespérément au facteur qui contribue au lien social. Le service public représente parfois le seul contact quotidien pour des personnes isolées. En ville, la réduction des effectifs a généré des amplitudes horaires qui tendent à ôter à l'accueil et au guichet sa fonction essentielle de lien social. Le citoyen doit pouvoir être proche du service et réciproquement. La remise en cause du service coupe certaines catégories de citoyens de la société sous prétexte que des nouveaux outils de communication moins coûteux existent.

La réforme hospitalière menée avec la loi *Hôpital, Patient, Santé, Territoires* (HPST, 2009[4]) a, quant à elle, été âprement discutée et controversée. La loi vise le regroupement des hôpitaux, la fusion des agences régionales de santé, la mise en place d'une nouvelle gouvernance des établissements de santé et un meilleur accès aux soins. Les critiques portent sur la désertification sanitaire et un élargissement du

---

3   ARCEP « Observatoire des activités postales : année 2008 », (En ligne), publié le 21 octobre 2009. URL : http://www.arcep.fr.

4   Les textes d'application de la loi : URL : http://www.santé-jeunesse-sports.gouv.fr.

fossé entre les hôpitaux publics et les cliniques commerciales. En effet, une menace de fermeture plane sur près d'une centaine de blocs opératoires à l'exemple des maternités.

L'argument des pouvoirs publics est celui de la *qualité optimum* du service public de santé. La volonté d'améliorer la qualité n'est pas remise en cause par la société civile, bien au contraire. C'est l'insuffisance de débats sur l'avenir de l'hôpital qui est contestée. Il manque à ce jour une méthode et une pédagogie claire sur le sujet. La loi modifie l'action des professionnels et le rapport de l'usager au service. S'il faut réduire les dépenses publiques à l'hôpital en changeant les processus d'accueil, l'usager *patient* est confronté à une médecine à deux vitesses où les remboursements médicaux sont de plus en plus faibles et les coûts des actes de plus en plus élevés : sa prise en charge personnelle s'accroît fortement. La réforme est mise en place sans débat public avec les professionnels de santé, ce qui ne permet pas d'élaborer en commun des stratégies. Ces derniers en sont amenés à alerter les pouvoirs et l'opinion publique sur les risques de la mise en concurrence, instaurée en lieu et place d'une complémentarité entre les services hospitaliers.

Ces deux exemples montrent que les richesses que procure la cohésion sociale tendent à s'amenuiser. L'expression des professionnels et des citoyens est *masquée* par la volonté de réduire les coûts. Les bénéficiaires, les usagers qui supportent cette rupture sont parfois désorientés. Les raisons invoquées posent la question du *vivre ensemble pour un intérêt commun* entre les institutions elles-mêmes mais aussi avec les citoyens.

L'exemple de la votation citoyenne sous la forme d'un référendum sur le service postal démontre qu'un projet gouvernemental a rencontré une opposition populaire. Celle-ci est organisée par un comité national dont ses composantes sont associatives, syndicales et politiques. Cette offensive collective contre le changement de statut de la Poste est une première réponse à ce besoin de débat collectif et de révélation de la valeur sociale. Cette méthode démocratique a pour mérite, même si elle n'a pas de valeur juridique, de donner la parole aux citoyens sur la mise en place des réformes. Il est constaté, dans ce cadre, une interaction des divers acteurs (politiques, professionnels, usagers) dans cet exercice citoyen.

Mais les processus d'interaction des acteurs sont loin d'être parfaits. Il est question ici des représentations différentes des groupes sociaux dans l'application des politiques publiques. La présentation par Palier (1996) des analyses de l'ouvrage de Jobert (1994) vient apporter des éléments sur la perception des groupes d'acteurs au sein des débats, des controverses et des représentations sociales dans la conduite du changement. En effet, Jobert (1994) explique dans une approche comparative européenne, le poids des institutions mais aussi l'interaction des acteurs dans un contexte néo-libéral. Pour lui, il y a différents groupes sociaux qui ont des systèmes de représentations divers et complexes. L'une des questions fondamentales de cette étude est de trouver un moyen d'articuler les différents acteurs. Jobert (1994), évoque la création d'un référentiel d'une politique publique où chaque acteur pourra à partir de ses idées, de ses valeurs, donner un sens commun. L'État sera donc en interaction car il y aura eu des débats et des échanges.

Mais, l'évolution du libéralisme en France comme dans d'autres pays européens pose la question de l'hégémonisme de certains groupes d'acteurs dans la décision publique. La représentation dominante est celle de la contrainte économique. La logique de la performance et celle des relations humaines semblent s'écarter l'une de l'autre développant ainsi une société à deux vitesses. Cette rupture peut s'expliquer par une société sectorisée. Pourtant, l'humain est au centre de l'économie.

2. Évaluer les politiques publiques à l'aide de leurs valeurs sociales et non seulement de leurs coûts

2.1. Les limites de la logique strictement économique

Strictement appliquée, l'optimisation économique procède d'une conception mécanique des politiques publiques. Elle retire aux services publics leur rôle de lien social. Or, l'action publique est un ensemble de pratiques sociales en réseau qui doit reposer sur la réflexivité. Une attention exclusive portée aux chiffres, aux coûts et aux résultats, conduit à négliger l'importance et la variété des échanges entre les acteurs. Réduire l'évaluation à une finalité gestionnaire, ne donne pas les moyens aux gouvernés de créer, d'autoproduire, de donner consistance et finalité au système.

Comment dès lors en tenir compte dans l'évaluation des services publics ? Y conjuguer feed-back et autoproduction des politiques permettrait d'enclencher le débat sur les valeurs et finalités de l'action publique et de créer des indicateurs sociaux. De tels indicateurs sont cependant difficiles à définir et discutables. Cet obstacle pourra être minimisé par l'évaluation participative de l'utilité sociale qui, en encadrant ces indicateurs, peut apporter une effectivité dans les décisions. En effet, elle amène le débat et la confrontation des systèmes de valeurs et permet la création du « sens » commun ou la reconnaissance des finalités de l'action publique. À travers elle, on apprécie la valeur ajoutée d'une politique publique au bénéfice du collectif et de la transformation de la société. Une démarche qui, à ce jour, par l'absence d'échanges sociaux, ne semble pas être une priorité des pouvoirs publics.

L'évaluation participative de l'utilité sociale est pourtant primordiale pour comprendre le bien fondé d'un service public, où les notions de justice et de bien-être social sont essentielles. On touche ici à l'égalité de traitement pour pallier les disparités économiques. Placer l'égalité de traitement au centre de l'évaluation des services publics apparaît comme un moyen de remédier à la crise identitaire, grâce à la possibilité d'innover et d'inventer de nouveaux modes d'actions publiques. La redéfinition permanente des valeurs et des finalités de l'action est cependant conditionnelle. La définition des critères pour aider à mesurer l'utilité sociale, devient un enjeu social dans le champ économique. Pour déterminer l'utilité sociale d'une politique, il convient de s'interroger sur les valeurs de l'action publique.

2.2. Le débat sur les valeurs de l'action publique

Qu'est-ce que l'utilité sociale[5] ? Hely (2006) en fait une description intéressante : « L'intérêt général fait ainsi davantage figure d'idéologie dont la vocation est de légitimer l'action publique que d'un objectif à atteindre ».

Pour lui, l'intérêt général représente l'expression d'une volonté générale supérieure aux intérêts particuliers et bascule de plus en plus vers une notion plus large que l'on appelle l'utilité sociale : « Bon nombre d'équivoques jalonnent dans cette notion. L'utilité sociale qui désigne "l'ensemble des besoins non pris en charge par l'État ou le marché" n'est ainsi pas définie correctement, mais par défaut, ce qui à l'avantage de laisser aux acteurs [...] le soin d'interpréter le champ sémantique et empirique de ces besoins ». Nombre d'entre eux en parlent comme d'un outil de régulation de l'action publique voire de coordination pour aboutir à un consensus et non comme d'un accord majoritaire pour atteindre un objectif. L'utilité sociale se reconnaît donc comme étant un construit social. Pour aller plus loin dans la sémantique, Aballéa (2002) explique que l'utilité sociale définit ce qui est utile pour la société, c'est-à-dire ce qui participe au bon fonctionnement de la société. Pour être plus précis, la société est envisagée comme un ensemble de groupes sociaux ou d'individus aux intérêts divergents voire contradictoires. L'utilité sociale renvoie à tout processus qui permet la coexistence pacifique sur un territoire donné de ces individus ou groupes.

---

[5] Tout d'abord, parler d'utilité sociale sans parler du tiers secteur *économie solidaire voire sociale* serait oublier ses racines. Ce secteur représente un certain nombre d'associations ou d'organismes ayant un but social : celui d'accompagner un public fragilisé économiquement et socialement : perte d'un emploi, perte de liens sociaux et mésestime de soi, etc. et de les réinsérer dans la société.

Deux approches théoriques peuvent l'expliquer : du point de vue sociologique, l'utilité sociale renvoie à la conjugaison des valeurs qui est le produit d'une organisation sociale. Par conséquent, les citoyens participent collectivement aux changements donc à la création des richesses. Tout d'abord, on définira la valeur démocratique que représente la liberté de choisir dans le respect de l'intérêt général et les valeurs citoyennes où l'individu appartient à la société et est acteur.

Le rapport à l'utilité s'explique par la convergence de plusieurs facteurs : les croyances, les convictions, etc. dans la collectivité de référence. Dans le champ de l'économie orthodoxe, on parle de préférences individuelles qui renvoient au besoin et au plaisir. La mesure du bien-être est alors étudiée grâce à la satisfaction acquise ou pas de l'obtention d'un bien. Chaque individu évaluera l'intensité de ses besoins sociaux par rapport à la rareté du bien en question. Dans ce cadre là, l'utilité sociale sera l'agrégation des utilités individuelles.

À partir de ces deux approches, on fera le postulat que celle de la sociologie dans l'évaluation des services publics doit être choisie. La participation collective mise en avant par le concept de l'utilité sociale privilégie l'apprentissage collectif. Tout cela nécessite un débat sur les valeurs de l'action publique, nécessairement ouvert, conflictuel et dynamique puisque les représentations de chacun sont différentes. En effet, (Parodi, s.d.) incite à mesurer autrement la performance économique « Il faut ici abandonner l'approche des économistes (méthodes : coût/avantage et coût/efficacité) et s'interroger sur les concepts de socialisation, de démocratisation, de contrat social, d'intérêt général [...] qui restent à définir ». La démocratie suppose de communiquer, de discuter pour trouver un consensus, de confronter des valeurs face aux changements. Débattre pour dégager une plus-value sociale n'est cependant pas possible sauf en l'absence de lieux et de temps consacrés à la création et au questionnement sur les valeurs de l'action publique.

La référence à l'économie sociale est dans ce contexte intéressant pour faire preuve de mobilisation collective. Sa spécificité est de gérer une activité économique autour d'un projet social. On y retrouve un certain nombre de coopératives, de mutuelles et d'associations d'économie sociale et solidaire, etc. Ce nouveau champ articulé entre le marché et l'État place l'action collective et démocratique au cœur de la production économique et de l'intérêt général. Ces activités prennent un essor important au sein des services publics. Les contributions dirigées par Bouchard et Richez-Battesti (2010) présentent l'économie sociale comme une capacité à répondre aux besoins émergents et aux nouvelles attentes sociales. Les différents contributeurs évoquent l'importance de l'évaluation au centre de l'économie sociale et de la nécessité de faire le point : la multiplicité des acteurs socio-économiques rend l'évaluation difficile surtout en l'absence de méthodologies et d'indicateurs. La question est donc celle d'autres modalités d'internalisation des missions d'intérêt général grâce à l'évaluation participative.

La théorie de l'*acteur réseau* de Callon (1986) propose un nouveau modèle de management. Il s'agit de *traduire* un réseau d'acteurs en processus d'apprentissages collectifs. C'est par là que l'utilité sociale rejoint la théorie de la traduction.

Dans ce cadre, le modèle tourbillonnaire formalise des boucles itératives qui permettent la traduction. Il procède de la démarche suivante : anticipations des contraintes, expérimentations successives, transformations sociotechniques. Le réseau d'acteurs est ainsi traduit au fur et à mesure de la conduite du projet dans son environnement externe et interne.

L'environnement est complexe puisque son organisation interne dépend de la culture de l'institution et des ressources humaines. Celle-ci est marquée par des influences externes qui sont de l'ordre du social, de l'économie, des médias et de la politique qui vont interagir sur sa mise en œuvre. Ce contexte engendre des controverses qui suscitent des débats qui sont analysés pour arriver à des consensus. De façon progressive, la convergence des différentes idées est trouvée. Ce modèle est utilisé dans le champ de l'innovation, dont l'objet étudié doit intéresser un certain nombre d'acteurs. Pour arriver à faire d'une idée une innovation acceptée par tous, il est nécessaire de recourir à un certain nombre d'étapes pour favoriser les relations transversales, non linéaires et de créer un réseau intelligible.

L'expérience décrite par Callon (1986) dans la baie de Saint-Brieuc montre la nécessité de créer un réseau stable et hétérogène pour faire d'une idée, une innovation. Il explique que la domestication des coquilles Saint-Jacques par un nouveau procédé ne pouvait pas se réaliser par la présence seule des chercheurs. Ils devaient, à la qualité d'un chef d'orchestre, convaincre tous les acteurs qui intervenaient dans ce champ et les amener à adhérer à cette nouvelle idée. Mais cela n'a pas été facile puisque la domestication concernait aussi les marins pêcheurs. Pour cela, le réseau devait être coordonné, concerté, et convaincant

> Traduire, c'est également exprimer dans son propre langage ce que les autres disent et veulent, c'est ériger en porte-parole. À la fin du processus, s'il a réussi, on entend plus que la voix parlant à l'unisson et se comprenant mutuellement [...] Mais ceci aurait été impossible sans les déplacements en tous genres dont il a été question précédemment, sans négociations et ajustements qui les ont accompagnés.

Face à la complexité des systèmes, il faut donc s'appuyer sur l'ensemble des parties prenantes pour atteindre un but commun. Les services publics mobilisent plusieurs acteurs institutionnels aux diverses valeurs. La création d'un réseau d'acteurs stabilise les discours. Chaque individu est concerné par l'avenir des services publics. Ce débat peut prendre appui sur la définition de l'utilité sociale de la politique pour progresser sans tomber dans une approche réductrice à un système de valeurs uniques.

3. L'apprentissage collectif en remède de sortie de crise

3.1. La traduction du réseau d'acteurs en matière d'évaluation

Ce modèle tourbillonnaire est un type de management de conduite de projets qui fait des modalités de coordination autour de l'acteur réseau, une nouvelle démarche d'évaluation. Celle-ci permettra de réviser au fur et à mesure l'évolution de la politique publique qui sera centrée sur l'évaluation des idées du réseau d'acteurs. Ce mouvement dynamique visera à structurer une démarche concertée tout au long du projet afin d'y trouver un consensus. Ce modèle soutient qu'on ne peut pas séparer le moment de la conception de celui de la mise en œuvre ou l'invention de la diffusion. Il repose sur l'intégration progressive de l'ensemble des paramètres déterminant le réseau dans une approche réflexive, itérative et autocorrectrice. Il cherche à mesurer les risques pour éviter l'échec d'une stratégie. D'avancer par « petits pas » dans une direction commune et consensuelle, c'est donner une nouvelle logique d'évaluation.

Cette démarche renvoie aux théories évolutionnistes qui étudient les processus de changements des organisations. Bellon (2002) montre ainsi que pour les évolutionnistes, les transformations dépassent le rôle de la technologie pour concerner le management. Coriat, Weinstein (1995) montrent également que l'organisation est pour ce courant un espace de négociation, un processus de prise de décisions et d'apprentissages collectifs. Les routines sont à cet égard un ensemble de règles permettant de résoudre un problème. Bellon (2002) parle quant à lui de mécanisme de gouvernance, d'incitation et de contrôle dans un schéma collectif.

En effet, l'apprentissage collectif permet progressivement de laisser la place à l'efficacité pour atteindre les buts escomptés. Dans le modèle tourbillonnaire, chaque étape est considérée comme une boucle qui n'est pas bouclée si les acteurs n'ont pas trouvé une stratégie d'entente, « un compromis ». Mais ce compromis est possible grâce aux déplacements des buts et intérêts des acteurs.

La problématisation détermine le contexte de l'idée, l'intéressement cherche à séduire et à intéresser les acteurs, l'enrôlement donne un rôle à chaque acteur, la mobilisation des alliés favorise une représentativité de chacun et devient un porte-parole et la négociation valide les résultats obtenus : l'idée est devenue un produit accepté par tous. Si l'aboutissement donne lieu à l'émergence d'un groupe ayant une communauté d'intérêt, la traduction de chaque acteur est parfaite. Dans le cas contraire, on parle de dissidence.

Au-delà de l'expérience évoquée par Callon (1986), l'intérêt d'utiliser ce modèle s'est confirmé dans le champ des politiques de recherche où Laredo (1998) montre ainsi que l'évaluation est un acte scientifique où il n'y a pas de décideur unique et où les décisions sont itératives. Par une démarche socio-technique et technico-économique, les facteurs organisationnels et humains sont intégrés : l'institutionnalisation renvoie à la manière dont les réseaux qui construisent et « encapsulent » ces politiques convergent ; l'évaluation permet d'éclairer les débats et d'améliorer les interactions entre les parties prenantes et l'importance du positionnement de l'acteur. « C'est dans l'action, dans les interactions entre parties prenantes que se façonne progressivement ce que la politique est dans les faits, les transformations qu'elle promeut. Le rôle de l'évaluation dans une telle approche c'est de faciliter, rendre possible les bouclages ».

3.2. *Une solution alternative applicable aux services publics*

Les services publics peuvent être un champ d'application de ce modèle. L'importance du réseau d'acteurs n'est pas une nouveauté, puisque des institutions chargées de l'évaluation de l'action publique l'ont cité. Pour exemple, le Commissariat général du Plan l'avait intégré dans son référentiel d'évaluation. Cependant, la lourdeur et la complexité des évaluations menées ont fait déserter les réseaux d'acteurs : faute d'intérêt.

Il convient pourtant de faire face à la crise d'identité des services publics. Les deux réformes évoquées sur le nouveau statut de la Poste et la loi sur « l'hôpital, etc. » suscitent de fortes résistances et sont caractérisées par une absence de débats qui, comme le démontre le modèle tourbillonnaire, ne peut pas être le signe d'un consensus, donc une avancée.

Ces exemples sont caractéristiques de systèmes d'organisation complexes marqués par une diversité d'acteurs de réseaux multiples (syndicaux, professionnels et institutionnels, etc.) qui évolue de manière largement indépendante.

Les critiques exprimées par ces différents réseaux peuvent être constructives mais font défaut à la recherche de convergence. Pour réussir une réforme, il faut intéresser les acteurs et éviter de les isoler. La crise qui touche les services publics provoque des conflits qui ne sont pas sans conséquence sur l'action publique. Le défi de la communication est à relever.

La logique gestionnaire atteint ses limites dans les services publics :

Quand des vies humaines sont en jeu, les évaluations monétaires touchent à des limites éthiques et deviennent arbitraires […] Dès lors qu'il s'agit de définir ce que sont la richesse et le progrès des sociétés, des jugements de valeur interviennent et des acteurs sociaux multiples doivent être parties prenantes du processus de mise au point des indicateurs (Gadrey, 2009).

Le bilan à mi-parcours des réformes postales et hospitalières montre leur inadéquation aux valeurs des réseaux d'acteurs. Il convient donc de chercher des solutions à la crise qui touche les services publics et les autres autour des représentations du changement des acteurs.

Le modèle tourbillonnaire peut permettre de trouver un équilibre prenant en compte l'ensemble des besoins et des intérêts des acteurs. Le modèle offre un système de régulation sociale qui, grâce à la négociation et à des règles régulièrement adaptées, permet de construire une action collective. Cette solution alternative axée sur la dynamique du réseau d'acteurs permettrait à la puissance publique de mener ses projets grâce à l'approche participative tant du point de vue interne qu'externe.

D'un point de vue interne, la méthode permet de prendre en compte les connaissances des acteurs et de susciter la confiance. Le réseau interne n'est cependant pas fermé dans le modèle : il s'extériorise pour identifier les besoins qui ont un impact sur le fonctionnement interne. Cela positionne la puissance publique en « chef d'orchestre régulateur » qui formalise les besoins au fur et à mesure du processus itératif.

Dans la première étape du processus, la problématisation – considérée comme le point de passage obligé – la puissance publique doit définir le contexte de la politique, repérer les différentes entités au sein desquelles un acteur se rend indispensable. Il faut que la puissance publique définisse les intérêts de chaque acteur et ce dernier doit favoriser les alliances autour d'un objectif commun. La deuxième étape a pour objet de sceller les alliances en multipliant les instances de rencontres et de débats. À la troisième étape, chaque acteur de la politique se voit attribuer un rôle où est décrit l'ensemble des négociations multilatérales, des coups de force ou de ruses. La dernière étape doit mobiliser les alliés grâce à la représentativité des acteurs qui sont les porte-parole.

Cette description du processus d'itération décrit un mode de gouvernance dans les services publics. « L'itérativité » est une méthode pour atteindre des objectifs et rendre efficace la réforme. L'efficacité résulterait alors de l'implication de toutes les parties prenantes et d'une redéfinition continuelle des objectifs de l'action et de ses valeurs.

De manière sous-jacente, c'est la construction d'un partenariat entre différents acteurs qui est souhaitée, bien qu'il soit difficile de faire travailler ensemble des acteurs d'origines diverses. La première grande étape de la traduction du réseau d'acteurs qui est la problématisation est un moment important. Aballéa (2002) précise que problématiser, c'est essayer de faire prendre conscience aux acteurs, aux intérêts divergents que ce que le chef de projet propose, et qui est continuellement modifiable, est bien un moyen de résoudre le problème des individus ou groupes. La problématisation des marins pêcheurs n'est ni celle des scientifiques, ni celle des maires des communes littorales. Mais ce qu'Aballéa propose et qui sera « déplacé » au fur et à mesure des débats car tout est négociable, c'est le social comme technique pour répondre aux préoccupations de chacun. C'est d'abord cela le sens du mot traduction.

Les limites et les risques de ce modèle ne doivent cependant pas être passés sous silence. En premier lieu, le modèle est très procédural : différentes étapes doivent être respectées à la lettre pour atteindre l'objectif. Deuxièmement, l'acteur risque de se laisser porter par un système et donc, dans une certaine mesure, être instrumentalisé.

Le processus renvoie en effet à des pratiques de participation citoyenne qui sont parfois controversées car chacun ne détient pas les mêmes informations ou se trouve trop éloigné du sujet. L'usage du réseau est par ailleurs risqué : il doit reposer sur des bases solides, ce qui lui confère une dimension sociale. Si le réseau est brisé ou déviant, c'est toute une chaîne qui se désolidarise, ce qui traduit un échec dans le processus.

L'adoption du modèle encouragerait cependant la puissance publique à changer de méthode de management en s'inscrivant dans une démarche de projets. Quand elle veut impulser une réforme, la puissance publique devrait inciter les différents acteurs à produire.

L'échec de la réforme des services publics a souvent pour origine des facteurs techniques, humains et financiers. Il s'agirait de comprendre au mieux les différents réseaux du système et de les faire participer à la conception des réformes. Dans le cadre de réformes, il faut déployer des méthodes de stimulation, animer et valoriser les acteurs concernés (Saint Péron, s.d.). « C'est par interactions entre tous les acteurs, bouclages et itérations successifs que le programme et les acteurs qu'ils mobilisent apprennent petit à petit ce qu'ils font et ce qu'ils cherchent » (Larédo, 1998). Des stratégies peuvent se développer où le réseau des acteurs tient une place importante. La conduite d'un projet de réformer se fait alors de manière progressive. Le réseau d'acteurs sera évalué comme étant un leitmotiv et dégagera une plus-value sociale qui conduira à un changement rationnel commun.

Conclusion

La crise contemporaine appelle des changements de représentation et de méthode en matière d'évaluation des services publics. Le passage d'une culture de moyens à une culture de résultats a rendu l'évaluation très linéaire : ce n'est plus l'action qui est évaluée mais ses conséquences. Il s'agit de faire émerger des résultats montrant que les ressources publiques sont bien utilisées.

Le processus de rationalisation budgétaire a placé les évaluations économiques au cœur du système public. Les services publics ne sont pas épargnés par cette logique de réduction des coûts qui affecte leur organisation. Relevant pourtant de l'intérêt général, ils sont mis à mal au nom de l'efficacité. Les agents publics sont soumis à l'obligation de résultats et les bénéficiaires revendiquent la qualité et l'équité.

La démarche procède-t-elle de la bonne politique ? La puissance publique ne peut pas faire l'économie d'un débat constructif où les communautés d'intérêts définissent l'utilité sociale d'une politique publique. La théorie de l'acteur réseau est une voie intéressante pour changer l'image de la gestion publique en trouvant un nouvel équilibre entre le marché et l'intérêt général grâce au sens trouvé du réseau d'acteur. Dans ce cadre, le modèle tourbillonnaire a le mérite de montrer comment une nouvelle approche managériale peut être mise en œuvre à partir de processus somme toute assez simple, et dont l'aspect formel peut venir faciliter l'évaluation.

Ce modèle est pertinent dans les situations de changement et procède de l'innovation incrémentale : il n'a pas vocation à susciter des changements radicaux mais à améliorer l'existant. Il peut être utilisé dans les situations les plus complexes que connaissent les services publics. Mais sa mise en œuvre est soumise à conditions, en particulier de tenir compte de l'ensemble des parties prenantes et d'arriver à concrétiser un accord entre tous les acteurs concernés. Par conséquent, il est important de prendre en compte les dimensions contextuelles et sociales. La faisabilité du modèle passe par l'expérimentation. Sa réussite est fondée sur une démarche itérative qui nécessite la création de liens entre tous les acteurs, source de valeur ajoutée sociale.

Les autorités publiques, en enclenchant un débat public basé sur le réseau d'acteurs, mènent une politique qui crée de l'utilité sociale, où les acteurs partagent des valeurs. Ce débat suppose des lieux d'échanges et du temps pour que se rencontre l'ensemble des parties prenantes qui représente la diversité des systèmes de valeurs de société. Cette construction partagée peut être mise au centre de l'évaluation des services publics. Le modèle tourbillonnaire peut ainsi devenir un nouvel outil d'intervention publique, de modernisation de la gestion et de la régulation des services publics. De quoi également contribuer à l'efficacité en redonnant aux citoyens un rôle décisionnel réel.

Bibliographie

Aballéa, F., « Régulation et intervention sociale », in *Les espaces pertinents de la régulation sociale*, Cellule GRIS, 2002, n° 9, pp. 5-13.

ARCEP, *Observatoire des activités postales : année 2008*, 21 octobre, 2009.

Arnaud, S., Boudeville N., *Évaluer des politiques et programmes publics*, Éditions de la performance, 2004.

Bance, P., « Les services postaux », in *Cahiers français*, Paris, La Documentation Française, n° 339, 2007.

Bauby, P., « Pourquoi et comment réguler les Services d'intérêt général », in *Services Governance and Public Policies, XVI international RESER conférence*, Lisbonne, 2006.

Bauby, P., « Les modèles de service public, Quels modèles de service public dans les pays de l'OCDE ? », in *Cahiers français*, La Documentation Française, 2007, n° 339.

Bellon, B., *Qu'avons-nous appris de l'évolution ?*, Adis Working Paper n° 2002-01, 2002.

Bouchard, M., Richez-Battesti, N., « L'évaluation de l'économie sociale : une perspective critique et internationale », in *Économie et Solidarités*, Presses de l'Université du Québec, vol. 39, n° 1, 2010.

Bourdin, J., André, P., Plancade, J.P., *Placer l'évaluation des politiques publiques au cœur de la réforme de l'État*, rapport d'information, Sénat, n° 392, 2004.

Callon, M., « Éléments pour une sociologie de la traduction. La domestication des coquilles Saint-Jacques et des marins-pêcheurs dans la baie de Saint-Brieuc », in *L'année sociologique*, n° 36, 1986, pp. 169-208.

Coriat, B., Weinstein O., *Les nouvelles théories de l'entreprise*, Paris, Livre de Poche, 1995.

Gadrey, J., « Associer les citoyens », in *Alternatives Economiques*, n° 283, 2009.

Gianfaldoni, P., « Utilité sociale versus utilité économique. L'entrepreneuriat en économie solidaire », in *Écologie & Politique*, n° 28, La Ferté St Aubin, 2004, pp. 93-103.

Hely, M., « De l'intérêt général à l'utilité sociale », Colloque international CNRS-Matisse, Université Paris 1, *État et Régulation Sociale : comment penser la cohérence de l'intervention publique ?*, Paris, 11, 12 et 13 septembre, 2006.

Jobert, B., *Le tournant néolibéral en Europe*, Paris, l'Harmattan, 1994.

Larédo, P., *L'évaluation dans les processus politiques : réflexion à propos des politiques de recherche*, Centre de Sociologie de l'Innovation, Paris, 1998.

Palier, B., Jobert B. (ed.), « Le tournant néolibéral en Europe », in *Politix*, 1996, vol. 9, n° 34, pp. 237-241.

Parodi, M., *Comment faire valoir l'utilité sociale des acteurs de l'économie sociale et solidaire*, Collège Coopératif Provence-Alpes-Méditerranée, [s.d.].

Payet, J.-P., « L'acteur faible : une logique emblématique des institutions contemporaines », in colloque du GRIS (Université de Rouen), CR34 *Intervention des politiques sociales sur l'institutionnalisation, désinstitutionnalisation de l'intervention sociale*, 2010.

Rosanvallon, P., *La crise de l'État-Providence*, Paris, Seuil, 1981.

Saint Péron, R., *Innovation participative et management des idées*, Créa-France, [s.d.].

Schick, A., « L'État performant : réflexion sur une idée entrée dans les esprits mais pas encore dans les faits », in *Revue de OCDE sur la gestion budgétaire*, 2003, vol. 3, n° 2.

Bringing Citizens Back In

Renewing Public Service Regulation

Judith CLIFTON, Daniel DÍAZ-FUENTES,
Marcos FERNÁNDEZ-GUTIÉRREZ & Julio REVUELTA

Department of Economics, University of Cantabria, Spain

Even before the financial and economic crisis broke out in 2008, a number of policy-makers and academics had argued that the regulatory arrangements organising many fields of economic and social activity – including the financial sector, but many others too – were flawed. The financial crisis has crystallised pre-existing concerns about the severe consequences of bad regulation. This chapter addresses the ways in which public services – particularly household services such as communications, energy, water and transportation – have been regulated and deregulated, and analyses the consequences for users and citizens. Much of the deregulation of public services from the 1980s – liberalisation, privatisation and New Public Management – was justified by claims that reform would provide users with more choice, whilst they would receive cheaper and better quality services. Little account was taken of the fact that users are highly heterogeneous, that socio-economic differences might be important in determining their consumption of public services, and that this may not lead to socially optimum outcomes. By examining consumption patterns in two large European countries, Spain and the United Kingdom (UK), through an analysis of revealed and declared preferences, this paper sheds light on how socio-economic differences among households help determine public service consumption. The main findings are that the supposed benefits of public service deregulation are not evenly spread across populations, and that specifically targeted "bottom-up" regulation from the demand-side could usefully address these issues, thus improving social welfare.

The chapter is organised in the following way. The first section discusses how the financial crisis has further stimulated a pre-existing debate on the deregulation of public services and consequences for users. The second section provides the background, by setting out the changing ways in which the relationship between public services, citizens and consumers has been understood from the 1980s to the present in the European context. The third section contains the empirical analysis. Data on stated and revealed preferences in Spain and the UK is analysed and contrasted. Because data is disaggregated, the socio-economic characteristics of individuals and household heads can be used to analyse use and satisfaction with various public services under study. The conclusions highlight the complexity and diversity of public service consumption by country and by sector, but also point to key trends where socio-economic characteristics influence or determine public service consumption. Whilst some consumption patterns may not merit any particular policy response, there are instances when intervention could be justified to increase social welfare. Moreover, it is likely that user heterogeneity will increase during the crisis, especially as regards income and employment, reinforcing the relevance of reconsidering public service regulation from the demand side.

1. Rethinking Public Service Regulation in Times of Crisis

Many scholars concur that blame for a large part of the ongoing financial and economic crisis – with its origins in the reckless lending practices giving way to the so-called "sub-prime" crisis in the United States – should be assigned to regulatory failures, in particular, to an excess of financial market deregulation as well as the persistent exploitation of this deregulation by highly paid bankers, financial experts and institutions (Stiglitz, 2009). For all the supposed benefits of the pre-crisis deregulated financial sector – such as innovation and greater access to credit and choice of financial products – the pitfalls were much more dangerous that was assumed by the eager promoters of "lighter touch" regulation from the 1980s. Even publications by the International Monetary Fund (IMF) have acknowledged that the philosophy of financial deregulation was erroneous: the so-called "risk-based supervision" framework ended up outsourcing – effectively, privatising – too many critical public policy decisions by allowing individuals working in financial institutions to decide on matters that could have serious negative consequences for the public interest (Zamil, 2009). In an effort to avoid this kind of crisis from happening again, Stiglitz has argued for renewed and better regulation of capital structure, bank liquidity, risk-taking and rules for incentives, attacking in particular the misalignments between private and social rewards, such as the payment of huge bonuses to individuals working in institutions which generated huge losses. He particularly singles out banks' efforts to avoid regulation via "regulatory arbitrage" as a case of "bad" innovation, since too much risk was created and packaged in increasingly complex ways that became harder to manage, communicate and understand (Stiglitz, 2009, p. 10). And yet it is far from clear that lessons from the crisis will be learned. Stiglitz's proposals towards Basel III point to a fresh, renewed approach to regulation, which better balance considerations between the public interest and the desire for innovative and efficient financial markets. But these are countered by the interests of the powerful global financial lobby as well as other bodies and individuals who emphasise the dangers of excessive scaling back of market forces.

Of course, the financial crisis served to fuel previously existing discontent surrounding the ways in which regulation is designed and implemented. One particularly contentious issue is the lack of public participation in this process, particularly, when such policy is ostensibly elaborated in view of the general interest. In response, policy-makers have begun engaging with and supporting projects in a quest for "better" and more "inclusive" regulation. Gradually, proposals are emerging which seek to more fully incorporate citizens and consumers in the policy-making process via the inclusion of demand-side considerations at the design and implementation policy stages. The Organisation for Economic Co-operation and Development (OECD), along with other organisations and governments, is promoting the incorporation of citizens into policy-making as a chief means of improving democratic governance (OECD, 2007, 2009). There are advantages and disadvantages in including citizens' opinions in the policy-making process. Advantages include providing greater transparency, building civic capacity, creating trust in government and enriching democratic governance. Disadvantages include delays, extra costs and "consultation fatigue". Another disadvantage – perhaps the most important in terms of representing a methodological challenge – is the possible distortions for citizens due to expectations about benefits of reform, tendency to overstate complaints, the "Not In My Back Yard" principle, and so on. A particularly interesting stream of proposals which urge citizens to be included in the regulatory process is derived from the school of Behavioural Economics. This school challenges the way in classical economic theory understands consumer behaviour, which underpins New Public Management. Official government publications, including the US (Mulholland, 2007; Federal Trade Commission, 2007), Australia (Productivity Commission of the Australian Government, 2007; Treasury of the Australian Government, 2008), the UK (Ofcom, 2006; Fletcher, 2008) and the EU (European Commission, DG SANCO, 2008) concur that the assumption of homo oeconomicus – rational, selfish and time-consistent individuals – can be improved adding insights from psychology to economics. In this light, since there are situations and patterns where individual behaviour is irrational and in the long-term not welfare-enhancing, knowledge and understanding of citizens' opinions and behaviour could – and should – be used in the better design and implementation of regulatory frameworks. In short, a demand-side approach to regulation should complement the supply-side.

As regards more specifically the regulatory frameworks governing the public services in the European Union, prior to the crisis, the European Commission (EC) had recognised problems in implementing liberalisation and deregulation across specific sectors. An in-depth major report was published in the same year that the crisis broke out (Ilzkovitz, Dietx, Sousa, 2008). This report officially acknowledges that deeper liberalisation and deregulation have been partially blocked or restricted across at least twenty four key sectors of the economy, including the public service networks: electricity, gas, telecommunications and transportation (water is omitted from the study). These authors recognise that one of the problems is that the deregulation of these networks turned out to be far more complicated than first thought. For instance, from the user perspective, consumers have complained about the complexity of household utility bills, whilst there has been concern about low levels of switching. Attempts are ongoing to use regulation to improve these concerns: for instance, firms providing these public services are being instructed to provide clearer information to users on what their bills actually mean. Perceptions of consumer vulnerability in the new context of competition has been exacerbated when some enterprises which provide fundamental household public services announced historic profits in 2009 whilst consumer bills did not fall proportionately, as in the recent case of British Gas (*Financial Times* February 23, 2010). Indeed, Ilzkovitz, Dietx and Sousa (2008) state that traditional supply-side regulation will need to be accompanied by demand-side regulation in order to address some of these concerns.

Challenges to the proper regulation of public services were multiplied several times as the crisis began. Public services are now being targeted for deep cuts over the next decade across the European Union, which could entail millions of public sector job losses as well as challenge the provision of quality services to households and individuals. Hundreds of public sector construction projects have been cancelled, including building and upgrading network infrastructure, hospitals and schools. Clearly, there are differences in responses to the crisis across the EU but developments in the United Kingdom (UK) are worth mentioning. There, the new Conservative party – in coalition with the Liberals – came to power in May 2010 on a manifesto of the "Big Society". This idea essentially draws on concepts of voluntarism and philanthropy – passing power from central government to individual and communities

– so that they assume responsibility for "making things happen", such as opening new schools, or running parks or libraries.[1] Like the Thatcher government 1979-1990, the public sector is again being depicted as being wasteful, creating dependency, and run by demoralised workers, making cuts not just necessary but, even in some cases, actually desirable.

What then went wrong with deregulation? The regulatory framework governing public services from the 1980s, which emerged as part and parcel of the new regulatory paradigm governing the Public Services – privatisation, liberalisation, deregulation and New Public Management, assumed that the organisation of the sector was critical, so a supply-side regulatory framework would be adequate. Regulation would work for all, it was claimed, when competition among firms in an integrated market was being promoted, even for those sectors of key social importance and great complexity, such as the Public Services. Though were to be the "winners" of the new regulatory paradigm through more choice and lower prices, and an important part of New Public Management reforms included conducting surveys on consumers' and citizens' satisfaction (Clifton, Comín, Díaz-Fuentes, 2005), policy-makers in practice proved reluctant to include these opinions when formally designing and implementing regulatory frameworks. By the beginning of the XXIst century, the New Public Management paradigm had come under attack for its over-commercialisation of the relationship between service provider and citizen. It has been recognised that a focus on consumers' rights and choice has obscured more fundamental questions about the role of public services as regards a traditional task: social inclusion. Questions of service accessibility, affordability and universality only increase in importance as the economic crisis dampens the purchasing power of broad sectors of the population. From 2011, the EU is financing a major research project to enquire about the failings of New Public Management of the public sector and to generate proposals as to how this sector should be governed in the XXIst century.[2] Before proceeding to an analysis of how socio-economic characteristics of individuals and households influence or determine public service consumption, the next section sets the context, by explaining the import of the EU's new regulatory paradigm for public services from the 1980s to the present.

---

[1] Speech by David Cameron, Prime Minister of the United Kingdom, Monday 19 July 2010, at Conservative Party website, http://www.conservatives.com/News/Speeches/2010/07/David_Cameron_Our_Big_Society_Agenda.aspx.

[2] See the Framework 7 project "Coordinating Cohesion in the Public Sector", http://cocops.wordpress.com/about/.

2. The New Regulatory Paradigm for Public Services

The paradigm governing Public Service providers from the 1980s consisted of privatisation, liberalisation and deregulation policies, plus New Public Management techniques. However, because the new regulatory paradigm represented a significantly different relationship between Public Services, government and the citizen from the post-war settlement, some differences and conflict occurred as regards what regulation should be introduced and how in order to "protect" the public interest. This section firstly revisits the contested development of demand-side regulation from the 1990s, secondly, it explains how "consumer" satisfaction came to be measured in the EU, and finally, it explains the latest turn towards Behavioural Economics in the EC at the beginning of the XXIst century, and the consequences for demand-side regulation.

2.1. Constructing Public Service Consumers

Diffusion of the new regulatory paradigm for Public Services was rapid – though uneven – among EU Member States and among different sectors. The UK was a first-mover to privatise in the EU, whilst most Member States privatised from the early 1990s (Clifton, Comín, Díaz-Fuentes, 2003). As regards the six Public Services under analysis, reform was fastest and deepest in telecommunications, followed by energy, then water. Clearly, mobile and internet communications, being established later on, were established in parallel with the rise of the new regulatory paradigm.

As reform of the "traditional" Public Services deepened and extended, pressure accumulated from representatives of the European political elite as well as from consumer and labour organisations due to their concern about the consequences of these reforms. These concerns crystallised around the fear that if the regulatory reform of Public Services was left unchecked, citizens could end up with services of a worse quality than before reform. Member States characterised by continental legal traditions, whereby universality, accessibility and non-discrimination were inscribed as citizens' rights, as well as numerous consumers' associations, and social partners, were particularly important representatives of this position.

Public Services had played an important role in the historical evolution and institutional building of the EU Member States, representing a different model to that found in the United States (Galambos, 2000). One important difference was legal: Public Services were defined distinctly and occupied different places in the legal systems and Constitutions of various countries. In France, Italy and Spain, citizens had enjoyed rights to Public Services since the XIXth century. In other countries, such as Germany, the Low Countries and the UK, Public

Services had a less marked place in the legal system, but were associated with specific obligations connected to the provision of Public Services (for instance, accessibility, quality and continuity). Though there were differences across the EU, there were also many common features in terms of the organisation, ownership, regulation and development of Public Service regimes. Rationales for public enterprises were similar across Europe, such as the existence of natural monopolies, the strategic nature of goods or services, and social justice. Other important similarities in Public Service regimes across Europe included the kinds of activities that had been operated and managed by public enterprises, a resistance to allowing market forces to govern these activities, and the introduction of similar laws on how these services should be run (such as monopolies, concessions, exclusive or special laws). When Public Services had been provided by the State, citizens had a "voice" via a universal right to vote nationally and locally for a political manifesto, in which Public Services were usually central. Politicians were directly accountable to citizens for Public Service provision. Under privatised ownership and market-driven rules, it was feared that commercial interests would be pursued over and above the public interest, which could negatively affect public service obligations, universal service, quality, price and continuity of supply, blurring who would be taken as accountable for these services (CEEP, ETUC, 2000). Although these concerns are not new, many consumers' budgetary restrictions as consequence of the crisis are putting these questions centre stage again. As firms in the communications, transportation, water and energy sectors became increasingly internationalised, fears were voiced by consumer associations and other NGOs that basic Public Services that were once understood to "belong" to the nation would now be owned and controlled by distant foreign interests motivated by short-term profits because of the principal-agent problem (Balanyá *et al.*, 2000). Considering much internationalisation was by foreign national governments, another concern was geopolitics: in Europe, the main threat was Russia's perceived energy interests (Goldstein, 2007). In the context of the international economic downturn, increased strain is put upon the sustainability of international investment increasing risk in sectors that may be viewed as strategic for the nation.

As the new regulatory paradigm gained ground, actors mobilised, led particularly by France and Belgium, and expressed their fundamental concerns. In general, these actors were not against reform per se, however, they did insist that, as Public Services were reformed, the public needed written guarantees about their rights to these services, which should be included in a European Directive or Charter. Jacques Delors, President of the EC was central when, in 1994, he commissioned two of the EU social partners, the "European Centre of Enterprises with Public

Participation and of Enterprises of General Economic Interest" (CEEP), and the European Trade Union Confederation (ETUC) to draft a Charter for SGI as a basis for a Framework Directive, which was published six years later after multiple rounds of consultation (CEEP, ETUC, 2000; EC, 2004). This development was also championed by the European Parliament and supported by the German government (Prosser, 2005). The draft Charter put forward a "bottom-up" approach to social regulation by putting citizens – not users or consumers – at the centre, arguing that all Citizens should be guaranteed rights to: equal access, no discrimination, continuously working, quality and adaptable services, universal provision, safety, fair pricing, efficiency levels that could be verified objectively, transparency, participation and democratic control. Public Services would therefore be a foundation for a Social Europe characterised by solidarity, territorial and social inclusion, quality of life and a dynamic economy (Van de Walle, 2006). A logical extension of guaranteeing rights to Public Services was the establishment of a European citizenship, part of the objective behind the failed European Constitution.

Other EU actors, particularly business lobbies and the British and Dutch governments argued that granting entitlements to citizens was unnecessary interventionism, that reform should be allowed to work unburdened, and that minor, light forms of consumer protection would suffice. Countering the French-led proposals, they proposed a market-based project, much of which was influenced by the New Public Management School (Clifton, Comín, Díaz-Fuentes, 2005). If the continental position called for a Charter or Directive to uphold citizens' rights, the UK and Dutch governments supported a service charter similar to those associated with New Public Management, as promoted by governments in Australia, the United Kingdom and the United States, as well as international organisations such as the OECD (McGuire, 2002). There are several important differences between these "citizen-centred" and "consumer-centred" approaches (Clarke *et al.*, 2007), but perhaps the fundamental one is that the "continental" perspective addresses citizens (the entire population) whilst the "Anglo-Saxon" perspective begins with the point of consumption; there is little said about those who fall outside this market exchange. Hence, concerns about social inclusion are put firmly into the background.

As is usual in the EU, a compromise was sought to satisfy opposing positions. At first, the EC attempted to "merge" the two main positions (EC, 2000a). However, the debate reached new peaks on the publication of the Green Paper of SGI in 2003 (EC, 2003a). This report elicited responses that revealed significant differences across the EU, with British and French policy-makers representing the most "extreme" positions. The resulting White Paper, published two years later, was very cautious and only contained "soft" instruments as regards regulation, for two main reasons. Firstly, because no consensus had been reached between the two positions, and secondly, because overshadowing all these developments was the process whereby the European Constitutional Treaty was to come into force, granting rights to a long-awaited European citizenship. When the Constitutional Treaty was rejected and, as the EU entered an institutional crisis, the project to establish of rights to these services linked to citizenship faded away quietly. If, in the mid-1990s, it looked possible that a Directive could be passed that focused squarely on establishing citizens' rights to these services, it seems that the EU has quietly abandoned the aim of protecting citizens through "positive integration". Any rights to services will be guaranteed at the national level, or will be promoted by the European authorities through "soft" instruments.

2.2. Monitoring Consumers' Satisfaction with Public Services

As Public Service reform continued throughout the 1990s and, in the face of heightened tensions as regards to its benefits, the EC commenced polling citizens on their views on and satisfaction with a set of Public Services. From 1997 to the present, surveys have been regularly published to explore satisfaction with issues such as accessibility, affordability, quality, reliability, transparency, customer relations and so forth. The methodology and purpose of the first survey in 1997 differed to those surveys published from 2000, so it is difficult to compare the results directly until 2000 onwards. The first survey *Eurobarometer* 47.1 (EC, 1997) had at its centre the question of how citizens perceived the imminent or recent opening of public monopolies providing Public Services to competition. Thus, the early influences of the continental approach are very much on display. A key conclusion here was that levels of citizen satisfaction depend heavily on 1) the country a citizen lives in and 2) the sector being evaluated. The next surveys, from 2000 onwards, revealed the influence of New Public Management and were more directed at consumer satisfaction in the EU-15 (EC, 2000b; EC, 2002), the new EU-10 (EC, 2003b) and the EU-25 (EC, 2005 and EC, 2006). The surveys in 2000 and 2002 identify "non-consumers" and proceed to screen them out of the analysis, reflecting the peak of influence from the New Public Management School. Non-consumers views on Public Services were simply omitted. This omission was rectified from 2004, where survey respondents were grouped into two categories at the outset: consumers and non-consumers of a given service. Both categories were analysed in order to gain a deeper understanding of what people consumed or not. Questions of access were stressed for both categories, and, once identified, non-consumers were surveyed further on issues such as accessibility, affordability-price, quality, consumer rights' protection and consumer relations. Non-consumers who potentially had service provision were asked about accessibility, affordability and knowledge of the quality and reliability of the services. In addition, for the first time, additional socio-economic variables of respondents were considered in the analysis, including gender, age, education, household composition and urbanisation. These efforts towards better understanding consumer behaviour, including the behaviour of "non-consumers" differed from the earlier attempt to learn about citizens' opinions. These changes reflect, again, a change of influence, in particular, the turn to better understanding consumption patterns in the first few years of the XXIst century as discussed in the fourth section.

Despite this rich statistical database on citizens' and consumers' use and satisfaction with Public Services, relatively little analysis has been done by scholars and there has also been little use of this information when designing and implementing policy. This is the purpose of this paper. One potential pitfall, however, in interpreting stated preferences to improve public policy is the presence of bias which may be expressed by respondents. Some scholars are sceptical of the use of data on stated preferences. Usually, scholars have argued that revealed preferences are more reliable, depending, as they do, on more "objective" data by comparing household expenditure, since data on expenditure is also "stated". It could also be argued, however, that neither stated nor revealed preferences are purely objective. Scholars have attempted to overcome the potential weaknesses of both sets of information by using them as complementary sources and that contrasting them could enrich our understanding of user behaviour.

2.3. Behavioural Economics: Bringing the Citizen Back In?

From the early years of the XXIst century, new ideas took hold of policy-makers in institutions such as the OECD, the EU, as well as several national competition agencies such as those in Australia, United States and the United Kingdom. Just as ideas derived from New Public Management diffused by the OECD and other organisations, particularly Anglo-Saxon governments, became influential within European authorities during the 1990s, in the first few years of the XXIst century, Behavioural Economics was promoted by these same countries and organisations.

Using insights from psychology, behavioural economists critiqued the traditional view of *homo oeconomicus* consumers as rational, selfish and time-consistent individuals which underwrote an understanding of the act of consumption as a cost-benefit analysis resulting in the optimum choice for the individual. Though economists argued this was a useful approximation of consumer behaviour, other economists and psychologists argued that insights from psychology based on observation could help to refine this traditional approximation. In particular, insights from Behavioural Economics can try to explain why consumers do not always take optimum decisions. For instance, behavioural economists analyse ways in which people tend to discount the future whilst overemphasising the present ("myopia"), which may led to inertia: diets always start – tomorrow. In addition, Behaviour Economics argues that the way in which information is presented – or framing – can affect consumer behaviour. Experiments showed how pictures of a female associated with a product could significantly increase sales. Related to the presentation of information are default options. Depending on whether the default option is to automatically become – or not become – a member of a pension scheme could have significant consequences for peoples' future security, it was claimed. Moreover, choice or information overload may result in consumer boredom and non-consumption, or in electing the "wrong" product. Applied insights on information presentation to the infrastructures, research have shown that, frequently, when consumers switch provider, a great proportion opt for a package that makes them worse off (EC, DG SANCO, 2008). This could be explained by lack of information, information overload and other aspects of human psychology. Kahneman (2002) explained the phenomenon of "slow learning" which occurs not because people do not learn but because of the way information is processed. Behavioural economists also studied the ways in which social aspects such as peoples' level of education, gender, residence and age can affect their consumption decisions. From a dynamic perspective, this approach also analyses how effects of rising unemployment generated by the crisis impacts on perceptions and use of these services. Applying these insights to use of infrastructure services could shed light on why citizens do not always take optimal decisions. For instance, many consumers fail to switch provider when better alternatives are available. Other citizens' behaviour vis-à-vis infrastructure could be explained using data on the social context or their social role. Private companies are increasingly taking this into account in their commercial strategy. For instance, some fixed phone providers have started to offer special discounts to particular groups such as the unemployed or foreigners. Spanish Telefónica has a tariff called "We Help You", while Vodafone in Italy has a tariff for foreigners. These tariffs are not altruistic, rather they implement price discrimination in order to avoid losing customers.

Patterns in consumer behaviour could be useful in explaining how markets function. Now, it is argued that these insights could have important consequences for regulatory design. In this regard, from the practitioner perspective, one powerful suggestion is that rather than separateing competition policy (supply-side) and consumer policy (demand-side) institutionally, these regulations could – and should – be combined. This is the policy of the new "Fair Trade Policy" at the UK Office of Fair Trading (Fletcher, 2008). By merging demand and supply-side regulation, aspects of consumer behaviour, such as inertia, limited memory, myopia, choice overload and so on can be addressed through better regulation. Better quality regulation could help to avoid citizens "giving up" use of a particular public service due to their economic situation, as well as improving consumer satisfaction in general.

EC, DG SANCO (2008) argues that incorporating consumer behaviour into the design of regulatory frameworks for infrastructure could be a means of improving regulatory quality. Better understanding user behaviour as part of a demand-side consideration, combined with supply-side considerations, could all feed into a better, higher quality, regulatory policies. Improved regulation of these issues can help make consumers and non-consumers alike more knowledgeable about products and services, making them more "empowered", "active" and "confident" in the marketplace (Fletcher, 2008). Improving our understanding of consumer behaviour could mean consumers benefit more from the potential advantages of competition policy. From a political point of view, it should be noted that this solution is of interest to the EC because, while it has historic competence in competition policy, it has much less competence and experience in consumer policy. An attempt to merge elements of consumer policy with competition policy could increase the EC competence in consumer policy. Because of that, particularly active in this project was the newly-established Directorate for Health and Consumers (EC, DG SANCO, 2008).

Quietly, the previous approach to defending citizens' rights to Public Services was abandoned, whilst policy-makers turned to eclectic approaches to economics for sources of new insights into regulation. From 2006, the Commission undertook a review of the Single Market Programme in order to identify what was still not working as regards an integrated market. A list was identified of 23 sectors which were both important for the European economy and which displayed significant problems as regards obstacles to a Single Market. Unsurprisingly, all the main Public Services in networks were included on this list. As regards supply-side regulation, in-depth analysis was dedicated to quantifying characteristics such as market power, competition, prices, mark ups and so on, with the aim of reconsidering the optimum policy response (EC, DG SANCO, 2008). However, this is also being complemented by a demand-side analysis, as the Commission, following the OECD, states that interactions between consumers and the market may exhibit problems that supply-side regulation alone will not fix. Thus, the Commission is seriously studying the benefits of demand-side regulation if analysis indicates this is required.

In order to signal increased attention to understanding the consumer, a new tool was launched from 2008, the "Consumer Market Scoreboard" (EC, DG SANCO, 2008). The idea is to produce a highly visible and accessible document on an annual basis which charts aspects such as consumer use and satisfaction with products and services across the EU. Because the EC had been producing detailed surveys and reports on satisfaction with infrastructure services since 1997, this approach and data has dominated the work done so far. In order to gather similar information on satisfaction for the other sectors, the EC and DG SANCO have to coordinate the collection of national data on consumer satisfaction and behaviour from national authorities.

3. Exploring Patterns of Public Service Use

Though the new regulatory paradigm for Public Services was justified by predictions that consumers would benefit from reforms, little attention has been paid to systematically analysing consumer and especially citizen use of and satisfaction with Public Services under reform, with the exceptions of Clifton, Comín and Díaz-Fuentes (2005), Clifton and Díaz-Fuentes (2010) and Fiorio *et al.* (2007). Since Public Services are central to everyday lives, this lack of attention to understanding patterns of their use is quite striking.

3.1. Data Sources on Stated and Revealed Preferences

The first stage in the analysis of consumer behaviour of the six Public Services is to take stock of the main characteristics of the databases used to study stated and revealed preferences. This data is summarised in Table 1. Stated preferences – what individuals declare about their consumption patterns, for instance, whether they use a service or not – are derived from EC (2006). This information is contrasted with revealed preferences – or the consumption patterns of particular services revealed through household expenditure – derived from the *Encuesta de Presupuestos Familiares* (SHBS) (INE, 2006) for Spain and from the Family Spending Survey (UKHBS) (ONS, 2006) for the UK.[3] Conceivably, this analysis could be extended to the EU-25 using the European Household Budget Survey (EUROSTAT, 2009; INE, 2009). The SHBS survey sample is 19,435 households whilst the UKHBS sample is 6,645 households, in contrast with the EC (2006) sample which comprises

---

[3] Service use is revealed when household I uses a services when $G_{ij} > 0$, j being the service in question and G_{ij} household expenditure I in service j.

1,006 individuals. All three surveys provide disaggregated information on the individual or household surveyed, but this disaggregated information is not identical.[4] For instance, SHBS and UKHBS include information on total household income or total household spending, but this is omitted in EC (2006), while SHBS and UKHBS often disaggregate in similar but not always identical ways. Our analysis thus focuses on those features which are comparable across the three surveys,[5] namely: marital status; education;[6] sex; employment status; age; household size; and some aspects of household composition.[7] While the three surveys include data on the use of the six services under analysis, UKHBS unfortunately, does not disaggregate expenditure on the three types of communication services, so it is only possible to compare aggregate expenditure on telecommunications in Spain and the UK.

A preliminary observation is that stated and revealed use for all six services across the three surveys is highly consistent. So individuals' stated usage of these Public Services and expenditures by households on the service under analysis in Spain and the UK largely coincide. The six Public Services can usefully be grouped according to the extent to which provision is universal. Another consideration is the extent of substitutability. Electricity and water are universal services; near-universal services include fixed and mobile telephony, whilst gas and internet services are non-universal, though gas is considerably more prevalent in the UK than in Spain.[8] Water has no substitute, while electricity could be substituted for gas if available, whilst there is more substitutability among the three communications services. There are some minor discrepancies regarding revealed use of some services across Spain and the UK. Household expenditure on electricity is somewhat higher in Spain than in the UK because a greater proportion of households rent property in the UK and pay indirectly for this service. Expenditure on water reveals that a small percentage of households in both countries receives

---

[4] For instance, EC (2006) contains information on individuals' political position, but this is not included in SHBS (2006) or UKHBS (2006) and is therefore left omitted from the analysis.

[5] Other features, such as nationality and place of residence, are available in the SHBS but not in the UKHBS, so they are excluded from the analysis of revealed preferences. Information about residence (rural/urban) is considered as potentially "disclosive information" in the UK.

[6] The Spanish HBS contains more detailed information about the educational level attained by each household breadwinner. In the UK HBS, in contrast, information is only available about the age at which the last set of studies was completed.

[7] Considerations relating to the climate have also been introduced to better understand consumption patterns of electricity and gas.

[8] One of the reasons for this could be the cold climate, but this requires further research.

J. Clifton, D.l Díaz-Fuentes, M. Fernández-Gutiérrez & J. Revuelta

water free, or pays for this service indirectly. In Northern Ireland, Scotland and rural zones in northern Spain, for a diversity of reasons, water is provided "free" or charged for indirectly.

Table 1. Data on Stated Preferences (EC, 2006)
and Revealed Preferences (INE, 2006; ONS, 2006)

Scope	Stated Preferences						Revealed Preferences									
Scope	European Union (EUROBAROMETER 260, specific data for Spain and United Kingdom)						Spain (SHBS)						United Kingdom (UKHBS)			
Sample size	24885 EU (1006 Spain, 1337 United Kingdom)						19435						6645			
Level of analysis	Individuals						Households						Households			
Main variables	*Individual characteristics:* Marital status. Sex. Age. Education. Employment. Nationality. Household size & type. Area of residence *Service satisfaction:* Access. Affordability. Importance in daily life. Consumer Protection. Fair terms and conditions						*Reference person characteristics:* Marital status. Sex. Age. Education. Employment *Household characteristics:* Household size & type. Area: NUTS 2. Total spending / total income						*Reference person characteristics:* Marital status. Sex. Age. Education. Employment *Household characteristics:* Household size & type. Area: NUTS 2. Total spending / total income			
Spending > 0	Electricity	Gas	Water	Fixed Tel.	Mob. Tel.	Internet	Electricity	Gas	Water	Fixed Tel.	Mob. Tel.	Internet	Electricity	Gas	Water	Telecom (3)
	93,4	61,1	91,9	81,2	73,9	35,2	98,5	56,4	95,3	82,8 (1)	67,5 (1)	31,0 (1)	91,3	73,9	89,8 (2)	95,2

(1) 95.3% considering jointly fixed and mobile telephone and internet.
(2) 98.5% without considering Northern Ireland.
(3) Information considering jointly fixed and mobile telephone and internet.

Next, we analyse whether stated preferences of these services are influenced by socio-economic characteristics or satisfaction with the services. To do so, probit estimations and marginal effects of the following models are used (Wooldridge, 2002):

183

$$Yi = \alpha + \beta Xi + \varepsilon i \qquad (1)$$
$$Yi = \alpha + \gamma Zi + \varepsilon i \qquad (2)$$
$$Yi = \alpha + \beta Xi + \gamma Zi + \varepsilon i \qquad (3)$$

Where:

Yi = Service use[9]: 1 = Use, 0 = Non-use.

Xi = Personal control variables such as age, sex, educational attainment and so on as listed in Table 2.

Zi = Control variables about the services (EC, 2006) as regards: satisfaction with accessibility,[10] satisfaction with affordability,[11] perception of the services as being important,[12] perception of the service as being very important, ease with which offers can be compared[13] and satisfaction with consumer protection.[14]

The results for Spain and the UK are shown in Table 2. The six sectors are listed in the top row and the socio-economic variables and individual perceptions of the individuals in the column on the left hand side. We can see a relationship between the extent of universality of a service and the extent to which stated preferences are sensitive to socio-economic or satisfaction variables. Generally speaking, socio-economic variables least affect stated preferences in the case of the most universal of services (electricity and water). In contrast, a larger number of socio-economic and satisfaction variables affect stated preferences regarding gas and, particularly, the internet. In the case of gas, in both countries, living in a rural area, being under 35 – and being less educated in the case of Spain – is associated with lower use. Similarly, negative perceptions about accessibility and affordability of gas provision are associated with lower stated gas usage in both countries, an additional factor in the UK being perceptions of consumer protection. Fixed and mobile telephony, in addition to the internet, represent one traditional and two recent technologies, all of which can be used as substitutes, particularly fixed and mobile telephony. In the UK, socio-economic variables are hardly

---

[9] "And could you tell me which of the following services do you use?", EC (2006).

[10] In general, would you say that access to (INSERT PROPOSITION) is easy or difficult for you? By that, I do not mean "affordability", EC (2006).

[11] "In general, would you say that the price of (INSERT PROPOSITION) is affordable or not?", EC (2006).

[12] "Please tell me how important is each of the following in your daily life? I mean in order for you to work, shop, contact friends\ family, etc. It is…", EC (2006).

[13] "In general, how easy do you find it to compare offers from different…?", EC (2006).

[14] "In general, how well do you think consumers' interests are protected in respect of the following services?", EC (2006).

significant for stated preferences regarding telephony, except for families with three or more children who claim they use mobile telephony more. Greater use of fixed telephony is associated with higher levels of satisfaction with accessibility and perceptions of service importance. In Spain, fixed telephony is slightly less universal than in the UK. Here, stated usage increases when an individual is self-employed, has a child, or is more satisfied with accessibility, affordability and perceptions of its importance. Lesser educated and the over 65s claim they use less mobile telephony, whilst the under 35s, the self-employed and families with two children claim to use it more. Satisfaction with affordability and importance, in the case of fixed telephony, and accessibility, importance and easy comparability of offers, in the case of mobile telephony, are associated with greater stated use. Stated use of the least universal of services, the internet, is most sensitive to socio-economic indicators and satisfaction in both countries where foreigners, the less educated, women, the over 65s, or rural/semi-rural dwellers state lower usage. In addition, in the UK, lower usage is also cited by individuals who are single, divorced, under 35, unemployed, students or live in a one-person household. Satisfaction with internet services also matters, as negative perceptions about affordability and its importance is associated with lower usage in both countries, as are negative perceptions about the ease of comparing offers and consumer protection in the UK. To sum up, in the case of Spain, particular socio-economic categories are associated negatively with Public Service usage. These can be summarised as: those with less education (gas, mobile telephony and the internet); the over 65s (mobile telephony and internet); and rural dwellers (gas, fixed telephony and internet). On the contrary, the self-employed state greater usage (water, fixed and mobile telephony). Additionally, satisfaction with Public Services matters in the cases of: affordability (gas, fixed telephony and internet); importance of the service (fixed and mobile telephony); and accessibility (gas and mobile telephony). In the UK, negative effects on usage are associated with: singletons, the under 35s, and rural and semi-urban residence (gas and internet); whilst there are many variables intervening in internet usage. Satisfaction also matters in the following ways: accessibility (gas, water, fixed telephony); service importance (fixed telephony and internet); and affordability and consumer protection (gas and internet).

Table 2. Marginal Effects on Stated Used of Services

SPAIN REGRESSION RESULTS		Electricity β / sign.	Gas β / sign.	Water β / sign.	Fixed tel. β / sign.	Mobile tel. β / sign.	Internet β / sign.
Nationality	FOREIGNER						-0,246 ***
Marital status	SINGLE						
	WIDOWED						
	DIVORCED						
Education	LOWEDUC		-0,114 ***			-0,073 **	-0,119 **
Sex	WOMEN						-0,118 *
Age	<35		-0,116 **			0,102 ***	
	>65					-0,215 ***	-0,219 ***
Employment	SELFEMP			0,045 ***	0,127 ***	0,110 ***	
	UNEMP						
	STUDENT		0,106 *				
Area of res.	RURAL		-0,188 ***			-0,088 ***	-0,297 **
	SEMIURBAN						-0,139 ***
Hhold. Type	ONEMEMBER						
	≥4MEMBERS						
	1CHILD				-0,081 **		
	2CHILDREN					0,069 *	
	≥3CHILDREN						
	ONEPARENT						
Service satisfaction	EASYACCESS		0,647 ***			0,148 **	
	IMPORTANT				0,315 ***	0,348 ***	0,297 *
	EASYOFFER				-0,081 ***	-0,073 **	
	CONSPROT						
	AFFORDABLE		0,275 ***		0,097 ***		0,270 ***

UNITED KINGDOM REGRESSION RESULTS		Electricity β / sign.	Gas β / sign.	Water β / sign.	Fixed tel. β / sign.	Mobile tel. β / sign.	Internet β / sign.
Nationality	FOREIGNER						-0,190 *
Marital status	SINGLE		-0,064 *				-0,256 ***
	WIDOWED						
	DIVORCED						-0,200 ***
Education	LOWEDUC						-0,217 ***
Sex	WOMEN						-0,079 **
Age	<35		-0,097 ***				-0,183 ***
	>65						-0,288 ***
Employment	SELFEMP						
	UNEMP						-0,397 ***
	STUDENT						0,273 ***
Area of res.	RURAL		-0,262 ***				-0,204 ***
	SEMIURBAN		-0,135 ***				-0,190 ***
Household type	ONEMEMBER						-0,122 **
	≥4MEMBERS						
	1CHILD						
	2CHILDREN						
	≥3CHILDREN					0,448 ***	
	ONEPARENT						
Service satisfaction	EASYACCESS		0,564 ***	0,492 ***	0,217 **		
	IMPORTANT				0,249 ***		0,336 ***
	EASYOFFER						0,141 ***
	CONSPROT		0,157 ***				0,278 ***
	AFFORDABLE		0,171 ***				0,406 ***

* significance level at 10%, ** significance level at 5%, *** significance level at 1%
Source: EC (2006: Eurobarometer 260).

Attention is now turned to revealed preferences, or actual expenditure. Average spending on the service in question by the population is measured (G_{ij}). The total amount is in both cases expressed in Euros per year. Next, the average expenditure on services by household users is calculated ($G_{ij} \mid G_{ij} > 0$). In the estimation of the factors explaining service expenditure, an Ordinary Least Squares regression is performed, where the dependent variable is household expenditure on a particular service (G_{ij}) and the independent variables are regional (R_i), household type (H_i), characteristics of the bread-winner (S_i) or economic situation (E_i),

From the applied model:

$G_{ij} = \alpha + \beta R_i + \delta H_i + \zeta B_i + \eta I_i + \varepsilon_i$

where i = representative person and j = the service in question.

It is derived:

β, indicates regional differences in expenditure

δ, indicates differences according to household characteristics

ζ, indicates the effects due to characteristics of the bread-winner. These include age, non-monetary effects of employment, non-monetary effects of education, etc.

η, indicates the effect of income, associated with levels of spending (G_i) and/or total income.

Differences in the extent of consumption of a given Public Service need careful interpretation. For instance, water represents a universal, non-substitutable and essential service, and reform in this sector has been slow in comparison to the other services. Very often, there is only one supplier available to potential consumers. Thus, unlike in the case of the internet, potential consumers do not face a complex set of offers from competing firms, at least, for the moment. Behind lower water consumption may be a desire to save money or environmental concerns. The internet is the opposite, since this is non-universal and can be substituted for by text messages. At the same time, potential consumers may have to select one supplier from a choice of more than one. Like water, non-use may be explained by a wish to save money, but, in contrast to water, it also might be explained by lack of access to this service, lack of knowledge or understanding of this service and the different offers or inertia.

Table 3. Effects on Revealed Spending
SPAIN

		Electricity		Gas		Water	
Importance (av. spend., €/year)		377,5		184,1		129,5	
Av. spending (users), €/year		383,3		326,6		135,9	
REGRESSION RESULTS		β	sign.	β	sign.	β	sign.
Income	TOTAL SPENDING	0,008	***	0,004	***	0,003	***
	TOTAL INCOME	-0,006	**	-0,002	n.s.	-0,004	***
Sex	WOMEN RP	4,785		13,158	**	5,104	*
Age	RP>65	30,117	***	-3,463	n.s.	6,597	**
	RP<35	-7,156		11,417	n.s.	-5,975	*
Marital status	SINGLE	-21,160	***	-12,019	n.s.	8,002	**
Education	LOW EDUC	-15,094	***	4,896	n.s.	0,501	
Employment	LESS2OCC	10,812	*	-1,943	n.s.	1,478	
	UNEMP RP	37,813	***	7,485	n.s.	7,480	
	SELF EMP RP	33,435	***	-15,914	**	-7,597	***
Household type	SIZE	2,480	***	0,302	n.s.	0,827	***
	1 MEMBER	13,367		2,344	n.s.	4,062	
	5 MEMBERS	-29,354	***	0,068	n.s.	-4,622	
	1 PARENT	-65,680	***	-19,631	n.s.	-21,103	**
Region NUTS 2	NORTHWEST	-147,047	***	44,899	***	-77,476	***
	NORTHEAST	-177,186	***	44,349	***	-75,128	***
	MADRID	93,566	***	448,806	***	89,708	***
	CENTRAL	-127,601	***	48,222	***	-71,223	***
	EAST	2,739		107,216	***	23,135	***
	CANARIAS	-128,658	***	-69,781	***	26,743	***

* significance level at 10%, ** significance level at 5%, *** significance level at 1%.
Source: INE (2006: SHBS).

UNITED KINGDOM

		Electricity		Gas		Water	
Importance (av. spend., €/year)		597,9		529,6		393,7	
Av. spending (users), €/year		654,9		716,6		438,4	
REGRESSION RESULTS		β	sign.	β	sign.	β	sign.
Income	TOTALSPENDING	0,005	***	0,003	***	0,001	***
	TOTALINCOME	0,001	***	0,002	***	0,001	***
Sex	WOMENRP	-1,416		12,693		-5,062	
Age	RP>65	20,637		44,073	***	-13,947	**
	RP<35	-71,868	***	-92,579	***	-30,003	***
Marital status	SINGLE	-31,797	*	-47,802	**	-13,804	*
Education	LOWEDUC	3,304		-21,216	n.s.	-9,977	*
Employment	LESS2OCC	63,916	***	90,120	***	22,766	***
	UNEMPRP	-31,048		-67,492		17,194	
	SELFEMPRP	62,221	***	-18,903	n.s.	-12,815	*
Household type	SIZE	149,183	***	89,108	***	44,985	***
	1MEMBER	5,493		-47,573	**	-43,617	***
	5MEMBERS	51,978	*	-47,145		-3,563	
	1PARENT	-9,117		-10,442		21,981	**
Region NUTS 2	NORTHEAST	-71,672	**	133,956	***	-102,281	***
	NORTHWEST	-47,596	**	169,139	***	-54,664	***
	YORKSHIRE	-78,332	***	127,332	***	-78,237	***
	EASTMIDL	-87,424	***	107,070	***	-67,892	***
	WESTMIDL	-30,178		143,038	***	-84,525	***
	EASTERN	-59,729	**	31,218	n.s.	-30,139	***
	LONDON	-111,690		91,822	***	-124,095	***
	SOUTHEAST	-34,298		103,058	***	-65,456	***
	WALES	6,335		66,496	**	-10,118	
	SCOTLAND	49,317	**	101,818	***	-294,406	***
	NORTHIREL	56,976	**	-336,524	***	-518,251	***

* significance level at 10%, ** significance level at 5%, *** significance level at 1%.
Source: ONS (2006: UKHBS).

Table 3 (cont.). Effects on Revealed Spending
SPAIN

		Fixed tel.		Mobile tel.		Telephone (1)		Internet		Telecom (2)	
Importance (av. sp., € / year)		240,3		350,6		590,9		77,9		668,8	
Av. spending (users), € / year		290,1		519,1		620,7		250,9		701,7	
REGRESSION RESULTS		β	sign.	β	sign.	β	sign.	β	sign.	β	sign.
Income	TOT SPENDING	0,004	***	0,012	***	0,000		0,002	***	0,019	***
	TOTAL INCOME	0,002		-0,003		0,017	***	0,008	***	0,008	
Sex	WOMEN RP	23,663	***	23,662	**	47,285	***	6,332	*	53,618	***
Age	RP>65	55,719	***	-95,478	***	-39,758	***	-21,747	***	-61,505	***
	RP<35	-71,759	***	220,062	***	148,303	***	2,893		151,195	***
Marital status	SINGLE	-17,400	***	67,406	***	50,005	***	-3,320		46,686	***
Education	LOW EDUC	-14,332	***	13,892		-0,440		-24,562	***	-25,002	**
Employ-ment	LESS 2 OCC	9,300	**	-49,830	***	-40,530	***	-5,376		-45,906	***
	UNEMPRP	-10,807		63,544	**	52,737	**	-3,859		48,878	*
	SELF EMPRP	17,325	***	13,520		30,844	**	4,443		35,287	***
Household type	SIZE	0,219		7,754	***	7,973	***	1,345	***	9,318	***
	1 MEMBER	2,127		64,381	***	66,507	***	13,123	**	79,630	***
	5 MEMBERS	-15,554	*	-15,291		-30,845		-24,955	***	-55,800	**
	1 PARENT	-54,291	***	66,373	*	12,083		0,519		12,602	
Region NUTS 2	NOROESTE	-60,771	***	-37,863	**	-98,634	***	4,912		-93,722	***
	NORESTE	-81,623	***	-78,610	***	-160,232	***	1,143		-159,089	***
	MADRID	153,417	***	23,326		176,743	***	67,568		244,311	***
	CENTRAL	-68,272	***	-43,777	***	-122,048	***	2,686		-109,363	***
	ESTE	26,538	***	-27,847	**	-1,309		50,520	***	49,211	***
	CANARIAS	-40,408	***	46,823	**	6,415		28,323	***	34,738	

(1) Considering jointly fixed and mobile telephone, (2) Considering jointly fixed and mobile telephone and internet.

* significance level at 10%, ** significance level at 5%, *** significance level at 1%.

Source: INE (2006: SHBS).

UNITED KINGDOM

		Fixed tel. (3)		Telecom (2)	
Importance (av. spend., € / year)		442,6		820,0	
Av. spending (users), € / year		492,9		861,3	
REGRESSION RESULTS		β	sign.	β	sign.
Income	TOTAL SPENDING	0,002	***	0,008	***
	TOTAL INCOME	0,001	***	0,001	**
Sex	WOMEN RP	45,510	***	61,425	***
Age	RP>65	1,949		-129,744	***
	RP<35	-81,571	***	164,164	***
Marital status	SINGLE	-67,104	***	-22,633	
Education	LOW EDUC	-4,247		-3,973	
Employment	LESS2OCC	26,333		-87,273	***
	UNEMP RP	-95,818	**	-136,401	*
	SELFEMP RP	61,257	***	189,925	***
Household type	SIZE	66,431	***	318,999	***
	1 MEMBER	-46,676	**	98,356	***
	5 MEMBERS	16,422		-96,533	*
	1 PARENT	-11,525		-18,791	
Region NUTS 2	NORTHEAST	-5,991		-50,734	
	NORTHWEST	22,064		-20,224	
	YORKSHIRE	-41,187		-18,398	
	EASTMIDL	-2,653		6,938	
	WESTMIDL	-4,959		16,042	
	EASTERN	-23,952		35,344	
	LONDON	71,521	**	213,174	***
	SOUTHEAST	-5,098		14,657	
	WALES	20,605		3,682	
	SCOTLAND	29,068		15,001	
	NORTHIREL	70,399	**	123,002	***

(2) Considering jointly fixed and mobile telephone and internet.

(3) In the UK Survey, some spending on mobile phone and internet is included here.

* significance level at 10%, ** significance level at 5%, *** significance level at 1%.

Source: ONS (2006: UKHBS).

Results are shown in Table 3. The six Public Services comprise the top row and the socio-economic variables are listed in the left-hand column. Before proceeding to draw out the main findings, it is should be first noted that expenditure on all the Public Services is significantly higher in the UK than in Spain. This gap is at its greatest in what could be considered the most "basic" of the services: water and energy. The income effect is corrected by the variables Ii: household income and total household expenditure (Gi), the latter being the most important in general terms. Despite this, it is important that these services constitute a significant part of the overall proportion of a household's consumption. In addition, the coefficient associated with household wealth shows that the demand of these services – particularly the cases of electricity and water – is quite inelastic. Inelasticity is a particular feature of many of these services, also reflecting the important role they play for consumers and their budgets.

The most intriguing of the results found here are generally associated with consumption of the three communication technologies. Of the six sectors, communications have undergone most dramatic technological change, involving new communication technologies from the 1970s, and also have been subject to deeper reform such as privatisation, liberalisation and deregulation. As a result, not only do citizens have to choose which medium they will use for communication, they are also subject to an increasing complex array of options, offers and deals from which to choose. It is this new array of choice and complexity where socio-economic characteristics of households most impact on (non) consumption decisions. The most relevant findings can be organised by the household respondent's age (generation), occupation, educational attainment and gender.

First, the generation to which a household representative belongs has significant consequences as regards the usage of communications technologies, as well as some consequences for the consumption of water and energy. Households led by younger bread-winners (under 35) spend more on the three communications services together in both Spain and the UK. In Spain – where this information is disaggregated – we can see that this higher spending is associated with different communications technologies. In particular, the younger generation have partially substituted mobile for fixed telephony. Households led by the over 65s do just the opposite: net spending on communications is lower and, in Spain, the reverse technological pattern is visible since relatively more is spent on fixed and less on mobile telephony. In addition, this generation spends less on internet communications. It seems that there is evidence here of "inertia" as regards the use of newer communications technologies by this generation.[15]

Employment also intervenes in Public Service consumption. In households with less than two employed people, less is spent on general communications in both countries. In Spain, relatively more is spent on fixed and less on mobile telephony. These households also spend more on water and energy, particularly in the UK. When a household is led by a self-employed person, expenditure on general communications is high. In Spain, this is particularly the case for fixed telephony. As regards other utility expenditure, these households spend more on electricity and less on water in both countries. Households led by an unemployed person behave differently in Spain and the UK. In Spain, spending on communications is high due to greater use of mobile telephony, whereas in the UK, less is spent on communications in general.

Education intervenes too in the consumption of Public Services, though households led by lesser-educated people behave differently in the two national contexts. In Spain, these households spend less on electricity, whilst in the UK, they spend less on water. As regards expenditure on communications, in Spain, less is spent on general communications, particularly fixed and internet services, whilst in the UK no trends are apparent. According to EC (2006), individuals with lower educational attainments state they have greater difficulties when comparing different options available, reflecting the Spanish case. This socio-economic group also states they have a more passive attitude towards mobile telephony, with lower levels of satisfaction with contract conditions and lower perceptions of consumer interest protection. Household size and composition also often affect expenditure on services. Size is associated with more spending on energy, water and communications in both countries. Conversely, in small households with just one member, more is spent on communications, while less is spent on electricity. There is a threshold as regards expenditure on communications: large households with five or more members spend less on communications in both countries. Gender also intervenes in Public Service expenditure, most significantly, again, as regards communications. Households led by women in both Spain and the UK spend more on communications services in general. In contrast to our findings

---

[15] In regard to other utilities, there are some trends regarding expenditure. Households led by the over 35s in the UK tend to spend less on water and energy, but this is not observable in Spain. This is perhaps due to national differences in lifestyle, conceptions of the role of the family and the degree of independence of young people. In Spain, young people with a more precarious economic situation are more likely to live with their parents. On the contrary, households led by the over 65s spend more on energy (electricity in the case of Spain and gas in the case of the UK).

regarding communications consumption and age, here, we can see that, in the case of gender, in Spain, this higher spending is not sensitive to technology: female-led households spend more on all fixed, mobile and internet communication. As regards the other utilities, Spanish households led by a woman spend more on gas and water, though this is not observable in the UK.

4. Towards a New Approach to Public Service Regulation

Many scholars have concurred that the ongoing financial and economic crisis was largely caused by regulatory oversight or failure, and their arguments have given further force to previously existing concerns among some academics and policy-makers that the deregulatory paradigm introduced from the 1980s across multiple sectors had significant flaws. In the case of the public services, policies such as privatisation, liberalisation, deregulation and New Public Management were all justified by the benefits they were purported to bring to the consumer, including lower prices, more choice and better quality. Ironically, government agencies and firms made little effort to incorporate actual findings about user satisfaction into the design and implementation of policy, even though surveys were conducted on satisfaction as part of the New Public Management. Indeed, in the recent period, the New Public Management paradigm has been blamed for marginalising concerns and policies that traditionally guided the governance of public services, particularly, questions about social inclusion. Another probing of the supposed benefits of deregulation has been inspired by the findings of the Behavioural Economics School. Its proponents argue that much of the deregulatory framework introduced from the 1980s assumed that consumers would act in a rational, time-consistent way, taking optimal decisions in a marketplace. Instead, they showed how our perceptions surrounding the market and consumption are shaped by multiple forces, which may mean that we do not always take optimal consumption decisions.

In this light, this chapter sought to examine consumption of public services in two, major, European countries: Spain and the UK. We first explained how, from the 1980s onwards, the post-war organization of public services which centred on questions of universal service provision often via State ownership and control of public services shifted to one characterised by privatisation, deregulation and liberalisation. The citizen was largely replaced by the notion of a consumer making rational decisions when consuming public services. Next, we analysed and contrasted stated and revealed preferences about consumption of six public services in the two countries. Standing alone, both stated and revealed preference-based analysis have limitations, so it was argued that contrasting both sources constitutes a useful methodology which helps to partially overcome their limitations.

Our main finding was that, although the deregulatory paradigm from the 1980s was justified by claiming that users would enjoy greater choice and quality and lower prices public services, socio-economic characteristics of individuals and household holds influences their consumption. Firstly, our analysis of stated and revealed use of these services produced highly consistent results, confirming that consumers do not take homogenous decisions *vis-à-vis* public services. Consumers are heterogeneous and may react in a different way to market dynamics; moreover, these differences may become even more apparent during the ongoing crisis. For instance, if the number of workers in household impacts on service use and perception, the crisis, which is leading to increased levels of unemployment, will probably aggravate further this trend. In more detail, we found that consumption patterns of public services can be usefully analysed through classifying the six services under study by how universal they are. They can be ranked from wholly universal (electricity, water) to non-universal (gas and the internet). Universal or near-universal services, such as electricity, water and tele-phony, constitute a significant proportion of household's total spending and their demand is quite inelastic. These services are thus vital to a household's consumption decisions, and even more so in the context of budgetary restrictions worsened as a consequence of the crisis. Where services are less universal – gas, mobile telephony and internet – socio-economic factors and degrees of satisfaction with public services inter-vened more strongly as revealed by the analysis of stated and revealed preferences. For instance, people who live in rural areas state they use less gas and the internet, whilst the lesser-educated and foreigners stated they use less internet, in both countries. Meanwhile, revealed prefer-ences show that socio-economic characteristics, including a person's age or their generation, employment, education, household size and compo-sition and gender all play a role in influencing their consumption of communications services. Whilst the consumption of some public ser-vices is part of a well established tradition (drinking water from house-hold taps, using electricity and fixed phones at home), other services have not been available to all (gas) whilst mobile and internet communi-cations have been introduced more recently. The introduction of new technologies means more choice for potential consumers. This new choice as regards what technology to use and when, and which of the possibly multiple service providers to contract, is presenting new di-lemmas to individuals and households, and these choices may have a different effect depending on the socio-economic characteristics of the user. Our analysis showed a clear generation gap is apparent, whereby

younger households embrace the newer technologies at the expense of
the older ones, whereas older households exhibit "inertia" vis-à-vis this
new choice (choice over-load). Because this trend is apparent across
both countries, it could be tentatively argued that a supranational policy
to encourage take-up of new communications technologies among the
over 65s could be desirable. Some companies have started to consider
user heterogeneity in their business strategies, reflected through price
discrimination policies to target, for instance, the unemployed. Policy-
makers are slower, however, in incorporating new ideas such as consumer heterogeneity and behavioural dimensions into public policy with
a view to optimise social welfare. There remains the criticism that
regulatory reform of the public services from the 1980s went too far
towards the "market", leaving behind concerns about social cohesion
and the public interest. Indeed, the finding that socio-economic characteristics help explains heterogeneous consumption of public services
begs the question, has regulatory reform from the 1980s produced a
Single Market, or a Dual one?

Bibliography

Bacchiocchi, E., Florio, M. Gambaro, M., *Telecom Prices, Regulatory Reforms and Consumers' Satisfaction Evidence for 15 EU Countries*, Working Paper, 2008-10, Dipartimento di Scienze Economiche Aziendali e Statistiche, Universitá degli Studi di Milano, 2008.

Balanyá, B., Doherty, A., Hoedeman, O., Ma'anit, A., Wesselius, E., *Europe Inc: Regional and Global Restructuring and the Rise of Corporate Power*, London, Pluto Press, 2000.

Calero, J., Escardíbul, J.O., "Educación, estilo de vida y salud: un estudio aplicado al caso español", in *Revista de educación*, 2006, Vol. 339, pp. 541-562.

CEEP, *Opinion: What European evaluation of the performance of the services of general economic interest?*, Brussels, CEEP, 2000.

CEEP, *Declaration on Services of General Interest for the European Council of Barcelona*, 2002.

CEEP, *Service of General Interest: A Chance for an Integrated Europe*, XVIth Congress, Leipzig, June 16-18, 2004.

CEEP, ETUC, *Proposal for a Charter for Services of General Interest*, Brussels, CEEP, 2000.

Clarke, J., Newman, J., Smith, N, Vidler, E., Westmarland, L., *Creating Citizen-Consumers: changing identities in the remaking of public services*, London, Sage, 2007.

Clifton, J., Comín, F., Díaz-Fuentes, D., *Privatization in the European Union: Public Enterprise and Integration*, Dordrecht, Kluwer Academic Publishers, 2003.

Clifton, J., Comín, F., Díaz-Fuentes, D., "Empowering Europe's Citizens? On the prospects for the Charter of Services of General Interest", in *Public Management Review*, 2005, Vol. 7, No. 3, pp. 417-443.

Clifton, J., Comín, F., Díaz-Fuentes, D., "Privatization in the European Union: Ideological, pragmatic, inevitable?", in *Journal of European Public Policy*, 2006, Vol. 13, No. 5, pp. 736-756.

Clifton, J., Comín, F., Díaz-Fuentes, D. (eds.), *Transforming public enterprise in Europe and North America: Networks, Integration and Transnationalisation*, Palgrave-Macmillan, 2007.

Clifton, J., Díaz-Fuentes, D., "Evaluating EU policies on public services: A citizens' perspective", *Annals of Public and Cooperative Economics*, in 2010, Vol. 81, No. 2, pp. 281-311.

EC (European Commission), *Communication on SGI*, Brussels EC, 1996.

EC (European Commission), *Eurobarometer 47.0: L'Europe des Consummateurs, Les Citoyens face a l'ouverture à la concurrence des monopoles de services public*, Brussels EC, 1997.

EC (European Commission), *Communication on Services of General Interest in Europe*, Brussels EC, 2000a.

EC (European Commission), *Les Européens et les services d'intérêt généraux*, Brussels EC, 2000b.

EC (European Commission), *Eurobarometer 58 Consumers' opinions about Services of General Interest*, Brussels EC, 2002.

EC (European Commission), *Green Paper on Services of General Interest*, Brussels EC, 2003a.

EC (European Commission), *CCEB Eurobarometer European Consumers and services of general interest*, Brussels EC, 2003b.

EC (European Commission), *White Paper on Services of General Interest*. Brussels EC, 2004.

EC (European Commission), *Eurobarometer 219*, Brussels EC, 2005.

EC (European Commission), *Eurobarometer Special Services of General Interest*, No. 260, Wave 65.3, Brussels EC, 2006.

EC (European Commission), *Communication from the Commission to the Council, the European Parliament and the European Economic and Social Committee, EU Consumer Policy strategy 2007-2013. Empowering consumers, enhancing their welfare, effectively protecting them*, Brussels EC, 2007.

EC (European Commission), *European consumers' opinions on certain Services of General Interest qualitative study in the 25 Member States*, Brussels EC, 2007.

EC (European Commission), *Communication from the Commission on the application of State aid rules to public service broadcasting*, Brussels EC, 2011.

EC (European Commission), DG SANCO, *How Can Behavioural Economics Improve Policies Affecting Consumers?*, Brussels (Belgium) November 28, 2008.

EUROSTAT, *Household Budget Survey*, Brussels EC, 2009, http//europa.eu.int/estatref/info/sdds/en/hbs/hbs_base.htm.

Federal Trade Commission, *Behavioural Economics and Consumer Policy*, Conference sponsored by the Bureau of Economics Federal Trade Commission, New Jersey, April 20, 2007.

Financial Times, February 23, 2010.

Fiorio, C.V., Florio, M., *Do you Pay a Fair Price for Electricity? Consumers' Satisfaction and Utility Reform in the EU*, Working Paper, 2008-12, Dipartimento di Scienze Economiche Aziendali e Statistiche, Universitá degli Studi di Milano, 2008.

Fiorio, C.V., Florio, M., Salini, S., Ferrari, P., *European Consumers's Attitudes on Services of General Interest Accessibility, Price and Quality*, Working Paper, 2007-04, Dipartimento di Scienze Economiche Aziendali e Statistiche, Universitá degli Studi di Milano, 2007.

Fletcher, A., *What do policy-makers need from behavioural economists?*, Unpublished paper presented at the DG SANCO Conference, Brussels, 2008.

Galambos, L., "State-owned enterprises in a hostile environment The U.S. experience", in Toninelli, P.A. (ed.), *The rise and fall of State-owned Enterprise in the Western World*, Cambridge University Press, 2000.

Goldstein, A., *Multinational Companies from Emerging economies Composition, Conceptualization and Direction in the Global Economy*, London, Palgrave MacMillan, 2007.

Ilzkovitz, F., Dietx, A., Sousa, N., *An analysis of the possible causes of product market malfunctioning in the EU*, European Commission, 2008, http//ec.europa.eu/economy_finance/publications/publication_summary13085_en.htm.

INE (Instituto Nacional de Estadística), Encuesta de Presupuestos Familiares, 2006, http//www.ine.es.

INE (Instituto Nacional de Estadística), Main features of the Household Budget Survey 2006, 2009 http//www.ine.es.

Kahneman, D., *Maps of Bounded Rationality. A Perspective on Intuitive Judgement and Choice*, Nobel Prize Lecture, 8 December, 2002.

Kahneman, D., "Maps of bounded rationality: psychology for behavioural economics", in *American Economic Review*, 2003, Vol. 93, No. 5, pp. 1449-1475.

McGuire, A., "Service Charters – Global convergence or national divergence? A comparison of initiatives in Australia, the United Kingdom and the United States", in *Public Management Review*, 2002, Vol. 4, No. 1, pp. 493-524.

Mulholland, J.P., *US perspective: Behavioural economics and the Federal Trade Commission*, Working Paper Series, 2007.

OECD, *Roundtable on Demand-Side Economics for Consumer Policy Summary Report*, Paris, OECD, 2007.

OECD, *Focus on citizens public engagement for better policy and services*, Paris, OECD, 2009.

Ofcom, *The Consumer Experience: Research Report*, 2006, http//www.ofcom.org.uk/research/tce/report/.

Office for National Statistics (ONS), *Family Spending Survey*, 2006, http://www.statistics.gov.uk.

Productivity Commission of the Australian Government, *Conference Behavioural Economics and Public Policy*, August 8-9, 2007.

Prosser, T. (ed.), *The limits of competition law: markets and public services*, Oxford, Oxford University Press, 2005.

Schröter, H. (ed.), *The European Enterprise*, Springer, 2008.

Shafir, E., "A behavioural perspective on consumer protection", in OECD, 2007, *Roundtable on Demand-Side Economics for Consumer Policy Summary Report*, Paris, 2006, pp. 42-53.

Stiglitz, J., *Towards Basel III? Regulating the Banking Sector after the Crisis*, Working Paper, Initiative for Policy Dialogue, University of Columbia, 2009.

Treasury of the Australian Government, *Productivity Commission Inquiry into Australia's Consumer Policy Framework*, Sidney Australian Government, Treasury, 2008.

Van de Walle, S., "The impact of public service values on services of general interest reform debates", in *Public Management Review*, Vol. 8, No. 2, pp. 183-205.

Wooldridge, J.M., *Econometric Analysis of Cross Section and Panel Data*, Cambridge, MIT Press, 2002.

Zamil, S., "Viewpoint: Regulatory Philosophy Matters", in *Finance and Development*, 2009, Vol. 46, No. 2.

Le renouveau de l'action publique en Algérie dans le contexte de crise économique mondiale

Malika AHMED ZAÏD-CHERTOUK

*Professeur, Directrice de recherche, Laboratoire REDYL,
Université Mouloud Mammeri de Tizi-Ouzou, Algérie*

En 2008, le monde a été secoué par une crise sans précédent, au point où de nombreux États ont dû intervenir pour sauvegarder l'essentiel de leur économie par la résurgence de l'intervention publique. L'Algérie, qui venait à peine de finaliser le remboursement de sa dette extérieure après avoir engagé deux décennies durant tout un train de réformes, s'est trouvée également confrontée aux effets indirects de cette crise. Après un intense débat qui a divisé les analystes en deux camps : le camp de ceux qui prétendent que le pays est protégé contre les effets de la crise, son système bancaire et financier étant fortement déconnecté du système financier international, et le camp de ceux qui, au contraire, estiment que l'onde de choc n'épargnera pas l'Algérie étant donné la forte dépendance de son économie des exportations d'hydrocarbures et d'importations de produits manufacturés. Face à cette situation d'indécision, les pouvoirs publics algériens ont jugé utile d'adopter une attitude empreinte de prudence en affichant une nette tendance à l'interventionnisme de fait de l'État. Ce dernier se traduit par la protection de la production nationale, la revitalisation des entreprises publiques, un appui substantiel au programme d'investissement public supposé être source de croissance, un contrôle strict des entreprises étrangères les obligeant à avoir un partenaire algérien tempérant ainsi l'attrait pour les investissements directs étrangers (IDE), bref une politique du compter sur soi. Il est apparu que n'étant pas affectée par les effets de la crise, l'Algérie a subi certains dégâts collatéraux sans toutefois mettre en œuvre un plan de sortie de crise. Cependant, les mesures prises par le gouvernement peuvent s'inscrire dans un scénario spécifique de l'action publique face à la crise[1]. L'Algérie adoptera une attitude ambivalente incarnant une certaine forme de repli national, à travers l'apparition d'une politique protectionniste conjuguée à une volonté d'intégration au marché tout en imposant un contrôle accru de la participation du secteur privé et le renforcement des processus de régulation publique. On proposera de montrer comment l'Algérie a été amenée à marquer une pause dans la dynamique de déréglementation en optant pour un recentrage sur l'action publique, la force inductive étant la crise de 2008.

Le mouvement d'insertion dans l'économie mondiale et les nouvelles formes de rapports entre États issues du consensus de Washington ont induit d'importantes évolutions dans la gestion des services publics dans de nombreux pays du monde. Cette situation a contraint les États à reconsidérer la conception, le contenu et la mise en œuvre de leurs politiques publiques. On assiste alors à un mouvement de reconfiguration de l'action publique dans bon nombre de pays et à un renouveau assez spécifique en Algérie, loin de faire table rase des pratiques anciennes qui continuent à influer négativement sur son efficacité. Dès lors, la question du renouveau dans l'action publique se pose différemment en Algérie que dans les pays occidentaux et dans ceux qui ont choisi la même voie pour s'engager dans l'économie de marché, mais elle y demeure liée. La stratégie de transformation retenue est foncièrement identique à travers notamment les mesures jugées souhaitables et indispensables par ses concepteurs, tandis que la contrainte sociopolitique et le processus d'adaptation sociale diffèrent.

Le contexte de réformes entreprises par l'État, conjugué avec l'embellie financière due à une montée prodigieuse des prix du pétrole, devait en principe augurer d'un succès de la stratégie et aboutir à une meilleure reconfiguration de l'action publique et une maîtrise soutenue des politiques publiques, l'État disposant de plus d'aisance et d'assurance à conduire le processus. En effet, des réserves de change importantes ont été engrangées durant la dernière décennie et des sommes considérables sont injectées annuellement dans les différents secteurs sans pour autant que des améliorations sensibles ne soient obtenues, particulièrement dans la fourniture des services publics. Mais voilà que la nouvelle tendance comportementale de l'État a été perturbée par les effets inattendus de l'onde de choc de la crise financière et économique mondiale, d'autant plus que la conduite du processus de réformes s'avéra très lente et que des résistances se manifestèrent y compris au sein même des institutions.

---

[1] CIRIEC – Bance, P. et Bernier, L. (2011), voir *Introduction* dans cet ouvrage.

Loin d'être protégée, l'économie algérienne subit les à-coups indirects et les turbulences de l'onde de choc de la crise financière mondiale, et ce malgré un système financier peu évolué en totale déconnexion avec les marchés financiers internationaux. L'accumulation des réserves de change connaît une brusque régression suite à la récession qui frappe bon nombre de pays industrialisés et à la baisse conséquente de la demande en hydrocarbures notamment : les ressources de l'État s'amenuisent, la croissance accuse une baisse par rapport aux années précédentes, tandis que les prévisions pour 2010 et les années suivantes ne semblent pas verser dans l'optimisme. Cette tendance régressive a conduit le gouvernement à être prudent quant à sa politique budgétaire tout en observant une série de restrictions visant à épargner au mieux les réserves accumulées et à dépenser utile. Même si, dans une première phase, le rythme et le volume des investissements pour l'amélioration des services publics sont maintenus pour la période quinquennale 2010-2014, il n'est pas exclu que des effets de la crise mondiale se manifestent ultérieurement et remettent en cause la politique gouvernementale non seulement en termes de volume des investissements mais aussi en termes de nature et d'envergure des projets.

Dans le cadre du programme d'investissement public pour cette période, le gouvernement accorde une place privilégiée au développement et à l'amélioration de la fourniture des services publics de l'eau et de l'assainissement. En effet, une enveloppe de 15 milliards de dollars est prévue pour ce secteur malgré un contexte fait d'hésitations, d'incertitudes et de prudence. Au total, les autorités algériennes veulent poursuivre deux objectifs : régler définitivement le problème de l'eau et de l'assainissement au moins dans les zones de grandes concentrations urbaines et le réaliser au moindre coût. Le choix d'une stratégie porteuse est donc au centre de leurs préoccupations et s'inscrit dans la continuité des réformes institutionnelles et organisationnelles entamées déjà dans le secteur après maintes hésitations et presque quatre décennies d'expériences infructueuses d'une gestion tournée vers le *tout public*.

L'option pour l'économie de marché et la carence manifeste, observée à la fois dans les processus de production et de distribution de l'eau, amènent le gouvernement à remettre en cause ce mode de gestion *tout public* pour amorcer timidement une expérience de délégation au profit d'entreprises étrangères réputées être des leaders mondiaux du secteur de l'eau. Pratiquée depuis fort longtemps dans d'autres pays et prévue dans le cadre de la loi relative à l'eau, la délégation de service public ne constitue pas en soi un fait nouveau, mais l'expérience algérienne en cours est quelque part singulière et mérite d'être analysée pour au moins deux raisons : la première est qu'elle se déroule dans un contexte de réformes économiques et administratives inaccomplies, caractérisé par une aisance financière sérieusement perturbée par des effets inattendus de la crise financière et économique mondiale ; la seconde est que le gouvernement oscille entre la volonté d'aller vers la privatisation de la gestion motivée par un souci d'efficacité et la préservation de la gestion publique confortée par la disponibilité de ressources financières importantes permettant d'investir dans la réalisation d'importants projets de mobilisation et de distribution de l'eau. Cette ambivalence a conduit le gouvernement à adopter une position médiane : investir dans le domaine du management de l'eau par la formation, le transfert du savoir-faire tout en gardant l'essentiel de la gestion au sein de deux établissements publics préexistants, eux-mêmes suppléés dans le cadre de la délégation par des filiales régionales créées dans le cadre de la délégation et managées par des équipes de techniciens délégués par les entreprises délégataires étrangères. En fait, c'est une délégation d'assistance dans le diagnostic des problèmes des réseaux notamment, leurs résolutions et, d'une manière générale, dans le management de l'eau et de l'assainissement.

Cela étant, le processus entrepris continue de susciter des interrogations telles que : l'utilité de l'autorité de régulation mise en place, jusqu'où compte aller le gouvernement dans le processus de délégation ? Ira-t-il à la concession, à l'affermage ou vers d'autres modes pratiqués par ailleurs ? Ira-t-il vers un mode de gestion décentralisée où les collectivités territoriales pourront assumer certaines de leurs missions telles que définies dans les codes de la commune et de la wilaya[2], avec tout ce que cela peut entraîner comme conséquences en termes de délégation, ou gardera-t-on ce système de gestion fortement centralisée avec des évolutions futures ? Autant de questions qui, pour le moment, ne peuvent avoir de réponses devant l'attitude prudente et hésitante des gouvernants.

Ce chapitre tente d'aborder les évolutions amorcées dans la gestion des services en réseau dans un contexte économique en proie aux effets latents de la crise financière et économique mondiale et dans un contexte de réformes inaccomplies marquant une expérience difficile et inachevée de transition de l'économie administrée vers l'économie de marché. Aussi, dans la première partie, on s'efforce de faire le point sur le redéploiement de l'action publique à travers l'importance accordée aux services publics dans la dynamique des réformes économiques et institutionnelles entreprises en Algérie durant les deux dernières décennies, tout en mettant en relief la faiblesse des résultats et les retards accumulés en la matière. La deuxième partie traitera de la collusion des métamorphoses en cours dans la gestion des services publics et des impacts de la crise économique mondiale sur la sphère économique réelle algérienne.

---

[2] La wilaya est une division territoriale administrative en Algérie.

Des services publics dans un contexte de réformes inaccomplies ?

Trois principaux aspects distinguent le secteur des services publics du reste de l'économie, ce sont : le caractère spécifique des investissements, les économies d'échelle et la large consommation domestique de ces services. Ces trois aspects sont au cœur de la problématique qui a traditionnellement motivé la nécessité d'aller vers leur régulation gouvernementale et ont conduit au principe d'une tarification naturellement politique de ces services (Williamson, 1988 ; Spiller, 1990 ; Levy, Spiller, 1994). De ce fait, les transformations des services publics correspondent à des adaptations à l'environnement économique et social et sont indissociables des mutations qui touchent aux missions et aux structures de l'État. Ceci étant admis, cette partie se veut une approche du mouvement de redéploiement de l'action publique en Algérie tout en accordant une place importante à la gestion des services publics dans la dynamique de réformes entreprises par l'État dans sa tentative de transition vers l'économie de marché dans le cadre d'un mouvement d'ensemble imposé par la mondialisation.

À l'instar de nombreux pays engagés dans le processus de transformation systémique sur la base du modèle standard d'économie de marché né du « consensus de Washington », l'Algérie se devait de faire face à un double défi : réussir son insertion dans le concert de l'économie mondiale et garantir la compétitivité de son économie fortement tributaire des exportations d'hydrocarbures et caractérisée par un système productif peu efficace doublé d'un déficit en management de qualité. Dès lors, la question était de savoir comment limiter les effets pervers de cette transformation et réaliser une transition susceptible de réduire les risques de dégradation des conditions sociales des populations les plus vulnérables.

Partant de ce constat et durant au moins deux décennies, les autorités algériennes ne cessent d'afficher dans leurs discours une volonté de transformation du système économique sans pour autant l'accompagner d'une vision claire, tandis que dans les institutions se développent des stratégies de stagnation. Par ailleurs, les différents programmes gouvernementaux ont accordé une place relativement importante aux mécanismes nécessaires à une transition maîtrisée vers l'économie de marché et aux dispositifs de rationalisation de l'action publique, si l'on se réfère au nombre d'institutions spécialisées créées, à la teneur de la législation adoptée et aux ressources allouées. Mais dans les faits, les objectifs visés ne sont que partiellement atteints : les efforts réellement consentis n'ont pas abouti aux succès escomptés en termes d'amélioration des services publics, de climat d'investissement et encore moins en matière d'attractivité des IDE appelés à consolider davantage la dynamique de développement tant attendue. Cette situation s'explique tant par l'écart entre le cadre institutionnel formellement défini et sa mise en œuvre au profit du développement économique et social, que par les discordances existant entre les différents segments des réformes engagées simultanément dans les domaines économique, administratif, judiciaire, éducatif et bien d'autres.

L'État algérien a d'abord entrepris une série de réformes économiques et politiques dans le souci d'engager un processus de transformation de l'administration publique visant à la doter de missions et structures adaptées au nouveau contexte de l'économie de marché et de pluralisme politique. Malheureusement, cet élan réformateur n'a pas apporté les améliorations attendues, tant les évolutions de l'administration publique et du mode de gouvernance demeurent marquées par les stigmates du passé, l'héritage n'étant pas seulement dans les formes et les normes institutionnelles mais gravé dans les comportements et la culture managériale. Cette conception antinomique de l'administration publique conforte le monopole de l'État sur l'ensemble des ressources nationales qui se présente comme gestionnaire unique et direct des activités économiques et des affaires publiques. Le service public reste organisé en monopole public soit sous la forme d'une gestion directe par l'administration, soit sous la forme d'établissement public exploitant un monopole réglementé. La nature de cette conception de l'État va également affecter le support administratif mis en place pour prendre en charge l'ensemble de ces missions. En effet, la configuration de l'administration s'adaptera à cette conception et produira une centralisation et un formalisme excessifs en nette contradiction avec le contenu des discours officiels prônant la décentralisation institutionnelle, souvent formelle et plus annoncée qu'effective.

Toutefois, l'État en tant que manifestation formelle d'un ordre interne et d'un ordre externe se voit confronté aux contraintes des évolutions qui s'opèrent continuellement à ces deux niveaux. Il se trouve condamné à s'adapter à l'ensemble des mutations au risque de se voir figé et perdre sa substance devant son incapacité à répondre aux besoins vitaux de la société. À l'évidence, ces mutations appellent à innover en matière de mécanismes à mettre en œuvre au niveau de l'administration publique et des rapports à développer avec les différents acteurs.

Au niveau externe, les mutations intervenues ont profondément bouleversé les relations entre les États et blocs d'États. Celles-ci sont passées d'une logique de bipolarisation à une logique de domination déterminée beaucoup plus par les aspects économiques, dont l'un des faits les plus saillants est le mouvement généralisé de recours au partenariat public-privé ; celui-ci a été plutôt le résultat d'une initiative internationale lancée depuis au moins deux décennies par les institutions internationales à commencer par la Banque mondiale, des firmes transnationales et des gouvernements nationaux[3].

Au niveau interne, la société algérienne a connu une brusque et profonde évolution caractérisée essentiellement par l'émergence d'une société civile à visage nouveau, l'ouverture institutionnelle sur de nouveaux acteurs à la suite de la libéralisation du champ politique, l'évolution significative des rapports contractuels dans les domaines du travail, des relations sociales et des transactions commerciales, la transformation des rapports des citoyens à l'égard de l'État et de l'administration, et l'apparition de nouveaux besoins sociopolitiques.

En réalité, ces manifestations ne sont que la signature d'une crise profonde de l'État-providence mettant au clair les limites d'un État omnipotent se voulant à la fois propriétaire, entrepreneur et régulateur. En même temps, elles dévoilent la face cachée de la crise de représentation institutionnelle du rapport État/Société. D'une manière globale, nous sommes en présence de tous les indices de l'expression directe d'une crise aiguë de l'État et de ses institutions qui a conduit à son affaiblissement aussi bien dans les domaines institutionnels de l'exercice de la souveraineté que dans les fonctions de fourniture de services publics, de régulation et de contrôle. C'est à ce champ de contraintes internes et externes que remonte la genèse de l'impérieuse nécessité de réformer les missions et les structures de l'État en vue d'assurer sa pérennité et celle du service public, et d'aller en même temps vers sa nécessaire modernisation.

Les pouvoirs publics ont alors engagé une réflexion autour d'un mouvement de réformes tous azimuts dont l'essentiel des débats et des préoccupations majeures étaient focalisés sur les problématiques de la décentralisation, de la libéralisation et de la mise en concurrence de la fourniture des services publics. Cette tendance réformatrice est d'ailleurs étayée par l'analyse des évolutions dans les pays de l'OCDE, quand bien même les priorités et les rythmes diffèrent d'un pays à l'autre. Dans ce contexte, la dévolution de missions de service public à des pouvoirs régionaux ou le transfert de missions de régulation à des autorités administratives indépendantes constitue aujourd'hui une tendance quasi universelle (Belmihoub, 2005).

L'Algérie a opté pour cette voie même si le rythme de mise en œuvre des réformes demeure manifestement lent et laborieux, en raison de résistances se développant au sein même de l'administration publique qui conserve son caractère autoritaire au détriment d'une politique de contractualisation.

---

[3] De Miras, C., Godard, X. (2006).

Celle-ci prend naissance et se développe à une cadence relativement lente en se matérialisant notamment sur le terrain par la création d'autorités de régulation autonomes dans divers secteurs tels les télécommunications, les mines, les hydrocarbures, l'électricité, les transports, la monnaie et le crédit et, plus récemment encore, dans celui des services publics de l'eau et de l'assainissement.

À ce niveau, il est intéressant de relever un aspect novateur de la politique contractuelle de l'administration en la passation de contrats entre personnes publiques, alors que jusque-là le contrat était plutôt le fait de relations avec les personnes privées. À ses débuts, ce type de changement était mal perçu en raison de la centralisation excessive du système administratif. Or, il se trouve que la généralisation de l'utilisation du contrat dans les relations entre personnes publiques ne peut se faire que dans le cadre de la décentralisation qui demeure une question sujette à beaucoup de réticences, de résistances et d'absence de cadre institutionnel de concertation. D'ailleurs, cette question se trouve masquée par la pratique de la déconcentration qui constitue la voie privilégiée des pouvoirs publics pour garder à la fois l'autorité, le monopole et le contrôle total sur les services publics.

Cela étant, le problème consiste à déterminer si la satisfaction des citoyens est mieux assurée par les approches du nouveau management public comme la contractualisation, la décentralisation, le partenariat public-privé sur la base de mécanismes de type marchand que par les instruments traditionnellement mis en œuvre par une administration de type autoritaire. Autrement dit, la mise en œuvre de cette nouvelle démarche permet-elle d'améliorer la fourniture des prestations de service public aux usagers selon des règles d'efficacité, d'efficience et de transparence ? Mais pour des raisons pratiques, il est intéressant de circonscrire l'analyse du renouveau de l'action publique dans un mouvement d'ensemble incluant le contexte de la dynamique des réformes économiques afin de pouvoir mieux en apprécier les apports et les contraintes mais aussi la vitesse du processus de mise en œuvre.

L'Algérie s'est engagée dans une dynamique de réformes économiques et institutionnelles, sous les contraintes et le soutien d'institutions internationales (Programme d'ajustement structurel avec le Fonds monétaire international (FMI) et la Banque mondiale) ou encore bilatérales (programmes d'assistance et de coopération). Globalement, ces réformes visent un objectif majeur : celui d'assurer la transition de l'économie algérienne d'un système centralisé et bureaucratique vers un système décentralisé et d'économie de marché tout en améliorant sa compétitivité et celle de ses institutions.

Les premières réformes entreprises avaient pour objet les transformations structurelles et institutionnelles du système économique sur la base d'une stratégie de transition conçue de façon générale pour tous les pays et qui a fait l'objet d'un consensus chez les économistes. Ces réformes s'articulent autour d'un certain nombre de mesures jugées souhaitables et indispensables se résumant dans : (1) une politique de stabilisation visant à réduire le déficit budgétaire et la dette publique et à lutter contre l'inflation par une politique monétaire et financière stricte et un contrôle de l'évolution des salaires, (2) la libération des prix et la suppression des subventions, (3) la libéralisation des transactions par l'élimination de la planification centrale et la création du cadre institutionnel d'une économie concurrentielle, (4) la privatisation et la restructuration des entreprises d'État, (5) l'ouverture de l'économie sur l'extérieur avec la suppression du monopole d'État sur le commerce extérieur, la libération des échanges avec l'extérieur et l'introduction de la convertibilité de la monnaie (Lavigne, 1995 ; Cretieneau, 2002).

Les réformes entreprises visaient plutôt l'insertion de l'économie algérienne dans l'économie mondiale à travers les accords d'associations, les zones de libre-échange et l'accord cadre avec l'Organisation mondiale du commerce (OMC) demeurant en éternelles négociations. Ces réformes économiques imposent de nouveaux défis à l'administration publique en général et à l'administration économique en particulier. L'administration publique confinée dans ses logiques formelles de gestion des ressources et de contrôle bureaucratique, sans rapport direct avec les attentes des usagers du service public et sans référence aux résultats obtenus, ne répond plus aux exigences d'une économie de marché censées obéir aux normes de la décentralisation et s'adapter constamment à toute forme d'évolution.

Ces réformes ont produit, à des degrés variables, des transformations dans les structures économiques, la nature de la propriété, les comportements des acteurs tout en favorisant l'émergence d'un secteur privé de plus en plus consistant, l'implantation progressive mais timide des IDE et le rôle de plus en plus accru des associations professionnelles et de consommateurs. Les réformes économiques ont coûté cher à l'État algérien. Selon A. Mebtoul[4], le coût de l'assainissement des entreprises s'élève à 40 milliards de dollars US, qualifiant le processus d'une interminable transition tant les résultats manquent de lisibilité et de visibilité ! Il estime même que l'augmentation du prix du pétrole constitue un frein aux réformes et à la transition vers l'économie de marché. En effet, plus les réserves de change deviennent importantes, plus le gouvernement a tendance à revitaliser les entreprises publiques et à ralentir le rythme des réformes.

---

[4] Président de l'ADEM (Association *algérienne* de développement de l'économie de marché).

En effet, le gouvernement algérien ne cesse d'injecter des sommes colossales pour redynamiser des entreprises publiques en situation déficitaire tout en effaçant leurs dettes (SNVI, ENIEM, ETUSA, etc.) et en prenant une série de mesures en leur faveur à travers la loi de finances complémentaire pour l'année 2009 et la loi de finances initiale pour l'année 2010. Il est vrai que cette attitude peut être aussi interprétée comme la mise en œuvre d'une forme de protectionnisme vis-à-vis de l'économie nationale à travers le retour à l'encouragement de l'entreprise publique.

Quant aux réformes administratives, elles ont accusé du retard et n'ont pas suivi la dynamique des réformes économiques, quand bien même l'administration économique en constitue le support institutionnel et un des facteurs-clés de succès. En effet, c'est dans le secteur de l'administration que les réformes ont pratiquement stagné ; même si, dans les discours officiels, celles-ci demeurent l'une des thématiques récurrentes. D'ailleurs, les pouvoirs publics ont même institué un comité d'experts chargé de mener une réflexion sur la réforme des structures et des missions de l'État[5].

Dans le rapport de synthèse élaboré par ce Comité, on relève, au chapitre de la modernisation de l'État, l'intérêt particulier accordé à l'efficacité de l'action publique et à la conception, aux mécanismes de mise en œuvre et à l'évaluation des politiques publiques.

Il est souligné notamment qu'il faut

optimiser l'allocation et la gestion des ressources autour des principes d'équité et de transparence, renforcer la capacité d'action de l'État en revitalisant ses institutions et ses structures. Introduire de nouvelles donnes et de nouveaux critères de performance et d'efficience de l'action publique, c'est définir de nouvelles bases à la refonte des modes et des systèmes d'organisation et de fonctionnement de l'État fondées sur l'efficience et l'efficacité de son action publique. Cela implique la mise en œuvre de réformes de structures s'articulant notamment autour :

- du renforcement des capacités d'élaboration et d'évaluation des politiques publiques, et le développement d'un nouveau style de management des organisations publiques ;

- d'une redistribution des missions et des responsabilités entre les différentes structures s'inscrivant dans la mise en œuvre d'une dynamique de décentralisation et de déconcentration s'appuyant sur le transfert et la délégation de pouvoirs, et des responsabilités, de compétences et de moyens, et consacrant *l'État territorial* comme partenaire de *l'État central* ;

---

[5] Rapport du Comité de réforme des structures et des missions de l'État (CRSME) (2002). Non publié.

- d'une administration du territoire, se redéployant autour de sa fonction de proximité, de mise en œuvre des politiques publiques et de représentation de l'autorité de l'État, et reconfigurée dans son organisation par l'institutionnalisation de la circonscription administrative régionale rendue incontournable par l'émergence d'une réalité régionale ;
- des instruments rénovés de la gestion publique où la recherche de gains d'efficacité, d'optimisation des résultats de la dépense publique, et de démultiplication de ses effets d'entraînement doivent être les nouveaux paramètres de la prise de décision et d'évaluation de son impact[6].

Par ailleurs, au chapitre du management public, l'accent est mis sur le développement de nouveaux instruments privilégiant les principes de contractualisation, de partenariat public-privé, de régulation, de concertation et de participation de la société civile.

Dans le texte relatif à la réforme et la modernisation de l'État algérien, de nouvelles missions sont attribuées au service public au vu des mutations intervenues tant dans le contexte mondial qu'au niveau interne. Il est à noter particulièrement que

les changements intervenus dans les sphères politiques, économiques et sociales conjugués dans le rétrécissement de la marge d'intervention financière de l'État, exigent – au-delà de la conception rénovée du service public, redimensionné dans son périmètre d'action, revu dans ses modes et systèmes de gestion – une adaptation continue de son rôle et de ses responsabilités à l'évolution de la demande sociale et au renforcement du marché et de la société civile comme partenaires et acteurs dans la production et la gestion du service public. Dans ce cadre général, il s'agit particulièrement pour l'État :

- de lever les équivoques entretenues dans la production publique de services et le service public, en réorientant le rôle de l'État dans le soutien à l'accès au service public, et dans le contrôle de sa qualité, de sa continuité ;
- d'accélérer la mise en œuvre des nouveaux modes de gestion des services publics axés sur l'ouverture au marché pour les services publics économiques et la performance de la gestion publique.[6bis]

C'est à ce titre que dans les six principaux chantiers de la réforme de l'État, on en trouve deux concernant directement la modernisation des établissements de services publics incluant l'ouverture de leur gestion à l'initiative privée ainsi que la mise en place d'autorités de régulation.

---

[6] Rapport CRMSE, *op. cit.*
[6bis] Rapport CRMSE, *op. cit.*

On note ainsi que

le troisième chantier concerne la modernisation des établissements de services publics ; il s'agira d'œuvrer dans le sens de la rationalisation du réseau des établissements publics en vue de les insérer dans la sphère publique. Cette modernisation trouve également son expression dans l'ouverture de la gestion du service public à l'initiative privée et à la société civile, l'ensemble de cette démarche pouvant se traduire par un allègement significatif des charges financières de l'État.[6ter]

Et plus loin, on relève que « le quatrième chantier consiste à développer le recours aux instruments de régulation et de contrôle et à élargir les voies de la consultation au sein des institutions publiques et avec la société civile, permettant ainsi de mieux concevoir et évaluer les politiques publiques. »[7]

S'agissant du service public proprement dit, le document de synthèse élaboré par le comité de réflexion chargé de la réforme des structures et des missions de l'État (CRSME) lui accorde une place de choix relativement aux aspects institutionnels comme la décentralisation et la démocratie participative. Il constitue l'enjeu central de la réforme administrative, devançant jusqu'aux enjeux de l'organisation des pouvoirs publics alors qu'auparavant, l'État s'accaparait tout ce qui lui s'apparentait et débordait même sur la sphère marchande privée.

Ainsi, en plus des services publics traditionnels fournis gratuitement ou avec une contribution de l'usager, l'État a géré directement des pans entiers des activités économiques et a procédé à des fournitures d'utilités aux citoyens en subventionnant massivement les prix, y compris ceux de certains biens de consommation dits de première nécessité. Cette situation, qui a duré longtemps, est devenue insoutenable pour l'État en raison d'une sérieuse baisse de ses ressources budgétaires conséquemment à la chute du prix du pétrole conjuguée à l'inefficacité d'un système productif devenu obsolète.

L'adhésion de l'Algérie aux principes de l'économie de marché a conduit les pouvoirs publics à se soumettre à la rigueur de l'orthodoxie budgétaire qui va affecter en premier lieu le financement des services publics et réduire l'étendue de la fourniture de ces derniers. Comme seule alternative, il ne restait plus qu'à rationaliser la gestion et la fourniture des services publics pour en garantir la continuité au moins dans les secteurs dits traditionnels.

[6ter] Rapport CRMSE, *op. cit.*
[7] Rapport CRMSE, *op. cit.*

En matière de processus de transformation structurelle, l'expérience algérienne ressemble par beaucoup d'aspects et de caractéristiques à celle de la plupart des pays d'Europe centrale et orientale.

Comme ces pays, l'Algérie a eu des évolutions macroéconomiques (inflation et récession) défavorables au début des années 1990, mais la reprise timide qui s'en est suivie a été plus marquée ; d'autant plus que l'État a commencé à engranger des réserves de change importantes avec la remontée du prix du pétrole. La progression dans les réformes a connu des hauts et des bas et l'État algérien n'a pas su adapter sa stratégie de transition en fonction des difficultés rencontrées. On réalise à travers l'expérience algérienne que ni la démocratie politique, ni l'économie de marché ne se décrètent et qu'il est difficile de créer *une économie de marché fonctionnant bien* qui est beaucoup plus complexe que ne le supposait la stratégie appliquée au début des années 1990 (Cretieneau, 2002). Les difficultés rencontrées ont trait principalement à l'attitude hésitante et frileuse de l'État quant à son désengagement auprès des entreprises, aux contraintes sociopolitiques et à la difficile adaptation sociale et à de véritables résistances au changement.

S'agissant de la traduction sur le terrain des réformes entreprises par l'État, les résultats diffèrent d'un secteur à l'autre mais demeurent globalement mitigés. Il est difficile d'en faire un bilan exhaustif mais on peut résumer l'essentiel des mutations déjà opérées dans les secteurs où la dynamique des réformes a été plus ou moins amorcée. Il est clair que le processus est en lui-même très lent et que son développement dépend de la sensibilité de chaque secteur, des résistances rencontrées mais aussi de la volonté des pouvoirs publics à mettre en place les mécanismes institutionnels et réglementaires nécessaires.

Au niveau des structures, les réformes n'ont pas apporté de résultats significatifs, mis à part quelques aménagements institutionnels qui ont été introduits dans la reconfiguration de certains établissements de services publics. Ce sont principalement les services publics économiques qui ont été touchés par ces transformations, entre autres :

1. Électricité et distribution du gaz domestique : transformation de l'établissement public industriel et commercial sous tutelle en entreprise publique économique avec un statut commercial ;

2. Télécommunications : transfert de la gestion du service d'une administration publique vers une entreprise publique économique sans pouvoir de monopole ;

3. Distribution de l'eau et assainissement : deux établissements publics autonomes ont été créés. Il s'agit de l'Algérienne des eaux (ADE) et de l'Office national de l'assainissement (ONA) qui sont soumis aux règles commerciales de gestion avec un maintien de la subvention d'investissement et d'équilibre. Dans

ce domaine, les pouvoirs publics ont initié le principe de la délégation de la gestion de la distribution de l'eau et de l'assainissement dans certaines grandes villes du pays à des opérateurs étrangers spécialisés dans le domaine ; ils ont ensuite créé quatre entreprises joint-venture chargées d'améliorer la gestion de l'eau et de l'assainissement.

4. La poste : la réforme a permis de faire sortir le service public de l'administration publique produisant des biens et services marchands gérés sous forme de budget annexe.

En fait, les grandes innovations introduites sont celles opérées dans les services publics en réseau où effectivement la démonopolisation a été effectuée et où les opérateurs sont en position concurrentielle notamment pour le service des télécommunications et, à un degré nettement moindre, pour les services publics de l'eau et de l'assainissement.

En termes de modes de management, l'introduction de la délégation de service public connaît une timide apparition à côté de la contractualisation interne et externe et de l'extension de la concession d'exploitation d'un service public à une personne de droit privé (aéroports, autoroutes, ports par exemple) ; mais dans les faits, seuls quelques projets sont en cours de préparation.

Les risques du renouveau de l'action publique dans un contexte de crise économique

Il sera question des effets globaux induits sur l'économie algérienne d'une manière générale, en vue de mieux saisir leur genèse et les canaux porteurs.

Au lendemain de l'onde de choc de la crise des crédits immobiliers à risques qui a ébranlé les systèmes financiers et bancaires d'un bon nombre de pays développés et émergents, d'intenses débats ont animé la scène nationale quant aux incidences de la crise économique mondiale sur l'économie algérienne.

D'aucuns excluaient toute forme de répercussions immédiates jugeant cette économie faiblement dynamique et peu intégrée dans le processus de la globalisation pour être sensible aux effets de la crise. Ils argumentent leur opinion par la déconnexion totale du système financier algérien des milieux financiers internationaux, assimilant l'économie nationale à un marché de déversement dont la solvabilité est assurée par la rente pétrolière. D'autres estimaient que, même si la sphère financière reste relativement épargnée, la sphère économique réelle connaîtra tôt ou tard des turbulences, fondant leur analyse sur sa forte dépendance de la rente pétrolière et ses fluctuations. Ils envisagent des effets indirects à moyen terme risquant de compromettre les objectifs du programme d'investissement public si des mesures appropriées ne sont pas prises.

Cette partie ne prétend pas analyser de manière exhaustive les effets de la crise économique mondiale sur l'économie algérienne mais relever les répercussions les plus saillantes qui affectent la sphère économique réelle et qui sont susceptibles de perturber la stratégie et les projections du programme d'investissement public. L'objectif est de recenser les impacts globaux de la crise.

Il faut rappeler qu'avant juillet 2008, malgré la crise des crédits immobiliers à risque, l'Algérie enregistrait de bonnes performances en matière de croissance économique. Les principaux leviers résidaient à la fois dans les réformes macroéconomiques entreprises et dans une conjoncture particulièrement favorable caractérisée par une forte hausse des prix du pétrole (FMI, 2009). Les analystes étaient optimistes quant aux capacités de l'Algérie à générer les ressources nécessaires à la concrétisation de son programme d'investissement public. Cependant, personne ne pouvait présager du retournement de la conjoncture au second semestre 2008 malgré que des prémisses fussent déjà perceptibles depuis juillet 2007. Pendant que l'économie mondiale amorçait une période de stagnation et que les pays industrialisés s'engouffraient dans les affres de la récession, des doutes s'installaient déjà quant aux perspectives de croissance et de développement de l'Algérie. Les principaux leviers de la croissance furent affectés par la crise financière et économique mondiale. La demande et les cours des marchandises, dont le pétrole, enregistraient une baisse notable tandis que les flux entrants de capitaux diminuaient sensiblement. Bien que les effets immédiats de la crise fussent globalement contenus à l'échelle mondiale, il n'en demeure pas moins que les effets à moyen terme risquent d'être plus importants qu'on ne le laisse supposer et l'Algérie n'est pas à l'abri de turbulences futures. Quels sont donc les impacts de la crise sur sa sphère financière et bancaire et sur sa sphère économique réelle ?

Impact sur la sphère bancaire et financière

En raison de son faible taux d'intégration financière et de l'insignifiance de sa capitalisation boursière, l'Algérie s'est retrouvée à l'abri des impacts directs de la crise des crédits immobiliers à risque de 2007 et de la crise bancaire de l'été 2008, ce qui lui a permis d'éviter les effets pervers d'une crise systémique et financière vécue par les marchés financiers internationaux. De plus, les actifs bancaires algériens, à l'image des actifs bancaires africains en général, ne sont pas significatifs par rapport aux actifs bancaires mondiaux. En l'absence de données fiables, on peut retenir un ratio de globalisation financière de l'Algérie (ou part des financements extérieurs ou ratio d'intégration aux marchés de capitaux) comparable à celui de l'Afrique qui est de l'ordre de 181,3 %, loin derrière l'Asie qui enregistre 369,8 % (BAD, 2009).

Cette situation a conduit l'Algérie à ne pas entreprendre de programme de sauvetage bancaire comme la majorité des pays développés. En effet, peu de banques et de sociétés d'investissement en Algérie détiennent des produits dérivés garantis par hypothèque de *capitaux toxiques*. Ayant peu évolué, le système bancaire algérien n'offre pas de produits dérivés complexes et demeure quasi indépendant des financements extérieurs. En effet, les réformes visant sa modernisation n'ont pas suivi, malgré la mise en place d'une autorité de régulation. Ce rôle de régulation réactivé un peu partout dans le monde du fait de l'ampleur des répercussions massives de la crise économique mondiale connaît également un déploiement dans la sphère bancaire en Algérie. On y a vu l'intervention des pouvoirs publics en matière de réglementation et d'encadrement bancaire s'inscrire dans un contexte indissociable de la crise, mais décrypté et appréhendé compte tenu des spécificités de l'économie algérienne. Ces spécificités sont telles qu'elles ont conduit les pouvoirs publics à sécuriser davantage les ressources extérieures totalement dépendantes des fluctuations du marché pétrolier.

Dans le même contexte, on pouvait craindre un effet de contagion par la présence de banques étrangères, mais leur part en actifs bancaires reste encore modeste, à l'opposé de certains pays africains où elle atteint des taux de 100 %, quand bien même ces banques ont connu des pertes considérables en termes de capitalisation boursière et de profits durant la crise financière. Dès lors, l'effet de contagion de la crise financière sur le système bancaire algérien est pratiquement insignifiant.

Étant donné la domination du secteur bancaire dans le système financier algérien et le rôle très minime des marchés financiers, les éventuels emprunts auprès des banques étrangères sont contrôlés dans le cadre du contrôle des changes. Les engagements hors bilan ne connaissent pas encore de développement significatif à l'image des pays industrialisés et les instruments de titrisation complexes ne sont pas utilisés.

Résultat d'une forte augmentation du prix du pétrole, l'accumulation des réserves au cours des années précédentes est à l'origine de la création de nouveaux fonds souverains en Algérie estimés déjà à 47 milliards de dollars US en 2008, soit 38 % des fonds souverains de toute l'Afrique[8]. La stérilisation de ces réserves en devises étrangères et leur conversion en actifs étrangers a permis d'éviter une forte appréciation de la monnaie de ces économies mais les a exposées à la crise financière. Cependant, peu d'information est disponible sur l'impact de la crise sur

---

[8] Source : Institut des fonds souverains, 2008.

les fonds souverains algériens et leurs pertes éventuelles. Ce qui est certain, c'est que leur rentabilité s'en trouvera affectée et devrait baisser pour s'aligner relativement à la rentabilité des produits financiers et bons de trésor au niveau international. Il est également évident que la baisse du prix du pétrole réduit énormément les capacités d'investissement et la taille de ces fonds.

S'agissant d'impacts de la crise financière sur les marchés, on peut distinguer trois types d'effets immédiats résultant principalement du phénomène de contagion des marchés financiers, de change et des marchés des matières premières.

À la différence de certains pays africains, comme l'Égypte et le Nigeria, l'Algérie n'a pas connu de signes forts de la volatilité des prix des actifs et des primes de risques sur ses marchés financiers. Les investisseurs de ces pays africains ont d'ailleurs enregistré des pertes excédant parfois plus de la moitié de la richesse investie à la fin de juillet 2008, dépassant ainsi les pertes subies par les investisseurs américains ou français par exemple.

D'un autre côté, il se trouve que l'Algérie a non seulement décidé d'éponger la totalité de ses dettes au moment de l'envolée des prix du pétrole mais aussi d'éviter d'avoir recours à un nouvel endettement externe. Cette option l'a mise à l'abri de l'augmentation des coûts d'endettement externe sur les marchés financiers internationaux dès le début de la crise en juillet 2007, pendant que d'autres pays, comme la Tunisie et l'Égypte, ont été confrontés à des exigences financières plus restrictives en tentant de lever des fonds sur certains marchés financiers.

En matière de volatilité des marchés de change, la crise s'est accompagnée en Algérie d'une fluctuation du taux de change du dinar contre le dollar. La dépréciation du dinar algérien est due évidemment à l'impact de la crise financière sur le prix des matières premières et sur les réserves de change. Ainsi, la baisse brutale du prix du baril de pétrole, qui passe de 125,73 dollars US au milieu de l'année 2008 à 43,38 dollars US au début du mois de janvier 2009, s'est accompagnée d'une dépréciation notable du dinar algérien à partir du mois d'octobre 2008. L'indice de référence est passé de 63 dinars algériens pour un dollar US en juillet 2008 à 73,7 dinars pour un dollar US en février 2009, soit une dépression de -14,5 %. Cette dépréciation de la monnaie algérienne s'est poursuivie tout au long de l'année 2009 et en début de l'année 2010.

Effets au niveau de la sphère économique réelle

Dans son rapport actualisé sur les perspectives économiques mondiales 2009, la Banque mondiale indique que la croissance en Algérie devrait être de l'ordre de +2,2 % en 2009 et de +3,5 % en 2010 contre 4,6 % en 2008. Le rapport relève la faible hausse du Produit intérieur brut (PIB) des pays exportateurs de pétrole de la région Moyen Orient et Afrique du Nord (MENA) pour l'année 2009. Le PIB de cette zone ne devrait augmenter que de 2,9 % seulement durant l'année 2009 contre 4,5 % en 2008.

Ces prévisions s'appuient évidemment sur la baisse des recettes pétrolières dues à la crise économique internationale. En effet, les recettes de l'Algérie provenant des hydrocarbures ont connu une baisse sensible pour l'année 2009, se situant autour de 42,6 milliards de dollars contre 77 milliards de dollars en 2008, soit une chute de près de 45 % ! Les recettes en devises provenant pour plus de 98 % des hydrocarbures, le prix du gaz étant indexé sur celui du pétrole, toute décroissance de l'économie mondiale entraîne des répercussions sur la demande. Les tentatives de l'OPEP de freiner la chute du prix du baril de pétrole par une politique de réduction de quotas n'ont pas eu l'impact souhaité, perdant même des parts de marché au profit des pays non OPEP. L'économie algérienne subit ainsi les effets pervers de la crise économique mondiale à travers le repli de la demande mondiale sur les produits énergétiques. De l'avis de certains analystes, les tensions budgétaires devraient se manifester vers la fin de l'année 2010, les cours du pétrole souhaitable pour l'Algérie étant situés entre 75 à 80 dollars US le baril.

On soulignera que pour la période 2004-2008, les dépenses publiques atteignaient 150 milliards de dollars US et que ce même volume est maintenu pour la période 2009-2014.

Évidemment, toute dépréciation du dollar se répercutera sur la parité du pouvoir d'achat, le cours du pétrole étant libellé en dollar. L'Algérie a perdu entre 15 à 20 % de capacité de pouvoir d'achat à l'étranger en deux ans, entre 2007 et 2009, la gestion des réserves de change et la faiblesse du dollar étant les raisons fondamentales de cette régression.

La loi de finances 2009 s'est fondée sur la base d'un scénario pessimiste d'un prix moyen du baril de pétrole de 37 dollars US et s'est faite avec un déficit budgétaire de 20,5 % par principe de précaution. C'est dire que la crainte des répercussions de la crise mondiale est réellement présente dans l'esprit des gouvernants, même si au départ on a tenté de la minimiser.

C'est pour cela qu'on ne peut pas écarter l'apparition de tensions possibles sur la balance des paiements au cours de l'année 2010 du fait des importations de biens et de services estimées à 40 milliards de dollars, des transferts des IDE, des paiements d'équipements lourds déjà engagés dans de nombreux secteurs dont certains sont extrêmement sensibles (pétrochimie, engrais, ciment, dessalement d'eau de mer, centrales électriques, infrastructures, etc.). Ainsi, la persistance de la crise peut induire des répercussions certaines sur le budget d'investissement de l'Algérie. Ce qui entraînerait un renforcement de la fiscalité en place et le freinage des importations qui concerneraient non seulement les biens de consommation, mais également les biens d'équipements et les biens intermédiaires. À cela, pourrait s'ajouter une dépréciation du dinar qui pourrait être recherchée afin de décourager les importations en renchérissant leur coût.

La loi de finances complémentaire 2009 et la loi de finances 2010 font apparaître de nouvelles inflexions rendues nécessaires par l'évolution de la crise. En effet, comme il a été signalé, l'Algérie a enregistré en 2009 une diminution substantielle de ses recettes en devises et de ses recettes fiscales, suite à la chute du prix moyen du pétrole. Malgré cette rupture brutale, elle maintient son programme d'investissement public grâce aux réserves de changes de l'ordre de 140 milliards de dollars US, soit l'équivalent de 3 ans et demi d'importations et grâce aux 4 300 milliards de dinars disponibles dans le Fonds de régulation des recettes (FRR) autorisant environ 3 années de déficit budgétaire. Cet ajustement flexible des dépenses est rendu nécessaire pour affronter la crise.

Conscient des effets retard de la crise, le gouvernement a pris un train de mesures visant à réduire les importations et la restriction de sortie de capitaux à travers l'imposition des transferts de dividendes des compagnies étrangères à hauteur de 15 %. Obligation est également faite aux sociétés étrangères d'importation pour la revente en l'état d'avoir un partenaire algérien à concurrence de 30 % du capital. Au même titre, il faut relever la suppression des crédits à la consommation dictée par le souci de limiter l'endettement des ménages et le niveau des importations qui permettaient aux banques étrangères d'engranger des dividendes appréciables transférables en devises.

Les risques de répercussion des effets de la crise économique mondiale sur la sphère de l'économie réelle expliquent les craintes du gouvernement algérien et la prudence affichée dans la prise de décisions telles que la mise en œuvre d'une politique de privatisation de certains volets de la gestion des services publics à l'image de ceux de l'eau et de l'assainissement. Cette prudence manifeste est à relier à la dépression qui s'est installée en 2009 et qui risque de sévir encore en 2010. Des analystes prévoient également les effets retard de l'onde de choc au-delà des années 2013-2014, l'effondrement des marchés financiers s'accompagnant inéluctablement du déclin de l'économie réelle sur plusieurs années ; ce qui doit inciter le gouvernement algérien à faire évoluer l'économie algérienne d'une économie de rente vers une économie productive s'il veut entretenir la croissance, poursuivre le rythme actuel de sa politique d'investissement et soutenir les maigres avancées des réformes entreprises pour le renouveau de l'action publique.

La situation de crise mondiale semble figer le processus d'une transition franche vers l'économie de marché et donc le passage d'un État entrepreneur (État-providence) vers un État régulateur, avec tout ce que cela sous-entend comme effets pervers au niveau de l'emploi, de la dégradation du pouvoir d'achat des citoyens, du recul de la fonction sociale de l'État, etc. Ce qui dénote d'une certaine frilosité de l'État à engager les réformes devant être mises en œuvre depuis des années, adoptant ainsi à chaque fois, une attitude du *wait and see* ou encore de volonté farouche de réformer dans les discours officiels sans toutefois passer réellement à l'acte !

D'un autre côté, avec l'augmentation fort remarquée des prix des hydrocarbures, la rente pétrolière a permis à l'État d'engranger d'importantes réserves de devises qui, dans une première étape, ont servi à multiplier les efforts d'investissement dans tous les secteurs. Du même coup, l'État consacre des crédits importants pour dynamiser l'action publique et améliorer la fourniture des services publics essentiels. Cette amélioration est évidemment accompagnée par une dynamique de réformes qui coûte souvent cher au Trésor public.

Pour illustrer l'ampleur des importations, l'Algérie a importé en 2009 pour 15,04 milliards de dollars US d'équipements industriels accusant une hausse de près de 15 % relativement à 2008. Ces importations engloutissent des sommes colossales puisées dans les réserves de devises engrangées durant la période de l'avant-crise.

La récession qui a frappé les pays industrialisés a diminué la demande en hydrocarbures sur le marché international. Conjuguée à la baisse des prix du pétrole, elle a entraîné une chute remarquable des exportations dont le montant a baissé de près de 45 %. Si le niveau des recettes continue à baisser, l'État sera obligé de puiser dans ses réserves pour maintenir le niveau des investissements dans le cadre du programme d'investissement public ou de réduire les ambitions de ce programme par l'annulation ou le gel de certains projets.

Conclusion

L'origine de la crise mondiale est unique en ce sens que la genèse remonte à la crise des subprimes qui a pris naissance dans le système financier des grandes puissances, même si les États ont été inégalement affectés. En réponse à l'onde de choc, le traitement adopté est pratiquement le même : le retour à l'intervention publique à travers une mobilisation des moyens publics est consacré. Ceci s'explique par l'uniformité de la globalisation : on n'a pas vu de traitement hétérogène de la crise. On mesure, alors, la complexité du scénario global et son inefficacité en d'autres termes, le scénario de l'ajustement transitoire de l'action publique où « les autorités publiques interviennent temporairement, sans conduire des réformes de structure durables »[9]. Il va sans dire que ce scénario constitue « un schéma porteur de perpétuation de cycles économiques très prononcés voire de la résurgence du risque systémique »[10].

Quoique frappée incidemment par les effets de la crise, l'Algérie en a subi certains de ses soubresauts et les pouvoirs publics ont eu à freiner la démarche d'intégration à l'économie de marché, à adopter une politique de retour au *plus d'État* et à une action publique forte basée sur un *compter sur soi* en premier ordre. Cette attitude prudente s'est matérialisée sur le terrain par une vive réactivation des leviers de l'action publique doublée d'une forme de protectionnisme renforçant les outils de contrôle et de régulation. La propagation du traitement de la crise s'est traduite par une homogénéité de la réaction des États suggérant « le scénario de la coordination étroite au plan supranational des politiques économiques pour promouvoir une croissance pérenne, une répartition plus équilibrée des richesses (nord-sud, capital-travail, etc.), de protéger les biens publics mondiaux et de garantir la fourniture des services d'intérêt général »[11]. L'occurrence de ce scénario reste pour l'heure très conditionnelle puisque sa mise en œuvre est exigeante car nécessitant une refondation de l'action publique passant par le renforcement des partenariats public-public.

Bibliographie

Bakker, K., « Participation du secteur privé à la gestion des services des eaux : tendances récentes et débats dans les pays en voie de développement », in *Espaces et Sociétés*, 2009, vol. 139, n° 4, p. 92-105.

Banque Africaine de Développement (BAD), *L'effet de la crise financière mondiale sur l'Afrique*, Working paper series n° 96, 2009.

Banque mondiale (BM), Notes de conjoncture.

Bauby, P., « Quels modèles de service public dans les pays de l'OCDE ? Les services publics », in *Cahiers français*, La Documentation Française, 2007, 339, p. 21-30.

Bauby, P., « L'Europe des services publics : entre libéralisation, modernisation, régulation, évaluation », in *Politiques et Management Public*, 2002, vol. 20, n° 1, p. 15-30.

Belmihoub, M.C., *La réforme administrative en Algérie : Innovations proposées et contraintes de mise en œuvre*, Forum Euro-Méditerrannéen sur les innovations et les bonnes pratiques dans l'administration, 2005, Tunis 15-17 juin.

---

[9] CIRIEC – Bance, P. et Bernier, L. (2011), voir *Introduction* dans cet ouvrage.

[10] CIRIEC – Bance, P. et Bernier, L. (2011), *op. cit.*

[11] CIRIEC – Bance, P. et Bernier, L. (2011), *op. cit.*

Boyer, M., Patry, M., Tremblay, P.J., *La gestion déléguée de l'eau : (III) gouvernance et rôle des différents intervenants*, Publications du CIRANO, 2001.

Cretieneau, A.M., La méthode de transformation des économies d'Europe centrale et orientale, in *Revue Politiques et management public*, 2002, vol. 20, n° 1, p. 49-66.

De Miras, C., Godard, X., « Les firmes concessionnaires de service public au Maroc. Eau potable, assainissement et transports collectifs », in *Revue Méditerranée*, 2006, n° 1.2, p. 113-124.

Fonds monétaire international (FMI), *Algérie : Rapport des services du FMI pour les consultations 2008 au titre de l'article IV*, 2009

Graham, C., « The politics of necessity : electricity and water in Great Britain », in *Journal of Consumer Policy*, 2006, vol. 29, p. 435-448.

Lavigne, M., *The Economics of Transition*, MacMillan Press, London, 1995.

Levy, B., Spiller, P.T., « The Institutional Foundations of Regulatory Commitment : A comparative Analysis of Telecommunications Regulation », in *Journal of Law, Economics and Organization*, 1994, 10, p. 201-246.

Ministère de l'Aménagement du Territoire et de l'Environnement (MATE), *Rapport sur l'État et l'Avenir de l'Environnement*, 2003.

Spiller, P.T., « Politicians, Interest Groups and Regulators : A multiple Principals Agency Theory of Regulation, (or Let Them Be Bribed) », in *Journal of Law, Economics and Organization*, 1990, 33, p. 65-101.

Spiller, P.T., Tommasi, M., « The Institutions of Regulation : An Application to public Utilities », in Menard, C., Shirley, M.M., (eds.) *Handbook of New Institutional Economics*, Springer, 2005, p. 515-543.

Spulber, N., Sabbaghi, A., *Economics of Water Resources : From Regulation to Privatization*, Kluwer Academic Publishers, 2nd Edition, 1998.

Similie, M.M., Bauby, P., « Les services publics locaux : l'exemple de l'eau », in *Les services publics*, Cahiers français, La Documentation Française, 339, 2007, p. 83-87.

Varone, F., Genoud, G., « Libéralisation des services publics de réseau et (re)distribution des responsabilités politiques managériales : le cas de l'électricité », in *Politiques et Management Public*, 2001, vol. 19, n° 3, p. 191-212.

Williamson, O.E., « The Logic of Economic Organization », in *Journal of Law, Economics and Organization*, 1988, vol. 4, n° 1, p. 65-93.

FOURTH PART

INSTITUTIONS OR CARRIER INSTRUMENTS OF SUSTAINABLE DEVELOPMENT

QUATRIÈME PARTIE

LES INSTITUTIONS OU LES INSTRUMENTS PORTEURS DE DÉVELOPPEMENT DURABLE

Institutions du développement durable de la France face à la crise ou un nouveau cadre d'action publique à long terme ?

François DESPRÉS

Chercheur au NIMEC-IAE, Université de Rouen
et Directeur dans le secteur de l'économie sociale, France

La formule du développement durable (DD) peut se résumer aux objectifs suivants : œuvrer à un monde vivable, sur une planète viable, avec une société équitable. Ces trois dimensions sont en tension et en confrontation permanentes, voire en contradiction. Tout l'art des politiques des États et des entreprises est de résoudre les dilemmes, d'arbitrer dans le temps et dans l'espace entre différents choix possibles, généralement de négocier des compromis entre des porteurs de différentes logiques pour les trois types de préoccupation. Le DD par ses principes est devenu un sujet de débat pour l'action publique. Le réaménagement de l'intervention publique peut être observé par une approche institutionnelle et managériale du DD en France. Les pistes explorées sont celles des ressources et des comportements mis en avant par les institutions du DD et quelques perspectives face à la crise.

Aussi est-il nécessaire de préciser le cadre d'action publique ouvert en France, les thèmes de discours dominants et le DD face à la crise. Implications constitutionnelles du concept d'intérêt général.

Le cadre d'action publique ouvert en France en 2003

Le développement durable, nouvelle force de l'action publique

Les origines et les antécédents de l'idée et de l'expression du DD sont amplement traités dans la littérature. Comme l'écrit Vivien (in Jollivet, 2001), l'histoire de cette notion s'est forgée au croisement de plusieurs traditions intellectuelles et de plusieurs disciplines. Elle continue de s'écrire.

Les différentes postures

Selon la place occupée dans la société ou selon des représentations différentes de celle-ci, chacune des trois dimensions est vécue soit comme un objectif, soit comme un moyen, soit comme une condition (Capron, 2007). Un moyen est un instrument destiné à servir l'objectif, dont on pense avoir la maîtrise. Les conditions sont définies par la sauvegarde de ressources pour rechercher l'efficience.

Selon que l'approche est centrée sur l'homme, la nature ou l'économie, les priorités sont différentes. En combinant les différentes possibilités entre objectif, moyen et condition, six postures se retrouvent dans les représentations des différents acteurs économiques et sociaux. Les postures dans les discours donnent généralement lieu à des positions plus nuancées par rapport à ces profils types, ce qui peut conduire aussi à des distorsions et parfois même à des contorsions, etc.

Si la crise environnementale a pu paraître localisée à ses débuts sur l'effet de certains produits toxiques, elle se présente aujourd'hui comme une crise globale et structurelle (Gendron, 2006).

C'est dire que les bouleversements écologiques que connaît actuellement la planète sont d'une ampleur telle qu'ils réactualisent certaines questions philosophiques fondamentales et forcent la remise en question de notions telles que le progrès, le bien-être ou les besoins. Ce faisant, la crise environnementale questionne l'organisation sociale et interpelle par là même les acteurs sociaux, qui doivent se positionner par rapport à elle.

Le DD s'appuie sur trois notions centrales autour de la problématique principale des ressources et des comportements traitée ici. La première notion sur laquelle s'appuie le DD est celle du modèle de développement et de croissance de l'économie. La seconde notion tourne autour de cette dégradation de l'environnement liée à celle de l'épuisement des ressources naturelles. La troisième notion est celle de reconnaissance dans les institutions du croisement de ces deux problématiques. Le DD apparaît comme un objectif à atteindre. Il peut contribuer au débat sur une définition globale de l'intérêt général – voir le chapitre de Bance dans cet ouvrage – par une approche de la vision de l'homme et de ses besoins ou par celle de la gestion en commun des ressources naturelles.

Le DD est en train de redonner à l'action publique de la légitimité, définie comme qualité d'une conduite considérée comme juste, fondée en équité (Koenig, 2004). La légitimité, valeur clé de la responsabilité sociale des entreprises (RSE) est consubstantielle de l'ordre social, fondé sur le caractère légal du pouvoir traditionnel ou charismatique.

Les figures du développement durable

En tant que préoccupation managériale, le DD présente les deux fi-gures principales de la RSE et du management public du DD.

Une troisième figure pourrait s'incarner dans l'entrepreneur social pratiquant l'innovation sociale, capable d'initier des changements sociaux de grande échelle.

Démarche stratégique de la responsabilité sociale d'entreprise et management public du développement durable

La RSE est liée à l'ancienne tradition philosophique de l'éthique des affaires qui interroge le sens de la conduite des affaires de l'entreprise de la révolution industrielle jusqu'au marché actuel de la vertu. Dans l'Union européenne, la perspective est celle de la contribution des poli-tiques publiques au DD. Les entreprises sont amenées à s'inspirer des principes du DD. « Être socialement responsable signifie non seulement satisfaire pleinement aux obligations juridiques applicables mais aussi aller au-delà et investir davantage dans la capital humain, l'environ-nement et les relations avec les parties prenantes » (Commission euro-péenne, 2001).

Le management public du DD est face à un double défi ; d'une part, l'instrumentation est en cours de construction avec des outils à déve-lopper ; d'autre part, sa mise en œuvre par des acteurs est soumise à la nécessité de l'efficacité, de l'efficience et de l'effectivité (3 E) de l'action publique dans une cohérence globale entre parties prenantes.

Face à la domination de la logique financière dans les affaires, les actions de DD enrichissent les organisations. Une analyse classique comme une analyse des opportunités et menaces de type « swot » peut être mobilisée pour repérer les différents types de stratégie, pour obtenir une convergence entre la performance et la valeur pour les parties prenantes.

L'approche néo-institutionnelle s'inscrit dans cette lignée. Elle af-firme l'importance des institutions, de systèmes stables et légitimés de règles, de normes et de valeurs, pour expliquer les faits économiques et sociaux. Elle analyse le processus d'institutionnalisation et le processus de la construction sociale de la légitimité.

Il existe trois sources de contraintes institutionnelles pour les mana-gers : coercitives, normatives et mimétiques. Ces contraintes rendent les organisations de plus en plus semblables (Di Maggio et Powell, 1983, in Dejean, 2005). Les contraintes coercitives sont imposées par la loi ou la réglementation. Les contraintes normatives sont en général édictées par les milieux professionnels. Les contraintes mimétiques conduisent les organisations à en considérer d'autres comme des modèles et cela d'autant plus que l'environnement est incertain et ambigu.

L'anticipation de la conformité peut conférer à l'entreprise un avantage de légitimité, mais la conformité peut être effective ou symbolique : face à des attentes contradictoires des différents groupes, la réponse de conformité n'est souvent que partielle. Elle peut être négociée, différée dans le temps, mais elle doit respecter l'esprit et la forme des attentes sociales.

Les stratégies de RSE représentent essentiellement cinq types de réponse aux contraintes institutionnelles : l'adaptation, le compromis, l'évitement, le déni ou la manipulation. Les actifs immatériels et la réputation de l'entreprise sont valorisés par le processus de la responsabilité sociétale. Les stratégies de RSE sont des réponses pour renforcer la légitimité de l'entreprise (Capron *et al.*, 2007) :

- les stratégies substantielles rapprochent objectifs et structures d'une entreprise des valeurs de la société ;
- les stratégies symboliques font accepter le comportement de l'entreprise par la société sans en modifier les fondements.

Cet environnement institutionnalisé – la contrainte légale d'une part, les valeurs et les normes d'autre part – répond aux risques les plus fréquents : le risque juridique et le risque de réputation.

La référence systématique aux trois piliers du développement économique, de la protection de l'environnement et du progrès social complète souvent la définition Brundtland de 1987[1]. Au lieu de rechercher un équilibre entre les trois, seul un objectif peut être choisi.

Le DD par définition tourné vers les générations futures ne peut avoir que le social comme objectif, comme l'écrit Brodhag (in Smouts, 2008). Le champ des indicateurs du DD donne de la consistance à un concept parfois qualifié de mou, détermine des priorités d'action et d'évaluation. Il permet de donner une autre place à l'accompagnement social du changement analysé par Chassy dans cet ouvrage.

---

[1] « Un développement qui répond aux besoins des générations du présent sans compromettre la capacité des générations futures à répondre aux leurs ».

Les thématiques de discours autour des institutions et de la protection

L'émergence du développement durable au sein des institutions publiques

Le lancement de la stratégie nationale en France

La stratégie nationale de DD de la France a été lancée en juin 2003. Elle représente la transposition des recommandations faites à Rio[2] en 1992 aux États et permet aux principaux ministères et aux régions de développer des plans d'action en complément de politiques publiques dans le domaine du progrès économique, de l'équité sociale et de la protection de l'environnement. Six domaines d'expertise collective forment un cadre d'action pour les institutions : le réchauffement de la planète, la biodiversité, la santé, la production responsable, la consommation responsable et la gouvernance.

L'État a alors fait le choix d'un management par la stratégie dans le cadre d'une réforme globale qui s'applique à ses multiples organisations. Il est face à un double défi de changement : d'une part celui de ses organisations, repris dans l'objectif de « L'État exemplaire » et d'autre part celui de faire évoluer son mode de gouvernement face aux nouveaux enjeux. Cette stratégie est revue depuis 2007 :

- lors de la première phase de 2003 à 2008, un grand nombre d'actions ont été initiées essentiellement à l'initiative du gouvernement. Le tout a été revu lors de l'élection du Président de la République en 2007. Ce dernier a lancé une vaste consultation de la société civile : « le Grenelle de l'environnement » ;
- depuis 2008, ces travaux s'attachent principalement à traiter des modalités de la diffusion de la Stratégie nationale du Développement durable et à définir les conditions d'efficacité d'une véritable stratégie en la matière, qu'il s'agisse de son statut, de son contenu thématique ou de ses moyens d'élaboration et de mise en œuvre.

Cette démarche s'intégrera dans la stratégie européenne de développement durable de l'Union européenne qui vise à faire de l'Europe « l'économie de la connaissance la plus dynamique du monde, capable d'une croissance économique durable, accompagnée d'une amélioration quantitative et qualitative de l'emploi et d'une plus grande cohésion sociale ».

---

[2] Sommet de la Terre et du Développement (1992).

Le changement institutionnel

L'interaction est permanente entre les institutions et les organisations dans la répartition économique des ressources, l'un des fondements du DD. La concurrence oblige les organisations à investir continuellement dans les compétences et les connaissances pour survivre. Le cadre institutionnel dicte les types de compétences et de connaissances nécessaires pour agir. Ces perceptions sont construites par les acteurs qui mettent en œuvre des changements graduels, basés sur des gammes et des complémentarités entre réseaux. Le mot *institution* est ambigu et traduit la réalité des relations de pouvoirs entre les hommes. On retiendra la définition de North (2006) : « Les institutions sont les règles du jeu ; les organisations sont les joueurs ». Il faut faire appel à des modèles différents pour comprendre la manière dont elles fonctionnent et interagissent les unes avec les autres.

Pour tenter de définir les institutions et les comprendre, il faut modéliser les contraintes imposées par les hommes à leurs propres relations et établir une théorie sur la structure, la gouvernance et les politiques des organisations.

Les performances des économies et des sociétés reposent sur la connaissance détenue par les individus, tandis que la clé de l'évolution des économies réside dans les changements de ce stock de connaissances. Comprendre l'apprentissage des individus et des organisations est essentiel pour comprendre l'évolution des institutions.

Le nouveau management public

Le changement dans les organisations de l'État privilégie la voie prise par les autres grandes administrations nationales des pays du G7 depuis 20 ans, appelée le New Public Management (NPM), qui vise à améliorer la qualité des services offerts, la rigueur de la gestion budgétaire et le suivi des dépenses publiques (Bartoli, 2009).

L'État privilégie une approche normative qui consiste à préconiser et élaborer les meilleures pratiques pour lui-même et les différentes catégories de parties prenantes, les collectivités locales, les entreprises, les associations, les syndicats des branches professionnelles et les citoyens. L'idée sous-jacente est que le DD est un modèle contributif d'une société meilleure en participant à l'élaboration de nouveaux processus de décision dans les organisations multiples issues des Trente Glorieuses. Le mouvement de déploiement du DD s'inscrit dans un large mouvement de réforme des administrations centrales des États. La problématique du DD est pour l'État un moyen de réformer ses organisations et ses politiques publiques tant dans les discours que dans les pratiques managériales des organisations. Quel que soit le degré d'intégration du DD dans les politiques publiques, l'engagement de

« l'État exemplaire » et sa crédibilité externe passent par la mise en œuvre d'un système de pilotage de cette évolution stratégique ; dans le cadre du nouveau management public, le comportement des décideurs[3] et des managers publics est conditionné par la mesure des performances.

La déclaration d'engagement des organisations publiques y constitue un outil de mise en œuvre du DD. Pour les entreprises publiques en France, une charte[4] décrit leurs engagements depuis 2008. Chacun des 33 établissements et entreprises publiques signataires, représentant au total quelques 1,5 million de salariés, s'engage à cette occasion à :

- identifier ses propres enjeux stratégiques ;
- les traduire dans ses projets en rendant compte à ses parties prenantes et en les impliquant ;
- élaborer un rapport de DD pour rendre compte des conséquences sociales et environnementales de ses activités, sur le modèle des obligations de la Loi dite « Nouvelles régulations économiques » pour les sociétés cotées en France ;
- piloter un plan d'actions à partir de ce rapport, permettant d'intégrer les principes de gouvernance et de mise en œuvre définis.

La montée en puissance de ce cadre d'action

La protection de la planète pour protéger l'individu constitue la principale thématique des discours et des actions publiques de DD. Un véritable processus de protection et de sécurisation se poursuit pour répondre aux besoins sociaux.

Au-delà de l'environnement pris comme objet, la logique d'action est aussi celle de la protection de la société et des individus. Cette logique était prédominante dans une logique d'État-providence, de politique budgétaire et de redistribution. Cette action de protection collective ne semble plus la seule possible à cause de la limitation des ressources et du besoin de progrès et de *développement de l'individu*.

Les politiques de l'environnement mettent peu en avant le social malgré l'objectif de lutte contre la pauvreté dans la définition Brundtland de 1987. Elles orientent les ressources et les actions dans un sens, face à la possibilité d'un équilibre entre les trois piliers. D'autres formes avec une inversion de paradigme dans l'action, émergent pour considérer le progrès social comme un patrimoine utile et un mouvement, soit plus globalement un champ dans lequel investir pour l'avenir et non une contrainte. L'intégration de l'éthique et un mode participatif peuvent

---

[3] Cette distinction entre décideurs et managers correspond à celle des élus qui gouvernent et des fonctionnaires qui administrent.

[4] Charte des entreprises publiques, 2008, disponible sur www.ecologie.gouv.fr.

être observés comme une réalité déjà présente et comme une des solutions de mise en œuvre.

Le discours à partir des instruments de gestion

Face à la crise, l'usage des instruments autour du DD fait apparaître un nouvel espace d'action publique. Les outils, les instruments et les indicateurs prédominent dans les pratiques managériales et la gouvernance des organisations. Observer les méthodes et outils est ainsi nécessaire dans le cadre d'une approche préalable. Ils sont à observer dans des lieux, des cadres d'action et de négociation.

Les États pour diffuser les concepts de DD et de RSE créent des instruments pour construire des cadres de référence sous forme de référentiels et de plans d'action.

Les années 2000 ont vu ce rapprochement s'opérer. Pour préparer la diffusion de ces concepts, des travaux de normalisation ont été lancés pour construire un cadre de référence commun comme l'avaient fait plus de dix ans avant les États et les collectivités avec la démarche des agendas 21 à Rio.

En 1992, la France s'engageait, aux côtés de 177 autres pays, à promouvoir le DD, en signant la Déclaration de Rio et en validant l'Agenda 21, ou programme « Action 21 », programme d'actions pour un DD de la planète. Initialement prévu pour toutes les organisations, le cadre d'action Agenda 21 est adopté par les collectivités publiques. À partir des années 2000, les entreprises privées développent d'autres référentiels autour des marchés, de l'Organisation des Nations unies (ONU) et des grandes institutions internationales. Le processus de DD ne dépend pas que des politiques publiques et s'appuie sur les contributions de toutes les organisations. Les organisations interagissent avec différentes parties prenantes. Elles sont soumises à la surveillance de leurs diverses parties prenantes, y compris les acheteurs ou consommateurs, les travailleurs et leurs syndicats, leurs membres, les communautés, les organisations non gouvernementales, les étudiants, les bailleurs de fonds, les donateurs, les investisseurs, les entreprises et autres entités.

L'exemple des travaux à l'ISO[5]

Le référentiel ISO 26000 fournit des lignes directrices sur les principes, les questions centrales et les domaines d'action relatifs à la responsabilité sociétale ainsi que sur les moyens d'intégrer un comportement socialement responsable dans les stratégies, systèmes, pratiques et processus adoptés par les entreprises. Cette future norme internationale

---

[5] ISO : International Organization for Standardization.

souligne l'importance des résultats et des améliorations de performance. À l'ISO, l'intégration de la responsabilité sociétale dans les pratiques et la stratégie des organisations ont pour objectif[6] d'établir une définition commune de la responsabilité sociétale pour les organisations du secteur privé et du secteur public. À un niveau international, il s'agit de trouver une synthèse pour un cadre de comportements. Cette approche globale s'appuie sur des visions locales différentes :

- l'approche nord-américaine, liée à une approche morale des parties prenantes, prend en partie sa source dans l'idée d'une responsabilité éthique et philanthropique pour inciter l'entreprise à réparer ou compenser les effets négatifs de son activité ;
- la vision européenne conçoit la responsabilité sociétale comme la mise en œuvre du DD en associant les acteurs de la société et en reconnaissant la légitimité de leurs attentes ;
- le souci de se prémunir contre les risques de réputation et donc de l'utiliser comme un garde-fou financier ;
- le souci des consommateurs à l'origine des présents travaux.

En 2005 quatre-vingt-dix pays prennent part à l'élaboration de ce texte à la demande d'un comité interne représentant les consommateurs pour trouver un compromis sur l'approche à adopter. Le groupe de travail est présidé par un pays en transition, le Brésil et par un pays développé, la Suède. Chaque pays est invité à nommer des experts parmi cinq catégories : industries, gouvernements, ONG, syndicats et consommateurs.

La future norme internationale ISO 26000 – non certifiable – fournit des lignes directrices sur les principes sous-jacents de la responsabilité sociétale, les questions centrales et les domaines d'action relatifs à la responsabilité sociétale. Elle liste aussi les moyens d'intégrer un comportement socialement responsable dans les stratégies, les systèmes, les pratiques et les processus adoptés par les entreprises. Cette future norme internationale souligne l'importance des résultats et des améliorations de performance au sein de sept chapitres pour sept actions et des principes transversaux (rendre compte, transparence, respect des autres, droits de l'homme).

Pour faire le lien avec le sujet de l'action publique, l'impact va dépendre de la façon dont cette norme va être déployée ; il existe un risque de récupération par des groupes de consultants ou d'agences de notation

---

[6] Le résumé est présenté dans les « lignes directrices relatives à la responsabilité sociétale », ISO 26000, document préparatoire de travail de l'ISO, sur le site de la délégation française sur www.afnor.org et du groupe des délégués francophones sur www.ciridd.org. L'auteur participe à une plateforme régionale de multinationales et de conseils, pour étudier les modalités d'adaptation au contexte de la France.

pour aller vers la certification. Mais un important travail d'adaptation est à mener pour tenir compte des contextes nationaux dans les filières et pour chaque type d'acteurs. Des lieux sont à créer à cette fin pour impulser des dynamiques de progrès régionales et des lignes directrices pour coopérer. Cela peut devenir un outil de politique publique.

Cette démarche va répondre à des objectifs de politique publique dans différents domaines pour identifier des risques, améliorer la confiance et les relations (sécurité, défense, contrat social), pour mieux utiliser les ressources énergétiques et mieux produire (énergie, consommation) et pour renforcer les institutions (protection sociale, intérêt général).

Le DD représente une solution dans cette voie. L'efficacité de l'engagement de l'État et sa crédibilité externe passent par l'utilisation du DD comme un instrument. Celui-ci devient un moteur pour appliquer les objectifs dans les administrations et les intégrer aux systèmes d'information et de pilotage, rassurer les parties prenantes associées en amont au processus pour répondre à leurs attentes.

Face à la crise, la remise en cause du développement durable

Les difficultés de l'économie verte

L'enthousiasme retombe après le Sommet de Copenhague

La 15ᵉ Conférence des parties (COP) à la Convention cadre des Nations unies sur le changement climatique s'est terminée le 19 décembre 2009 avec des ambitions limitées, parmi les 193 États présents en assemblée plénière. Cet accord est incomplet puisqu'il ne comprend que deux pages et deux tableaux vides dans lesquels les États doivent fixer leurs ambitions et confirmer la contribution financière. Chacun fait un pas en avant, les trois pays les plus consommateurs actuellement et dans le futur – Chine, États-Unis et Inde – sont restés sur leur position et devront avancer face aux échéances clés de 2012 issues de l'application du protocole de Kyoto.

Les éléments factuels de cet échec sont à replacer dans le contexte où devait s'inscrire cet accord dans trois domaines : les enjeux climatiques, les inégalités mondiales et les problèmes de gouvernance. L'action publique des pays du nord a consisté face aux pays du sud à :

- faire accepter un contrôle mondial, limité cependant à la publication de quelques informations générales tous les deux ans ;
- les inciter à engager dès maintenant des actions de réduction de leurs émissions de gaz à effet de serre, sachant qu'ils seraient à l'origine de 90 % des émissions supplémentaires attendues d'ici 2050.

De nouvelles ressources seront à fournir par les pays développés à hauteur de 30 milliards de dollars pour la période 2010-2012 et 100 milliards de dollars par an d'ici 2020, dont une partie de transfert de technologies. Les deux piliers de la convention sur les changements climatiques sont de diminuer les émissions et de s'adapter aux effets des changements. En matière d'adaptation, la situation des pays riches a été peu discutée. Un certain nombre élabore des stratégies, y compris dans les villes. Au-delà du texte lui-même et des futurs accords possibles, la faiblesse de la gouvernance et des institutions des pays pauvres va handicaper la distribution des fonds vers les pays concernés. Comment aider l'agriculture locale à adapter ses semences ? Comment s'assurer que les actions sont appliquées jusque dans les quartiers des villes ?

Du côté de la prévention et de « la finance du carbone », la perspective d'un marché mondial s'éloigne, du fait de contraintes fort différentes entre régions. Le prix de la tonne de carbone dépend de conventions comme celles de Kyoto et de politiques nationales et régionales. Le marché de quotas de CO_2 entre États a été critiqué pour la largesse de distribution initiale des quotas, le manque de traçabilité et une possible spéculation. Aussi certains envisagent une taxe sur le CO_2 à la production et aux frontières[7]. Un sommet comme celui de Copenhague est aussi l'occasion d'écouter les représentants du monde entier s'exprimer sur leur vision et leur stratégie. Les arguments marient des critères éthiques, historiques, politiques et scientifiques. Le débat autour d'une position commune est plus complexe.

L'action publique par la fiscalité verte est-elle en retrait face à la crise ?

Le PNUE[8] a montré que globalement les actions des États face au changement climatique sont en augmentation. La difficulté de généraliser une taxe carbone pour tous et au même moment – appelée aussi « contribution climat énergie » dans les projets français – ne doit pas masquer une tendance plus lourde : la taxation du CO_2 des voitures et la structuration du marché du CO_2.

Selon l'Association des constructeurs européens automobiles (ACEA), 17 États membres taxent le CO_2 des voitures et 15 gouvernements incitent fiscalement à l'achat de véhicules électriques. Le nombre de véhicules propres – émettant 120 grammes de CO_2 au kilo-

---

[7] Voir l'article de James Hansen, climatologue, « Cap and fade », *New York Times*, 9 décembre 2009.

[8] PNUE : Programme des Nations unies pour l'Environnement. Voir l'étude présentée lors du Sommet mondial des entreprises pour l'environnement, à Séoul, en République de Corée.

mètre – a augmenté de 25 % et le nombre de véhicules sales – émettant plus de 160 grammes de CO_2 – est passé de 80 % en 1995 à 23 % en 2010. Les acteurs de la société civile et les filières économiques ne sont pas tous en transition vers des économies plus sobres en carbone. Dans l'espace de l'UE, le marché du carbone de 2013 se structure. Les États préparent leurs entreprises fortement émettrices de gaz à effet de serre pour les enchères de quotas de CO_2. Les entreprises devront payer pour obtenir des quotas, qui actuellement leur sont attribués gratuitement.

Concilier activité économique et attentes de la société, équilibre entre utilisation des ressources naturelles et capital humain, s'inscrit dans la préoccupation plus ancienne à l'égard des conséquences des activités des organisations en général. Cette préoccupation s'intègre dans les objectifs de toute politique publique : efficacité, efficience, effectivité, cohérence et pertinence.

Ces objectifs sont empruntés à la fois au management des organisations et à l'action publique et se retrouvent dans le nouveau langage de la compétitivité. Les thèmes communs en sont l'efficacité, l'efficience et la légitimité.

Ce débat mondial sur l'importance des enjeux est à resituer dans le contexte des États qui sont en charge des équilibres sociaux et de l'allocation des ressources pour une économie qualifiée « d'économie en transition ». Dans ce sens, la démarche appelée en France « Grenelle de l'Environnement » est un mode de discussion et d'ouverture de chantiers sur le long terme.

L'adaptation douce en France, le Grenelle de l'Environnement

Une temporalité et un chemin critique pour le Grenelle

Le Grenelle de l'Environnement se décline en trois phases. La première a consisté en l'élaboration de propositions par six groupes de travail composés de membres de cinq collèges : l'État, les collectivités locales, les salariés, les responsables professionnels, les associations environnementales et quelques personnalités qualifiées. La deuxième s'est articulée autour d'une large consultation sur l'Internet, auprès du grand public, et par le biais d'une vingtaine de réunions publiques en région. La troisième est une table ronde au cours de laquelle seront examinées les propositions des groupes de travail, éclairées et enrichies par l'ensemble des contributions.

[…] [le présent rapport] tente de dégager un cadre de cohérence pour l'action publique et de trouver un chemin critique là où la discussion des groupes n'a pas permis d'aboutir à un accord […] En ce sens, il est conçu comme un exposé des motifs de la future loi de programme dont s'accompagnera la mise en œuvre du Grenelle et devra bien entendu être adapté aux résultats des discussions de la table ronde et aux décisions politiques qui les suivront.

Sources : « Le Grenelle Environnement, Document récapitulatif des tables rondes », p. 47 ; « Le Grenelle Environnement, Rapport du rapporteur général », p. 3, 2007, disponibles sur http://www.legrenelle-environnement.fr.

Les problématiques de DD ne sont pas les mêmes dans les grandes régions du monde et dans les grands secteurs d'activité.

Extrait d'entretien d'Y. Jadot

Quels rapports entretenez-vous avec les organisations syndicales ?

– sur beaucoup de sujets, nous nous rejoignons, parce que nous intégrons, nous écologistes, les préoccupations sociales dans notre approche [...]. Nous évaluons l'ensemble de nos propositions entre 400 000 et 500 000 emplois supplémentaires [...]. Ces évolutions seront de toute façon inévitables et les pays et les entreprises qui auront pris de l'avance seront les mieux placés [...].

Nous avons cependant aussi des divergences que nous nous efforçons de réduire, notamment sur les questions de fiscalité [...].

Le second dossier complexe est celui de l'intégration des préoccupations environnementales dans le fonctionnement des entreprises.

– Les chefs d'entreprises traînent-ils les pieds ?

– Plutôt. Ils communiquent beaucoup et positivement, mais dans les discussions, ils s'opposent à la plupart des mesures dont ils auraient à assumer le coût ou simplement la responsabilité.

À quelles conditions pourra-t-on parler de succès ?

– L'idée est de faire l'équivalent (de mai 68) face à la crise écologique : réunir tous les acteurs en un moment unique, dramatique au sens théâtral du terme, où se focalisent toutes les énergies pour définir les solutions qu'on décide d'apporter à la crise. Il ne s'agit plus en effet de débattre de diagnostics, mais bien de solutions. Et c'est forcément un débat conflictuel où il faut faire des choix difficiles [...]. Cela ne dépendra plus que du gouvernement que de les intégrer dans le champ des politiques publiques.

Source : Y. Jadot, Directeur des campagnes de Greenpeace en 2007, député Europe Écologie au Parlement européen depuis 2009, in *Alternatives économiques*, France, n° 262, octobre 2007, p. 13-14.

Cette transition douce vers l'économie verte redéfinit les institutions.

L'évolution du périmètre des institutions

Le DD se déploie globalement et localement sur un temps long de trente ans depuis l'institutionnalisation de l'environnement et sur un temps court depuis le début des années 2000 avec les champs de la RSE et des stratégies territoriales de DD. Les formes observables dans les entreprises sont principalement des plans d'action et des engagements moraux. Les institutions humaines sont à la fois responsables du développement des activités humaines et des leviers d'actions pour faire évoluer les pratiques managériales.

> Un des traits saillants de l'émergence du développement est qu'il donne lieu à l'élaboration de tout un ensemble de règles et de dispositions articulant plusieurs institutions émergentes (Aggeri *et al.*, 2005).

Les organisations consistent en groupes d'individus liés entre eux par certains objectifs communs. Les entreprises, les syndicats et les coopératives sont des exemples d'organisations économiques. Les partis politiques, le Sénat, les agences de régulation sont des exemples d'organisations politiques. Les communautés religieuses, les clubs sont des exemples d'organisations sociales. Les opportunités procurées par la matrice institutionnelle déterminent les types d'organisations qui se créent. Les entrepreneurs des organisations provoquent le changement institutionnel quand ils affrontent la concurrence omniprésente résultant d'un monde économique de rareté. Lorsqu'ils perçoivent des opportunités nouvelles ou modifiées, ils provoquent le changement institutionnel en altérant les règles (soit directement par les organismes politiques, soit indirectement par la pression des organisations économiques ou sociales sur les organisations politiques). Les entrepreneurs peuvent aussi altérer délibérément (et quelquefois accidentellement) la nature et l'efficacité des modalités d'application des règles ou l'efficacité des sanctions et autres moyens de coercition informels. Historiquement, quand les organisations, au cours de leurs contacts font apparaître de nouveaux moyens d'échange informels, il peut y avoir dépérissement des normes sociales, conventions et codes de conduite.

Le changement est incrémental parce que, s'il était de grande ampleur, il susciterait trop d'hostilité parmi les organisations existantes, qu'il pénaliserait et opposerait donc. Il n'y aura changement révolutionnaire que si un blocage intervenu entre les organisations concurrentes les empêche de réaliser des échanges profitables.

Il y a dépendance de sentier parce que l'orientation du changement institutionnel incrémental sera à peu près cohérente avec la matrice institutionnelle existante (pour les raisons décrites ci-dessus) et sera gouvernée par le genre de connaissances et de compétences dans lesquelles les entrepreneurs et les membres des organisations ont investi.

Une frontière floue entre public et privé

La réorganisation des services pour la maîtrise budgétaire et la révision des politiques publiques ainsi que la discussion sur le niveau d'action publique le plus efficace et le plus lisible (voir le chapitre de Bauby dans cet ouvrage) traduisent la recomposition de l'État. Il s'agit aussi de protéger et développer la confiance entre acteurs publics et privés. Le libéralisme et la généralisation de la concurrence mondiale ne sont pas la seule voie pour assurer un développement mondial qui écarte les plus pauvres et les classes moyennes dans les pays développés.

Mais il est effectivement malaisé de concevoir et de comprendre l'articulation entre ce qui relève de politiques publiques au niveau macro sociétal (le DD) et les pratiques d'entreprises au niveau microéconomique (la RSE). Le concept de DD interpelle l'entreprise dans ses finalités, dans la conception de son organisation, en fournissant les principes qui encadrent ou conditionnent les activités économiques. La RSE constitue les modalités de réponse de l'entreprise (ou d'un ensemble économique plus vaste) aux interpellations sociétales [...] (Capron *et al.*, 2007).

La vie saine de la personne, objet du développement durable

Plus largement le DD fait cohabiter profit et bien-être social pour la personne. Comme l'écrit Le Moigne (in Rosé, 2006), la RSE appelle l'éthique qui appelle l'épistémologie qui appelle la pragmatique. La Déclaration de Rio sur l'environnement et le développement durable de 1992 reprend dans son premier principe :

> *Les êtres humains sont au centre des préoccupations relatives au développement durable. Ils ont droit à une vie saine et productive en harmonie avec la nature.*

La Charte européenne de l'environnement et de la santé reprend plus tard la même idée de vie saine en la complétant avec le bien-être :

> *Chaque individu a droit à un environnement compatible avec le niveau de santé et de bien-être le plus élevé possible, à l'information sur l'état de l'environnement et les programmes, décisions et activités susceptibles d'agir sur l'environnement et sur la santé, à participer au processus de prise de décision.*

La nouvelle place de la science

Le DD est un champ de réflexions, de pratiques et de prise de conscience bien davantage qu'une réalité univoque.

Cette définition empruntée aux géographes et aux sociologues fixe le cadre du DD comme référentiel : « Cadre de débat politique et d'action publique, horizon programmatique, mettant en scène d'un côté la préoccupation d'un développement équitable des sociétés, de l'autre la préservation de l'environnement nature » (Lévy, Lussault, 2003).

Il interroge la place de la science et pose aussi des problèmes qui conduisent *in fine* à ne pas l'utiliser comme concept scientifique ; il a la lourde charge de gérer quelques-unes des contradictions majeures des sociétés contemporaines ; il peut être vu aussi comme un outil de contrôle de la production scientifique par le pouvoir politique ou comme levier d'inféodation des sciences sociales aux sciences de la nature.

La science serait ainsi orientée pour le DD vers une utilisation décloisonnée des savoirs dans les activités humaines sur des territoires communs.

Conclusion

Dans le processus actuel de réaménagement de l'intervention publique décrit par Bance et Bernier au début de cet ouvrage réalisé sous l'égide du CIRIEC, le développement durable (DD) peut apparaître comme un outil conceptuel « pour prendre en compte l'ensemble du champ des possibles ». En effet, l'étude de ce mode de transformation en cours des politiques publiques peut se placer aux quatre niveaux présentés par les auteurs dans l'action, l'expansion et l'expression de l'action publique.

L'action publique au niveau supranational

Le DD tel qu'il est appliqué en France permet à ce pays de contribuer à la stratégie de l'Union européenne depuis le Traité de Maastricht. Les principaux pays de l'UE ont montré à Copenhague leur souci d'être exemplaires avec la taxe carbone face aux autres régions du monde et de préparer l'après Kyoto après 2012.

Cette volonté s'appuie à la fois sur une nécessité économique présente dans le rapport Stern et apparaît aussi comme une politique implicite d'ouverture aux pays émergents pour les aider à choisir un nouveau modèle de développement plus humain, plus soucieux de la nature et plus équilibré. La création d'une taxe carbone au niveau européen est défendue par le gouvernement et par les multinationales françaises. Les difficultés de la mesure fiscale appelée *taxe carbone* par ses opposants et *contribution écologique* par ses promoteurs sont un effet de la crise. L'action publique européenne permettrait de sortir de l'impasse dans laquelle est entrée la France en tentant de l'appliquer unilatéralement sur son territoire pour ses activités[9]. Le Conseil constitutionnel, considérant qu'elles créaient une rupture d'égalité devant les charges publiques, a rejeté les dispositions dans sa décision du 29 décembre 2009 et a censuré l'ensemble du régime relatif à la contribution carbone, du fait de l'importance des exemptions totales de cette contribution. Cette mesure phare globale de l'année 2009 était l'aboutissement du processus du Grenelle de l'Environnement commencé en 2007. La position de la plus haute juridiction nationale permet de rappeler le principe de l'égalité devant la loi et de comportement conforme à l'intérêt général. Elle se base sur deux normes de référence, la Déclaration des droits de l'homme et du citoyen de 1789 et la Charte de l'environnement de 2004.

L'action publique articulée entre les acteurs

La recherche de cohérence en matière de fiscalité carbone en France s'inscrit dans l'ensemble des mesures budgétaires pour faire face à la crise : mesures budgétaires globales pour les banques et l'industrie, mesures locales de maintien de l'emploi par la formation des salariés, renforcement des autorités de contrôle du système financier. Dans le

---

[9] Décision CC 2009-599 DC sur http://www.conseil-constitutionnel.fr.

domaine environnemental de la transition écologique, un processus est engagé sur le long terme car la démarche du Grenelle de l'Environnement a ciblé des actions sectorielles et structurelles. En 2007, dans les groupes de travail de la « gouvernance à 5 », l'État a demandé aux acteurs de faire apparaître leurs désaccords à Paris et dans les régions puis d'aller au-delà vers un consensus pour prendre des mesures simples lisibles par le citoyen et inscrites dans la loi. Les modifications structurelles ont permis de faire entrer les associations environnementales dans les institutions et de faire valider annuellement les politiques publiques de DD, devenues « stratégie » pour le parlement. Ceci met fin à la première phase de lancement de la stratégie de DD entre 2003 et 2008.

Cette politique interministérielle initiale des décrets et circulaires s'est transformée en une loi-cadre pluri-annuelle sur le modèle des lois de programme de la défense militaire ou de l'éducation des jeunes. Entre la mise en place du Conseil national du développement durable (CNDD) en 1996 et les lois Grenelle I et II en 2010, se sont écoulées quinze années pour aboutir à une revue du management public du DD dans la loi.

L'expansion des institutions publiques

Pour sa dimension relationnelle forte, le DD peut être qualifié de nouvelle institution publique au sens de North : les organisations concernées mettent en œuvre de nouvelles règles du jeu basées sur le comportement exemplaire et sur la gestion des ressources matérielles et immatérielles. Ces ressources comprennent à la fois des matières premières dont la propriété est privée, échangées sur un marché organisé mais elles comprennent aussi des ressources immatérielles comme la connaissance, le capital humain de la santé et de la formation, étendu au capital social représenté par des relations basées sur la confiance. Pour le comportement exemplaire, les principes d'actions se réfèrent aux droits de l'homme. Il s'agit de mieux mesurer la production de services publics et non plus de réserver le domaine de la croissance à la seule production marchande.

L'extension du périmètre du secteur public sera mesurable avec celui de l'action publique. L'institutionnalisation du DD n'exerce pas une pression visible ; c'est un processus d'actions répétées et d'habitudes qui traduisent des concepts partagés, qui semblent naturels. Ces actions sont considérées comme *allant de soi* (North, 2006).

L'expression d'un intérêt général commun

Le DD fixe des objectifs pour les générations futures et nécessite une projection autant matérielle que philanthropique sur le sens à donner aux sociétés humaines. Cependant, une nouvelle dimension du DD repose sur la qualité des chemins empruntés pour atteindre les objectifs. De même, le partage d'expériences, de bonnes pratiques du DD se généralise.

Il relève donc de politiques publiques décrites dans ces pages en sept mouvements : articulation, institutionnalisation, instrumentation, intégration, promotion, précaution et sédimentation. Ces nouvelles formes d'action publique représentent un réengagement de l'État. Avec l'articulation et l'instrumentation, l'État n'agit plus seul mais coordonne des acteurs et assure une cohérence de l'action publique et collective. Avec l'intégration et la promotion, l'État devient exemplaire.

La construction d'un intérêt général commun est progressive parce qu'un changement de grande ampleur susciterait trop d'hostilité parmi les organisations existantes, qu'il pénaliserait et qui s'y opposeraient donc. Il n'y aura changement avec rupture que si un blocage intervenu entre les organisations concurrentes les empêche de réaliser des échanges profitables. L'orientation du changement institutionnel incrémental sera à peu près cohérente avec la matrice institutionnelle existante et sera gouvernée par le genre de connaissances et de compétences dans lesquelles les États, la société civile et les organisations ont investi.

Bibliographie

Aggeri, F., Pezet, E., Abrassart, C., Acquier, A., *Organiser le développement durable*, Paris, Vuibert/Ademe, 2005.

Bartoli, A., *Le management dans les organisations publiques*, 3e édition, Paris, Dunod, 2009.

Capron, M., Quairel-Lanoizelée, F., *La responsabilité sociale d'entreprise*, Paris, La Découverte, 2007.

Commission européenne, *La responsabilité sociale d'entreprise*, Bruxelles, 2001.

Dejean, M., *L'investissement socialement responsable*, Paris, Fnege éditions, 2005.

Gendron, C., *Le développement durable comme compromis*, Presses de l'Université du Québec, 2006.

Jollivet, M., *Le développement durable, de l'utopie au concept. De nouveaux chantiers pour la recherche*, Paris, Elsevier, 2001.

Koenig, G., *Management stratégique, projets, interactions et contextes*, Paris, Dunod, 2004.

Levy, J., Lussault, M., *Dictionnaire de géographie et de l'espace des sociétés*, Berlin, 2003.

North, D.-C., *Le processus du développement économique*, Paris, Éditions d'Organisation, 2006.

PNSE, *Plan national Santé-Environnement*, Paris, La Documentation française, 2004.

Rosé, J.-J. (dir.), *Responsabilité sociale de l'entreprise*, Bruxelles, De Boeck, Bruxelles, 2006.

Smouts, M.-C., *Le développement durable, les termes du débat*, Paris, Armand Colin, 2008.

Suchman, M.C., « Managing legitimacy : strategic and institutional approaches », in *Academy of Management Review*, vol. 20, n° 3, 1995, p. 571-610.

Union européenne, *Gouvernance dans l'Union européenne*, COM 2001/428 final, 2001.

Crise économique et politiques contre-cycliques en contexte de petites économies

Apprendre de l'expérience québécoise

Moktar LAMARI

Professeur, Directeur,
Centre de recherche et d'expertise en évaluation (CREXE),
École nationale d'administration publique, Québec, Canada

Louis CÔTÉ

Professeur, Directeur,
Observatoire de l'administration publique,
École nationale d'administration publique, Québec, Canada

> Les seuls obstacles structurels importants à
> la prospérité du monde sont les doctrines
> obsolètes qui encombrent l'esprit des
> hommes et des femmes (Krugman, 2009).

Le présent chapitre traite de la façon dont la récente crise économique et financière a touché la province canadienne du Québec et porte un regard analytique particulier sur les politiques publiques initiées pour contrer cette crise. Notre étude part de la genèse de cette crise et de son développement au sein de l'économie québécoise pour comprendre comment une *petite* société distincte, enclavée dans un environnement nord-américain anglophone, a réagi pour absorber le choc, amortir la récession et relancer la croissance. L'intérêt de la présente recherche tient à plusieurs raisons. Petite économie de la taille du Danemark, de la Norvège, de la Suisse ou de l'Autriche, taille qualifiée par certains de *lilliputienne* (Limoges, 2005), l'économie québécoise est très ouverte et fortement connectée à la titanesque économie américaine – le Produit intérieur brut (PIB) américain est 54 fois plus élevé que celui du Québec. Le Québec destine les trois quarts de ses exportations internationales au marché américain, soit plus de 50 milliards de dollars canadiens de biens et de services par an. Cela représente l'équivalent du sixième du PIB québécois. Tant par sa géographie que par la structure de son économie, le Québec se trouve donc en première ligne quand les crises économiques prennent naissance aux États-Unis et commencent à se propager dans le reste du monde. Or, le Québec a été jusqu'ici relativement moins touché par la crise que les autres provinces canadiennes. Il peut donc être éclairant de caractériser les facteurs qui expliquent cette situation, facteurs liés, selon nous, aux spécificités du modèle québécois de développement socio-économique et qui ont régi la conception et la mise en œuvre des politiques de relance. Par ailleurs, celles-ci interviennent dans le contexte d'un État fédéré. Une des dix provinces constituant le Canada, le Québec ne peut, en effet, se prévaloir de tous les instruments d'intervention publique en situation de crise financière, économique ou monétaire.

Il ne dispose pas de Banque centrale propre, capable de gérer et de réguler le marché monétaire. Plus généralement, le partage des compétences avec le gouvernement fédéral vient contraindre sa capacité d'initier des politiques publiques visant à atténuer la crise et à faciliter la relance économique.

Dans la suite du texte, nous tentons de répondre aux trois questions suivantes : i) Comment la crise s'est-elle manifestée et s'est-elle déployée au Québec ? ii) Quels sont les facteurs structurels et les décisions majeures qui ont aidé le Québec à contenir les chocs générés par la crise ? iii) Quelles sont les perspectives de sortie de crise et quels sont les enjeux associés en matière de politiques publiques ? Afin de répondre à ces questions, plusieurs sources de données sont mises à profit. Nous avons d'abord fait appel aux plus récentes données économiques pour retracer l'évolution de la crise au Québec et mesurer ses impacts : PIB, chômage, inflation, exportations, taux d'intérêt, dette, déficit budgétaire, etc. Nous avons également effectué une analyse attentive du discours des principaux acteurs politiques, à partir des documents officiels des trois derniers budgets par exemple, pour comprendre leurs positionnements au cours de la période. Enfin, et pour étayer et approfondir l'analyse, une douzaine d'entrevues ont été réalisées auprès de ministres et de hauts fonctionnaires dirigeant les principaux ministères à caractère économique ainsi qu'auprès de députés de l'opposition. Suivant notre questionnement, le chapitre est structuré en trois sections. La première présente la chronologie des manifestations de la crise au Québec. La deuxième a trait aux mesures prises par le gouvernement pour absorber le choc, stabiliser l'économie et amorcer la relance. La dernière partie porte sur les perspectives de sortie de crise et fait le point sur les principaux enjeux qui se pointent à l'horizon dans le contexte québécois.

L'émergence et le déploiement de la crise au Québec

La crise financière au Québec

Au Canada, les marchés financiers n'ont pas été marqués par les défaillances qui ont été à l'origine de la crise financière américaine. Contrairement à ce qui a été fait aux États-Unis sous le président Clinton, le gouvernement fédéral canadien n'a pas allégé la réglementation des banques de façon très importante. Et si le Parti conservateur au pouvoir depuis 2006, parti accordant davantage de crédit à l'autorégulation des marchés, avait pu souhaiter le faire en début de mandat, son statut de gouvernement minoritaire l'en aurait empêché.

Mais s'ils n'ont pas été touchés par une crise financière autogène, les marchés financiers canadiens ont tout de même été atteints par la crise générée aux États-Unis. Parmi les retombées majeures se trouve la débandade des papiers commerciaux adossés à des actifs (PCAA). Le graphique 1 présente la chute de leur valeur après l'envolée qui a eu cours entre 2004 et 2007.

Graphique 1 : Crise du PCAA aux États-Unis et au Canada

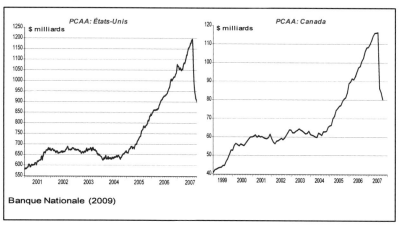

Banque Nationale (2009)

Les trois plus importantes institutions financières québécoises ont été fortement impliquées dans la détention des PCAA. Prises en flagrant délit de spéculation, elles se sont retrouvées propriétaires d'actifs devenus toxiques et impossibles à liquider. La première institution, et non la moindre, n'est autre que la Caisse de dépôt et placement du Québec (CDPQ) ; une caisse qui gère plusieurs fonds institutionnels provenant notamment des caisses de retraite et des régimes d'assurance publics québécois. Détentrice avant la crise d'un portefeuille de plus de

160 milliards de dollars, la CDPQ possédait des PCAA pour une valeur avoisinant les 13 milliards de dollars. La crise financière lui aura coûté très cher puisque, en quelques mois, elle a affiché des pertes estimées à 40 milliards de dollars, soit le quart de la valeur de son portefeuille. Tenues secrètes pendant plus de 4 mois, pour des raisons d'échéancier électoral, ces pertes ont par la suite défrayé la chronique. Les critiques ont d'abord reproché au gouvernement libéral son intrusion implicite dans la gestion du portefeuille de la Caisse, de par les attentes formulées en regard des rendements qui se devaient d'être à la hauteur de ce qu'on observait chez les institutions financières similaires les plus rentables en Amérique du Nord.

Ils ont également mis en cause la faiblesse de la direction de la Caisse. Il faut dire que la crise financière est arrivée à un moment où la Caisse vivait une transition au sommet de sa haute direction. Provenant de l'interne, le nouveau PDG n'a pas été en mesure de fédérer autour de lui les instances décisionnelles de la Caisse et a dû quitter le navire précipitamment. Dans un contexte où la gestion des portefeuilles était beaucoup trop décentralisée et où les incitatifs existants avaient poussé les gestionnaires à la fuite en avant, cette absence de leadership a retardé le rétablissement de la barre. Elle explique sans doute pourquoi la Caisse a vendu des milliards d'actions à l'automne 2008, soit au moment où le marché des actions s'était effondré et était à son plus bas niveau. À elle seule, cette vente aurait entraîné une perte de 23 milliards de dollars.

Deux autres institutions bancaires québécoises ont été piégées par les PCAA : les Caisses Desjardins (des coopératives d'épargne et de crédit qui gèrent un actif de plus de 150 milliards de dollars) en détenaient pour plus de 1,8 milliard de dollars et la Banque nationale pour près de 2 milliards de dollars.

Une autre retombée majeure de la crise financière générée aux États-Unis s'est manifestée sous forme de crise des liquidités. Celle-ci est venue tarir les sources de crédit. Le rétrécissement de l'offre du crédit a rendu la vie dure à de nombreuses entreprises québécoises, notamment les plus vulnérables et les plus endettées. Couplée à la récession économique à laquelle nous allons maintenant nous arrêter, la prudence des institutions financières et l'incertitude créée par le contexte de crise ont asphyxié l'investissement.

La récession économique

Comme on le sait, aux États-Unis, la crise financière a débouché assez rapidement sur une crise économique. Or, plus de 72 % des exportations québécoises sont destinées au marché américain. Autre facteur aggravant, de nature monétaire celui-là, le dollar canadien s'était fortement et rapidement apprécié relativement au dollar américain (et face aux autres devises fortes, évidemment) au cours des deux années précédentes. En 2008 (juin et juillet), le dollar canadien oscillait autour de la parité avec le dollar américain alors que sa valeur ne représentait que 60 % de celui-ci depuis le début de la décennie jusqu'en 2006. En conséquence, les exportations québécoises aux États-Unis ont vu leur volume se contracter, en terme réel, de presque 16 % entre 2007 et 2009.

Graphique 2 : Valeur totale des exportations (internationales et interprovinciales), en M$, données désaisonnalisées trimestrielles

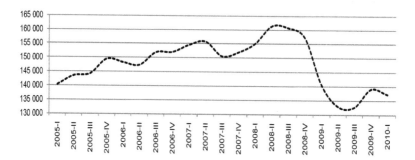

Déjà aux prises avec une crise structurelle majeure, l'industrie du bois et des produits dérivés a été particulièrement touchée par cette diminution des exportations (voir graphique 3). Avant 2008, les activités de coupe et de transformation des produits forestiers suscitaient déjà des inquiétudes importantes de la part de l'industrie et des acteurs régionaux des territoires où la filière du bois constitue la principale activité. Les industries de transformation des produits liés au bois souffraient d'un déficit d'innovation et d'un rétrécissement de marché. C'est ainsi que l'avènement des nouvelles technologies a porté un dur coup au marché du papier journal, lequel constitue un débouché majeur pour des entreprises québécoises qui emploient des milliers de travailleurs. La conjonction entre la crise actuelle et les difficultés structurelles persistantes a amplifié les turbulences qui agitent le secteur forestier québécois et ses différentes filières de la transformation du bois.

**Graphique 3 : Exportations du bois d'œuvre du Québec
vers les États-Unis en milliards de $ (Statistique Canada)**

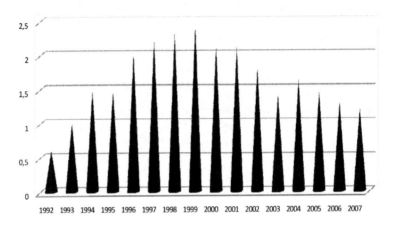

Soulignons que les pressions exercées sur l'économie du Québec par la crise générée aux États-Unis n'ont pas toutes été directes. Certaines ont transité par d'autres provinces canadiennes qui, exportant elles aussi beaucoup aux États-Unis (l'automobile en Ontario, le pétrole en Alberta, etc.), ont diminué leurs achats de biens et services aux entreprises québécoises en conséquence du ralentissement de ces exportations. Un autre effet de ce ralentissement tient au fait que ces mêmes provinces ayant diminué leur contribution au budget du gouvernement fédéral, celui-ci a dû réviser à la baisse les transferts budgétaires opérés dans la fédération par des mécanismes de péréquation.

Si les exportations ont été touchées, la demande interne a elle aussi été atteinte. Au Québec, comme ailleurs, on a assisté à une baisse de la confiance des consommateurs et à un repli rapide de la demande agrégée. À l'automne 2008, l'indice de confiance des consommateurs québécois est passé de 95 points (sur 100 points) à 64 points en l'espace de quelques semaines, soit une diminution de 31 points. La consommation s'est rétractée et la croissance qui était antérieurement de l'ordre de 4 % a chuté jusqu'à devenir quasiment nulle. Enfin, l'envolée des cours du pétrole a joué également. Le cours du pétrole a atteint le record de 147 $ US et le prix de l'essence à la pompe a frôlé 1,50 $ au Québec au début de juin 2008, alors qu'il atteignait à peine les 70 cents en 2005-2006. Cela a fait bondir les coûts de production, réduit la demande agrégée et fortement handicapé la compétitivité de nombreuses entreprises québécoises. L'inflation a atteint 3,5 % en août 2008, en raison notamment de la flambée des prix de l'essence. Au cours du deuxième trimestre 2008, la poussée des cours du pétrole était telle que certains observateurs en sont venus à pronostiquer une crise de l'offre, plutôt qu'une crise de la demande. Mais, cette hypothèse a été remise en cause, en 2009, quand les cours du pétrole se sont contractés fortement, entraînant une baisse concomitante de l'inflation. Tout compte fait, les données portent à croire que la crise vécue au Québec est plutôt liée à une crise de la demande et le repli de l'inflation en témoigne.

Licenciements et chômage

Le recul de la demande intérieure et extérieure et le rétrécissement des marchés du crédit ont donc rendu la vie dure à des centaines d'entreprises québécoises, notamment les plus vulnérables et les plus endettées. Cela s'est traduit par le licenciement de milliers de travailleurs au Québec, plus particulièrement dans les secteurs de la fabrication et de la foresterie. Entrée en récession en novembre 2008, l'économie québécoise a accusé des taux de croissance négatifs pour toute l'année 2009. Le taux de chômage a augmenté de 7 % à 9 %, ce qui représente 87 000 chômeurs de plus.

Les variations les plus notables en matière d'emploi ont concerné les secteurs primaire (la foresterie) et secondaire (le manufacturier). Et tout porte à croire que ce taux n'est pas prêt de baisser à son niveau d'avant la crise, pas avant cinq ans au moins (Aubry, 2009). Le nombre de personnes vivant de l'aide sociale a lui aussi augmenté sensiblement.

Graphique 4 : Hausse brutale du taux de chômage (trimestriel) au Québec, durant la période de crise

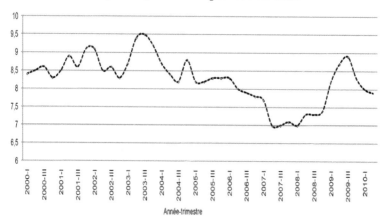

Le Québec a donc été touché par la crise financière et par la crise économique qui s'en est suivie. Toutefois, la récession y a été moins forte que dans plusieurs autres provinces canadiennes et dans de nombreux autres pays. En 2008, alors que le taux de croissance était négatif dans la plupart des provinces canadiennes, il a été au Québec de 1 %. Et en 2009, la baisse du taux de croissance a été moins sévère au Québec que dans le reste des provinces canadiennes comparables (voir graphique 5).

Graphique 5 : Taux de croissance annuel pour quatre provinces canadiennes entre 2006 et 2010

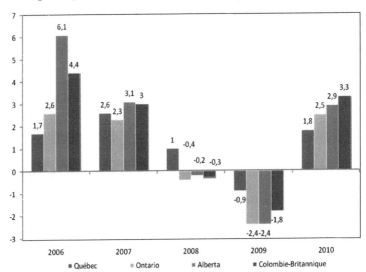

Cela tient sans doute au fait que l'économie québécoise est relativement diversifiée, ce qui a eu pour effet d'amortir les effets négatifs ressentis dans certains secteurs en période de récession. L'économie québécoise est une économie fondée sur les petites et moyennes entreprises (PME) et les activités du secteur tertiaire. Les PME constituent plus de 90 % des entreprises enregistrées et elles déploient majoritairement leurs activités dans le secteur tertiaire.

Générant presque les trois quarts du PIB québécois, le secteur tertiaire a été moins touché par la récession que le secteur manufacturier. En revanche, notons que la diversification de l'économie québécoise est de nature à amortir les effets positifs générés dans certains secteurs manufacturiers en période de croissance, ce qui peut expliquer la performance relativement plus basse du Québec en 2010. Par ailleurs, sur le plan de l'emploi, le Québec a affronté la crise avec un taux de chômage relativement élevé pour fléchir progressivement et devenir plus faible que celui de la province canadienne la plus riche, à savoir l'Ontario (voir graphique 6).

Graphique 6 : Évolution comparée du taux de chômage dans quatre provinces canadiennes (Statistique Canada)

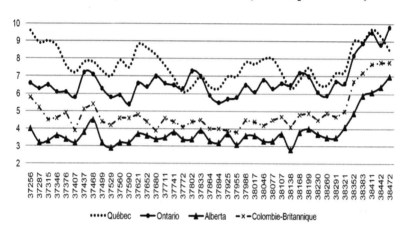

Mais le fait que le Québec ait été moins touché par la récession s'explique également et peut-être surtout par le rôle que l'État y joue en matière économique et sociale. La diversification de l'économie est elle-même un fruit de l'action de l'État. On peut penser ici à l'aide ciblée aux entreprises qui a permis le développement de grappes industrielles dans des secteurs de pointe ou encore au soutien apporté au développement de l'économie coopérative et sociale. De façon plus générale, il est probable que la qualité de vie, le climat social, l'offre de services publics de qualité, un filet social exemplaire et une politique de la famille généreuse peuvent faire une grande différence.

Les actions gouvernementales pour contrer la crise

La corrélation entre cycle économique et cycle politique est bien documentée par les recherches menées en économie politique (Aghion, Alesina, Trebbi, 2004 ; Tellier, 2005 ; Imbeau, Petry, Lamari, 2001).

De fait, au Québec, comme au niveau fédéral canadien d'ailleurs, l'avènement de la récente crise a amené le gouvernement à déclencher des élections anticipées dans l'espoir de passer d'un statut de gouvernement minoritaire à un statut de gouvernement majoritaire. En novembre 2008, le Parti libéral en était à son second mandat au pouvoir. Après une période de désaffection, durant ses trois premières années de pouvoir, ce parti avait connu une remontée dans les sondages d'opinion pour devenir le favori, au détriment des deux partis d'opposition, dont l'un vivait des difficultés de leadership évidentes alors que l'autre, qui constituait l'opposition officielle, faisait face à un déficit d'idées cohérentes et mobilisatrices. Depuis 2005, les indicateurs économiques avaient évolué positivement, notamment en matière de création d'emploi (taux de chômage à son plus bas niveau historique). À l'automne 2007, la crise financière se déclenche aux États-Unis, mais sans que ses retombées au Québec soient très spectaculaires. Aussi, pendant l'année qui suit, et tout en lançant comme nous le verrons une série de mesures contre-cycliques, le gouvernement tente-t-il de rassurer les Québécois en arguant que le Québec ne connaîtrait pas de récession. Encore au début de novembre 2008, la ministre des Finances du Québec, Mme Jérôme-Forget, déclare que « les finances publiques du Québec demeureront équilibrées cette année (2008) et l'année prochaine […] Il n'y aura pas de déficit parce qu'on a planifié en fonction […] » (Duchesne, 2009). Mais avant que l'accélération de la crise ne vienne réfuter cette dénégation, le gouvernement déclenche des élections anticipées, en demandant un mandat fort pour être à même de lutter contre la crise – *avoir les deux mains sur le volant* –, comme le disait le Premier ministre, ce qu'il a obtenu. Ce fut là, le premier acte de la lutte anticrise au Québec !

Réélu majoritaire, le gouvernement a poursuivi et accentué ses interventions dans différents secteurs touchés par la crise. Déjà, au printemps 2008, il avait mis en place trois comités de vigie anticrise dont le mandat était d'assurer un suivi continu de la crise et de faire les recommandations requises dans le but d'éclairer l'intervention gouvernementale. Constitués de ministres, de hauts fonctionnaires et de représentants de la société civile et des parties prenantes concernées (industriels, banquiers, universitaires, syndicats, etc.), ces comités couvraient trois champs de préoccupation différents : un premier comité traite du développement économique et régional ; un deuxième, des questions monétaires et financières ; un dernier, du secteur de l'emploi et des services sociaux. En pleine tourmente, ces comités ont été très actifs. Se réunissant de manière hebdomadaire, ils ont favorisé une action gouvernementale plus rapide et mieux concertée.

Avant de qualifier cette action et pour pouvoir le faire, nous allons présenter dans ce qui suit les principales interventions de l'État en matière financière, de dépenses et d'emploi.

Interventions dans le domaine de la finance

Dans un contexte de crise financière de grande ampleur, la plupart des gouvernements des pays membres de l'Organisation de coopération et de développement économique (OCDE) ont d'abord songé à des mesures monétaires comme remède principal à la situation. En Amérique du Nord comme ailleurs, la pensée économique dominante était encore empreinte du paradigme monétariste (Friedman, 1968a ; 1968b ; 1968c) qui postule que les politiques fiscales sont moins efficaces que les politiques monétaires dans la lutte contre la crise. Dès les premiers mois de la crise, la Banque du Canada a abaissé son taux directeur à plusieurs reprises pour relâcher la contrainte du crédit qui commençait à s'installer dans l'économie. Le taux directeur est ainsi passé de presque 4,5 % en décembre 2007 à 0,25 % au début de 2009, soit à son plus bas niveau depuis cinquante ans. Concrètement, le taux directeur réel est devenu négatif, considérant que l'inflation annuelle a oscillé durant les deux dernières années autour d'une moyenne de 2 %. Constatant que cette baisse historique du taux directeur n'arrivait pas à infléchir les tendances baissières (de la croissance, du crédit, de l'emploi, etc.), les décideurs gouvernementaux en sont arrivés à admettre les limites de l'orthodoxie ultralibérale qui prévalait depuis les années 1980. C'est ainsi que, ayant épuisé son arsenal conventionnel fondé sur la détermination du taux directeur et inspirée par ce qui se passait aux États-Unis, la Banque du Canada a commencé à injecter des liquidités additionnelles en prêtant directement à certaines grandes entreprises (Krugman, 2009).

Dirigeant un État fédéré ne disposant pas de compétence propre dans le secteur monétaire, le gouvernement du Québec s'est attaché pour sa part à limiter les dégâts potentiels reliés à la débandade des PCAA. Conscient de la menace qui pesait sur les trois institutions financières québécoises les plus importantes – la CDPQ, le Mouvement Desjardins et la Banque nationale étaient les institutions financières les plus impliquées dans la détention de PCAA au Canada –, il a œuvré en vue de dégager une solution permettant de geler la valeur des PCAA détenus par les acteurs financiers canadiens (32 milliards de dollars) et de freiner ainsi leurs pertes financières. Présidé par un avocat d'affaires, Purdy Crawford, un comité a élaboré un plan permettant de transformer les PCAA de placements à court terme en obligations qui viendront à échéance dans plusieurs années.

Adopté dans le cadre de l'Accord de Montréal, le Plan Crawford était appuyé non seulement par les principales institutions financières impliquées et par le gouvernement québécois, mais également par les gouvernements de l'Ontario et de l'Alberta, le gouvernement fédéral et la Banque du Canada, qui ont fourni des garanties de plusieurs milliards de dollars pour sa mise en œuvre. Il ne faisait pourtant pas l'unanimité. C'est ainsi qu'une action en justice auprès de la Cour suprême a été intentée par les petits porteurs piégés dans cette aventure. Fait inusité, la Société générale de financement (SGF), une société d'État du Québec, s'est retrouvée dans le camp des centaines d'opposants au Plan Crawford. La SGF détenait presque 130 millions de dollars en PCAA, dont plus de 20 millions de dollars sont déclarés pertes sèches. Bien sûr, le gouvernement du Québec n'a pas apprécié la position défendue par le Conseil d'administration de la SGF, mais celui-ci a pu se prévaloir de l'indépendance que lui assure la Loi sur la gouvernance des sociétés d'État, loi votée en 2004 à l'instigation du gouvernement libéral. La SGF et les autres opposants au Plan Crawford voulaient maintenir leur droit de poursuivre les institutions et les conseillers financiers qui les ont amenés à investir sur la base d'informations erronées dans ces placements très risqués.

Interventions en matière de dépenses

L'action gouvernementale a été marquée sur le plan des dépenses. Elle a certainement joué un rôle dans l'atténuation de la crise. Pour l'année 2009, le gouvernement du Québec a engagé 8,2 milliards de dollars pour soutenir l'économie, soit presque 2,7 % du PIB québécois (ministère des Finances du Québec, 2010). Discrétionnaires, ciblées et provisoires, les mesures ont touché les infrastructures publiques, l'investissement dans les entreprises et, dans une moindre mesure, la consommation des ménages.

Des investissements majeurs dans les infrastructures publiques

L'action gouvernementale contre la crise s'est appuyée fortement sur ces investissements. Plus de 42 milliards de dollars ont été annoncés par le gouvernement du Québec au cours des trois dernières années, et ce pour une programmation sur un horizon de cinq ans. Mais ces investissements avaient, pour l'essentiel, été décidés bien avant que la crise ne touche le Québec. Tout commence en effet avec l'annonce du Plan québécois des infrastructures en 2007, soit une année avant l'avènement des premiers symptômes de la crise dans l'économie québécoise.

Les travaux d'infrastructures répondaient à des besoins réels et pressants. Les infrastructures étaient généralement dans un état déplorable : construites pour une bonne part dans les années 1960 et 1970, soit au moment où le Québec a engagé son processus de modernisation, elles avaient vu leur renouvellement sacrifié sur l'autel de la lutte aux déficits publics au cours des vingt dernières années. Déjà, en 2005, un chercheur (Mirza, 2005) sonne l'alarme et dresse un état pitoyable des infrastructures québécoises :

Environ 79 pour cent des infrastructures canadiennes ont déjà largement dépassé leur durée de vie utile et le Québec est l'une des provinces les plus durement touchées [...]. Le déficit des infrastructures canadiennes atteint aujourd'hui environ 125 milliards de dollars. Les investissements publics actuels ne permettront pas de rétablir convenablement les infrastructures fortement détériorées. Si des investissements plus importants ne sont pas consentis très vite, les infrastructures se détérioreront à un rythme accéléré[1].

---

[1]   Saeed MIRZA (Mirza, 2005), (En ligne), http://francais.mcgill.ca/files/headway/entete_0101.pdf (page consultée le 7 décembre 2009).

Mais il aura fallu un accident malheureux et spectaculaire et une Commission d'enquête pour que le gouvernement réalise la gravité des risques qui pesaient sur les usagers de la route et les bâtiments publics du Québec. L'accident a eu lieu en septembre 2006 : à l'heure de pointe, un viaduc s'effondre sur un boulevard urbain tuant sur le coup cinq personnes. Dirigée par Pierre-Marc Johnson, un ancien Premier ministre du Québec, la Commission d'enquête recommande un « virage rapide et énergique qui permettra non seulement de stabiliser la situation, mais aussi de redonner à la population du Québec des infrastructures de premier ordre[2] ». En réponse à cette recommandation, le *Plan québécois des infrastructures*[3] est lancé avec comme objectif de « faire en sorte que les réseaux routiers, hospitaliers et scolaires québécois, rendus vétustes par des années de laxisme et de sous-financement, soient en aussi bon état que ceux de nos voisins canadiens et américains d'ici quinze ans[4] ».

Au moment où la crise prenait de l'ampleur et où commençaient les fermetures d'usines, particulièrement dans le secteur forestier, les travaux techniques de conception et de planification des travaux d'infrastructures (diagnostic, analyse des priorités, dossiers techniques, montage financier, etc.) étaient déjà à un stade d'élaboration assez avancé.

Cette coïncidence a été très salutaire pour l'économie du Québec. Le gouvernement avait des dossiers d'appels d'offres prêts à être lancés pour mettre en chantier plusieurs grands travaux de construction d'infrastructures lourdes, au profit des secteurs du transport (ponts, route, etc.), de l'éducation (écoles) et de la santé (hôpitaux, centres d'hébergement, etc.). La main d'œuvre licenciée, notamment par le secteur forestier, était facilement et immédiatement employable dans ces projets d'infrastructures. Ces travailleurs n'avaient en effet pas besoin de formation préalable pour être embauchés sur des chantiers de construction qui présentent des processus productifs relativement comparables à ceux qu'ils avaient connus antérieurement. De plus, le gouvernement a fait en sorte que les régions affectées par la crise soient priorisées dans la mise en chantier de ces grands travaux. Étant relativement plus intensifs en emploi qu'en capital, ces travaux ont permis de retenir les employés licenciés dans des régions éloignées déjà touchées par la dénatalité,

---

[2] COMMISSION D'ENQUÊTE SUR L'EFFRONDREMENT DU VIADUC DE LA CONCORDE (2007), (En ligne), http://www.cevc.gouv.qc.ca/UserFiles/File/Rapport/rapport_fr.pdf (page consultée le 3 novembre 2009).

[3] GOUVERNEMENT DU QUÉBEC (2009), (En ligne), http://infrastructures.o2web solutions.com/le-plan-dinfrastructure.html (page consultée le 2 novembre 2009).

[4] RADIO-CANADA (2009), (En ligne), http://www.radio-canada.ca/nouvelles/Politique/2007/10/11/001-Infrastructures-quebec.shtml (page consultée le 4 novembre 2009).

l'exode rural et les transitions industrielles. Ils ont également permis d'injecter dans ces régions des sommes importantes, notamment en salaire, et de contribuer ainsi au maintien de la consommation et de la demande globale.

Le contexte de crise a été utilisé ultérieurement pour justifier l'augmentation importante de l'endettement associée à ce Plan. Le ministre des Finances, M. Bachand, l'expliquait au Parlement en ces termes : « Parce qu'au fond, la dette ce n'est pas compliqué, vous investissez en infrastructures, vous empruntez. Ce qui est important, c'est d'être capable de le rembourser. Vous soutenez l'économie en temps de récession, vous avez un déficit. Ce qui est important, c'est d'être capable de revenir à l'équilibre budgétaire[5] ». *De facto*, la réfection des infrastructures va faire augmenter la dette du gouvernement du Québec à quelque 44 % du PIB et hausser le service de la dette à presque 8 milliards de dollars par an. Précisons que le gouvernement fédéral a emboîté le pas au gouvernement québécois en annonçant à son tour un plan d'infrastructure. Une entente a été signée entre les deux gouvernements en septembre 2008. Par l'entremise du Fonds Chantier Canada, les investissements en infrastructure ont été bonifiés de près de 2 milliards[6] sur une période de sept ans. Cela permettra d'alléger un peu l'augmentation de la dette du Québec. Soulignons enfin que la mise en chantier rapide de nombreux projets a généré des effets pervers qui ont fait la manchette des journaux et embarrassé fortement les différents paliers de gouvernement.

Plusieurs scandales de collusion et de corruption ont été mis au jour impliquant des entrepreneurs et des décideurs publics. Certains estiment à 30 % la surfacturation liée à des augmentations injustifiées des coûts de construction des infrastructures. On déplore également la faible qualité de certains travaux qui serait liée au manque de ressources du ministère des Transports pour assurer l'inspection et le contrôle de la qualité des travaux.

Soutien à l'investissement

Le manque de liquidité vécu par de nombreuses entreprises, notamment dans les secteurs traditionnels et dans les régions fragilisées, a créé un sentiment d'urgence qui a motivé le gouvernement à intervenir en

---

[5] ASSEMBLÉE NATIONALE DU QUÉBEC (2009), (En ligne), http://www.assnat. qc.ca/fra/39Legislature1/DEBATS/epreuve/cfp/091106/1030.htm (page consultée le 4 novembre 2009).

[6] INFRASTRUCTURE CANADA, *Entente-cadre* (2009), (En ligne), http://www. buildingcanada-chantierscanada.gc.ca/plandocs/agreements-ententes/ifa-eci-qc-fra.html (page consultée le 7 novembre 2009).

vue d'éviter faillites et mises à pied. Plusieurs initiatives ont été engagées pour venir en aide aux entreprises québécoises confrontées à des problèmes de financement, le but ultime étant de relancer l'investissement privé. Annoncé en novembre 2008, un programme de fonds de roulement et d'investissement visant la stabilisation et la relance d'entreprises (le programme *Renfort*) a été doté d'une subvention gouvernementale de 2 milliards de dollars pour deux années. Géré par Investissement Québec (IQ), il permet d'octroyer des prêts directs aux entreprises ou de fournir des garanties de prêt aux grandes entreprises. Dans une première année d'application, 400 millions de dollars ont été engagés au profit de quelque 400 entreprises, soit presque un million de dollars par dossier accepté. La deuxième initiative s'est concrétisée dans une contribution gouvernementale au capital de la Société Générale de Financement (SGF) d'un montant de 1,25 milliard de dollars versés en deux ans (2009 et 2010) afin de permettre à cette autre société d'État de consentir des prêts et de prendre des participations dans des petites et moyennes entreprises (équité, quasi-équité, etc.). Dans la première année, des investissements de l'ordre de 270 millions de dollars ont été annoncés par la SGF.

Le gouvernement a également contribué à la mise en place et au financement de fonds sectoriels de capital de risque. Annoncée dans le budget 2009-2010, la capitalisation initiale doit en principe atteindre 825 millions de dollars provenant des quatre sources suivantes : gouvernement du Québec (200 millions de dollars), Caisse de dépôt et placement du Québec (250 millions de dollars), Fonds de solidarité des travailleurs du Québec (250 millions de dollars) et secteur privé (125 millions de dollars). Mais un an après son lancement, il semble que le projet en soit encore à ses premiers balbutiements.

Soutien à la rénovation domiciliaire

En pleine crise (janvier 2009), le gouvernement a annoncé une mesure favorisant la rénovation domiciliaire par la mise en place d'un crédit d'impôt remboursable et provisoire (une année) égal à 20 % des dépenses admissibles. Cette mesure est la seule visant directement les ménages. Son coût budgétaire est évalué à 250 millions de dollars et elle devrait profiter à plus de 170 000 ménages québécois. Pour le Québec, on estime les retombées de cette mesure et du programme complémentaire initié par le gouvernement fédéral à quelque 3 milliards de dollars en rénovations engagées et à 2 000 nouveaux emplois créés. Tout en les jugeant positivement, certains observateurs ont par ailleurs constaté que, du fait qu'ils coïncidaient avec la mise en chantier de nombreuses infrastructures, ces programmes de soutien à la rénovation domiciliaire avaient généré une « surchauffe » relative dans le secteur de la construction, surchauffe qui s'est traduite par une augmentation des coûts de travaux pouvant atteindre les 20 %, soit un montant équivalent au crédit d'impôt accordé.

Interventions en matière d'emploi

Les actions les plus déterminantes en matière d'emploi ont été réalisées dans le cadre du *Pacte pour l'Emploi*. Comme son nom l'indique, ce plan a été convenu avec les acteurs rassemblés au sein de la Commission des partenaires du marché du travail du Québec, une instance nationale de concertation qui regroupe des représentants des employeurs, des syndicats, du milieu de l'enseignement, des organismes communautaires et des services publics d'emploi. À l'instar de ce qui s'est produit en matière d'investissement dans les infrastructures publiques, le *Pacte pour l'Emploi* a été lancé avant la crise afin de remédier au manque de main-d'œuvre que le Québec doit connaître du fait de sa stagnation démographique et du vieillissement de sa population et d'augmenter la productivité des entreprises. On évaluait alors le nombre de postes à combler entre 2008 et 2011 à 700 000 : 400 000 postes pour des raisons de départ à la retraite et 300 000 nouveaux postes. Le *Pacte* prévoyait au départ des investissements de l'ordre de 987 millions de dollars, sur trois ans, et provenant à la fois des entreprises (439 millions de dollars) et de l'État (548 millions de dollars). Les actions financées touchaient les trois volets suivants : l'accompagnement des chômeurs et des prestataires de l'aide sociale dans la recherche d'emploi et l'insertion professionnelle ; la valorisation du travail, entre autres par une augmentation du salaire minimum ; la diversification de l'offre de formation en région et la reconnaissance des compétences, dans un contexte d'immigration grandissante où de nombreux travailleurs ont été formés à l'extérieur du Canada.

À l'horizon 2011, les cibles étaient ambitieuses : une baisse du nombre des prestataires de l'aide sociale de 50 000, le soutien de 5 000 entreprises et le développement des qualifications de 250 000 travailleurs.

En mars 2009, en plein cœur de la récession, les mesures initiales ont été bonifiées dans le cadre du *Pacte pour l'Emploi Plus : « Ensemble pour la relance »*. Financé par les gouvernements fédéral et provincial à hauteur de 460 millions de dollars, cet ajout a permis d'accroître l'efficacité de ces mesures qui ont profité à quelque 16 000 entreprises et 400 000 chômeurs. De toute évidence, le Pacte a permis de limiter les conséquences de la crise économique sur l'emploi. Mais il faut noter que, sur le front social, si la crise n'a pas eu des incidences aussi négatives que celles qu'ont connues les provinces canadiennes et les États américains voisins, c'est que le modèle de développement économique et social du Québec s'est avéré efficace. Tous partis confondus, les décideurs interviewés dans le cadre de notre recherche ont été unanimes pour souligner le rôle de stabilisateurs automatiques qu'ont joué les différentes politiques qui distinguent le Québec du reste de l'Amérique du Nord en matière de redistribution, de soutien aux familles, de lutte contre la pauvreté. Grâce aux programmes et aux services existants, les familles touchées par la crise ont pu éviter le dénuement et l'exclusion sociale. Les travailleurs licenciés ont ainsi profité de programmes de formation et de soutien direct pour les aider à retrouver de l'emploi et sortir de la précarité et de l'inactivité.

Une démarche à dominante keynésienne

Que conclure de cette lecture analytique de l'action gouvernementale face à la crise ? De façon plus précise : comment peut-on qualifier cette action ? Et qu'est-ce qui l'a rendue possible ? Afin de pouvoir répondre à ces deux dernières questions, il nous semble important de rappeler différents paradigmes qui peuvent informer la compréhension de la crise et, par conséquent, les actions à son égard.

Le premier paradigme est celui de la crise systémique. De ce point de vue, les crises sont perçues comme les symptômes des contradictions inhérentes au capitalisme. Cette manière de voir peut se décliner de façons très différentes selon que les contradictions en question sont reconnues comme porteuses de l'autodestruction inéluctable du capitalisme – une position défendue par les marxistes bien sûr, mais également par un théoricien tel Joseph Schumpeter (1939, 1950, 1954), selon qui le capitalisme ne saurait survivre à la multiplication des crises qu'entraîne sa dynamique de création-destruction – ou simplement conçues comme facteurs de son autorégulation dans une évolution naturelle où alternent périodes de crise et périodes de croissance. Si le premier cas de figure peut conduire à l'attentisme, le second déconseille assurément l'intervention gouvernementale : entraver le cycle normal ne saurait qu'amplifier les déséquilibres.

Prônant au contraire l'interventionnisme, le deuxième paradigme est issu de la pensée keynésienne (Keynes, 1933, 1936 ; Krugman, 2008). Pour cette école de pensée, en contexte de crise, les marchés laissés à eux-mêmes ne conduisent pas automatiquement à l'optimum économique. Réfléchissant dans le contexte de la crise de 1929, Keynes porta son attention sur les instruments et les modalités d'intervention gouvernementale permettant de juguler les crises et de relancer les économies en situation de récession. Il appelle à un soutien de la demande et à une relance de l'investissement. Le paradigme keynésien a été largement dominant depuis les années 1940 jusqu'au début des années 1980. Il a alors été remis en cause par le courant monétariste lancé par des économistes de l'École de Chicago, dont Milton Friedman (1968a, 1968b,

1968c). Selon le paradigme monétariste, les gouvernements doivent idéalement s'abstenir : en contexte de crise, la relance économique ne peut être initiée efficacement que par des politiques monétaires (masse monétaire, taux directeur, etc.) conçues et implantées de manière indépendante par les banques centrales ; la discipline budgétaire (le déficit zéro) doit être maintenue en tout temps ; dans le cas non souhaitable où une action contre-cyclique s'impose, les instruments de politiques publiques utilisés doivent être provisoires et neutres (sans qu'il y ait discrimination entre les secteurs industriels, par exemple).

Dernier paradigme auquel nous nous arrêterons, le paradigme néo-institutionnel s'intéresse aux institutions qui règlent le jeu économique. Selon les promoteurs de ce paradigme (North, 1990 ; Williamson, 2005 ; Ostrom, 2007 ; Sen, 1991), les crises financières et économiques sont liées aux imperfections des marchés et trouvent leur origine dans l'insuffisance des valeurs, des institutions et des mécanismes qui gouvernent l'action collective. Elles tiennent à l'opportunisme d'acteurs prêts à tout faire pour maximiser leur profit individuel en déjouant les institutions et les intérêts collectifs. En conséquence, la prévention des crises implique une meilleure régulation, avec la mise en place des institutions appropriées, capables de sanctionner les déviances, de gratifier l'action collective et de contrer, en temps et lieu, les dérives.

En nous référant à cette matrice à quatre paradigmes, nous pouvons sans doute qualifier l'action du gouvernement québécois comme ayant été une à dominante keynésienne. En effet, de manière générale, l'action gouvernementale a été caractérisée par l'importance des mesures directes et ciblées. En tête d'affiche figurent les travaux d'infrastructures qui ont profité des deux tiers des budgets consentis pour contrer la crise. Viennent ensuite le soutien à l'investissement (sous forme de prêts, de garanties de prêts, de crédits d'impôt, etc.) et le soutien à la rénovation domiciliaire, mais également l'ensemble des interventions liées au *Pacte pour l'Emploi*. De toute évidence, les mesures sociales constitutives du modèle québécois ont également joué pleinement leur rôle de stabilisateurs automatiques.

La seule exception notable concerne le secteur forestier où le gouvernement a choisi, en partie tout au moins, de laisser faire. Comme nous l'avons déjà précisé, la crise actuelle est venue renforcer la crise structurelle qui sévissait déjà dans le secteur forestier depuis plusieurs années. Le secteur a fortement souffert de la baisse de la demande en pâte et papier, les journaux papier perdant de leur attrait face aux médias électroniques. L'affaiblissement de la demande en bois d'œuvre n'a fait qu'ajouter de nouvelles perturbations à un secteur qui peine à se restructurer. Dans ce contexte, l'intervention gouvernementale a été plutôt timide. Dans son budget 2009-2010, le gouvernement a annoncé deux mesures pour un montant de 100 millions de dollars. Pourvue des deux tiers de cette somme, la première mesure porte sur des travaux de développement sylvicole (production de plants, reboisement, etc.). La deuxième mesure vise à soutenir les travailleurs du secteur qui ont été licenciés, particulièrement ceux dont les fonds de retraite ont été touchés par la faillite de leur entreprise. Par leur modestie, ces deux mesures semblent indiquer que le gouvernement a choisi de privilégier le laisser-faire afin que le secteur se purge de lui-même de ses « canards boiteux ». Cela permettra à l'État d'éviter de soutenir des entreprises condamnées à disparaître et de concentrer son action sur celles que le jeu de la concurrence aura conservées. Il semble que les salariés de nombreuses entreprises de ce secteur ont compris les enjeux et sont prêts à faire des concessions salariales pour réduire les coûts de production et se maintenir en emploi.

L'orientation retenue pour le secteur forestier fait donc contraste avec la démarche gouvernementale d'ensemble qui a été essentiellement de nature keynésienne et a donné lieu à des interventions contre-cycliques relativement énergiques. Mais qu'est-ce qui a rendu possible ou a favorisé cette dernière direction ? Cette question se pose, entre autre, du fait qu'au Québec comme dans d'autres sociétés occidentales, l'approche monétariste avait acquis ses lettres de noblesse.

On pourrait penser qu'un certain pragmatisme a simplement prévalu au sein du gouvernement québécois. Mais il y a plus. Il faut rappeler ici qu'au moment de son accession au pouvoir, en 2003, le gouvernement libéral, convaincu que le modèle québécois était non seulement inefficace mais ruineux pour le développement du Québec, proposait une véritable rupture, visant un certain retrait de l'État et fixant comme priorité de « revoir de fond en comble les structures de l'État et les programmes gouvernementaux ». Pourtant, si les interventions en matière de soutien au développement économique ont été revues et si plusieurs lieux et formes de concertation ont été dans un premier temps mis en veilleuse, la gouverne n'a pas été changée radicalement. D'abord sous la pression de l'opinion publique, puis avec l'arrivée de nouveaux ministres plus ouverts à ces perspectives, le gouvernement a graduellement redécouvert les vertus de l'interventionnisme et de la concertation. C'est ainsi que mises à l'écart pendant un certain temps, parce que jugées pléthoriques, inefficaces, voire inutiles dans une économie libérale moderne fondée sur le libre marché, les sociétés d'État (Investissement Québec et la Société générale de financement, par exemple) ont été de nouveau largement utilisées. Le *Pacte pour l'Emploi* est lui aussi révélateur de cette redécouverte puisqu'en 2003 les libéraux pensaient plus à faire disparaître la Commission des partenaires du marché du travail ou tout au moins à en restreindre les prérogatives qu'à faire appel à elle. La crise a, semble-t-il, accéléré cet apprentissage, le gouvernement s'inscrivant à nouveau dans la cohérence historique propre au modèle québécois de développement socio-économique (Bourque, 2000 ; Côté, Lévesque et Morneau, 2007).

La sortie de crise, ses défis et ses enjeux

Comprendre une crise implique de dépasser son émergence et sa gestion (les efforts pour maintenir l'activité et limiter les dommages) pour s'attarder, en amont, à son origine, ce que nous avons fait dans la première section, et, en aval, à son dénouement, ce que nous nous proposons de faire maintenant. Au Québec, comme dans les autres économies, la récente crise a laissé de nombreuses séquelles qui sont susceptibles de commander une reconfiguration des équilibres existants. Un économiste québécois a qualifié la crise d'ACV : accident cardiovasculaire (Fortin, 2009). Cette image donne à penser que la reprise économique exigera non seulement une période de convalescence, mais également des ajustements, peut-être drastiques et douloureux. De fait, pour plusieurs acteurs politiques et économiques, la crise et les interventions engagées pour la contrer auraient dévoilé des défis structurels pouvant mettre à rude épreuve les acquis du modèle québécois de développement.

Dans ce qui suit, nous verrons ce qu'il en est pour le Québec des principaux obstacles à surmonter et des enjeux liés à la sortie de crise.

Les principaux obstacles à surmonter

Nous nous attacherons successivement aux obstacles touchant l'économie (emploi et productivité) et les finances publiques (déficit budgétaire et dette).

L'économie

L'examen des données liées au taux de chômage nous indique que, toute autre chose étant égale par ailleurs, celui-ci restera élevé pour quelques années encore (Aubry, 2009). Les prévisions disponibles montrent que la croissance économique devrait rester relativement asthénique et par conséquent incapable d'exercer son rôle de locomotive pour l'emploi. La tendance observée depuis 2000 montre en effet que le niveau de croissance annuelle doit être soutenu et dépasser les 2 % sur quelques semestres successifs pour que le taux de chômage fléchisse sensiblement (voir graphique 7). En revanche, on assistera au cours des prochaines années à la poursuite du phénomène du départ massif à la retraite de la génération des *Baby Boomers* qui devrait exercer une pression à la baisse sur le taux de chômage. Bien sûr, l'ampleur du bassin des sans-emploi occasionne déjà des coûts budgétaires importants (soutien au revenu, formation, suivi, etc.) sans compter les effets délétères pour les individus en cause : baisse du niveau de vie, précarité, dévalorisation de soi, isolement ou même exclusion.

Graphique 7 : Taux de croissance, taux de chômage et taux d'inflation au Québec, entre 2000 et 2009

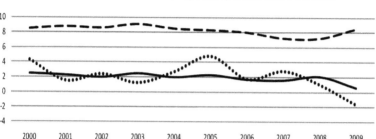

Par ailleurs, le Québec accuse un retard en matière de productivité comparativement à d'autres provinces canadiennes telles l'Ontario, la Colombie-Britannique ou l'Alberta.

La différence avec l'Ontario est de l'ordre de 10 %. L'écart de productivité est encore plus marqué avec les voisins américains, un écart de presque 15 %. La formation et l'innovation constituent des leviers majeurs pour accroître la productivité et maintenir ou développer les avantages comparatifs d'une économie. Or, plusieurs provinces canadiennes et de nombreuses économies fondées sur le savoir, celles des États-Unis ou de la France par exemple, ont mis à profit le contexte de la crise pour lancer d'importantes opérations de formation des ressources humaines et des chantiers majeurs en recherche et développement (R-D). Au sujet de l'action publique en faveur de la R-D, le Québec semble perdre progressivement ses avantages comparativement aux économies voisines qui ont non seulement beaucoup investi mais également consolidé leurs institutions par la mise en place de ministères ou d'organismes dédiés à ce secteur stratégique pour la sortie de crise et la conquête des nouvelles technologies.

L'évolution des exportations est tributaire de l'ouverture du marché américain aux biens et services québécois. La valeur du dollar canadien joue, à cet égard, un rôle crucial. Or, depuis quelques années, le Québec vit les méfaits d'un dollar qui progresse au gré de la valeur des cours du pétrole en raison des fortes exportations pétrolières de trois provinces canadiennes dont, principalement, l'Alberta. Ce mal, qualifié de « mal hollandais », fait en sorte que l'appréciation du dollar canadien se traduit par une surévaluation du prix des exportations québécoises. Tout bien considéré, l'enrichissement des provinces exportatrices de pétrole génère un appauvrissement relatif des provinces exportatrices de biens manufacturiers tel le Québec. De là l'importance fondamentale d'améliorer la productivité du secteur manufacturier québécois.

Les finances publiques

Selon les données officielles, le déficit public s'est élevé en 2009-2010 à presque 4,7 milliards de dollars, soit 1,5 % du PIB. Si rien n'est fait pour contenir les méfaits de la crise sur les finances publiques, ce déficit risque de s'accentuer dans les prochaines années jusqu'à avoisiner les 10 milliards de dollars par année. Le gouvernement a promis un retour à l'équilibre budgétaire en 2013. Il s'est engagé ainsi : « Pour l'année financière 2013-2014, les revenus et les dépenses établis conformément aux conventions comptables du gouvernement doivent être équilibrés » (Loi 40, article 5, disposition 7.2.1).

Pour ce faire, le gouvernement doit réduire la croissance de ses dépenses. De 4,6 % qu'il a été au cours des dernières années, le rythme de cette croissance annuelle des dépenses doit être ramené à 3,2 %.

Cet objectif risque d'être difficile à atteindre, puisque les dépenses des programmes gouvernementaux connaîtront comme toujours une augmentation dite systémique (ajustement des salaires, inflation, etc.), ce qui représente déjà 3,2 % des dépenses totales, soit un montant de quelque 1,9 milliard de dollars par année. Mais l'obstacle le plus important tient sans doute à l'évolution des coûts du système public de santé qui ont crû de plus de 6 % par année au cours des dernières années. Or, le système public de santé absorbe à lui seul près de la moitié du budget de programmes du gouvernement du Québec. À moins que des gains de productivité relativement importants n'interviennent en santé, ce qui est loin d'être assuré même si certains changements structurels proposés étaient réalisés – la proposition est à l'effet de passer d'un système à trois paliers (ministère, agences régionales et établissements de santé) à un système à deux paliers –, l'objectif de limiter la croissance des dépenses à 3,2 % par année impliquerait une coupure de près de 10 % des sommes allouées aux autres ministères. On voit mal comment ces derniers pourraient dégager une telle marge tout en accomplissant correctement leurs missions. Qu'en serait-il alors de la qualité des services rendus aux citoyens et des activités de contrôle, de régulation et de conseil déployés par les ministères et les organismes gouvernementaux ?

Graphique 8 : Déficit budgétaire du gouvernement du Québec, en M$ (données trimestrielles, Institut de la statistique du Québec)

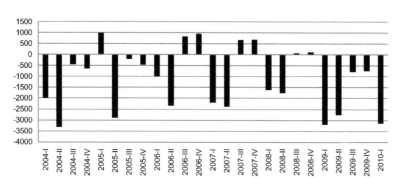

Depuis 2004, le gouvernement a emprunté les cinq avenues suivantes dans le but de dégager des marges de manœuvre budgétaire : diminution de l'effectif, allégement des structures, déploiement du gouvernement en ligne, intégration des services administratifs et partenariats public-privé. En matière de diminution de l'effectif, il a privilégié la réduction de la taille de l'effectif de l'administration centrale (la fonction publique au sens strict) en préservant les réseaux de la santé et des services sociaux et de l'éducation. En imposant le remplacement d'un seul départ à la retraite sur deux, le gouvernement visait une réduction de 20 % de cet effectif sur une période de 10 ans. Après six ans d'efforts constants, la baisse n'est que de 5 % et la plupart des acteurs administratifs s'entendent sur le fait que les limites ont été atteintes : on ne saurait continuer à faire ce que l'on fait avec un effectif amoindri. Depuis l'automne 2009, le gouvernement a annoncé un gel de l'embauche, ce qui ne générera que des économies relativement négligeables (60 millions de dollars pour le reste de l'année qui se termine le 31 mars). Une réflexion globale devrait être menée pour examiner les options possibles. On pourrait, par exemple, revoir les programmes ou accepter d'augmenter les revenus, deux enjeux sur lesquels nous revenons plus loin.

La deuxième avenue empruntée par le gouvernement concerne l'allégement des structures. Étant convaincu lors de son accession au pouvoir qu'il y avait une pléthore d'organismes gouvernementaux, le gouvernement a mis en place trois groupes de travail qui ont examiné la raison d'être de chaque organisme et les alternatives à leur existence. Quelques organismes ont été fusionnés, mais, en raison de la création de nouveaux organismes jugés essentiels, le nombre total d'organismes n'a été abaissé que de très peu (6 sur près de 200). Le gouvernement a donc dû réaliser que cette voie offrait très peu de gains potentiels. Il en a été de même dans le cas des trois dernières avenues suivies avec la création de

Services Québec (un guichet unique au cœur du déploiement du gouvernement en ligne), du Centre de services partagés du Québec et de l'Agence des partenariats public-privé. On peut faciliter la vie des citoyens et des entreprises en regroupant des services par événements de vie, ou assurer de meilleurs services administratifs aux petits ministères et organismes en intégrant ces services, mais les champs d'application de ces approches demeurent limités et, surtout, les économies qu'elles permettent sont restreintes.

Quant aux partenariats public-privé, quelques déconvenues sont venues dissiper les illusions idéologiques qui avaient été entretenues un certain temps au sein du gouvernement, ce qui est devenu manifeste avec la transformation de l'Agence des partenariats public-privé en une Agence dédiée aux infrastructures et nommée *Infrastructure Québec*.

Résorber le déficit pose donc un défi majeur. Quant à la dette publique, elle a connu depuis 2009 et connaîtra au moins jusqu'en 2013 une augmentation marquée à la suite des déficits et des investissements dans les infrastructures publiques. Déjà lourd, à près de 8 milliards de dollars soit 12 % des dépenses totales, le service de la dette le deviendra davantage dès que les taux d'intérêt remonteront. On peut s'attendre à ce qu'il atteigne les dix milliards de dollars par année d'ici deux ans. Certains craignent les conséquences que cela pourrait avoir sur les capacités du gouvernement du Québec à emprunter sur les marchés financiers. Il en est même pour agiter le spectre d'une faillite à la grecque. Il faut dire que le débat sur la question de la dette bat son plein au Québec depuis l'automne 2009. On y discute du rapport entre la bonne dette (liée aux investissements) et la mauvaise dette (provenant des dépenses courantes). Le ministère des Finances[7] ainsi que certains groupes de pression dramatisent la situation alors que d'autres insistent sur la nécessité de nuancer. Les premiers ciblent la dette brute – avec un ratio de 94 % du PIB, le Québec serait au 5e rang des pays membres de l'OCDE – là où les seconds s'attachent à la dette nette – pour laquelle le Québec se situerait au 11e rang avec un ratio de 43 % du PIB[8].

---

[7] À l'automne 2009, le ministre des Finances du Québec a formé un comité consultatif sur l'économie et les finances publiques composé de quatre économistes. Entre décembre 2009 et février 2010, le comité a déposé trois rapports qui ont largement alimenté le débat.

[8] Il convient de noter que l'augmentation de la dette nette observée entre les données de 2006 et les données de 2007 s'explique aussi par une réforme comptable instituée en 2007. La réforme comptable de 2007 a intégré au périmètre comptable du gouvernement de nouvelles entités dont les déficits cumulés s'ajoutent désormais à ceux du gouvernement. La prise en compte de ces déficits a donné lieu à une augmentation de la dette attribuée aux déficits cumulés de 6 milliards le 31 mars 2007.

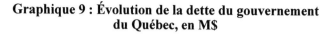

Graphique 9 : Évolution de la dette du gouvernement du Québec, en M$

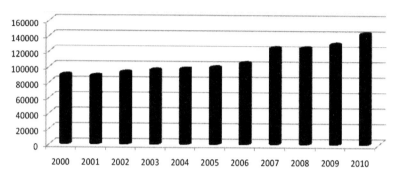

Graphique 10 : Évolution du ratio de la dette nette sur PIB, pour le Québec et l'Ontario, en %

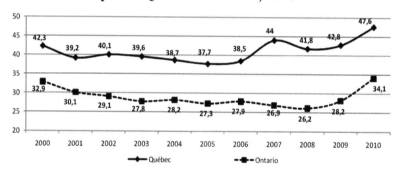

Les enjeux de la sortie de crise

Une première série d'enjeux concerne la rationalisation des dépenses publiques et soulève la question des risques de dégradation de la qualité des services publics et plus généralement de l'action de l'État. Une rationalisation accompagnée de coupures sévères et équivalentes dans les budgets des ministères ne saurait être opérée sans pénaliser les bénéficiaires des services publics. Des secteurs clefs tels l'éducation, la santé, les services sociaux ou la famille peuvent en pâtir jusqu'à mettre en péril les acquis obtenus au cours des cinq dernières décennies. Il en est de même des fonctions de régulation et de contrôle assumées par les administrations publiques. Plus que jamais auparavant, les compressions budgétaires doivent être fondées sur l'évaluation des programmes et la mesure de la performance des administrations publiques. Il faut engager celles-ci dans une dynamique de recherche des meilleurs résultats, de transparence et d'imputabilité. Pour juger des besoins de financement et des économies possibles, le gouvernement doit avoir en main les don-nées empiriques pertinentes et pouvoir s'appuyer sur des critères objec-tifs touchant la mise en œuvre et les effets des programmes. Un retour à l'équilibre budgétaire, qui fortifie l'intervention gouvernementale au lieu de l'anémier, est tributaire de la capacité du gouvernement à insti-tuer de nouveaux mécanismes d'évaluation des programmes, de mesure de la performance des administrations et de reddition de comptes.

Une deuxième série d'enjeux a trait à l'augmentation des revenus de l'État. Car, à revenus constants, il est pratiquement impossible de résor-ber le déficit tout en assumant les dépenses de programmes, même diminuées par un effort de rationalisation et le service de la dette.

Les propositions qui sont actuellement en débat au Québec portent, entre autres, sur les vertus respectives des impôts et des taxes à la con-sommation en regard de leurs impacts sur l'économie et sur la justice distributive. Après avoir consenti des baisses d'impôt pour les parti-culiers avant la crise, le gouvernement actuel a décidé l'augmentation de la taxe de vente (TVQ) d'un point de pourcentage à compter de janvier 2011, ce qui permettra de générer 1,2 milliard de dollars de recette annuelle supplémentaire. Il s'est par ailleurs engagé, depuis le printemps 2008, dans un processus de réduction de la taxe sur le capital, ce qui entraîne un manque à gagner annuel de l'ordre d'un milliard de dollars pour les recettes gouvernementales. Appuyée par un courant dominant l'espace public, cette orientation est contestée par quelques acteurs socio-économiques qui souhaitent une fiscalité plus progressive. La même opposition se retrouve concernant la question de la tarification des services publics. Bien sûr, ceux qui formulent des propositions à cet égard prennent le soin de prévoir des mécanismes permettant de com-penser les plus pauvres. Mais leurs opposants soulignent que, malgré tout, la tarification est le plus souvent associée à une moins grande utilisation des services, particulièrement marquée chez les plus défavori-sés, ce qui conduit ces derniers à ignorer en santé, par exemple, les soins préventifs et à subir des problèmes majeurs ultérieurs. On doit ajouter que le remplacement de mesures universelles par des mesures spéci-fiques peut entraîner des effets de stigmatisation sur les populations qui profitent de ces dernières – effets bien connus dans le cas de l'aide sociale – et causer ultimement un affaiblissement de la solidarité.

Conclusion

À l'occasion de la récente crise, plusieurs analystes ont décelé une réhabilitation du rôle de l'État. Il est sûr que le discours dominant au plan international a substitué le paradigme keynésien au paradigme monétariste pour justifier une intervention forte des États en matière économique. Mais les différents pays varient encore beaucoup quant à la conception de l'État, depuis l'État perçu comme un mal nécessaire jusqu'à l'État reconnu comme un socle de sa société. Au Québec, dans la culture politique qui prévaut depuis 1960, l'État occupe une place importante qui le distingue des autres États nord-américains pour le rapprocher des modèles européens. Il est à cela plusieurs raisons : choix d'un État développeur ou interventionniste dans les années 1960, nécessité d'un État protecteur d'une nation minoritaire en Amérique du Nord, rôle identitaire exercé par l'État québécois qui jouit d'un fort degré d'attachement, valorisation de la coopération et de la solidarité qui a historiquement marqué le tissu social québécois et qui explique la perception de l'État comme instrument de développement et de partage.

Si le Québec a connu dans les années 1960 le passage d'un État minimal à un État beaucoup plus institutionnalisé et interventionniste, l'État a appris à partir des années 1980 à faire avec d'autres. Parallèlement à la crise économique et à la montée de nouveaux acteurs économiques et sociaux qui prévalaient alors, il y a eu une prise de conscience des limites des capacités de l'État à agir sur des problématiques de plus en plus complexes. D'un État développeur, passablement interventionniste, on est passé à un État davantage facilitateur et accompagnateur ouvert à la concertation. À son arrivée, en 2003, le gouvernement actuel a manifesté une volonté de revenir à un État plus restreint selon le modèle prédominant en Amérique du Nord. Mais la société civile, dynamique et bien organisée – on y retrouve des syndicats plus enracinés que n'importe où en Amérique du Nord, des dizaines de milliers d'entreprises coopératives, de groupes d'action communautaire et d'organisations sans but lucratif –, a résisté et le gouvernement a reculé. Cela a permis aux institutions et aux politiques publiques en place d'atténuer passablement les effets de la crise.

Mais la sortie de crise s'annonce difficile. Les défis à relever sont importants particulièrement en matière de productivité et de finances publiques. Le retour à l'équilibre budgétaire constitue un enjeu crucial. Les fondements du modèle québécois de développement économique et social pourraient être fragilisés sinon minés par des ajustements structurels soumis aux seuls impératifs financiers et budgétaires. Au cours du dernier demi-siècle, le Québec s'est donné un modèle de développement intégrant des dispositifs institutionnels et une offre de services sans équivalent en Amérique du Nord. Conjuguant recherche de l'intérêt individuel et solidarité, concurrence et concertation, ce modèle a fait ses preuves dans la création d'une économie diversifiée et dynamique. Il a non seulement permis un rattrapage économique considérable depuis les années 1960, mais il a soutenu un développement social et culturel remarquable. Alors, on peut souhaiter que le retour à l'équilibre budgétaire fortifie l'intervention gouvernementale plutôt que de l'anémier et que les services publics, conçus comme des investissements et non de simples dépenses, soient renouvelés comme instruments collectifs plutôt que ramenés à une logique de consommation individuelle.

Bibliographie

Aghion, P., Alberto, A., Trebbi, F., « Endogenous Political Institutions », in *Quarterly Journal of Economics*, 2004, 119, p. 565-612.

Assemblée nationale du Québec, *Travaux parlementaires* vendredi 6 nov. 2009, http://www.assnat.qc.ca/fra/39Legislature1/DEBATS/epreuve/cfp/091106/103 0.htm (page consultée le 4 novembre 2009).

Aubry, J.-P., « L'ampleur de la récession de 2008-2009 au Québec et les défis de la reprise », in Joanis, M., Godbout, L., *Le Québec économique 2009*, Les Presses de l'Université Laval, 2009, p. 195-218.

Banque nationale, *Conjoncture économique et perspectives : Présentation de C. Gignac*, Conseil de l'industrie forestière du Québec, Québec, 2008.

Bourque, G.L., *Le modèle québécois de développement : de l'émergence au renouvellement*, Québec, Presses de l'Université du Québec, 2000.

Commission d'enquête sur l'effondrement du viaduc de la concorde, *Rapport final*, 2007, (En ligne), http://www.cevc.gouv.qc.ca/UserFiles/File/Rapport/ rapport_fr.pdf.

Côté, L., Lévesque, B., Morneau, G., « L'évolution du modèle québécois de gouvernance : le point de vue des acteurs », in *Politique et sociétés*, 2007, vol. 26, n° 1, p. 3-26.

Duchesne, P., *Citations liées au déficit budgétaire et propos de la ministre des Finances du Québec*, Radio-Canada/Le Point SRC, du 11 février 2009.

Fortin, P., « Le tsunami, la bulle, l'AVC et la contagion : d'où vient la récession mondiale ? », in Joanis, M., Godbout, L., *Le Québec économique 2009*, Les Presses de l'Université Laval, 2009, p. 163-193.

Friedman, M., *Dollars and Deficits : Inflation, Monetary Policy and the Balance of Payments*, Englewood Cliffs, NJ : Prentice Hall, 1968a.

Friedman, M., « The Role of Monetary Policy », in *American Economic Review*, March, vol. 58, n° 1, 1968b, p. 1-17.

Friedman, M., « Money : Quantity Theory », in Sills, David L. (ed.), *International Encyclopedia of the Social Sciences*, vol. 10, 1968c, New York, Macmillan, p. 432-447.

Gouvernement du Québec, *Plan québécois des infrastructures 2008-2013*, 2009, (En ligne), http://infrastructures.o2websolutions.com/le-plan-dinfrastructure.html (page consultée le 2 novembre 2009).

Imbeau, L., Pétry, F., Lamari, M., « Party Ideology and Government Policies : A Meta-Analysis », in *European Journal of Political research*, vol. 40, n° 1, 2001, p. 1-29.

Institut de la Statistique du Québec, *Comptes économiques trimestriels*, 2010. http://www.stat.gouv.qc.ca/donstat/econm_finnc/conjn_econm/TSC/index.htm.

Institut de la Statistique du Québec, *Principaux indicateurs économiques du Québec*, 2010. http://www.stat.gouv.qc.ca/princ_indic/publications/indicat.pdf.

Keynes, J.M., *Essays in Biography (1933)*, Macmillan, Cambridge University Press for the Royal Economic Society, Paperback edition, 1985.

Keynes, J.M., *The General Theory of Employment, Interest and Money*, Macmillan, Cambridge University Press for the Royal Economic Society, Paperback edition, 1936.

Krugman, P., *The Return of Depression Economics and the Crisis of 2008*, New York, W.W. Norton, 2008.

Krugman, P., *Pourquoi les crises reviennent toujours*, Paris, Seuil, 2009.

Limoges, C., *L'intervention gouvernementale en R-D : élément de stratégie pour le Québec d'aujourd'hui. Innover pour réussir : quelle stratégie pour le Québec ?*, Colloque sur la recherche et l'innovation, Montréal, le 30 mai 2005.

Ministère des Finances du Québec, *Le point sur la situation économique et financière du Québec*, 2010.

Mirza, S., « Guerrier des routes », in *McGill en tête*, vol. 1, n° 1, 2005, (En ligne), http://francais.mcgill.ca/files/headway/entete_0101.pdf.

North, D., *Institutions, institutional change and economic performance*, Cambridge University Press, 1990.

Ostrom, E., « Institutional Rational Choice : An Assessment of the Institutional Analysis and Development Framework », in *Theories of the Policy Process*, 2nd ed., ed. Sabatier, P.A., Westview Press, 2007.

Radio-Canada, *Québec se lance dans la rénovation*, 2009, (En ligne), http://www.radio-canada.ca/nouvelles/Politique/2007/10/11/001-Infrastructures-quebec.shtml (page consultée le 4 novembre 2009).

Schumpeter, J.A., *Business Cycles : A Theoretical, Historical and Statistical Analysis of Capitalist Processes*, New York, Macmillan, 1939.

Schumpeter, J.A., *Capitalism, Socialism and Democracy*, (3rd edition), London, Allen and Unwin, 1950.

Schumpeter, J.A., *History of Economic Analysis*, New York, Oxford University Press, 1954.

Sen, A., *On ethics and economics*, Oxford, Blackwell Publischers, 1991.

Statistique Canada, *CANSIM : tableau 282-0001, Enquête sur la population active*, 2010.

Statistique Canada, *Division des prix*, 2010, http://www.bdso.gouv.qc.ca/pls/ken/Pgap.pp_aigu_page?P_iden_tran=REPER9C4NA04788911431003bZd25&p_modi_url=0210090447&p_nom_page=STAT_CRIT_AVAN.

Tellier, G., *Les dépenses des gouvernements provinciaux canadiens : l'influence des partis politiques, des élections et de l'opinion publique sur la variation des budgets publics*, Sainte-Foy, Les Presses de l'Université Laval, 2005.

Williamson, O., « The Economics of Governance », in *American Economic Review*, 2005, vol. 95, n° 2, p. 1-18.

L'État et l'administration publique face aux crises économiques et financières en Afrique[1]

Landry SIGNÉ

Chercheur invité, Center for African Studies,
Stanford University, États-Unis d'Amérique

Entre 2007 et 2010, le monde a connu sa pire crise économique et financière depuis plus de 60 années. Les experts prédisaient des effets dévastateurs aux niveaux économiques et sociaux pour plusieurs pays d'Afrique subsaharienne (FMI, 2009). Certains dirigeants qualifiaient d'ailleurs la crise d'« onde du choc du tsunami » (BAD, 2009a, p. 4) susceptible de détériorer considérablement la capacité des États et institutions publiques à consolider les acquis de la croissance soutenue des années 2000 et à atteindre les Objectifs du Millénaire pour le développement, y compris d'éradiquer la pauvreté et de garantir le développement durable. Il apparaît pertinent de confronter cette rhétorique alarmiste à la réalité objective, observable de manière plus heuristique à présent qu'il y a retour à la croissance dans de nombreux pays.

L'objectif principal de cette recherche est de savoir si les mesures prises par le secteur public pour mettre fin à la crise économique et financière des années 2007 à 2010 s'inscrivent dans un renouvellement de l'action publique en Afrique par rapport aux réactions face aux crises des années 1970 et 1980. Autrement dit, assiste-t-on à un renouveau de l'action publique en Afrique (changement ou redéfinition du rôle de l'État, de l'administration et des institutions publiques) au XXIe siècle,

---

[1] Cette recherche est le produit de ma thèse de doctorat réalisée à l'université de Montréal et en partie financée par les bourses d'excellence du Conseil de recherches en sciences humaines du Canada et du Fonds québécois de la recherche sur la société et la culture. Je remercie les professeurs Mamoudou Gazibo, Luc Bernier, Philippe Bance et l'équipe du projet *Crise contemporaine et renouveau de l'action publique* du CIRIEC pour les remarques faites au sujet des premières versions.

ou s'agit-il d'une continuité lorsqu'elle est comparée aux initiatives prises face aux crises économiques et financières du XXe siècle ?

Il convient de noter que l'analyse de la relation entre les institutions publiques, les crises et le développement occupe une place importante dans la littérature tant en Afrique qu'ailleurs (Bates, 1981 ; van de Walle, 1999 ; Chang, 2002 ; Ndulu *et al.*, 2008 ; Sindzingre, 2008 ; O'Connell, 2008 ; Collier, O'Connell, 2008 ; Heilbrunn, 2009 ; Radelet, 2010). Les auteurs sont cependant peu nombreux à s'intéresser au renouvellement de l'action publique face à la crise de 2007 à 2010, se focalisant essentiellement sur les aspects plus normatifs et descriptifs des manifestations et solutions apportées à cette dernière (Matoko, 2008 ; BAD, 2009a ; FMI, 2009a, 2009b). Ce chapitre apporte une contribution originale à l'avancement des connaissances en identifiant les éléments de rupture et de continuité qui caractérisent l'action publique en Afrique. Il alimente également la discussion sur les questions de changement politique et institutionnel en analysant les transformations récentes du rôle du secteur public au niveau économique.

Ce chapitre est articulé autour de deux principales parties : la première partie (I) est consacrée au cadre analytique et au contexte historique. Elle présente dans un premier temps le cadre théorique, contextuel et méthodologique. Ensuite, elle contextualise les transformations du XXe siècle, permettant de les mettre en relation avec les actions de l'État au XXIe siècle. La deuxième partie (II) est consacrée au renouvellement de l'action de l'État et de l'administration publique au XXIe siècle. Une attention particulière est apportée aux initiatives régionales, internationales et au rôle joué par le secteur public, notamment la poursuite de la libéralisation, la tentative d'intégration régionale ou les négociations communes pour une plus grande influence de la régulation des affaires mondiales et par conséquence, un meilleur contrôle des affaires nationales.

I. Cadre analytique et contexte historique

I.1. Contexte théorique et méthodologique

Le néo-institutionnalisme, dont la problématique centrale est l'explication du rôle des institutions dans la détermination des résultats politiques, économiques et sociaux (Hall, Taylor, 1997 ; Gazibo, 2005), est l'approche retenue pour cette analyse. Les auteurs qui privilégient les idées (March, Olsen, 1984 ; Di Maggio, Powell, 1991) comme variables expliquent le développement institutionnel par les valeurs, les facteurs culturels et cognitifs qui y sont sous-jacents. Ceux qui privilégient les intérêts (North, 1990 ; Levi, 2001) expliquent les résultats économiques à partir des intérêts et de la stratégie des acteurs qui cherchent à maximiser leurs gains en minimisant leurs coûts. Les institutions sont utilisées par la quasi-totalité des auteurs, mais certains insistent plus sur leur rôle structurant que d'autres dans la détermination de résultats politiques et économiques (Evans, Rueschemeyer, Skocpol, 1985 ; Pierson, 1993). La dernière variable utilisée est le temps. Les auteurs situent l'analyse dans le temps afin de détecter des mécanismes qui permettent d'expliquer les phénomènes observés (Pierson, 2004 ; Mahoney, 2003). Cette variable est particulièrement prisée par les institutionnalistes historiques. Si plusieurs auteurs sont restés cloisonnés dans l'usage des différentes variables, on note une combinaison croissante de ces dernières dans plusieurs analyses (Hall, 1989 ; Weinsgast, 2002 ; Thelen, 2003, 2004 ; Gazibo, 2005). Cette combinaison accroît la valeur heuristique des analyses, notamment pour notre objet à l'intersection du politique et de l'économique.

Plusieurs concepts développés par les néo-institutionnalistes sont également pertinents et seront fréquemment utilisés dans ce chapitre. Il s'agit des concepts de « situation critique », de « dépendance au sentier », de « conversion », de « sédimentation » et d'« apprentissage ». À ces concepts, nous ajoutons deux nouveaux outils développés dans l'analyse institutionnelle (Signé, 2010) et qui rendront particulièrement bien compte du renouveau de l'action publique : l'intrusion et l'inclusion institutionnelles.

Le concept de « situation critique » explique la conjoncture favorable, la crise, la fenêtre d'opportunité ou le moment opportun au changement (Collier et Collier, 1991 ; Kingdon, 2003 ; Pierson, 2004). La situation critique est à l'origine de la plupart des changements, qu'ils soient ou non dépendants du sentier. La dépendance au sentier « signifie que les institutions durent parce qu'une fois créées, elles génèrent les conditions de leur permanence en engageant la dynamique de leur reproduction » (Gazibo, Jenson, 2004, p. 205). Mahoney et Schensul (2008, p. 457) identifient six caractéristiques à ce phénomène : « The past affects the future. Initial conditions are causally important. Contingent events are causally important. Historical lock-in occurs. A self-reproducing sequence occurs. A reactive sequence occurs ».

Dans un contexte structuré, les deux changements courants identifiés par les institutionnalistes jusqu'ici sont la sédimentation et la conversion. La « conversion » est un processus d'innovation se traduisant ainsi : « existing institutions are redirected to new purposes, driving changes in the role they perform and/or the function they serve » Thelen (2003, p. 226). En effet, une institution préexistante adopte de nouveaux objectifs puisque le coût de création ou de remplacement est dissuasif car très élevé (Pierson, 2004, p. 156). La « sédimentation » renvoie, quant à elle, à la création/superposition/imbrication d'une institution sur celles déjà existantes dans un contexte structuré. En effet, lorsque les acteurs dominants sont incapables de changer les institutions existantes, ils en créent de nouvelles, ce qui implique la coexistence des nouvelles institutions avec les anciennes. La sédimentation « involves the partial renegotiation of some elements of a given set of institutions while leaving others in place » (Thelen, 2003, p. 225). Elle émerge le plus souvent lorsque les réformateurs ou perdants ne sont pas capables de transformer les institutions existantes (Schickler, 2001 ; Pierson, 2004, p. 137). Ils en créent de nouvelles qui peuvent contribuer à d'importants changements futurs (Schickler, 2001, p. 15).

La question relative à la conciliation des impératifs temporels, idéationnels, stratégiques et structurels n'est que partiellement résolue par les outils conceptuels. C'est pour cela que nous reprenons deux concepts inédits utilisés avec succès pour analyser l'innovation politique (Signé, 2010) : les concepts novateurs proposés sont ceux d'inclusion et d'intrusion institutionnelle.

> « L'intrusion institutionnelle » est définie ici comme un processus mi-stratégique, mi-structurel par lequel les acteurs se font imposer de nouvelles institutions ou politiques qu'ils n'acceptent qu'en raison de l'asymétrie de pouvoir, de la contrainte structurelle (structure), ou des gains escomptés (stratégies), alors que des solutions de rechange pertinentes et non contraignantes sont quasi inexistantes. Cependant, une fois la contrainte amoindrie ou les gains escomptés obtenus, les acteurs sont susceptibles de délaisser ces innovations (Signé, 2010, p. 122).

Ce concept sera notamment utilisé pour expliquer l'introduction des plans d'ajustement structurel renouvelant l'action publique à la fin du XXᵉ siècle. Il est intéressant puisque suivant le processus de dépendance au sentier, il va contribuer à orienter les transformations du XXIᵉ siècle dont le mode privilégié d'innovation serait l'inclusion institutionnelle. En effet,

> « L'inclusion institutionnelle » est donc conçue ici comme un processus mi-stratégique, mi-idéationnel à travers lequel les acteurs incluent intentionnellement des stratégies (ou solutions) déjà existantes dans une nouvelle institution ou politique dans le but d'accroître la probabilité d'acceptation (convenance sociale, valeurs partagées) ou de succès (intérêts) de cette dernière dans un environnement politique structuré. L'inclusion n'implique pas nécessairement le succès ou l'échec des innovations dans la mesure où le processus est tant stratégique (question d'existence, de survie ou de succès pour faire valoir les autres intérêts) qu'idéationnel (question de reconnaissance, d'acceptation, de partage réel ou supposé des mêmes valeurs). Une fois les institutions ou les politiques créées, la dynamique peut être tout autre (Signé, 2010, p. 183).

Étant donné l'objectif de recherche qui consiste à analyser l'action publique en Afrique face à la crise et à expliquer son renouveau ou sa continuité vis-à-vis des initiatives du XXᵉ siècle, la démarche méthodologique retenue sera discursive, interprétative, historique et comparative (intertemporelle). Il sera d'abord question de proposer un contexte historique qui permettra d'identifier les caractéristiques de l'action publique dans les premières années d'existence des États africains. Ceci permettra de mieux expliquer les premières innovations dont le concept d'intrusion aidera à rendre compte. Les documents originaux gouvernementaux et internationaux seront utilisés à cet effet, comme les plans quinquennaux, les plans d'ajustement structurels et le Consensus de Washington ayant inspiré les premières réformes administratives radicales face aux crises des années 1970 et 1980. Les documents originaux seront complétés par la documentation spécialisée comme les articles scientifiques, les monographies et les publications institutionnelles. Les éléments identifiés seront ensuite mis en relation avec les stratégies du XXIᵉ siècle, notamment les documents de stratégie pour la réduction de la pauvreté, le nouveau partenariat pour le développement de l'Afrique expliqué ici par la dépendance de sentier, la sédimentation et la conversion institutionnelles. La comparaison intertemporelle des actions publiques face aux crises entre le XXᵉ et le XXIᵉ siècle permettra d'identifier les éléments de rupture et de continuité qui marquent la transformation du rôle du secteur public. En guise de précaution méthodologique, il convient de noter que lorsque nous parlons d'Afrique, nous faisons référence à l'Afrique subsaharienne en général et à l'Afrique francophone en particulier. Ce chapitre utilise des données obtenues de l'analyse de neuf cas principaux : le Bénin, le Burkina Faso, le Cameroun, le Congo, la Côte d'Ivoire, le Mali, le Niger, le Sénégal et le Togo. Les conclusions sont donc généralisables à l'Afrique francophone, notamment aux pays anciennement colonisés par la France, qu'ils soient anciennement à prétention socialiste ou libérale et orientée vers le marché.

I.2. Contexte historique : repli national, crises économiques, retrait de l'État, ajustements et libéralisation au XXᵉ siècle

Afin de comprendre si l'on assiste au renouveau de l'action de l'État durant les années 2000 à 2010, il est important d'identifier les caractéristiques et les transformations de l'État postcolonial et des premières innovations suite aux crises des années 1970 et 1980. Ces dernières seront ensuite comparées aux évolutions des années 2000, avec une attention particulière aux actions entreprises pour faire face à la crise de 2007 à 2010.

I.2.1. Le repli national : héritage colonial rapidement sous tension

Il apparaît important de situer le rôle central de l'État en Afrique dans les années 1960 et 1970 comme le résultat de l'héritage laissé par la configuration institutionnelle de l'État colonial (Heilbrunn, 2009). À cela, s'est ajouté le contexte international keynésien favorable à l'État-providence et développementaliste (Ndulu, 2008). En effet, après les indépendances dans les années 1960, les économies africaines sont caractérisées par un modèle néocolonial de croissance (Hopkins, 1973 ; Grellet, 1982 ; Hameso, 2002). Ces dernières se distinguent par une structure orientée vers l'exportation de produits primaires (Grellet, 1982, p. 12), « la prépondérance des secteurs primaires et tertiaires et l'absence de véritable industrialisation ; l'absence de relations inter-sectorielles ; la dépendance extérieure ; de forts taux de croissance démographique » (Grellet, 1982, p. 13), la faiblesse du taux d'investissement (Grellet, 1982, p. 19), le contrôle par l'État des secteurs industriels stratégiques ou non rentables (Grellet, 1982, p. 85), le monopole de l'État dans la quasi-totalité des industries pour certains pays. L'État « contrôlait l'essentiel des investissements, régulait l'économie par un système de prix administrés et mettait en place des instruments de politique macroéconomique keynésiens » (Hugon, 2006, p. 19).

L'ampleur de ces politiques variait selon que les pays étaient à prétention socialiste (Bénin, Burkina Faso, Mali, Congo) ou à prétention libérale (Cameroun, Côte d'Ivoire, Sénégal, Niger, Togo). Bien que les États aient été interventionnistes dans les deux cas, les États à prétention socialiste contrôlaient leurs économies plus que ceux à prétention libérale davantage ouverts au marché (Ndulu *et al.*, 2008). En bref, le secteur public (État, administration, institutions, entreprises publiques ou parapubliques) était hypertrophié, omniprésent, à tendance keynésienne et développementaliste, jouant un rôle majeur au sein des économies, celui de moteur de la croissance et du développement, n'hésitant pas à investir directement, à réglementer l'offre et la demande et à contrôler de nombreuses industries (Grellet, 1982 ; Duruflé, 1988).

Cependant, l'État va commencer à se désengager de l'économie à partir des années 1980.

I.2.2. Crise économique et renouvellement de l'action publique au XXᵉ siècle : retrait de l'État, libéralisation, déréglementation et ajustements

Incapable de soutenir de manière durable le rythme des dépenses et confronté à un contexte international caractérisé par une succession de chocs pétroliers (1973, 1974 et 1979), la récession économique et la

rareté des ressources financières, l'État va connaître de nombreuses difficultés remettant en cause le modèle de développement africain (Cornia,
1987 ; Duruflé, 1988 ; Toye, 1995 ; van de Walle, 2001 ; Ndulu *et al.*,
2008 ; Heilbrunn, 2009). En effet, il va être victime d'une crise plus
grave que celle des pays développés comme l'affirme Toye (1995,
p. 43) :

> En Afrique subsaharienne, la récession économique était bien plus grave
> que dans les pays industrialisés. La croissance du PIB réel est tombée de
> 6,4 % en 1965-1973 à 3,2 % entre 1973 et 1980. Comme le taux de crois-
> sance démographique, déjà élevé en Afrique subsaharienne, continua d'aug-
> menter, ceci se traduisit en une chute de la croissance du PIB réel par tête
> d'habitant de 3,6 à 0,3 %.

Plusieurs conséquences des crises ont contribué au premier renouvellement important de l'action publique africaine : les graves déficits
monétaires, fiscaux et de la balance de paiement, les fortes inflations, la
détérioration des termes de l'échange, l'incapacité d'avoir recours aux
marchés privés de capitaux, une baisse du PIB par habitant et un
désastre social, notamment en santé, en nutrition et en éducation
(Jeppersen, 1992). Ces crises constitueront donc les situations critiques
(Collier et Collier, 1991 ; Kingdon, 2003 ; Pierson, 2004 ; Tilly, 2008) à
l'origine d'une importante innovation qui va créer une dépendance de
sentier jusqu'au XXIe siècle : les plans d'ajustement structurel (PAS) et
les mesures de déréglementation, dérégulation, privatisation, libéralisation et démantèlement de l'État omniprésent qui les accompagnèrent.
Les premières générations de PAS sont signées avec la Banque mondiale par le Sénégal en 1981, la Côte d'Ivoire en 1982, le Togo en 1983,
le Niger en 1985, le Congo en 1986, le Bénin en 1989, le Cameroun en
1989, le Mali en 1991 et le Burkina Faso en 1991[2].

Van de Walle propose une explication intéressante au phénomène :

> When the first crisis emerged, mainstream economists and the staffs of the
> World Bank and IMF largely blamed what the viewed as wrongheaded eco-
> nomic policies of African governments for the crisis. In particular, they
> blamed excessive government expenditures, overvalued exchange rates, var-
> ious domestic price distortions, high levels of public ownership, and protec-
> tionism of trade policies. They therefore prescribe policy reform : the IMF's
> stabilization programs included measures to cut the fiscal deficit, devalue
> what was typically an overvalued currency, and contract the money supply.
> The World Bank promoted structural adjustment programs that pursued
> price liberalization and deregulation, trade reform, and the divestiture or liq-
> uidation of state-owned enterprises in order to improve economic incentives
> and promote higher investment rates. Many critics disagreed with the IMF

---

[2]   La date correspond à la première année de mise en œuvre des PAS.

diagnostic. African governments defended their policies and argued that it was international economic volatility – in particular the wild commodity price swings of the 1970s – that was the real cause of the crisis. (Van de Walle, 2001, p. 8-9)

Les ajustements structurels sont adoptés suivant le processus d'innovation qualifié d'intrusion institutionnelle, mi-structurel et mi-stratégique, bien que dominé par des forces exogènes pour pallier aux carences endogènes. En effet, il y a d'un côté asymétrie de pouvoir en faveur des institutions financières internationales (IFI) dans le processus de négociation des ajustements avec les Africains. De l'autre côté, il y a un ajustement stratégique des leaders africains qui cherchent à drainer les ressources pour financer un secteur public à bout de souffle et surendetté, quitte à renoncer aux valeurs keynésiennes prônées jusque-là. Les ajustements renouvellent donc l'action publique en introduisant de nombreux instruments : les réformes administratives, la restructuration des entreprises publiques, la restructuration des banques, les privatisations, la réduction des effectifs des fonctionnaires, le gel des salaires, la liquidation totale ou partielle des banques, la libéralisation du commerce des produits nationaux, la libéralisation des échanges internationaux, la déréglementation et le démantèlement des monopoles d'État, l'élimination des subventions et des exonérations douanières aux entreprises publiques, la suppression des contrôles de prix et des taxes sur importation, une promotion plus importante du secteur privé et de l'investissement direct étranger pour la croissance économique, le retrait de l'État, la mise en place de la politique agricole et industrielle et sectorielle, la modernisation de l'administration (Duruflé, 1988 ; Hood, 1991, Williamson, 1990, 1994, extraits des programmes d'ajustement structurel du Bénin, Burkina Faso, Cameroun, Congo, Côte d'Ivoire, Mali, Niger, Sénégal, Togo).

Jusqu'à la fin des années 1990, les PAS vont être prépondérants en Afrique. Quelques adaptations seront apportées, notamment les filets de sécurité sociale pour lutter contre la pauvreté. Le Programme des Nations unies pour le Développement (PNUD) a été, avec l'UNICEF (Cornia *et al.*, 1987), l'un des principaux acteurs du système des Nations unies ayant prôné un changement des politiques adoptées durant les années 1980. Il considère que les innovations en termes d'ajustement des stratégies durant les années 1990 ont été trop limitées, soutenant que « l'élimination de la pauvreté constitue l'un des objectifs centraux des politiques contemporaines de développement » (PNUD, 1999, p. 1). Cette brèche apportera des transformations plus importantes durant les années 2000.

II. Le XXIe siècle : retour à un État important, poursuite de la libéralisation et tentative d'intégration régionale pour la régulation des affaires mondiales

La fin des années 1990 et le début des années 2000 constituent une période durant laquelle plusieurs innovations redéfinissant le rôle de l'État ont vu le jour, dont le *Document stratégique de réduction de la pauvreté* (DSRP), le *Crédit de soutien à la réduction de la pauvreté* (CSRP) et la *Facilité pour la réduction de la pauvreté et la croissance* (FRPC) du FMI et de la Banque mondiale et le *Nouveau partenariat pour le développement de l'Afrique* (NEPAD) initié par les dirigeants africains. Enfin, la crise économique et financière de 2007 à 2010 a entraîné des tensions supplémentaires sur les États et les administrations publiques, tensions à l'origine d'une action publique plurielle et inclusive des solutions précédentes.

II.1. *Crises de légitimité et adoption des DSRP et des FRPC*

Pour expliquer l'émergence des DSRP et des FRPC à l'aube des années 2000, il convient de situer les trajectoires des États africains et des IFI dans le temps.

Le renouvellement de l'action publique par l'ajustement structurel n'a pas produit les effets institutionnels, économiques et sociaux immédiats escomptés dans les années 1980 et 1990, laissant les économies africaines dans une succession de crises ayant duré pratiquement deux décennies (van de Walle, 2001). La persistance des crises a fortement remis en cause le modèle de relation entre les pays et les IFI, puisque malgré les adaptations des années 1990 (Banque mondiale, 1990, 1993 ; Valier, 2000), les résultats significatifs se sont toujours fait attendre. Le temps permet de comprendre l'origine des solutions de rechange, des pressions et des causes cumulatives (Pierson, 2004) ayant progressivement orienté les politiques des IFI et des États, passant de l'adaptation des PAS par l'ajout de mesures sociales à un processus de changement par conversion des PAS en DSRP et en FRPC.

Après les résultats mitigés des PAS, plusieurs des propositions reconnues comme ayant contribué aux transformations sont venues des experts de l'UNICEF qui proposaient un *ajustement à visage humain* (Cornia, Jolly, Stewart, 1987), insistant sur le caractère essentiel de la prise en compte du bien-être des groupes les plus vulnérables de la société et des mesures favorisant le développement et pas seulement la croissance (Cornia, Jolly, Stewart, 1987, p. 158). L'organisation proposait ainsi une approche plus humaine basée sur six piliers,

[…] les politiques macroéconomiques plus expansionnistes afin de passer de la croissance au développement, les politiques méso-économiques visant à respecter les priorités en répondant aux besoins des plus vulnérables, des mesures sectorielles pour assurer la restructuration du secteur productif, les mesures visant à accroître l'équité et l'efficacité dans le secteur social, les programmes compensatoires visant à protéger les normes essentielles de vie, de santé et de nutrition des groupes à bas revenus, le suivi des niveaux de vie, de santé et de nutrition des groupes vulnérables pendant l'ajustement (Cornia, Jolly, Stewart, 1987, p. 160-161).

La publication de l'UNICEF est importante parce que, à l'image du FMI et de la Banque mondiale, elle est une organisation qui appartient au système des Nations unies. En perte de légitimité au sein de l'ONU et de plusieurs pays quant à son efficacité en matière de développement, la Banque mondiale oriente progressivement son discours qui inclut de plus en plus les critiques des partenaires dont elle est la cible (Banque mondiale, 1990 (pauvreté et prise en compte des besoins fondamentaux dans les programmes d'ajustements), 1993 (santé), 1999-2000 (approche globale du développement), 2001 (lutte contre la pauvreté)).

Ce processus aboutira à la conversion des PAS (document-cadre de politique économique, crédit d'ajustement structurel, facilité d'ajustement structurel renforcée) en DSRP, en CSRP et en FRPC (Banque mondiale, 2001). Cela marque un tournant novateur pour les IFI qui passent de la conception économique, financière et non participative des années 1980 à une approche plus participative, inclusive et globale du développement (Banque mondiale, 1999/2000). Les IFI proposent également aux Africains des solutions « pouvant leur permettre de revendiquer leur place au XXIe siècle », soit l'établissement d'une intégration régionale fiable et d'un partenariat mondial efficace (Banque mondiale, 2000).

II.2. *Émergence du NEPAD et des Objectifs du Millénaire pour le développement : des innovations publiques régionales et internationales*

Le NEPAD est une innovation régionale qui traduit la volonté des acteurs publics africains d'influencer les affaires mondiales tout comme de s'organiser pour mieux gérer les enjeux régionaux auxquels les États sont confrontés (NEPAD, 2001). Ce projet intervient à la suite d'une séquence d'événements : l'échec du plan de Lagos, la diffusion-imposition des PAS, l'apprentissage-ajustement, la conversion institutionnelle à l'aube des années 2000. Ces changements ont formé un contexte favorable à l'émergence du NEPAD, constituant – par un enchevêtrement d'idées, d'intérêts, d'institutions, d'essais, d'erreurs et d'adaptations – les causes cumulatives à l'origine de ce dernier. Ces facteurs cumulatifs ne devraient pas occulter le contexte favorable immédiat qui a accéléré la mise à l'agenda du NEPAD.

*La dynamique internationale : les Objectifs du Millénaire
pour le développement et la réponse
aux besoins fondamentaux de l'Afrique*

Durant la 55ᵉ session de l'Assemblée générale des Nations unies, les chefs d'État et de gouvernement des pays membres ont adopté la *Déclaration du Millénaire*[3] qui fixait les Objectifs du Millénaire pour le Développement. Les troisième et septième points de cette déclaration qui constituent *les Objectifs du Millénaire pour le Développement et la Réponse aux besoins fondamentaux de l'Afrique* sont d'un intérêt particulier pour cette démonstration. Les OMD visent à « faire du droit au développement une réalité pour tous et à mettre l'humanité entière à l'abri du besoin » (Déclaration du Millénaire, 2000, p. 4) et sont organisées en objectifs :

faire disparaître l'extrême pauvreté et la faim, assurer l'éducation primaire pour tous, promouvoir l'égalité des sexes et l'autonomisation des femmes, réduire la mortalité infantile, améliorer la santé maternelle, combattre le VIH/SIDA, le paludisme et d'autres maladies, assurer la durabilité des ressources environnementales, mettre en place un partenariat mondial pour le développement (PNUD, 2003, p. 1-3).

En plus de ces OMD, les chefs d'État et de gouvernement s'engagent à apporter une réponse aux besoins spéciaux de l'Afrique : « Nous soutiendrons la consolidation de la démocratie en Afrique et aiderons les Africains dans la lutte qu'ils mènent pour instaurer une paix et un développement durables et éliminer la pauvreté, afin d'intégrer le continent africain dans l'économie mondiale » (Déclaration du Millénaire, 2000, p. 8).

Tant l'ONU que la Banque mondiale (Banque mondiale, 2000/2001) suggèrent la mise en place d'un partenariat international pour susciter une forte croissance économique et réaliser les OMD. Le contexte international est favorable, appelant et promettant de soutenir un partenariat tant international que national. La dynamique nationale et régionale s'accélère.

---

[3] Résolution A/55/L.2 adoptée le 8 septembre 2000 et dont le rapport a été publié le 13 septembre 2000. Le site Internet www.un.org/french/millenniumgoals présente exhaustivement les OMD. La Déclaration va cependant au-delà du développement et inclut huit points principaux, soit : 1. valeurs et principes ; 2. paix, sécurité et désarmement ; 3. développement et élimination de la pauvreté ; 4. protéger notre environnement commun ; 5. droits de l'homme, démocratie et bonne gouvernance ; 6. protéger les groupes vulnérables ; 7. répondre aux besoins spéciaux de l'Afrique ; 8. renforcer l'organisation des Nations unies.

La dynamique nationale et régionale :
les plans MAP et OMEGA et l'émergence du NEPAD

À côté de cet appel international, une véritable compétition africaine entre promoteurs de projets différents, le plan MAP du président sud-africain Thabo Mbeki et le plan OMEGA du président sénégalais Abdoulaye Wade, a été à l'origine de l'émergence du NEPAD.

Durant le Forum économique de Davos en 2001, le président Mbeki présente le plan MAP[4] comme la solution aux problèmes de développement en Afrique. Bien que le projet soit soutenu par plusieurs leaders, dont le président du Nigéria Olusegun Obasanjo, le président de l'Algérie Abdelaziz Bouteflika et le président de l'Égypte Hosni Moubarak, Taylor (2003, p. 121) considère que, sans l'Afrique du Sud, ce projet n'aurait jamais vu le jour. Les idées de la *Renaissance africaine* en vogue dans la politique postapartheid en Afrique du Sud ont d'ailleurs grandement influencé ce projet (Taylor, Nel, 2002, p. 163-180). Elle vise, entre autres, à réhabiliter les Africains, à renforcer l'idéologie panafricaniste et à redresser l'économie continentale (Taylor, Williams, 2001, p. 265-286). Le plan MAP (Mbeki, 2001) traite principalement de la gouvernance politique et économique dans une perspective globale et prône l'établissement d'un nouveau partenariat entre les Africains et les institutions internationales. Un second plan va cependant entrer en compétition avec ce dernier.

En effet, durant le sommet France-Afrique de l'année 2001, le président sénégalais Abdoulaye Wade propose le plan Omega pour pallier les limites du MAP. Ce plan se focalise principalement sur les enjeux partiellement abordés par le MAP, parmi lesquels les infrastructures, la santé, l'éducation et l'aide au développement. Cette analyse montre qu'il y a une véritable compétition entre les idées et les intérêts des élites africaines, dont le leadership démocratique ou libérateur représente un espoir pour leur peuple (Taylor, Nel, 2002, p. 172), dans le processus d'élaboration des stratégies continentales de développement économique.

Les deux plans vont néanmoins fusionner pour former la Nouvelle Initiative africaine le 3 juillet 2001. Cette initiative sera validée lors du sommet de l'Organisation de l'unité africaine (OUA) à Abuja le 23 octobre 2001, adoptant le nom de NEPAD, et devenant un programme de l'Union africaine (Makhan, 2002, p. 5).

Le NEPAD est une stratégie de développement continentale qui fait le point des maux qui ont constitué un frein au développement de l'Afrique – y compris l'esclavage, la colonisation et le leadership de

---

[4]   MAP signifie *Millenium Partnership for Africa Recovery Program.*

certains dirigeants africains, la marginalisation et l'exclusion du continent – et propose des solutions qui permettront à l'Afrique de prospérer économiquement, d'assurer un développement durable et revendiquer sa place dans la mondialisation. Les dix domaines prioritaires sont la bonne gouvernance politique, la bonne gouvernance économique, les infrastructures, l'éducation, la santé, les nouvelles technologies de l'information et de la communication, l'agriculture, l'énergie, l'accès aux marchés de capitaux et l'environnement (NEPAD, 2001).

II.3. DSRP, libéralisme économique, interventionnisme social et renouveau de l'action étatique au XXIᵉ siècle avant la crise

La première innovation qui marque une transformation de l'action publique dans la sphère économique et sociale au XXIᵉ siècle est le DSRP. En effet,

le DSRP décrit les politiques et les programmes macroéconomiques, structurels et sociaux qu'un pays mettra en œuvre pendant plusieurs années pour promouvoir la croissance et réduire la pauvreté ; il expose aussi les besoins de financement extérieur et les sources de financement connexes [...]. Les DSRP forment la base des opérations de prêts concessionnels et d'allégement de dette du FMI et de la Banque mondiale dans le cadre de l'Initiative en faveur des pays très endettés (PPTE) (FMI, 2005).

Ce document est également nécessaire pour « les pays à bas revenu désireux de bénéficier d'une aide financière d'une de ces deux organisations (FMI et Banque mondiale) » (Cling, Razafindrakoto, Rouband, 2002, p. 1). Il traduit un ajustement de la vision des IFI qui proposent désormais des mesures octroyant un espace décisionnel beaucoup plus important aux dirigeants africains, intégrant la participation de la société civile et instituant la réduction de la pauvreté en objectif de leurs programmes. Les 9 pays d'Afrique francophone de notre échantillon ont respectivement adopté leur premier DRSP (les dates des versions intérimaires sont entre parenthèses) en 2002 (2000) pour le Bénin, 2000 pour Burkina Faso, 2003 (2000) pour le Cameroun, 2007 (2004) pour le Congo, 2008 (2002) pour la Côte d'Ivoire, 2003 (2000) pour le Mali, 2002 (2000) pour le Niger, 2004 (2000) pour le Sénégal et (2008) pour le Togo. Les aspects les plus explorés dans cette section seront : le rôle de l'État dans l'économie et le social, le rôle du secteur privé, l'origine du DSRP et la vision du développement que ce dernier propose, tout comme le rôle des acteurs nationaux, régionaux et internationaux dans ce processus.

Le rôle accordé à l'État dans la sphère économique tel que présenté dans les DSRP durant les années 2000 et à l'aube de 2010 est différent de celui qui lui était conféré dans les années 1960 à 1980. En effet, pour les pays anciennement à prétention socialiste (Congo, Mali, Bénin, Burkina Faso), il y a abandon des idées excessivement interventionnistes teintées de socialisme et de néo-marxisme qui préconisaient un État fort, moteur de la croissance soutenue par le monopole des entreprises publiques, le contrôle des investissements et la réglementation et la régulation active de l'économie. Les DRSP s'inscrivent plutôt dans une logique libérale qui a commencé dans les années 1980 avec la signature des premiers PAS avec la Banque mondiale et l'adoption des mesures de retrait de l'État de la sphère économique par des instruments comme la libéralisation et la privatisation. Cette logique libérale est beaucoup plus teintée que celle des pays anciennement à prétention libérale, mais traduit son originalité par la reconnaissance de l'importance du rôle positif de l'État autrefois considéré par les IFI comme la source des maux de l'Afrique.

Sur le plan économique, l'État se propose ainsi d'adopter des mesures favorables au développement du secteur privé qu'il s'engage à promouvoir afin de générer la croissance et de réduire la pauvreté. Quelques pays présentent par exemple le nouveau rôle de l'État qui suppose un équilibre entre la poursuite de la libéralisation et la reconnaissance du rôle structurant de l'État :

– La mise en œuvre de la stratégie de réduction de la pauvreté suppose cependant le maintien du rôle stratégique et exclusif de l'État en matière de conception des politiques, des stratégies de développement et d'initiatives de normes, des lois et des règlements qui régulent l'activité économique. (Niger, Gouvernement, 2002, p. 63)

– Quant à l'État, il poursuivra son désengagement des entreprises publiques au profit du secteur privé dont il assurera la promotion et s'occupera davantage des questions de régulation, de promotion et d'accompagnement de la croissance. Dans ce cadre, l'État assurera un environnement socio-politique, macro-économique, réglementaire et judiciaire suffisamment sain, sécurisant et attractif. (Bénin, CNDLP, 2002, par. 11)

– Le DSRP, préparé avec la participation de la population, est un instrument de planification qui sert à focaliser l'attention et l'action de l'État et des partenaires au développement sur les politiques que le Gouvernement entend mettre en œuvre pour impulser une croissance économique plus forte et mieux orientée vers la réduction de la pauvreté. (Côte d'Ivoire, ministère d'État, ministère du Plan et du Développement, 2008, p. 127)

– Le Gouvernement poursuivra sa politique de stabilisation du cadre macroéconomique et budgétaire, l'exécution du programme de privatisation, l'assainissement du secteur financier pour que la croissance puisse être financée, l'amélioration des infrastructures (routes, télécommunications, transport aérien, électricité, eau, etc.), la simplification du cadre réglementaire et l'amélioration du système juridique et judiciaire, l'évaluation du programme de réformes du secteur financier. (Niger, Gouvernement, 2002, p. 54)

Le désengagement de l'État montre un revirement (par rapport aux années 1960 et 1970) qui s'explique, au-delà de la conditionnalité introduite par les PAS, par les gains espérés (présentés plus haut) d'un tel ajustement des valeurs à celles des acteurs dominants – les IFI – qui jouent un rôle déterminant dans le processus d'allégement de la dette et de renouvellement des financements dont le pays a besoin.

Le rôle de l'État dans la sphère sociale est plutôt renforcé, rompant un peu avec la tendance initiée par les premiers PAS qui accordaient peu d'attention aux questions sociales. Le retrait de l'État de la sphère économique s'accompagne d'un renforcement de son action dans la sphère sociale, avec l'adoption de mesures de nature à favoriser le développement humain et social et à réduire la pauvreté, comme le précise le DSRP :

> Le Gouvernement renforcera les investissements publics dans les biens collectifs et les infrastructures socioéconomiques de base pour d'une part, satisfaire les besoins fondamentaux et essentiels des populations et d'autre part, rendre disponibles et à coûts réduits, les principaux facteurs de production. De surcroît, l'homme étant le principal acteur et bénéficiaire du développement, le Gouvernement mettra un accent particulier sur le développement des ressources humaines en général et la valorisation du capital humain en particulier (Bénin, CNDLP, 2002, par. 11).

Si ce rôle est moins important que durant la période qui a suivi les indépendances, il est cependant nettement plus important et, du moins, mieux défini que durant la période marquée par les PAS. L'État est devenu un important acteur social. Le renforcement du rôle de l'État sur le plan social correspond aux valeurs et aux intérêts des acteurs nationaux et internationaux dont la lutte contre la pauvreté est devenue l'objectif officiel.

Le secteur privé est considéré comme le moteur de la croissance économique et du développement :

> « Le gouvernement a adopté une stratégie qui vise à faire du secteur privé le principal moteur de la croissance. » (Burkina Faso, ministère de l'Économie et des Finances, 2000) L'État envisage ainsi des mesures institutionnelles, réglementaires et fiscales de nature à promouvoir le développement du secteur privé : « il ne s'agira pas pour l'État de se substituer aux producteurs, mais de créer l'environnement institutionnel, d'assurer l'encadrement et la régulation nécessaire à l'investissement privé dans ces secteurs » (Bénin, CNDLP, 2002, par. 76).

En ce qui concerne le rôle des acteurs nationaux et internationaux dans le processus d'émergence des DSRP, l'État est d'abord passé d'une phase durant laquelle il était le principal élaborateur de ses stratégies de développement (après les indépendances jusqu'aux années 1989) à une phase pendant laquelle il jouait un second rôle. Comme démontré précédemment, ce second rôle se traduisait par l'intrusion des PAS marquée par une forte asymétrie de pouvoir face aux IFI (acteurs internationaux) désireuses de transférer un modèle libéral qui s'opposait aux pratiques d'antan. Les DSRP marquent donc un retour relatif de l'État au niveau de l'élaboration de ces politiques, même si les IFI restent impliquées dans le processus par un mécanisme leur permettant de faire prévaloir leurs intérêts, puisqu'elles doivent valider le DSRP avant de débloquer les fonds. Cette modification de la relation entre acteurs internationaux et régionaux, avec la participation accrue de l'État, est le fruit des résultats mitigés des PAS, de l'apprentissage qui en ressort et de la volonté des leaders des IFI de responsabiliser leurs partenaires, tout en faisant fortement participer la société civile. Elle correspond également aux intérêts des dirigeants africains souhaitant s'approprier l'élaboration des politiques de développement, tout comme à ceux des IFI qui désirent responsabiliser les Africains et les rendre imputables de leurs actions.

Au niveau interne à l'État, l'innovation est marquée par le processus participatif ayant mené à l'élaboration du DSRP. L'implication d'une multitude d'acteurs dans la formulation et la mise en œuvre des stratégies est censée garantir le succès de la mise en œuvre :

> Pour permettre l'appropriation de la stratégie de réduction de la pauvreté par les populations, le processus d'élaboration du Document s'est appuyé sur une démarche consultative et participative, faisant intervenir les collectivités locales, des organisations ou représentants de la société civile, des ONG, le secteur privé et les partenaires au développement [...] Le consensus ainsi obtenu autour de la stratégie devrait favoriser le succès de sa mise en œuvre (Bénin, CNDLP, 2002, par. 14).

Ce processus participatif s'inscrit dans la logique stratégique visant à intégrer la société civile qui a toujours revendiqué une participation accrue dans son autodétermination, et des IFI qui ont longtemps été critiquées pour la non-prise en compte de ces facteurs.

À l'échelle régionale, les acteurs semblent cependant avoir une faible influence sur l'émergence et la configuration des DSRP, ce qui est paradoxal lorsqu'on sait que le NEPAD a été adopté en 2001 comme la stratégie continentale de développement, la vision commune des dirigeants africains. Néanmoins, les idées contenues dans les DSRP ne s'éloignent pas de celles du NEPAD qui se rapprochaient déjà de celles des IFI et des autres acteurs internationaux.

Pour terminer, l'émergence des DSRP en Afrique correspond à un processus de conversion institutionnelle des Documents cadres de politique économique (DCPE) et à une inclusion des PAS qui passent d'un objectif d'ajustement, de stabilisation, à celui de la réduction de la pauvreté. Ce changement est le fruit d'un processus d'apprentissage ponctué par les essais, les erreurs, les résultats mitigés ainsi que les adaptations stratégiques et idéationnelles. Au-delà de la conversion, il y a une adaptation institutionnelle de l'instrument lui-même (mesures proposées par le PAS) pour accroître son efficacité au niveau social.

II.4. La crise économique et financière de 2007 à 2010 : impacts, réponses des acteurs nationaux et régionaux et renouveau de l'action publique

La crise financière mondiale de 2007 à 2010 a frappé l'Afrique, se traduisant par le fort ralentissement économique (FMI, 2009a ; BAD, 2009a), la baisse des recettes publiques, la chute du prix des matières premières, la dégradation des termes de l'échange et par conséquence des recettes des États, des revenus et de la consommation des ménages (FMI, 2009a, p. 3 ; 2009d, p. 4), une baisse des investissements directs étrangers (FMI, 2009b, p. 7), une détérioration considérable des comptes budgétaires et extérieurs (FMI, 2009c ; BAD, 2009c), passant par exemple d'un excédent de 1,8 % en 2008 à un déficit de -5 % du PIB en 2009, une réduction de l'aide publique au développement (Matoko, 2008) et la chute du transfert des revenus des Africains travaillant à l'étranger (Devarajan, 2009, p. 3).

Par exemple, l'impact au Bénin se traduit par « les tensions de trésorerie, l'accumulation des arriérés des paiements et l'accélération de la baisse des recettes douanières » (Bénin, ministère de la Prospective du développement, de l'Évaluation des Politiques publiques et de la Coordination de l'action gouvernementale (MPDEPCAG), 2010, p. 15). À ces facteurs, s'ajoutent la diminution des recettes de l'État, la baisse des recettes d'impôts, la baisse des transferts de fonds de la diaspora, la baisse des investissements directs étrangers et le ralentissement de la croissance entre autres (Amoussouga Gero, 2009 ; Youm, Dagher, 2009).

Les effets de la crise n'ont pas été de la même intensité partout. En Côte d'Ivoire, à l'issue d'une évaluation menée conjointement avec la Banque mondiale et la Banque africaine de développement, le chef de mission du FMI, Mme Doris Boss, note ainsi que :

> La mission a passé en revue la mise en œuvre du programme économique et de la stratégie de réduction de la pauvreté en 2009, appuyé par la facilité élargie de crédit. Malgré la crise financière mondiale, la croissance économique de la Côte d'Ivoire s'est accélérée pour s'établir à 3,8 % en 2009, en-

traînant une croissance par habitant positive pour la première fois depuis 1998. L'agriculture a fortement progressé. L'industrie et les services ont suivi cette bonne dynamique. L'indice général des prix a diminué, reflétant les meilleures conditions de l'offre au plan national et de prix à l'importation. Le compte courant extérieur a dégagé un excédent élevé compte tenu de la forte amélioration des termes de l'échange. Globalement, l'exécution du budget a été en conformité avec les engagements pris. Cependant, la mise en œuvre des réformes structurelles a été lente, notamment dans les domaines importants de l'électricité, de la soutenabilité à moyen terme de la masse salariale de l'État et de l'amélioration du climat des affaires. L'exécution budgétaire s'est soldée par un déficit de 1,6 % du PIB. Les dépenses publiques sont restées dans l'enveloppe prévue et les autorités ont augmenté les dépenses pro-pauvres à 7,8 % du PIB (Ross citée dans Réussir du 22 mars 2010).

Face à cette crise, les États vont apporter une réponse administrative et institutionnelle qui se situe dans la relative continuité des actions entreprises jusqu'ici :

> Au nombre de ces mesures, on compte la création d'unités spéciales de suivi de la crise ; la mise en œuvre de mesures fiscales incitatives ; la révision des dépenses du budget ; la fourniture d'une aide ciblée aux secteurs clés ; le renforcement de la réglementation du secteur bancaire et des marchés financiers ; l'adoption de politiques monétaires expansionnistes ; et l'imposition du contrôle des changes visant à protéger les taux de change. La préoccupation majeure est la décélération de la croissance, qui affectera de manière disproportionnée les pauvres. Il est crucial de préserver les fondements de la croissance en approfondissant les réformes et en améliorant le climat d'investissement, afin de permettre au continent de reprendre la croissance après la crise (BAD, 2009a, p. 1).

À titre d'exemple, pour faire face aux effets de la crise, en plus de créer une Commission, le gouvernement a adopté des mesures visant à :

> donner libre cours aux stabilisateurs budgétaires automatiques pour faire face aux baisses des recettes fiscales en (i) ne modifiant pas la politique fiscale en cours, (ii) maintenant le niveau des dépenses publiques, (iii) faisant des augmentations discrétionnaires pour les dépenses sociales ; l'accroissement des engagements du FMI et des autres partenaires pour financer le déficit budgétaire ; rechercher des dons et prêts concessionnels pour financer les dépenses publiques ; renforcer le suivi de l'économie et la coordination de la politique économique ; réduire le niveau des dépenses publiques à travers l'apurement du programme d'investissements publics ; mettre en œuvre le programme d'amélioration des performances des régies financières ; apurer les arriérés de l'État ; encourager la BCEAO à poursuivre le renforcement de la liquidité des banques commerciales, en faisant preuve d'une souplesse accrue dans le cadre de ses 14 injonctions hebdomadaires et en révisant à la baisse les taux directeurs et les coefficients de réserves obligataires appliqués aux banques. Ainsi, le taux de pension est passé de 4,75 % à

4,25 % et le coefficient de réserves obligataires de 15 % à 9 % [...], mesures structurelles visant à relancer l'offre de la production intérieure ainsi que la demande intérieure et à soutenir les finances publiques (Bénin, MPDEPCAG, 2010, p. 12).

Au niveau régional, la Banque africaine de développement a lancé une ligne de crédit destinée au financement des opérations commerciales des institutions de financement (BAD, 2009b, p. 6).

Conclusion

Nous avons démontré durant cette analyse que les réponses apportées par les États et les administrations publiques confrontés aux crises sont multiples. La phase de repli national – caractérisée par un interventionnisme à outrance tant dans les sphères économiques que sociales – qui a commencé au début de l'ère postcoloniale a laissé place au retrait progressif de l'État pour faire face aux crises économiques et financières ayant suivi les chocs pétroliers dans les années 1970 et le début des années 1980. Ces mesures se sont traduites par des ajustements structurels et des mesures de libéralisations censés être transitoires, introduits par un processus d'innovation mi-structurel, mi-stratégique, l'intrusion institutionnelle. Cependant, les ajustements se sont prolongés sur plusieurs décennies pour devenir le nouveau mode de gestion des États africains, ce qui a été institutionnalisé par les réformes allant dans le sens du Nouveau Management Public. Durant les années 2000, au niveau national, nous notons un rôle plus important de l'État dans les sphères économiques et sociales, notamment grâce à la conversion institutionnelle des DCPE en DSRP dont l'objectif nouveau est la réduction de la pauvreté. Si la libéralisation continue, l'État intervient de plus en plus au niveau social. De surcroît, au niveau régional, l'inclusion institutionnelle, processus mi-stratégique, mi-idéationnel, marque l'émergence du NEPAD qui vise à accroître la capacité de l'Afrique à influencer les affaires mondiales.

Face à la crise économique et financière de 2007 à 2010, on aurait pu s'attendre à un interventionnisme plus poussé en Afrique comme cela s'est produit sporadiquement aux États-Unis ou dans plusieurs pays de l'OCDE. Au contraire, les États et les administrations publiques ont cristallisé la rupture avec le repli national observé durant les années 1960. Jusqu'à présent, les actions publiques s'inscrivent plutôt dans une relative continuité par rapport aux politiques précédentes des années 1990 et 2000, associant les mesures conjoncturelles et structurelles plutôt libérales à l'impératif de trouver une solution régionale et globale. La dépendance des pays africains vis-à-vis des financements internationaux comme ceux issus du commerce des matières premières, de la douane, du FMI, de la Banque mondiale, des partenaires bilatéraux ou de l'aide au développement explique en partie cette solution publique plurielle.

Bibliographie

Ake, C., *Democracy and Development in Africa*, Washington D.C., The Brookings Institution, 1996.

Amoussouga, G.F., *The global financial crisis and developing countries : Synthesis of the findings of 10 country case studies*, Working Paper 306, Overseas Développement Institute, juin 2009.

Austen, R., *African Economic History : Internal Development and External Dependency*, London, James Currey, 1987.

Austin, G., « Markets, Democracy and African Economic Growth : Liberalisation and Afropessimism Reconsidered », in *Round Table*, 2000, vol. 367, p. 543-555.

Banque africaine de développement (BAD), *Impact de la crise sur les économies Africaines. Maintenir la croissance et poursuivre la réduction de la pauvreté.* http://www.afdb.org/fileadmin/uploads/afdb/Documents/Generic-Documents/Impact%20de%20la%20crise%20et%20recommendations%20pour%20le%20G20%20-%20Mars%2021.pdf (page consultée le 22 juin), 2009a.

Banque africaine de développement (BAD), *Le point sur l'impact de la croise sur les économies Africaines.* http://www.afdb.org/fileadmin/uploads/afdb/Documents/Generic-Documents/C10%20Le%20point%20sur%20Impact%20de%20la%20crise%20financiere%20March%2005%202009.pdf (page consultée le 22 juin), 2009c.

Banque mondiale, *Rapport sur le développement dans le monde. La pauvreté*, Washington D.C., Banque mondiale, 1990.

Banque mondiale, *Rapport sur le développement dans le monde 1999-2000 : le développement au seuil du 21ᵉ siècle*, Washington D.C., Banque mondiale, 1999/2000.

Banque mondiale, *L'Afrique peut-elle revendiquer sa place dans le 21ᵉ siècle ?*, Washington D.C., Banque mondiale, 2000.

Banque mondiale, *Rapport sur le développement dans le monde, Combattre la pauvreté, Opportunités, insertion et sécurité matérielle*, Washington D.C., Banque mondiale, 2000/2001.

Banque mondiale, *Adjustment lending retrospective : Final report*, Washington D.C., Banque mondiale, 2001.

Banque mondiale, *L'ajustement en Afrique, réformes, résultats et chemin à parcourir*, Washington D.C., Banque mondiale, 1993a.

Bates, R., *Markets and states in tropical Africa : The political basis of agriculture policies*, Berkeley, California, University of California Press, 1981.

BCEAO, *Les effets de la crise financière sur le système bancaire et financier de l'UEMOA.* http://www.capod.org/IMG/pdf/crisefinanciere.pdf (page consultée le 02 juillet), 2009.

Bénin (E1986). « Programme national de développement économique et social du Bénin 1980-1990 ». Extraits présentés par Ediafric. *Les plans de développement des pays d'Afrique noire*, Paris, Ediafric, 1986, p. 5-11.

Bénin. Commission nationale pour le développement et la lutte contre la pauvreté (CNDLP), *Document de Stratégie de réduction de la pauvreté au Bénin 2003-2005*, Cotonou, CNDLP, 2002.

Bénin, Gouvernement, *Document intérimaire de réduction de la pauvreté*, Cotonou, Gouvernement, 2000.

Bénin, Gouvernement, *Stratégie de croissance et de réduction de la pauvreté au Bénin (SCRP) : version finale*, Cotonou, Gouvernement, 2007.

Benin. Ministère de la prospective du développement de l'évaluation des politiques publiques et de la coordination de l'action gouvernementale (MPDEPCAG), *La crise financière mondiale : Effets sur la croissance économique et les finances publiques*. Ministère de la prospective du développement de l'évaluation des politiques publiques et de la coordination de l'action gouvernementale. http://www.capod.org/IMG/pdf/crise_financiere.pdf (page consultée le 22 juin), 2010.

Burkina Faso, Ministère de l'Économie et des Finances, *Cadre stratégique de lutte contre la pauvreté*, Ouagadougou, MEF, 2000.

Chang, H., *Kicking away the ladder : Development strategy in historical perspective*, London, Anthem Press, 2002.

Cling, J.P., Roubaub, F., Razafindrakoto, M. (dir.), *Les nouvelles stratégies internationales de lutte contre la pauvreté*, Paris, Economica, 2002.

Collier, D., Collier, R., *Shaping the Political Arena : Critical Junctures, the Labor Movement, and Regime Dynamics in Latin America*, Princeton, Princeton University Press, 1991.

Collier, P., Gunning, J.W., « Sacrificing the Future : Intertemporal Strategies and their Implications for Growth », in Ndulu, B., *et al.*, (dir.), *The Political Economy of Economic Growth in Africa, 1960-2000. Volume 1*, Cambridge, Cambridge University Press, 2008, p. 202-224.

Collier, P., O'Connell, S.A., « Opportunities and choices », in Ndulu, B. *et al.*, (dir.), *The Political Economy of Economic Growth in Africa, 1960-2000. Volume 1*, Cambridge, Cambridge University Press, 2008, p. 76-135.

Cornia, G.A., Jolly, R., Stewart, F. (dir.), *L'ajustement à visage humain, Protéger les groupes vulnérables et favoriser la croissance*, Paris, Economica, 1987.

Cornia, G.A., « Les politiques d'ajustement 1980-85 : Effets sur la protection de l'enfance », in Cornia, G.A., Jolly, R., Stewart, F. (dir.), *L'ajustement à visage humain, Protéger les groupes vulnérables et favoriser la croissance*, Paris, Economica, 1987, p. 57-88.

Cornia, G.A., « Déclin économique et conditions de vies », in Cornia, G.A., Jolly, R., Stewart, F. (dir.), *L'ajustement à visage humain, Protéger les groupes vulnérables et favoriser la croissance*, Paris, Economica, 1987, p. 13-56.

Côte d'Ivoire. (E1986). « Plan quinquennal de développement économique, social et culturel 1981-1985 ». Extraits présentés par Ediafric. 1986. *Les plans de développement des pays d'Afrique noire*, Paris, Ediafric, 1986, p. 123-181.

Côte d'Ivoire, Ministère de la planification du Développement, *DSRP-I : Document de stratégie pour la réduction de la pauvreté – intérimaire*, Abidjan, Ministère de la Planification du Développement, 2002.

Côte d'Ivoire, Ministère du Plan et du Développement, *Document de Stratégie de Réduction de la Pauvreté 2009-2013 (version provisoire)*, Côte d'Ivoire, Ministère d'État, 2008.

Déclaration du Millénaire (Résolution A/55/L. 2 de l'ONU), http://www.un.org/ french/milleniumgoals (page consultée le 10 avril 2003), 2000.

Devarajan, S., Antil, A.J., *La crise économique mondiale : Quels impacts sur l'Afrique subsaharienne ?*, http://siteresources.worldbank.org/EXTAFROFF CHIECO/Resources/Criseeconomiquemondial.pdf (page consultée le 22 juin), 2009.

Devarajan S., Dollar, D.R., Holmgren, T., *Aid and Reform in Africa : A report from ten countries*, Washington D.C., Banque mondiale, 2001.

DiMaggio, P., Powell, W., *The new institutionalism in organizational analysis*, Chicago, University of Chicago Press, 1991.

Duruflé, G., *L'ajustement structurel en Afrique (Sénégal, Côte d'Ivoire, Madagascar)*, Paris, Éditions Karthala, 1988.

Ediafric, *Les intérêts nationaux et étrangers dans l'économie africaine*, Paris, Ediafric, 1978.

Ediafric, « Programme national de développement économique et social du Bénin 1980-1990 », in Ediafric-IC (ed.), *Les plans de développement des pays d'Afrique noire*, Paris, Ediafric, 1986, p. 5-11.

Evans, P., Rueschemeyer, D., Skocpol, T., *Bringing the state back in*, New York, Cambridge University Press, 1985.

FMI, *La conditionnalité du FMI.* http://www.imf.org/external/np/exr/facts/fre/ conditiof.htm (page consultée le 10 janvier 2008), 2005.

FMI, *The implications of the global financial crisis for low-income countries.* http://www.imf.org/external/pubs/ft/books/2009/globalfin/globalfin.pdf (page consultée le 22 juin), 2009.

FMI, *Impact de la crise financière mondiale sur l'Afrique subsaharienne.* Fond Monétaire International. http://www.imf.org/external/french/pubs/ft/books/ 2009/afrglobfin/ssaglobalfinf.pdf (page consultée le 22 juin) 2009a.

FMI, *Crise financière internationale et récession mondiale : Impact sur la région de la cemac et considération stratégiques.* http://www.imf.org/external/ french/pubs/ft/spn/2009/spn0920f.pdf (page consultée le 22 juin), 2009b.

FMI, *Crise économique mondiale, le FMI va aider l'Afrique, durement touchée par le ralentissement de l'économie mondiale.* http://www.imf.org/external/ french/pubs/ft/survey/so/2009/car020309af.pdf (page consultée le 22 juin), 2009c.

FMI, *Perspectives économiques régionales en Afrique subsaherienne.* http://www.imf.org/external/french/pubs/ft/reo/2009/afr/sreo0409f.pdf (page consultée le 22 juin), 2009d.

Gazibo, M., *Les paradoxes de la démocratisation en Afrique : Analyse institutionnelle et stratégique*, Montréal, Presses de l'Université de Montréal, 2005.

Gazibo, M., Jenson, J., « L'approche institutionnelle », in Gazibo, M., Jenson, J., *La politique comparée, fondements, enjeux et approches théoriques*, Montréal, Presse de l'Université de Montréal, 2004, p. 189-216.

Giri, J., *L'Afrique en panne. Vingt-cinq ans de « développement »*, Paris, Karthala, 1986.

Grellet, G., *Les structures économiques de l'Afrique noire*, Paris, PUF, 1982.

Hall, P., *The political power of economic ideas : Keynesianism across nations*, Princeton, Princeton University Press, 1989.

Hall, P., Taylor, R., « La science politique et les trois néo-institutionnalismes », in *Revue Française de Science politique*, 1997, vol. 47, n° 3-4, p. 468-496.

Hameso, S., *Development, state and society : Theories and practice in contemporary Africa*, New York, Authors Choice Press, 2002.

Heilbrunn, J., « L'Afrique et l'économie politique internationale », in Gazibo, M., Thiriot, C. (dir.), *Le politique en Afrique : état des débats et pistes de recherche*, Paris, Kharthala, 2009, p. 255-287.

Hood, M., *The Economies of Africa*, Boston, G.K. Hall & Co, 1991.

Hopkins, A.G., *An economic history of West Africa*, London, Longman, 1973.

Hugon, P., *L'économie de l'Afrique*, Paris, La Découverte, 2006.

Jepperson, R., « Institutions, Institutional Effects, and Institutionalism », in Powell, W. W., DiMaggio, P., *The New Institutionalism in Organizational Analysis*, Chicago, University of Chicago Press, 1991, p. 143-163.

Kingdon, J., *Agendas, Alternatives, and Public Policies*, New York, Longman, 2003.

Levi, M., « A model, a method and a map : Rational choice in comparative and historical analysis », in Lichbach, M.I., Zuckerman, A.S., *Comparative politics : Rationality, culture and structure*, Cambridge, Cambridge University Press, 2001.

Mahoney, J., Rueschemeyer, D., *Comparative historical analysis in the social sciences*, New York, Cambridge University Press, 2003.

Mahoney, J., Schensul, D., « Historical context and path dependence », in Goodin, R. & Tilly, C., *The Oxford Handbook of Contextual Political Analysis*, Oxford, Oxford University Press, 2008, p. 454-471.

Makhan, Vijay S., « L'Union africaine et le NEPAD : Un nouveau départ pour l'Afrique ? », in *Afrique contemporaine*, 2002, vol. 204, n° 4, p. 5-10.

March, J., Johan, O., « The new institutionalism : Organizational factors in political life », in *American Political Science Review*, 1984, vol. 78, p. 734-749.

Matoko, G.L., *Les conséquences de la crise financière pour les pays africains*. http://www.cesbc.org/economie/textes/Les_consequencesdelacrisefinancieree nAfrique.pdf (page consultée le 22 juin), 2009.

Mbeki, T., *The Millennium Partnership for the African Recorvery Program*, New Partnership for Africa's Development Archives, http://www.avmedia.at/ cgiscript/csNew/news_upload/NEPAD2dARCHIVES_2edb.AA0020102.pdf, consulté le 8 septembre 2003, 2001.

NEPAD, *Nouveau partenariat pour le développement de l'Afrique*. En ligne : http://www.nepad.org (page consultée le 13 décembre 2003), 2001.

Ndulu, B., « The Evolution of Global Development Paradigms and their Influence on African Economic Growth », in Ndulu, B. *et al.*, (dir.), *The Political Economy of Economic Growth in Africa, 1960-2000, Volume 1*, Cambridge, Cambridge University Press, 2008, p. 315-347.

Ndulu, B. *et al.*, (dir.), *The Political Economy of Economic Growth in Africa, 1960-2000, Volume 1*, Cambridge, Cambridge University Press, 2008.

NEPAD, *Nouveau partenariat pour le développement de l'Afrique*. http://www.nepad.org (page consultée le 13 décembre 2003), 2001.

Niger, Gouvernement, *Document intérimaire de réduction de la pauvreté*. Niger : Gouvernement, 2002.

North, D., *Institutions, institutional change and economic performance*, Cambridge, Cambridge University Press, 1990.

O'Connell, S., « Overview », in Ndulu, B., O'Connell, S.A., Bates, R.H. Collier, P., Soludo, C.C., Azam, J., Fosu, A.K., Gunning, J.W. (eds.), *The political economy of economic growth in Africa, 1960-2000* (Volume 2), Cambridge, Cambridge University Press, 2008, p. 1-48.

Pierson, P., *Politics in Time : History, Institutions and Social Analysis*, Princeton, University Press, 2004.

Pierson, P., *Dismantling the welfare state ? Reagan, thatcher and the politics of retrenchment*, Cambridge, Cambridge University Press, 1994.

PNUD, *Rapport Mondial sur le Développement Humain : Les Objectifs du Millénaire pour le développement : Un pacte entre les pays pour vaincre la pauvreté humaine*, Paris, Economica, 2003.

PNUD, *Rapport mondial sur le développement humain 1999. Une mondialisation à visage humain*, New York, PNUD, 1999.

Radelet, S., *Emerging Africa : How 17 countries are leading the way*, Washington D.C., Center for Global Development, 2010.

Schickler, E., *Disjointed pluralism : Institutional innovation and the development of the U.S. Congress*, Princeton, Princeton University Press, 2001.

Signé, L., Gazibo, M., « Political Innovation in Development Strategies : The New Partnership for Africa's Development », in *Canadian Journal of African Studies*, 2010, vol. 44, n° 2, p. 316-344.

Signé, L., *Le NEPAD constitue-t-il une rupture ou une continuité par rapport aux initiatives du Fonds monétaire international et de la Banque mondiale pour le développement de l'Afrique ?*, Mémoire de maîtrise. Faculté de droit, Lyon, Université Jean Moulin Lyon 3, 2004.

Signé, L., *Innover en politique : Les acteurs internationaux, régionaux et nationaux en stratégies de développement économique en Afrique*, Thèse de Ph.D. (doctorat), Faculté des Études Supérieures, Département de Science Politique, Montréal, Université de Montréal, 2010.

Sindzingre, A., « Contraintes économiques et institutions politiques : Les impacts des réformes et de la dépendance à l'égard des ressources naturelles », in Gazibo, M., Thiriot, C., *Le politique en Afrique : État des débats et pistes de recherche*, Paris, Kharthala, 2009, p. 289-317.

Tarp, F., *Stabilization* and *Structural Adjustment : Macroeconomic Frameworks for Analysing the Crisis in Sub-Saharan Africa*, Routledge, Londres, 1993.

Taylor, I., Williams, P., « South African Foreign Policy and the Great Lakes Crisis : African renaissance meets vagabondage politique ? », in *African Affairs*, 2001, vol. 100, n° 399, p. 265-286.

Taylor, I., Nel, P., « "New Africa", Globalisation and the Confines of Elite Reformism : "Getting the Rhetoric Right", Getting the Strategy Wrong », in *Third World Quarterly*, 2002, vol. 23, n° 1, p. 163-180.

Taylor, I., « La politique Sud-africaine et le NEPAD : Contradiction et compromis », in *Politique africaine*, 2003, vol. 91, p. 120-138.

Tilly, C., « Why and How History Matters », in Goodin, R., Tilly, C. (dir.), *The Oxford Handbook of Contextual Political Analysis*, Oxford, Oxford University Press, 2008, p. 417-437.

Thelen, K., « How Institutions Evolve : Insights From Comparative Historical Analysis », in Mahoney, J., Rueschemeyer, D. (dir.), *Comparative Historical Analysis in the Social Sciences*, New York, Cambridge University Press, 2003, p. 208-240.

Thelen, K., *How institutions evolve : The political economy of skills in Germany, Britain, the United States and Japan*, Cambridge, Cambridge University Press, 2004.

Toye, J., « Ajustement structurel : contexte, hypothèses, origine et diversité », in van der Hoeven, R., van der Kraaij, F. (dir.), *L'ajustement structurel et au-delà en Afrique subsaharienne*, Paris, Karthala, 1995, p. 41-66.

Vale, P., Maseko, S., « South Africa and the African Renaissance », in *International Affairs*, 1998, vol. 74, n° 2, p. 271-288.

Valier, J., « Pauvretés, inégalités et politiques sociales dans les Tiers-mondes depuis la fin des années quatre-vingt », in Bourguignon, F. *et al.*, *Développement*, Paris, La Documentation Française, 2000, p. 127-156.

Van de Walle, N., « Economic Reform in a Democratizing Africa », in *Comparative Politics*, 1999, vol. 32, n° 1, p. 21-41.

Van de Walle, N., « *African Economies and the Politics of Permanent Crisis, 1979-1999* », Cambridge, Cambridge University Press, 2001.

Weingast, B., « Rational Choice Institutionalism », in Katznelson, I., Milner, H.V., *Political science : The state of the discipline*, New York, Norton/Washington, 2002, p. 650-692.

Williamson, J., *The Political Economy of Policy Reform*, Washington, D.C., Institute for International Economics, 1994.

Williamson, J., « What Washington Means by Policy Reform », in Williamson, J., *Latin American Adjustment : How Much Has Happened ?* Institute for International Economics, Washington D.C., 1990.

Youm P., Dagher J., *L'incidence de la crise financière mondiale sur le Bénin : répercussions et actions possibles*, FMI, avril 2009. http://www.capod.org/IMG/pdf/crise_financiere.pdf (page consultée le 02 juillet), 2009.

Young, C., *The African Colonial State in Comparative Perspective*, New Haven, Yale University Press, 1994.

Bank of the South, a Possible Alternative for Funding South American Development

Carmen Rosa SCHAPOSNIK*

*Associate Professor, Facultad de Ciencias Jurídicas y Sociales,
Universidad Nacional de La Plata, Argentina*

Eugenia Candelaria PARDO**

*Graduate Assistant, Chair of Political Economy,
Universidad Nacional de La Plata, Argentina*

Introduction

The world's latest financial crisis showed up the cracks in a system of accumulation based on capital gains, concentrated in only a few hands, which helped to deepen social inequalities and the asymmetries between countries.

In this context, twelve South American countries set up a space for integration, the Union of South American Nations (UNASUR), with the perspective of moving beyond free trade treaties and advancing towards cultural, social, economic and political union. Its constitutive treaty announces that the construction process will be participative and agreed by consensus, with political dialogue as its priority. Its main objectives will be "social policy, education, energy, infrastructure, finance and the environment with a view to eliminating economic inequality, achieving social inclusion and citizen participation, strengthening democracy and

---

* Graduate in Economics and Technical Graduate in Cooperatives. Specialist in Integration Policies. Member of the Latin American Integration Institute (Instituto de Integración Latinoamericana) research team and Lecturer in the Faculty of Legal and Social Sciences of La Plata National University (UNLP), Argentina.

** Accountant and Technical Graduate in Cooperatives, UNLP, Argentina. Collaborator with the Latin American Integration Institute research team.

reducing asymmetries within the framework of consolidating the sovereignty and independence of the States" (UNASUR, 2008).

Such broad objectives cannot be attained without changes to the current banking system: not only has it consistently applied the free trade and deregulation criteria promoted by the Washington Consensus but it is also constantly subject to banking crises, which help to deepen social inequalities and the asymmetries between countries.

The latter occurs when the governments of South American countries relinquish the functions of the State to big, concentrated national groups and multinational firms, increasing the vulnerability of a development model based on irrationally opening up the capital account and on the continual growth of foreign debt.

The creation of a *"new regional financial structure"* to boost "the economic and social development of the UNASUR countries" through a regional bank (the Bank of the South), was not among the aims of the original South American Community. It was proposed in 2006 and took shape in December of the following year. This bank's objectives make it possible to harbour hopes of major changes to funding in South America, and expectations of an alternative to the present financial system, with a view to independent social and economic development for the people of this region.

Examination of the UNASUR project raises questions about the possibility of sustainable development and a balanced distribution of wealth in South America. Will the Bank of the South help to cure the financial crisis or promote the desired development? Will it make it possible to broaden or extend the scope of these countries' public sectors? What will be the place of the social economy, cooperatives in particular, in the new *South American financial architecture* that it is intended to build?

A study of these subjects conducted by the Universidad Nacional de La Plata (Argentina) considers that the founding objectives of UNASUR could be met if the Bank of the South were to support sectors that can generate sustainable and inclusive development, such as that promoted by the cooperatives (Schaposnik, Pardo, 2009b). These companies keep economic surpluses within their communities, contribute to job creation, provide services where needed and promote solidarity, social integration and democratic commitment. It is these values and characteristics that lead the WLO and the UN to recommend governments worldwide to implement public policies to foster the social economy (WLO, 2001, 2002; UN, 1998, 2001; Mendell, 2007; Depetris, Rossini, 2008; Schaposnik, 2006, 2007).

UNASUR the Union of South American Nations

The embryo of UNASUR dates back to 2004, when the governments of Argentina, Bolivia, Brazil, Colombia, Chile, Ecuador, Guyana, Paraguay, Peru, Surinam, Uruguay and Venezuela founded the South American Community of Nations.

This integration project arose out of an appreciation of their shared history and recognition of the need to promote sustainable development and the welfare of their people. The member countries have 380 million inhabitants, the fourth largest population in the world, living on over 17 million square kilometres (Table 1). It is the region of the world which grows and exports the largest quantity of food and it has 27% of the world's fresh water.

	AREA '000 Km2		2007 POPU-LATION '000 000 inhabitants		GDP '000 000 current US $		EXPORTS '000 000 current US $	
SOUTH AMERICA	17 658	100%	383	100%	2 348 953	100%	453 143	100%
Argentina	2 777	16%	39.4	10.3%	260 140	11%	55 934	12%
Brazil	8 457	48%	192.6	50.2%	1 313 590	56%	160 619	35%
Paraguay	407	2%	6.5	1.7%	10 870	0%	3 374	1%
Uruguay	178	1%	3.5	0.9%	22 951	1%	4 496	1%
MERCOSUR	11 819	67%	242	63.1%	1 607 551	68%	224 423	50%
Chile	757	4%	16.6	4.3%	163 792	7%	67 644	15%
Venezuela	906	5%	27.5	7.2%	236 390	10%	83 130	18%
Bolivia	1 099	6%	9.8	2.6%	13 192	1%	4 814	1%
Colombia	1 142	6%	43.9	11.4%	171 607	7%	29 987	7%
Ecuador	272	2%	13.6	3.5%	44 184	2%	13 649	3%
Perú	1 285	7%	28.8	7.5%	109 069	5%	27 857	6%
ANDEAN COMMUNITY	3 798	22%	96	25.1%	338 052	14%	76 307	17%
Guyana	215	1%	0.8	0.2%	934	0.0%	681	0.2%
Surinam	163	1%	0.5	0.1%	2 234	0.1%	960	0.2%
GUYANA and SURINAM	378	2%	1.2	0.3%	3 168	0.1%	1 641	0.4%

Source: http://www.comunidadandina.org.

The Context of a Financial Proposal

As Bance observes in his contribution to the present book, the experience of the past fifteen years shows that there are financial markets which are characterised by unbridled speculation, uncontrolled financial innovations and the lack of prudential regulation. The UNASUR proposal must be viewed in the light of this experience and of the changes in the international and regional situation, particularly following the latest major world crash in September 2008, which forced governments to put discussion of the international financial system and its reform on the agenda, although no sweeping changes in this respect can be discerned.

At the G20 meeting in April 2009, for example, the members recognised that "a global crisis requires a global solution" but only committed themselves to "mending" the system to restore credit, strengthen its regulation and contribute funds to the international financial institutions. It might be asked, therefore, whether any significant change is to be expected when the same countries that are tackling the crash with protective, nationalist measures become involved in discussions that ignore "that the crux of the matter is the model of production and its premises concerning who produces what for whom", as Gambina asserts, and sidestep any deeper debate on the possibilities of "a system based on productive cooperation to satisfy unsatisfied social needs, environmentally friendly and sustaining food and energy sovereignty" (statement published in *Página 12* newspaper, Argentina, 2 March 2010).

One typical feature of the South American financial system is deregulation, which has encouraged an influx of speculative capital, creating a structure in which the flows of funds are decided abroad and the sovereignty of these countries is constricted. Given this framework, large companies opted for giving speculative financial operations priority over productive ones, many small and medium companies the main sources of job creation were destroyed, and direct foreign investments grew, particularly those employed in mergers and buy-outs of local firms, controlled by European and North American capital. At the same time, the banks too were being merged and coming under foreign control. In Argentina they came to manage over half the country's financial assets, as the banking laws allowed them to engage in any kind of transaction that was not expressly forbidden (Vidal, 2006; Gambina *et al.*, 2002; Saludjian, 2004).

The almost non-existent integration among these institutions is another of the system's features and the duplication of efforts and resources due to this lack of coordination contributes to the inefficient distribution of funds (SELA, 2003). This has been worsened by a phenomenon that is also found internationally: the great variety of *derivatives* that have been added to the products offered by the more traditional financial institutions public and private banks, pension funds, investment companies, insurance companies, etc. (Toussaint, 2004).

In Western nations, as Bauby points out in his Chapter, the 1970s and 1980s were marked by a profound ideological change, with a return to arguments in favour of a minimal state and demands for withdrawal from intervention in the economic and social spheres.

Added to this, financial internationalisation and banking system de-regulation changed the way the money markets worked, as funds could easily be moved from a country with regulations in place to another without them. According to Epstein, "structural changes of dramatic proportions took place in a number of countries, leading to significant increases in financial transactions, in real interest rates, in the profitabil-ity of financial firms and in the financial asset-holders' share of national revenues" (quoted in Gigliani, 2008, p. 4).

Another interesting aspect of this panorama is the considerable ac-cumulation of currency reserves in the region as a result of a temporary increase in international prices for raw materials and some exportable agricultural products. This has not brought any change in development conditions even though they could be used as the cornerstone of a new South American financial structure (Ortiz, Ugarteche, 2008). Instead, as Toussaint (2008) maintains, the South's public money was lent to powers in the North, particularly the USA, and the trade surpluses were used more to pay the foreign debt than to fight poverty and social ine-quality.[1]

This was the context in which it was announced that "innovative fi-nancial mechanisms" needed to be created (Cusco, 2004; Brasilia, 2005) and the meeting of heads of state at Cochabamba (2006) ratified the objective of "reversing the region's enormous social deficit". The idea was also accepted that integration opens up opportunities to cooperate in funding development and the promotion of regional production chains and networks was made a priority, with the emphasis on small and medium enterprises, cooperatives and other forms of social economy enterprises. For this, it was proposed that financial instruments should be created "to support the implementation of the South American inte-gration agenda in the social, productive and infrastructure area", with a South American Financial Integration System, a Multilateral Payment System (with a regional currency), a Macroeconomic Stabilisation Fund and the Bank of the South.

Creation of the Bank of the South

Following the agreements reached at Cochabamba and those signed subsequently, conceptual differences over the new financial structure to

---

[1]   In reports drawn up in 2003, 2005 and 2006, the World Bank recognised that developing countries are net lenders to more industrialised countries (Toussaint, 2006).

be created postponed and continue to delay the start of the Bank of the South's operations (Schaposnik, Pardo, 2009b).

One of these concepts, compatible with the neoliberal model, wanted the bank to fund multinational companies and foster the development of financial markets, at the same time proposing a single institution that would combine the functions of a Development Bank and a Monetary Stabilisation Fund, with voting rights depending on the amount contributed by each country (a similar setup to the main international financial institutions). The other, ideologically opposed concept supported the creation of a Regional Monetary Fund, the Bank of the South and a single currency, with objectives that included promoting the effective exercise of human rights (economic, social and cultural) and not indebting countries in the financial markets, so differing in this respect from the World Bank and the Inter-American Development Bank (IDB or IADB). In this view, the Bank's resources should be provided by capital payments and loans from member countries and by universal taxes and donations, while the origin of those of the Fund would be the reserves that each nation holds for these purposes. The function of the Bank should be to give loans "to those who need them in order to apply an alternative model that respects the environment, seeks to promote social justice and helps those who do not have easy access to capital" (Toussaint, 2008, p. 67). This credit would be destined for public companies, small farmers, cooperatives and indigenous communities, among others, and not for multinationals or large private companies. What was envisaged was a simple operating structure with one vote for each member state, annual presentation of accounts, disclosure of records and officials responsible to the courts for all their acts. What is important about this concept is that if it were to prevail it would be possible to implement regional public policies to favor sustainable development and support of the social economy.

The outcome of the negotiations between government representatives was the Memorandum of Association signed by the presidents of Argentina, Bolivia, Brazil, Ecuador, Paraguay, Uruguay and Venezuela in December 2007. At no point was civil society asked to take any part, in spite of which a number of social movements, academic organisations and public figures came forward to ask for information and for participation in defining its objectives and form of operation (Toussaint, 2008; Schaposnik, Pardo, 2009b).

The Memorandum, which contains only seven clauses, sets out the reasons for its creation, its objectives, the calendar for defining its structure and the main guidelines. It highlights the need to generate economic and social development and confirms that South American integration must promote the reduction of poverty and improve "substantially the standard of living of the population [...] seek social justice and reduce the concentration of income in the framework of a virtuous cycle of sustainable and defensible development".

It also recognises the shortcomings of South America's finances, warning that "the economic and financial structures of South America show limitations in the development of the financial markets, causing national savings to flow to more developed economies rather than being invested in regional projects" and states that it is "indispensable to design a new regional financial architecture" that will "prioritise the basic needs of our peoples".

According to the Memorandum, the Bank's objective is to "finance the social and economic development" of the UNASUR countries, give support to projects to reduce poverty and exclusion, favour the South American integration process and set up social and emergency solidarity funds. It is expected to be self-sustaining and to have on its governing bodies "an equal share representation of each of the South American countries that comprise it, in a system that operates democratically", although on this issue it was not possible to overcome the differences between the members.

Agreements were signed in mid-2008 concerning the functioning of the bank. They authorised a capital of 20,000 million dollars, with subscriptions set according to the size of the different countries, and a loan capacity of 60,000 million, making this a bank of similar size to the National Bank of Brazil and bigger in the region than the Andean Development Corporation (CAF), the World Bank or the IDB.

In May 2009 the Economy Ministers reached agreements on the text of the Articles. These defined the bank's structure and established that each country would have one vote in the Directorate but the support of two-thirds of the subscribed capital would be required for projects in excess of 70 million dollars. Subsequently, at the 3rd meeting of heads of state held in Quito in August of that year (Quito, 2009), ministers were instructed to move forward on approval of the Bank of the South, on setting up a common reserve fund and on a Single Regional Clearing System (*Sistema Único de Compensación Regional or SUCRE*). A month later the presidents signed the constitutive agreement, which has to be ratified by the parliaments of the member countries before the bank can begin to operate.

Funding Policies for Cooperative Public Services

Before discussing funding policies, it is important to remember that public services provided by major corporations (transnational and multinational) cannot be treated in exactly the same way as those in the care of social economy organisations.

If a government awards the service to a cooperative, for instance, it has to understand that the users have joined together to provide themselves with a service (such as drinking water, to which this study refers) and by their managing their own company, the award-holder and the user are one and the same person.

In Latin America, the location of this study, over a hundred million people have no access to a sufficient or safe supply of drinking water and where this possibility exists its distribution is highly inequitable: 70% of those deprived of this service are among the poorest 20%, and this in a region that possesses the largest water reserves in the world, including the Guaraní Aquifer,[2] and one of the highest per capita allocations: around 3,100 cubic metres per year.

Water, or access to it, is a right and a prerequisite for all human rights, as well as being a requisite for human dignity, according to the UN Committee on Economic, Social and Cultural Rights.[3] For this reason it should be considered a social and cultural asset and not an economic asset, and countries have the obligation to ensure that it reaches those with insufficient means and to prevent any form of discrimination (UN, 2002).

The water issue was included in the Millennium Development Goals (MDG): one of these is to *halve the proportion of people who are unable to reach or afford safe drinking water* by the year 2015 (UN, 2000, para.19), which means that supplies will have to be made available to over 40 million people in the next few years, as over 20% of the world population lacks this service. This will not be possible without a multilateral financial system that is equitable, predictable and non-discriminatory (IIED-AL, 2005; Moreno, 2008).

The Role of the International Financial Institutions

The principal international financial institutions (IFIs) prompted and supported the privatisation of public services in South American countries during the last decades of the XXth century. What made these privatisation processes possible, in the case of drinking water and sanitation, was that most of the contracts that international corporations

---

[2] The Guaraní Aquifer is one of the largest fresh water reservoirs in the world: 1,190,000 km². It lies beneath the surface of Argentina, Brazil, Paraguay and Uruguay.

[3] In November 2002 the Committee adopted its General Comment No. 15 on the right to water, with reference to article 11 of the International Covenant on Economic, Social and Cultural Rights.

signed with the governments of these countries were backed by funding guarantees from the IDB or the World Bank, which "has always defended the thesis that the best way to increase the availability of water is to treat it as just another product of the soil and the subsoil that [...] needs to be prospected for and developed by private capital, with profit as the inducement for them to make this investment" (Wiener, 2008, p. 1).

Considering water a saleable good encouraged the appearance of entrepreneurs who exploit and sell it throughout the world (Clarke, Barlow, 2008). Following Bauby (see his contribution in the present book), it can be asserted that this mercantilisation was made possible by obeying the rules of the capitalist system, exacerbated individualism and the non-existence of a State that directed services towards satisfying collective needs.

Regarding the alienation of sovereign resources in question, it should be noted that various movements made up of rural inhabitants, native people, workers, consumers and civil society organisations resisted this process and fought to defend water as a universal human right rather than an object of trade.

The IFIs supported the privatisations of public services, citing the inefficiency of State management, the absence of technological innovation and maintenance and the corruption and lack of transparency, although emphasising that the difficulties in resorting to international loans would be greater for the public sector than for the private sector. Herraiz (2005) also pointed out that among the reasons behind the privatisation process in this region, external pressure to deregulate the economy should not be ruled out. Nevertheless, moving on from the presumed justifications for the wave of privatisations at the end of the XXth century, it is striking how most of the problems persisted irrespective of whether the services were public or private, a finding which was influential in forming the view that the problem lay largely in the contracts and control mechanisms (Hardoy *et al.*, 2005). Arguing against this opinion, Joseph Stiglitz maintained that the privatisations in the drinking water and sanitation sector failed because they replaced a public monopoly with a private one "without any benefits for the population" (statement in Clarín newspaper, Argentina, 25 January 2004).

Drinking water and sanitation cooperatives

Cooperatives are set up in areas where they are justified by the needs and where the conditions are most unfavourable, unlike almost all private firms, which opt for large-scale infrastructure works without paying any heed to populations that the service does not reach or reaches deficiently (Satterthwaite *et al.*, 2005).

In this regard, even though the private sector's share of drinking water supplies is estimated to reach fewer than 15% of the urban population in South American countries (IDB, 2008), many rural communities and small townships would be without this service if it were not for social economy organisations.

One feature of the cooperative movement in the region is its diversity, which is the result of its origins being linked to immigration, largely from Europe (Coque, 2002). Another is that in sectors such as electricity, drinking water and sanitation, gas, transport or telephony, cooperativised public services arise as a result of the inaction of the State and the absence of commercial private companies, which do not provide services where they are not profitable. Historically, this is because "foreign capital was only interested in the major cities, where business results were guaranteed in advance by mass consumption; it never engaged in development" (Del Río, 1940, p. 16).

These cooperative enterprises, which are the fruit of community initiatives and have deep social roots, are generally funded by capital subscribed by their members.[4] However, in the case of public services there have to be public funding policies that make it possible to extend them to the whole population and improve their quality (ILO, 2001; Mendell, 2007).

Public service cooperatives are highly developed in Argentina, where the 12,760 registered organisations of different types have over 9 million members and generate 265,000 jobs (INAES, 2008). They are the second in number after workers' cooperatives.

The water and sanitation sector received a strong boost in the 1960s and 1970s, and in recent years cooperatives have taken charge of the service in 11% of urban areas over 4 million inhabitants (Muñoz, 2005) and in most places with a population of less than 50,000 inhabitants, generally in rural areas. The greatest concentration is in the province of Buenos Aires, which accounts for 25% of the country's total.[5]

In the 1960s, the IDB and the Pan American Health Office (PAHO) boosted the supply of drinking water to small rural populations by setting up a national drinking water service, the *Servicio Nacional de Agua Potable* or *SNAP*. Since then it has offered long-term low-interest

---

[4] The Cooperative principles state that Members must contribute equitably to the capital of their cooperative, which is a tool for achieving its objectives and does not give voting rights (ICO, 1996; ILO, 2002).

[5] It is not possible to give exact figures because many cooperatives provide multiple services. In other words, as well as water they also supply electricity, gas and telephone services, among others, which are not distinguished in the official registers.

loans that have provided the basis for setting up over 1500 user cooperatives throughout the country.

Most of the loans were provided through the provincial rural drinking water and sanitation services (*Servicio Provincial de Agua Potable y Saneamiento Rural, SPAR*), which channel national government and IBD funds administered by the national agency for water works and sanitation (*Ente Nacional de Obras Hídricas y Saneamiento, ENOHSA*). The Buenos Aires province SPAR implemented a programme which combined a 50% loan from the IBD, payable over 20 years with the province standing surety, 40% provided 50/50 by the national and provincial governments through subsidies or grants and 10% contributed by the local inhabitants through the cooperatives. These loans were made in Argentine pesos apart from a few foreign currency operations in the last decade and were repayable quarterly over twenty years with an updating clause based on variations in the dollar exchange rate.

In the 1990s, when the privatisation process became widespread, cooperatives were not allowed to tender but international consortia were. As a result, between 1993 and 1999 a large part of the province of Buenos Aires was awarded to three major companies, with contracts for up to thirty years.[6]

Funding Prospects for Cooperatives

The confederations of second-tier cooperatives in Argentina recognised the need for public service cooperatives to be able to obtain funding. Their last national congress recommended the implementation of credit lines to develop and improve such services "without damaging adjustment systems and with loans that will enable them to continue to undertake the water and sanitation works which are essential for extending and improving the services" (COOPERAR, CONINAGRO, 2004, p. 106).

The financial situation of drinking water cooperatives was examined in the UNLP study. This looked at the experiences of two federations, FEDECAP and FEDECOBA,[7] interviewing the managers and consulting specialists and qualified informants as well as gathering information from primary and secondary sources. Both of these federations are from the province of Buenos Aires, which is one of the 24 administrative divisions of the Republic of Argentina and has strong agricultur-

---

[6] The companies were Aguas Argentinas, a consortium headed by Suez and Ondeo; Azurix, an Enron company (nowadays ABSA, a province-wide state-owned company); and Aguas del Gran Buenos Aires or AGBA, headed by Aguas de Bilbao.

[7] The field study also included two cooperatives from the Bolivian department of Santa Cruz: SAGUAPAC and COSMOL (see Schaposnik and Pardo, 2009b).

al/livestock and industrial sectors. It is also the most populated province, with nearly 15 million inhabitants, 38% of the national total, and covers the largest area.

The two federations have different origins. FEDECAP, the federation of drinking water cooperatives (*Federación de Cooperativas de Agua Potable*), has 65 members, mostly from small towns or villages. It was set up in March 2001, based on the technical and administrative structure of the SPAR and the programmes coordinated by this decentralised body. FEDECOBA, the federation of electricity and public service cooperatives (*Federación de Cooperativas de Electricidad y Servicios Públicos*), founded in August 1978, is made up of 116 first-tier cooperatives providing multiple services: urban and rural electricity, drinking water, gas, communications and other public services, as well as social services such as burials, nursing, ambulances, etc.

Both federations expressed their concern about the future of water supplies in the province, and not just because of the financial aspect. They mentioned the lack of public planning and investment policies as one of the causes of the "constant and increasing degradation and pollution of surface aquifers", worsened by the "lack of control over the exploitation of the aquifer and of care for the water as a natural resource". The problems they cited were high levels of salts, arsenic, fluoride and other substances that make it necessary to employ highly expensive treatments to make domestic water supplies drinkable; pollution of wells in rural areas by intensive use of pesticides, herbicides, etc.; and very dilapidated distribution networks, many over thirty years old, causing water leaks. Solving these problems requires investments that most of the cooperatives are in no position to make without State help.

The complaint of *lack of funding that the cooperatives can afford* is unanimous. The difficulties in obtaining loans are attributed to there not being a "differentiated treatment of the sector that attends to its peculiarities", a situation that demonstrates a failure to comply with the ILO's Recommendation 193 on promoting cooperatives, in the opinion of the Technical Secretary of the Specialised Meeting of MERCOSUR Cooperatives (*Reunión Especializada en Cooperativas del MERCOSUR, RECM*).

Credit in line with the needs of the cooperatives means loans that the cooperatives can obtain with "a certain elasticity in the tariffs so that the costs can be absorbed gradually", as well as being "cheap and long-term". FEDECAP's experience is that they have applied for funding to "attend to the needs of the service such as maintenance and expansion" but have "never obtained credit lines from the public or private banking systems that made repayment possible in line with the rates received for the service" and took into account that it is very difficult for a public services cooperative to have sufficient repayment power.

Another difficulty they face in obtaining loans is that the cooperative's guarantee is not accepted and "almost all the credit lines demand personal guarantees from the board of directors", which places the assets of the directors and their families at risk. According to FEDECAP, this is because the banks do not know that cooperatives have their own capital, in spite of the fact that it is shown on their accounts.

Another matter that was raised was that the high interest rates make the loans inaccessible, although some that are state-subsidised were mentioned as an exception. From this point of view, the confederations consider that governments should "implement development and improvement funding lines for cooperatives with no damaging adjustment systems, with loans that will enable them to continue to undertake the water and sanitation works which are essential for extending and improving the services", with particular attention to regions where the underground water contains minerals which are harmful to public health (COOPERAR, CONINAGRO, 2004, p. 106).

The lack of accessible credit in the national banking system is one of the decisive reasons why the drinking water and sanitation cooperatives' main source of funding is the IDB, even though cooperatives do not figure explicitly in the programmes or in specific credit lines and the drinking water sector is sixth on the list of the main uses for this bank's loans for the 2004/07 period, included under the heading of "sanitation" (Schaposnik, Pardo, 2009a).

According to FEDECAP, "the cooperatives were funded for their operation, management and maintenance by international (IDB) credit lines through the national ENOHSA and provincial SPAR organisations and the same source of funding was resorted to at subsequent stages as it was the only method possible for the drinking water and sanitation cooperative sector", but in recent years no loans have been obtained through these intermediaries. The FEDECOBA sources also mentioned this source of international funding.

According to information from the IDB itself, it has a presence in the drinking water and sanitation sector "through an active portfolio of loans made with and without sovereign guarantees and of support that has materialised through non-financial products in the form of assistance to regulatory bodies or sector enterprises". An example mentioned is the Water and Sanitation Initiative (Iniciativa Agua y Saneamiento), which is applied "taking the payment power of the population into account" (Moreno, 2008, p. 2).

Apart from their declared objectives, both the IDB and the CAF are called into question by numerous civil society organisations, particularly because of the lack of transparency of their operations and because they are behind environmentally high risk projects, such as the Initiative for the Integration of Regional Infrastructure in South America (IIRSA) and dozens of infrastructure megaprojects: dams, roads, energy projects, etc. To these criticisms, the economist Julio Gambina adds that the IDB makes its loans conditional on complying with guidelines established by the IMF and "in the past thirty years has favoured the liberalisation policy that seriously affected Latin America and the Caribbean, increasing the region's income and development asymmetries with respect to developed capitalism", while at the same time "not playing a positive part in promoting local economies, SMEs and cooperatives" (interview for this study, 2008). A further criticism is that some loans "were made directly to water companies so that they could obtain the private water concessions in countries such as Argentina, Bolivia and Honduras" (Clarke, Barlow, 2008, p. 4).

The Bank of the South could be a genuine alternative for funding the region's development and for the social economy in particular, although the managers stated that they had no information concerning this possibility.[8]

Nonetheless, according to FEDECAP and FEDECOBA, the Bank of the South raises expectations that it will "establish specific credit lines for cooperatives in our sector, taking due note of the technical and operative capacity in which each of them operates" and will make it possible to unblock some investments "that the cooperatives are not making for lack of advantageous and suitable funding".

The problems acknowledged by the cooperatives of Buenos Aires province, similar to those faced by cooperatives in Bolivia, are summarised in the following table:

---

[8] It was not possible to discover the exact reason for the cooperatives' lack of knowledge about UNASUR. Although the responsibility for their ignorance can be attributed in part to the managers and members themselves, it should not be overlooked that the negotiations and advances in the process of integration are not given widespread coverage, as a number of civil society organisations have complained. This situation contradicts the Constitutive Treaty's provision that "full participation by citizens in the integration process will be promoted (...) establishing effective information, consultation and monitoring channels in the different areas of UNASUR" (article 18).

Table 2. Problems in drinking water and sanitation cooperatives

	Buenos Aires province (Argentina)
General problems	– Pollution of underground aquifers – Regulatory framework unsuitable for the concession system – Price freeze
Main sources of funding	– IDB loans through government agency
Conditions for obtaining loans	– Personal sureties, short repayment periods, high interest rates
Level of knowledge about UNASUR	– No knowledge
Expectations concerning the Bank of the South	– Interested in hearing about the financial proposal – Expectation that the Bank of the South will set up specific credit lines for cooperatives that suit their particularities

Source: Schaposnik and Pardo (2009b).

Final Reflections

The following reflections attempt to answer the questions posed at the beginning of this article.

Firstly, it can be stated that the South American financial system has shown signs of not contributing to the goals of sustainable development with social inclusion such as that proposed by UNASUR.

For this reason, the creation of a regional bank with aims that include funding for projects to reduce poverty and social exclusion brings hope that substantial changes may take place in the region. However, despite the optimism generated by the support of some governments for building an alternative to the current financial system, there is no sign of a possibility that political divergences will be overcome in the short term and the delays in the Bank of the South's becoming operative imperil the chances of funding for this type of development. The main problem we see is that the differences in this conflict are relevant because they signal which investment policies will be favoured and which criteria for eligibility to receive a loan will apply.

The creation of the Bank of the South also raises positive expectations for cooperatives, but it is impossible to know at this stage whether they will be among the priorities when loan decisions are made, or whether their needs and their particular nature as not-for-profit social economy organisations will be taken into account. We agree with Gambina that the bank will only be able to respond to the cooperatives' requirements "if it distances itself from the rules and conditions established by international banking system institutions such as the IMF or the WB" (interview for this study, 2008).

Consequently, the main challenge for the Bank of the South is to make a break with dependence on the international banking system, stop the flight of capital to the central countries of that system and redirect regional savings into independent economic and social development. For this, it must not use the sovereign resources of its member countries to finance companies that reinforce economic concentration and transnationalisation but fund those, such as cooperatives, which are committed to meeting the needs of the population as a whole and particularly those with lower incomes.

If UNASUR becomes consolidated as a political, economic, social and cultural integration project involving all the countries in the region, and if the Bank of the South works to make the goals of the Union of South American Nations (which are its own objectives) a reality, then regional public policies will be able to complement national ones and extend the range of development funding action.

Bibliography

Banco del Sur, *Acta fundacional del Banco del Sur*, Buenos Aires, 9 de diciembre, 2007.

Brasilia, *Declaración Presidencial y Agenda Prioritaria*, Primera Reunión de Jefes de Estado de la Comunidad Sudamericana de Naciones, 30 de septiembre, 2005.

Cochabamba, *Declaración de Cochabamba*, Segunda Reunión de Jefes de Estado de la Comunidad Sudamericana de Naciones, 8 y 9 de diciembre, 2006.

Clarke T., Barlow M., *El desafío ante la privatización de los sistemas de agua en Latinoamérica*, 2008. http://www.cima.org.ar, 2008.consulta 19/03/08.

COOPERAR, CONINAGRO, *Congreso Argentino de la Cooperación. De cara al nuevo milenio, por el desarrollo nacional con inclusión social*, Editorial Intercoop, Argentina, 2004.

Coque, J., "Las cooperativas en América Latina: visión histórica general y comentario de algunos países tipo", in *Revista de Economía Pública, Social y Cooperativa*, No. 43, Edic. CIRIEC, España, 2002, pp. 145-172.

Cusco, *Declaración de Cusco sobre la Comunidad Sudamericana de Naciones*, 8 de diciembre, 2004.

Del Rio J., *Política Argentina y los monopolios eléctricos*, Editorial Cátedra Lisandro de La Torre, Argentina, 1940.

Depetris G., *et al.*, "Política cooperativa común en Mercosur. Algunas reflexiones sobre los alcances y dificultades", in Barrios, D. (coord.), *Iniciativas asociativas y cooperativas en el Mercosur*, Edic. PROCOAS, Argentina, 2008, pp. 17-34.

Gambina J., *et al.*, "Vulnerabilidad externa y dependencia de la economía argentina", in Gambina, J., (compilador), *La globalización económico-financiera. Su impacto en América Latina*, Edic CLACSO, Argentina, 2002, pp. 97-123.

Gigliani G., "¿Cuántas variables maneja hoy el Banco Central", in *Realidad Económica*, Edic. IADE, Argentina, 2008. http://www.iade.org, publicado el 18/04/08.

Girón A., "Obstáculos al desarrollo y paradigma del financiamiento en América Latina", in Correa, E., Girón, A. (coord.), *Reforma financiera en América Latina*, Edic. CLACSO, Argentina, 2006. pp. 27-46.

Hardoy, A., *et al.*, "Gestión sustentable de agua y saneamiento a nivel local", in IIED-AL, *La lucha por acceder al agua*, Edic. Instituto Internacional del Medio Ambiente y Desarrollo, Argentina, 2005, pp. 63-122.

Herraiz, H., *Cuando se privatiza el agua*, 2005. http://rebelion.org.

IIED-AL, *Medio ambiente y urbanización, Removiendo barreras: agua y saneamiento para todos*, Vol. 21, No. 62/63, Ediciones del Instituto Internacional de Medio Ambiente y Desarrollo, Argentina, 2005.

ICO, *Los principios cooperativos para el siglo XXI*, Edic. INTERCOOP, Argentina, 1996.

IDB, *Situación de los servicios de agua potable y saneamiento en relación con los ODM*, 2008. http://www.iadb.org, consulta 10/02/08.

ILO, *Informe V: Promoción de las cooperativas*, 89° Conferencia, Ginebra, Suiza, 2001.

ILO, *Recomendación N° 193 sobre la promoción de las cooperativas*, 90° Conferencia, Ginebra, Suiza, 2002.

INAES, *Las cooperativas y mutuales en la República Argentina*, Publicación del Instituto Nacional de Asociativismo y Economía Social, Argentina, 2007.

INAES, *Manual de las cooperativas y mutuales en la República Argentina*, Publicación del Instituto Nacional de Asociativismo y Economía Social, Argentina, 2008.

Mendell, M., "Economía social y políticas públicas: el caso de Quebec", in Vuotto, M. (coord.), *La co-construcción de políticas públicas en el campo de la economía social*, Editorial Prometeo, Argentina, 2007, pp. 39-59.

Moreno, *Agua y saneamiento en el mundo. Una asignatura pendiente*, 2008. http://www.iadb.org, consulta 20/07/08.

Muñoz, A., "Cooperativas de agua en la Argentina". Yavarí, L., *Por un modelo público de agua: triunfos, luchas y sueños*, Edic. El Viejo Topo, España, 2005.

Ortiz, I., Ugarteche, O., *El Banco del Sur: avances y desafíos*, 2008. http://www.alainet.org, consulta 3/10/08.

Quito, *Declaración Presidencial de Quito*, III Reunión Ordinaria del Consejo de Jefas y Jefes de Estado y de Gobierno de la UNASUR, 10 de agosto, 2009.

Saludjian, A., *Hacia otra integración sudamericana*, Ediciones Libros del Zorzal, Argentina, 2004.

Satterthwaite, D., *et al.*, "Iniciativas comunitarias para el desarrollo de agua y saneamiento en áreas urbanas: su contribución para alcanzar las Metas de Desarrollo del Milenio", in IIED-AL (2005), 2005, pp. 5-42.

Schaposnik, C.R., "Las cooperativas", in Mellado, N. (coord.), *Los actores empresariales argentinos frente al Mercosur*, Editorial de la Universidad Nacional de La Plata (Edulp), Argentina, Capítulo IV, 2006, pp. 75-93.

Schaposnik, C.R., "Las cooperativas frente a las negociaciones del ALCA", in Mellado, N. (coord.), *MERCOSUR-ALCA: articulación de las negociaciones internas y externas*, Editorial de la Universidad Nacional de La Plata (Edulp), Argentina, Capítulo VI, 2007, pp. 149-177.

Schaposnik, C.R., "Unión Sudamericana de Naciones: ¿otro financiamiento es posible?", in *Revista Anales*, Vol. 5, No. 38, 2007, Facultad de Ciencias Jurídicas y Sociales de la U.N.L.P., Argentina, 2008, pp. 740-748.

Schaposnik, C.R., Pardo, E.C., "Financiamiento a cooperativas en UNASUR. Instituciones multilaterales y expectativas sobre el Banco del Sur", in *Revista Anales*, Vol. 6, No. 39, 2008, Facultad de Ciencias Jurídicas y Sociales de la U.N.L.P., Argentina, 2009a, pp. 669-681.

Schaposnik, C.R., Pardo, E.C., "Financiamiento y desarrollo en UNASUR", in Mellado, N., (coord.), Mercosur, Unasurs, *¿hacia dónde van?*, Editorial Lerner, Argentina, Capítulo VI, 2009b, pp. 249-283.

SELA, *Una institucionalidad para la convergencia de la integración. Bases para un Programa Regional*, No. 43, abril, 2003.

Toussaint, E., *La bolsa o la vida, Las finanzas contra los pueblos*, Ediciones CLACSO, Argentina, 2004.

Toussaint, E., *Banco Mundial, El golpe de Estado permanente*, Ediciones El Viejo Topo, España, 2006.

Toussaint, E., *El Banco del sur y la nueva crisis internacional*, Ediciones El Viejo Topo, España, 2008.

UNASUR, *Tratado constitutivo de la Unión de Naciones Suramericanas*, Brasilia, 23 de mayo, 2008.

UN, *Declaración del Milenio*, Resolución No. 55/2, Asamblea General, 8 de septiembre, 2000. http://www.un.org/spanish, consulta 12/04/08.

UN, *Status y rol de las cooperativas a la luz de las nuevas tendencias económicas y sociales*, Resolución No. 51/58 de Asamblea General, 1998.

UN, *Las cooperativas en el desarrollo social*, Resolución 56/114, Asamblea General, 19 de diciembre, 2001.

Vidal, G., "América Latina: banca, mercados de capital y determinación externa del crédito", in Correa, E., Girón, A. (coord.), *Reforma financiera en América Latina*, Ediciones CLACSO, Argentina, 2006, pp. 47-66.

Wiener, R.A., *La privatización del agua y el Banco Mundial*, 2008. http://www.cdtm.org, consulta 30/10/08.

Conclusion

The Economic Crisis and
the Renewal of the Public Sector

Luc BERNIER

Professor, Co-Director,
Centre de recherche sur la gouvernance, École nationale
d'administration publique (ÉNAP), Quebec, Canada

Philippe BANCE

Member of the Laboratory CARE – Équipe Mondialisation
et Régulations, Université de Rouen
and Scientific Delegate, AERES, France

The general question that initiated this book was: what can the state do to face the economic crisis and what are the transformations caused by the crisis or implemented to face it that will remain? After 30 years of deregulation, privatizations and provision of many public services by the private sector, the response to the 2008-2009 economic crisis has been in various countries of the world to return to the state. As Roberts (2010) wrote, over the last decades the state was reconstructed to meet the needs of the global economy, while as Bance states: the international institutions lag behind the development of the global economy. The state had not become powerless (Weiss, 1998). States showed that they had the capacity to transform themselves and adapt to the circumstances. But at the same time, states today might not have the capacity to act that they had earlier in history. It is likely that capacity will have to be rebuilt. States either innovated or used solutions that had been neglected for a few decades. But will the new structures or services developed to face the emergency remain or will they vanish? The world was afraid of reviving the Great Depression of the 1930s. Governments promised that the crisis would be short but growth has been slow to come back – a recovery being qualified as a jobless one. After the fear, have governments and the private sector been too quick to return to the previous practices and is the crisis really over?

There are several issues attached to the general question that were divided in four sets. The authors who answered the call to contribute to this volume were working on one particular issue as summarized in the following sections. This concluding chapter attempts to offer a summary of the findings and to suggest avenues for future research on the topic.

The first set of questions considers the international level: are we creating institutions or instruments of regulation to solve the crisis and promote sustainable development? Are the solutions to be found at the continental level, through institutions such as the European Union or the North American Free Trade Agreement? Can the solutions be searched through new fiscal or regulatory policies at the national or supra-national levels? The authors of the chapters of this section suggest bold propositions to solve the crisis and move beyond.

In the first section of the book, we see that at the international level some changes are possible and necessary. According to Bance, the weaknesses of national policies call for new international regulatory measures or institutions. When the subprime crisis in the United States started and the bankruptcy of Lehman Brothers followed, it was not only the American economy that was in trouble but the whole world economy. Unemployment, poverty and other social ills followed the economic ones. Expansionist economic policies were used to face the crisis but has it been solved? Bance explains in his chapter, far too complex to be summarized here, how we might evolve toward a globalization of the general interest. New regional and international regulations are required to defend the public interest and also to limit protectionism. National policies, weakly coordinated as they are currently, are not sufficient to manage capitalism in this century. The auto-regulated market has demonstrated its limits. A global regulatory system would make possible to stabilize the world economy and diminish the crises that always existed in capitalist economies. The environmental issues created by the development of the last century have also to be addressed internationally. Public interest has to be redefined globally. New democratic mechanisms are required to defend the public interest and add to the market other rationalities. As the NAFTA (North American Free Trade Agreement) or, more particularly, the more advanced European Union were difficult to imagine during the Great Depression of the 1930s, how long will it take to establish an international governance of the economy? The current efforts to tax the bonuses of the investment bankers and brokers might be a first step in this direction.

After Bance's vision of a possible better future, Bauby, who has a related perspective on general interest, reminds the reader of past historical developments with a view to also suggesting what the future can be. Using the French example, he explains how the state intervened in the economy. After 1944, the French state has been an interventionist state and the results have been interesting. Nationalizations, economic planning, control by the Ministry of Finance have been important elements of the French dirigisme that worked well until the 1970s. The system then showed its limits: excessive regulation, poor performance in the industrial sector, etc. The liberal tide that Thatcher and Reagan personalized grew on the limits of the previous model. The current crisis has illustrated this time the limits of the neo-liberal model. How can the deficiencies of the market and of the state be articulated and solved for the future? Can the state in a globalized economy play a role as it did in the *fordist* era? If the state has regained some legitimacy, will it last? Can the solution be in the role of the state as a "stratège" that has been discussed in France since 1991? A new model has to be invented considering the limits and advantages of past experiences.

On his side, pushing further the logic, Boual asks whether it is possible to regulate capitalism. He starts his analysis explaining that this crisis is not the first one capitalism has passed through and that it is not likely to be the last one. He adds the increasing importance of the ecology and social issues as Bance did. To solve this crisis, the state played the role of the fireman taking care of the burning building but a larger reconstruction will be needed. Boual argues that this crisis has not been caused by poor regulation but is part of the logic of capitalism. Again, in a global world, more global solutions are required together with international or regional institutions as the European Union to regulate the economy with wider objectives of general interest. But also, because of the limits of the world ecology, this crisis could be different and require different responses than the return to economic growth without considering the resilience of the eco-system as in the past.

The second set of questions looks at the instruments used to face the crisis: new regulations, nationalizations, or new policies? The crisis has certainly had an impact on the choice of policy instruments as covered in the second section of the book.

As we see in Bernier's chapter, some transformations such as nationalizations might be temporary. Following the Swedish experiment with bank nationalizations in the 1990s, governments have suggested that they would own only temporarily banks and other enterprises. Moreover, some of the banks have already been able to reimburse governments in order to escape controls and go back to their previous practices. And, as in the past, when governments nationalize enterprises, they do not always inherit businesses that work properly. In other words, if they had been efficient, they would not have had to be nationalized. Nationalizations have taken place in various countries. One of the lessons of the crisis might be that neo-liberalism has come to an end. The unregulated banks of the developed world have demonstrated their incapacity to manage themselves properly. States have had to salvage them from themselves. States might have to regulate various industries but as Bauby also suggested, there are lessons to be learned from a further past when governments intervened directly in the economy. What will be the future borders between the state and society in the economic realm is not clear yet.

Hall explains how the responses to the economic crisis have led to contradictory pressures on public finances. After twenty years of deficit reductions, governments have decided to invest and build huge deficits. Public spending was looked at considering three factors: the impact of the economic crisis and policy responses to it, the need for public expenditure on health care and pensions, and the scale and relative role of public and private investment in infrastructure. He analyzes the uses of public spending during a recession. Governments cut taxes for political purposes, for example, but since citizens spend less during a recession, these cuts are counter-productive. On the other hand, demographic pressures will push expenditures up because of health and pension costs. Also, interestingly, Hall argues that public-private partnerships might be things of the past because of the difficulty to finance the private part of these partnerships. Hall, as Bernier in the previous chapter, concludes that the deficits have created an enormous pressure on governments that will limit their capacity in the future, although the needs for government intervention in health but also in infrastructures will be great. Major cuts in public spending as advocated by the International Monetary Fund (IMF) and other international institutions might thus be a very poor policy idea.

The third set of questions enquires about the expansion of the public sector. We have seen nationalizations in the banking sector, in insurance, in car manufacturing? Will this trend expand in other economic sectors? Will it last or be temporary? Are these transformations due to different reasons than in the past? Are there national variations and foreseeable supra-national institutions?

Theuvsen develops that citizen preferences for public services are important and should have implications for the management of the state. What is a public task and what is not depends of societal preferences and of political power in a society. The preferences of citizens for delivery of public services by private companies are limited according to the survey material Theuvsen uses, and this even in the United States where a statist culture seldom exists. It is true also in Germany where citizens want for example municipal enterprises to offer basic services. Renationalizing has led to a greater role for the state in the provision of public services. Germans also want a strong state to protect them against the hazards of a globalized world. And the crisis appears to have resulted in stronger preferences among the population for service provision by public enterprises. It was possible for states to intervene and nationalize because the popularity of the private sector has decreased since the 1980s. Another important element to remember from this chapter is the idea that public services providers should participate more in the debate about privatization or nationalization. For too long the debate has been dominated by private sector proponents.

An element to be considered is the transformation of the governance of public policies and services, for instance through a transformation of management by results and policy evaluation as Chassy writes in her chapter. As the authors of the first section in this book have suggested, Chassy insists that the evaluation of the activities of the state should move beyond economic considerations and include public value and the democratization of policy making. In the post-new public management era, public services are changing. For example, the French postal system has to reinvent itself faced with decreasing traditional mail and the difficulty to maintain the past level of service to the population. Health services have also to be transformed to better serve a changing population. Their social utility should be a criterion for their evaluation and adaptation. Another element to consider is the collective learning that results from the development of public services within the state apparatus but also in the relation with civil society. The new governance of public services has to consider all the stakeholders. Moving beyond market criteria means taking into account various implications and development of common knowledge about services. Public services have to be transformed but, as this chapter and the previous one by Theuvsen presented, the relations between states and citizens have to be transformed. The state is back, to use the title of a book of the 1980s, but a different state it is.

Clifton and her co-authors push further the discussion on the necessary regulation of public services of the new public management era and beyond, and complete the analyses by Theuvsen and Chassy of the preferences of citizens in the European Union by considering consumer behavior theory. European countries have developed since the XIXth century legal frameworks and regimes for public services. The redefinition of services of public interest has brought long debates within the European Union. Satisfaction, measured through surveys, for services also varies from one country to another and from one service to the next. The services they study (electricity, water, gas, internet, fixed and mobile telephony) have to be organized to take into account citizen heterogeneity (age, urban or rural, etc.) The current crisis makes possible to move beyond the market-oriented regulatory framework of the last decades toward a greater importance given to public interest.

In Algeria also, as the chapter by Ahmed Zaïd-Chertouk offers, there is a reconfiguration of the public services initiated over the last decades. The Algerian economy has not been protected from the crisis, quite the reverse. Oil revenues dropped from 77 billions of dollars in 2008 to 42.6 in 2009. With decreasing revenues after years of growth, it has been difficult to maintain public services. Over the years, despite repeated discourses about the necessity to improve public services, the transformations have been limited. The state has been caught between international transformations, the rise of a new civil society and the necessity to revise the role of the state as owner, entrepreneur and regulator. Structures have been changed to transfer missions of public services to regional bodies and create independent authorities. But overall, the crisis has slowed down the transformation from an entrepreneurial state to a regulatory one.

The fourth set of questions examine the transformation of the new public management and what the future could look like. After considering the new policies and instruments that states have launched to face the crisis, what are the emerging practices in the public sector? Are there longer term trends to be taken into account? New institutions and new priorities might emerge following the crisis.

Després explains how sustainable development becomes an integral part of public policies. He uses the French example to explain how the state can regain legitimacy because of it. The crisis might be an opportunity to push gradually a new agenda in favor of sustainable development. There is an economic crisis but there is also an environmental crisis that has to be faced. Sustainable development means economic development taking into account other aspects of general interest, namely social and environmental considerations as Bance's chapter also suggests. The strategic management inherited of the new public management era might and can or should include sustainable development priorities.

As Ahmed Zaïd-Chertouk has done for Algeria, Lamari and Côté offer in their chapter an explanation of how the crisis has had an impact on a state, this time a Canadian provincial one, Quebec. In Canada, the banking regulations have always been relatively strong and the subprime crisis has not occurred. But because of the importance of exports toward the United States, there was a slowdown of the economy mitigated by an important infrastructure program already under way and various Keynesian initiatives. In their analysis, it is clear that the state has been an essential part of the solution. Lamari and Côté also bring the idea that after the crisis, states will have to manage the debt accumulated to solve it. A climbing deficit will not be easy to manage.

As shown by Signé and as it has been the case for Algeria, the path dependency observed in Africa is a good illustration of the possibilities to face a crisis. A longer term perspective is useful in Africa where the recent crisis did not have the impact it has had in North America and Europe. The independence movements of the 1960s were followed by structural adjustment plans according to the Washington consensus and liberalization before a new partnership for development in Africa was developed to better integrate Africa in the world economy. The oil shocks of the 1970s were crises that have had an important impact on the African states and societies, while the current crisis coincides with a growing regional integration. As suggested in earlier chapters, regional integration might also be a solution for Africa to avoid economic turmoil coming from the world economy. By comparison with the movement back toward the state described in Europe and North America, liberalization has remained the policy in Africa backed by the international financial institutions that continue to push for it.

If sustainable development might become a greater priority in the near future, other instruments might also emerge. Schaposnik and Pardo offer the example of the Bank of the South, a regional bank for the UNASUR[1] countries to finance social and economic development. As banking has to be renovated in the United States, there are possibilities elsewhere to do so following the crisis. As for Africa, regional integration appears to be a potential result of the economic crisis. Also as in the previous chapter, liberalization has led to deregulation and privatizations that have failed in sectors such as water. New mechanisms are needed to solve the shortcomings of South America's finances and the dependence on the international banking system. The Bank of the South is certainly one of the solutions as cooperatives that could be financed by the Bank.

Confronted to the worst economic crisis since the 1930s, states around the world have reacted differently. There was certainly a regulatory failure that had to be corrected (Aglietta, Rigot, 2009). But there is more. What the chapters in this book offer, is a message of hope. In this crisis, there is an opportunity to improve the functioning of both government and the economy. Everywhere, there is a return to the state as the institution capable of protecting the public interest. We can presume that there will be more state involvement in the economy and in the delivery of public services than it has been the case in the neo-liberal era. Keynesian ideas might be considered again. From these chapters, we get that various authors from different countries and continents consider that citizens have to be democratically involved in policy choices. It is not anymore the state that knows what is good for citizens.

---

[1]   Union of South American Nations.

The future definition of the general interest cannot be achieved by the state alone or be pushed by the private sector, citizens have to be involved as many chapters in this book suggest. The modern governance implies that states have to negotiate with their citizens the policy orientations and instruments to implement these policies.

These chapters tell us that there are several ways to rejuvenate the state. Some of the possibilities come from past ideas and experiences. This does not mean to reject the transformations of the last decades but to enter them in a model that integrates the lessons when implementing reforms. We also should keep in mind that the deficits of the last few years will put a lot of pressure on governments over the coming years. There are interesting experiences and learning all around the world as this book has illustrated. Some solutions imply to go beyond the national states and find regional or more global solutions but for the time being, solutions at regional level emerge as possible level of internationalization. And politically, there are good news: there has been no movement in democracies toward authoritarian regimes as in the 1930s. A few countries have seen the far right gain more votes but it is a limited movement and, very clearly, the crisis made possible the election of Barack Obama. And it has not been a limited transformation. For *the Economist*, "it is the biggest peacetime fiscal expansion in history".[2] Another difference with the Great Depression has been that the reaction of the American government came faster.

One could ask whether the crisis is over or not? There are signs of recovery but growth is weak and slow for advanced economies. Unemployment is expected to remain high in many countries according to the OECD. There have been numerous signs that the American, Canadian and many European countries have had difficulties after the end of their stimulus packages. And moreover, great difficulties certainly in Greece, but also in Spain, Portugal and Ireland indicate that the path toward a strong recovery will be long.[3] In Canada for example, in July 2010, the economic production decreased by 0.1 percent dragged down by the US economy. Iceland is still going through hard times. It is not clear that the programs developed to face the crisis will work as expected. Implementation is always tricky and a lot of attention should be devoted to them even if recovery seems under way (Bailey, Elliott, 2009). The expected deficit reductions might make the return to growth more difficult in the coming years. Growing debt is also a concern and the planned austerity might result in social turmoil.

---

[2]   "Much ado about multipliers", *The Economist*, September 26, 2009, p. 90.

[3]   Blackstone, Brian, "Ireland, Portugal struggle as EU rebounds", *The Globe and Mail*, September 28, 2010, page b-12.

The future of the nationalized enterprises and banks on its side is matter of uncertainty. Many banks have been saved from bankruptcy. But are they in good shape enough to be efficient enterprises in the near future? What about the closer consideration given to rating agencies and their impact on the economy of countries and of enterprises? The crisis might have been exacerbated by the work of these agencies on the subprimes in the US and on debentures in Canada (Paquet, 2009). It might be necessary to discuss the under-pricing of risk that preceded the crisis.

Those enterprises which have been already able to reimburse governments such as Goldman Sachs might nevertheless have an image problem in the future and consequently cause damage to the brand and future earnings.[4] But the example of Goldman Sachs could also be used to illustrate the need for stronger regulation, making more difficult the type of manipulations they have done. The bonuses granted to the employees of the financial sector will be scrutinized from now on. JP Morgan has bowed to the public pressure.[5] New taxes are discussed also to regulate such practices. The lack of regulation was one of the causes of the subprime crisis.[6] New regulations are expected to be part of the future. This said, powerful interests are opposed to tougher regulation and the expected American financial regulation has already been diluted.[7] The planned European regulation remains weaker than the existing Canadian rules that have well protected the financial system in Canada.

Stiglitz (2009) at the bi-annual conference of CIRIEC in Sevilla used the words "the end of market fundamentalism" (or neo-liberalism) to describe the new era beginning after the crisis. He argues that neo-liberalism has been simply wrong. According to the newspapers over the last year, there will be more regulation of the financial sector. Some of the new regulations will not be as strong as initially suggested because various interests have been able to limit them but nevertheless, it could be presumed that deregulation has been reversed. The IMF pushes for compulsory evaluation reports of the financial systems for 25 countries.[8] There are also pressures to reduce deficits that will make difficult to maintain public services in the future, but we also witness a call for increased coordination of fiscal policy on a supra-national basis in

---

[4] "A lost glister", *Financial Times*, November 19, 2009, page 9.

[5] "JPMorgan bows to pressure", *Financial Times*, January 16, 2010, page 1.

[6] "Les banques ont délibérément provoqué la crise", *Le Devoir*, 7 mai 2009, page B-1.

[7] Bérubé, Gérard, "Une souris", *Le Devoir*, 8 juillet 2010, page B-1.

[8] Agence France-Presse, "Le FMI surveillera de plus près le système financier de 25 pays", *Le Devoir*, 28 septembre 2010, page B-3.

Europe.[9] As explained in various chapters of this book, there are other solutions than the ones suggested by neo-liberalism. Some countries, like Ireland for example, have developed an integrated national response. Solutions imply State and citizens intervention as discussed in this book. Some of the solutions lie beyond national borders as also proposed in this book. For example, Greece was saved from bankruptcy by the European countries. Will capitalism emerge transformed once the crisis will be over? The Welfare State and Keynesianism emerged with the Great Depression. What will be the result this time? Plihon (2009) and Whitley (2009) suggest that it is mostly the American-type of capitalism that has been tarnished and has to be transformed. A new regional and later global regulatory system might be the result of this crisis as well as a transformation of public services after thirty years of transfer to the private sector. The result might be a new capitalism further away from the American model.

Bibliography

Aglietta, M., Rigot, S., *Crise et rénovation de la finance*, Paris, Odile Jacob, 2009.

Bailey, M.N., Elliott D.J., *The US Financial and Economic Crisis: where does it stand and where do we go from here?*, Initiative on Business and Public Policy at Brookings, June 2009.

Paquet, J., "Turbulences sur les marchés financiers: l'influence des agences de notation de crédit", Cahier de recherche du Laboratoire d'étude sur les politiques publiques et la mondialisation, ÉNAP, septembre 2009.

Plihon, D., *Le nouveau capitalisme*, Paris, La Découverte, 2009.

Roberts, A., *The Logic of Discipline: global capitalism and the architecture of government*, New York, Oxford University Press, 2010.

Stiglitz, D.J., "Moving beyond market fundamentalism to a more balanced economy", in *Annals of Public and Cooperative Economics*, 2009, Vol. 80, pp. 345-360.

Weiss, L., *The Myth of the Powerless State: governing the economy in the global era*, London, Polity Press, 1998.

Whitley, R., "U.S. Capitalism: a tarnished model?", in *The Academy of Management Perspectives*, 2009, Vol. 23, pp. 11-22.

---

[9] Reuters, "Les leçons de la crise: la réforme du Pacte de stabilité continue de diviser l'Union européenne", *Le Devoir*, 28 septembre 2010, page B-3

Presentation of the Authors
Présentation des auteurs

Malika Ahmed Zaïd-Chertouk est professeur titulaire à la Faculté des Sciences économiques, commerciales et de gestion de l'Université Mouloud Mammeri de Tizi Ouzou en Algérie. Directrice de recherche en Sciences économiques au Laboratoire REDYL (*Réformes économiques et Dynamiques locales*), elle y dirige les équipes « *Typologie et analyse financière des budgets communaux* », « *Évaluation des politiques publiques locales* » et « *Diagnostic territorial et systèmes productifs locaux* ». Elle dirige une formation de graduation en économie et ingénierie territoriales et une formation post-graduée en économie publique locale et gestion des collectivités territoriales. Énarque de formation, elle est également professeur associé à l'École nationale d'administration d'Alger où elle contribue à la formation des cadres et des hauts fonctionnaires. Elle a conduit des programmes d'échanges et de coopération internationaux et compte de nombreux travaux et publications nationales et internationales. Elle est membre du comité de rédaction de la revue française *Espaces & Sociétés*, coordinatrice pour le Maghreb. Elle a été pour 2010, lauréate du Prix Ramon Llull de l'Institut d'études catalanes de Barcelone. (ahmedzaidm2@yahoo.fr)

Philippe Bance a obtenu son doctorat de Sciences économiques à l'Université de Rouen en 1984 et a été habilité à diriger les Recherches à l'Université de Paris 13 en 2002. Maître de conférences de l'Université de Rouen, il a été président du Département d'économie de 1997 à 2002 puis vice-président de l'Université de 2007 à 2010. Il est, depuis septembre 2010, délégué scientifique à l'Agence d'évaluation de la recherche et de l'enseignement supérieur (AERES). Membre du Conseil scientifique international du CIRIEC, ses travaux de recherche et ses enseignements portent sur les services d'intérêt général, l'économie européenne, les politiques publiques et l'évaluation de l'action publique. (Philippe.Bance@univ-rouen.fr)

Pierre Bauby est chercheur et enseignant en Sciences politiques (Université Paris 8, Sc. Po., CNFPT, etc.) et est spécialiste des services publics (énergie, transports, communications, eau et assainissement, services sociaux) et de l'action publique. Il est expert auprès du Comité économique et social européen (CESE) sur les services d'intérêt général et participe aux travaux de plusieurs réseaux européens, en particulier du CIRIEC. Ses travaux récents portent en particulier sur l'européanisation des services publics et sur les enjeux de régulation. Il est auteur en particulier de *Mapping of the Public services in the European Union and the 27 Member States*, CEEP, 2010 (avec Mihaela Similie Popa) et de *Europe : une nouvelle chance pour le service public !*, Fondation Jean Jaurès, 2010 (avec Françoise Castex). (bauby.pierre@orange.fr)

Jean-Claude Boual, ingénieur en chef des travaux publics de l'État, spécialiste des services publics en Europe, a été chargé de mission sur les services publics en Europe et l'Europe sociale au ministère de l'Équipement, puis au ministère de l'Écologie et du Développement durable de 1991 à 2010. Secrétaire-fondateur du Comité européen sur les services d'intérêt général (CELSIG) il a aussi été secrétaire général de la Fédération CGT de l'équipement et de l'environnement de 1975 à 1992 et membre de la Commission exécutive de la CGT de 1978 à 1992. Il a écrit de nombreux ouvrages et articles sur les services d'intérêt général dans l'Union européenne, sur la société civile européenne ainsi que sur le syndicalisme. (jean.claude.boual@wanadoo.fr)

Luc Bernier est président du Conseil scientifique international du CIRIEC. Il a obtenu son doctorat de l'Université Northwestern en 1989. Il a ensuite enseigné à l'Université Concordia avant de débuter à l'École nationale d'administration publique (ÉNAP) en 1991. Il y est toujours professeur après avoir été directeur des études à Montréal puis directeur de l'enseignement et de la recherche de 2001 à 2006. Il a aussi été président de l'Institut d'administration publique du Canada en 2005-06. Ses travaux de recherche portent sur l'entreprenariat et l'innovation dans le secteur public, les entreprises publiques et les politiques publiques. (Luc.Bernier@enap.ca)

Eugenia Candelaria Pardo is graduate assistant of the Chair of Political Economy at La Plata National University, Argentina, where she acquired the title of Accountant and technical in co-operatives. She currently attends the Masters in Latin American integration at the Faculty of Law and Social Sciences. She is research assistant at the Institute of Latin American Integration and co-author of publications on issues of integration and co-operation. (eugeniacpardo@yahoo.com.ar)

Angélique Chassy est économiste spécialisée dans l'économie sociale, le diagnostic social et l'éducation, ainsi que l'évaluation des politiques publiques. Doctorante en économie à l'Université de Rouen, ses travaux portent actuellement sur l'expérimentation de la Méthode d'évaluation contingente pour évaluer les politiques sociales et plus précisément le champ éducatif. Elle collabore à la mise en place de formations du travail social auprès d'organismes de formation spécialisés dans la formation des travailleurs sociaux. Elle participe également à des jurys pour l'obtention de diplômes du ministère de la Jeunesse dans le champ socioculturel. (angelique.chassy@wanadoo.fr)

Judith Clifton (DPhil, Oxford) is senior lecturer at the Department of Economics, University of Cantabria, Spain, and Research Fellow at the Faculty of Social Science, Open University, UK. She has been Lecturer at Leeds, Oxford and Oviedo Universities and Visiting Research Fellow at the European University Institute (EUI) in Florence, CSIC (Madrid) and Colegio de México. Research interests include economic policy, privatization, regulatory reform and public services. She has published in journals including *Public Management Review, Journal of European Public Policy, Annals of Public and Cooperative Economics, Revista de Economía Mundial, Política y Gobierno* and *CIRIEC-España Revista de Economía Pública, Social y Cooperativa,* and has written several books and book chapters for Palgrave, Macmillan, World Scientific Publishers, Kluwer and Springer. (judith.clifton@unican.es)

Louis Côté, détenteur d'un doctorat en science politique, est professeur titulaire à l'École nationale d'administration publique (ÉNAP) et y assume la direction de l'Observatoire de l'administration publique. Il collabore depuis quelque vingt ans à la réalisation d'interventions de formation et de consultation auprès d'équipes de fonctionnaires responsables des réformes administratives au Québec et dans de nombreux pays. Il s'intéresse de façon particulière à l'évolution des modèles nationaux de gouvernance et aux réformes qui ont cours dans les administrations publiques. Ses deux derniers ouvrages, *L'État démocratique : Fondements et défis* et *État stratège et participation citoyenne,* ce dernier codirigé avec Benoît Lévesque, ont été publiés respectivement en 2008 et 2009 aux Presses de l'Université du Québec. (Louis.Cote@enap.ca)

François Després est actuellement directeur adjoint de la Direction développement durable d'un grand groupe en France. Il collabore aux travaux de l'Observatoire de la responsabilité sociétale des entreprises (Orse) et aux travaux sur l'ISO 26000. À l'Université de Rouen, il oriente ses travaux depuis 2004 sur les apports du développement durable à l'évolution des organisations publiques et privées. Ses champs de recherches sont les politiques publiques et la responsabilité sociétale des entreprises. Il a été rapporteur au Grenelle de l'Environnement et membre de la 1re Commission de reconnaissance des agendas 21, pour le ministère de l'Écologie en France. (Francois.DESPRES@humanis.fr)

Daniel Díaz-Fuentes is professor at the Department of Economics, University of Cantabria, Spain. His main research interests include economic growth, fiscal policy and public services in Europe and Latin America. He has been Visiting Research Fellow at the European University Institute (EUI) in Florence, University of Oxford, London School of Economics (LSE) and University of Manchester. Publications include journals such as *Public Management Review, Journal of European Public Policy, Annals of Public and Cooperative Economics, Interna-*

tional Review of Applied Economics, Revista de Economía Mundial, and *CIRIEC-España Revista de Economía Pública, Social y Cooperativa,* and he has written several books and book chapters for *Fondo de Cultura Económica,* Palgrave, World Scientific Publishers, Ashgate, Kluwer and Springer. (diazd@unican.es)

Marcos Fernández-Gutiérrez is Spanish Ministry of Education Research Fellow and PhD Candidate at the University of Cantabria, Spain. Before that, he completed a BA in Economics at the University of Cantabria and a MA in Public Policy at the Universitat Pompeu Fabra-The John Hopkins University. He has also been Visiting Research Fellow at the Universitá degli Studi di Milano, Italy. His main research interests are empirical analysis of consumption and employment in the public services. He has recently published part of his research in *Revista de Educación, Revista de Economía Mundial, Investigaciones Regionales* and *CIRIEC-España Revista de Economía Pública, Social y Cooperativa* and has written several books and book chapters. (marcos.fernandez@unican.es)

David Hall is director of the Public Services International Research Unit (PSIRU-www.psiru.org) in the Business School, University of Greenwich, London. He researches and teaches the politics and economics of public services and privatization, with special expertise in the sectors of water, energy, and waste management. His publications include articles in academic journals, numerous reports published by PSIRU, and two books. He was the coordinator of the EU-funded Watertime project, and of a research project on corruption, funded by the Wallace Global Foundation. He has been an invited speaker at many academic conferences, civil society meetings, and global institutions, including the World Bank, UN, UNCTAD, OECD, ILO and the European Economic and Social Committee. (D.J.Hall@gre.ac.uk)

Moktar Lamari PhD est professeur spécialiste en évaluation des politiques et directeur du Centre de recherche et expertise en évaluation (CREXE) à l'École nationale d'administration publique (ÉNAP) du Québec. Il est l'auteur de plusieurs articles scientifiques et chapitres de livres traitant du management public et de l'évaluation des politiques publiques. Ses publications ont été récompensées par plusieurs sociétés savantes. Il a obtenu le *Louis Brownlow Award* de l'*American Society for Public Administration* (ASPA) pour le meilleur article paru dans la revue *Public Administration Review* en 2003. Il a obtenu aussi un prix d'excellence *Elsevier prize,* en 2002, pour le meilleur article paru dans la revue *Technological Forecasting and Social Change.* Ses recherches actuelles portent sur l'évaluation des politiques contre-cycliques, notamment celles initiées en contexte de sortie de crise (économique, sociale, écologique, politique, etc.). (Moktar.Lamari@enap.ca)

Julio Revuelta is assistant lecturer and PhD Candidate at the Department of Economics, University of Cantabria, Spain. His research focuses on the study of the relationship between public spending and economic growth, and the economics of public services. He has published several articles on these topics, including in *Journal of European Public Policy, Revista de Economía Mundial, CIRIEC-España Revista de Economía Pública, Social y Cooperativa* and *ESIC-Market*, as well as book chapters in World Scientific Publishers. (julio.revuelta@unican.es)

Carmen Rosa Schaposnik is associate professor of Economics at La Plata National University, Argentina, where she graduated with a Bachelor in Economics and as Technical in co-operatives. At the graduate level, she acquired the title of Political integration specialist. She is researcher of the Institute of Latin American Integration at the Faculty of Law and Social Sciences, author of publications on topics of her specialty and speaker at seminars and conferences at home and abroad. (rosasnik@yahoo.com.ar)

Landry Signé est chercheur invité au Center for African Studies de la Stanford University et administrateur de l'Association canadienne pour les Nations unies-Montréal. Il a complété son PhD en Science politique à l'Université de Montréal, avec la mention excellence. Sa thèse de doctorat portait sur le thème « Innover en politique : acteurs internationaux, régionaux et nationaux en stratégies de développement économique en Afrique ». Avant de rejoindre Stanford, il a enseigné aux Universités de Montréal et d'Ottawa. Il a également travaillé ou effectué des séjours d'apprentissage aux Nations unies, au Sénat de France, à l'Assemblée nationale du Cameroun et au CÉRIUM à Montréal. Ses recherches s'inscrivent dans les champs de la politique comparée, de l'administration, des politiques publiques et des relations internationales. (landrysigne@gmail.com)

Ludwig Theuvsen is a full professor of management in agribusiness at Göttingen University, Germany. He received a PhD in organization science from the University of Cologne, Germany, in 1993. His research interests include various aspects of public and nonprofit management, including human resource management, public corporate governance, and organization structures and control mechanisms. Professor Theuvsen is currently member of the Scientific Advisory Board of the Bundesverband Öffentliche Dienstleistungen (BVÖD), the German section of the European Centre of Employers and Enterprises providing Public services (CEEP) and of CIRIEC. He also serves on the Editorial Advisory Board of the *Zeitschrift für öffentliche und gemeinwirtschaftliche Unternehmen* (*ZögU*), the German Journal for Public and Nonprofit Services. (ltheuvs@gwdg.de)

Social Economy & Public Economy

The series "Social Economy & Public Economy" gathers books proposing international analytical comparisons of organizations and economic activities oriented towards the service of the general and collective interest: social services, public services, regulation, public enterprises, economic action of territorial entities (regions, local authorities), cooperatives, mutuals, non-profit organizations, etc. In a context of "large transformation", the scientific activity in this field has significantly developed, and the series aims at being a new dissemination and valorization means of this activity using a pluri-disciplinary approach (economics, social sciences, law, political sciences, etc.).

The series is placed under the editorial responsibility of CIRIEC. As an international organization with a scientific aim, CIRIEC undertakes and disseminates research on the public, social and cooperative economy. One of its main activities is the coordination of a large international network of researchers active in these fields. Members and non-members of this network are allowed to publish books in the series.

Économie sociale & Économie publique

La collection « Économie sociale & Économie publique » rassemble des ouvrages proposant, dans une perspective de comparaison internationale, des analyses d'organisations et d'activités économiques orientées vers l'intérêt général et l'intérêt collectif : services sociaux, services publics, régulation, entreprises publiques, action économique des entités territoriales (régions, autorités locales), coopératives, mutuelles, associations, etc. Dans un contexte de « grande transformation », l'activité scientifique dans ce domaine s'y est fortement développée et la collection se veut un nouveau vecteur de diffusion et de valorisation de cette activité dans une approche pluridisciplinaire (économie, sciences sociales, droit, sciences politiques, etc.).

La collection est placée sous la responsabilité éditoriale du CIRIEC. Organisation internationale à but scientifique, le CIRIEC a pour objet la réalisation et la diffusion de la recherche sur l'économie publique et l'économie sociale et coopérative. Une de ses principales activités est l'animation d'un vaste réseau international de chercheurs dans ces domaines.

Series titles / Titres parus